Die vorsätzliche Benachteiligung gemäß § 133 InsO
gegenüber einem Kreditinstitut als Anfechtungsgegner

Europäische Hochschulschriften

European University Studies

Publications Universitaires Européennes

Reihe II	**Rechtswissenschaft**
Series II	Law
Série II	Droit

Band/Volume **5766**

Stefan Zerrath

Die vorsätzliche Benachteiligung gemäß § 133 InsO gegenüber einem Kreditinstitut als Anfechtungsgegner

PL ACADEMIC RESEARCH

Bibliografische Information der Deutschen Nationalbibliothek
Die Deutsche Nationalbibliothek verzeichnet diese Publikation in der Deutschen Nationalbibliografie; detaillierte bibliografische Daten sind im Internet über http://dnb.d-nb.de abrufbar.

Zugl.: Münster (Westfalen), Univ., Diss., 2015
Dissertation der Rechtswissenschaftlichen Fakultät der WWU Münster

D 6
ISSN 0531-7312
ISBN 978-3-631-66386-8 (Print)
E-ISBN 978-3-653-05886-4 (E-Book)
DOI 10.3726/ 978-3-653-05886-4

PL Academic Research ist ein Imprint der Peter Lang GmbH.
Peter Lang – Frankfurt am Main · Bern · Bruxelles · New York · Oxford · Warszawa · Wien

Diese Publikation wurde begutachtet.

www.peterlang.com

Vorwort

Die juristische Fakultät der Westfälischen Wilhelms-Universität Münster nahm die vorliegende Arbeit im Wintersemester 2014/2015 als Dissertation an. Das Manuskript war Ende August 2014 fertiggestellt. Rechtsprechung und Literatur konnten bis Dezember 2014 berücksichtigt werden.

Ganz besonderer Dank gilt meinem Doktorvater, Herrn Prof. Dr. Lutz Batereau, für die Betreuung der Arbeit als auch für seine stete Unterstützung im Rahmen meines Ausbildungsweges. Ferner danke ich Herrn Prof. Dr. Matthias Casper für die Bereitschaft zur Begutachtung der Arbeit sowie für die Begleitung der Arbeit durch ein nachhaltiges Doktorandenseminar. Des Weiteren danke ich Herrn Rechtsanwalt Dr. Jan-Dirk Winkelhaus für kritische und die Arbeit fördernde Diskussionen.

Ganz herzlich danken möchte ich meinen Eltern, Inge und Ulrich Zerrath, sowie meiner Lebenspartnerin, Jutta Berndt. Ihre Unterstützung und Aufmunterung im Rahmen der Dissertation als auch auf meinem bisherigen Ausbildungs- und Berufsweg waren der Grundstein für diese Dissertationsschrift. Ohne sie hätte ich diese Arbeit nicht bewerkstelligen können. Ihnen ist die Arbeit gewidmet.

Recklinghausen, im Juni 2015 *Stefan Zerrath*

Inhaltsübersicht

Inhaltsverzeichnis

§ 1 Einführung

Kreditinstitute sind regelmäßig Beteiligte in Insolvenzverfahren. Sowohl in Verbraucher- als auch Unternehmensinsolvenzen stehen Kreditinstitute vor Insolvenzeröffnung in laufender Geschäftsbeziehung zum (späteren) Insolvenzschuldner[1] und fungieren beispielsweise als Darlehensgeber oder zumindest als Zahlungsdienstleister für den Schuldner.

Als Geschäfts- bzw. Hausbank sind Kreditinstitute darüber hinaus in Unternehmensinsolvenzen wesentliche Schlüsselfiguren. Aus ihrer nicht selten daraus resultierenden Stellung als „Großgläubiger" und in der Regel damit verbundenen Berechtigung zur abgesonderten Befriedigung stellen sie für den Insolvenzverwalter einen maßgeblichen Ansprechpartner in Bezug auf Fortführung und Sanierung des Unternehmens sowie Verwertung des bestehenden Vermögens dar. Aufgrund ihrer Stellung als Geschäfts- und Hausbank haben Kreditinstitute ferner dadurch eine exponierte Position, dass sie als kontoführende Institute des Schuldners, Zahlungsdienstleistungen für diesen ausführen und überwachen. Durch die in der Regel bestehende Kontokorrentabrede hat das kontoführende Kreditinstitut auf die Liquidität des Schuldners Zugriff, indem es Zahlungseingänge entweder im Kontokorrent zurückführt oder durch Einstellung eigener Belastungen im Kontokorrent Deckung über die periodische Verrechnung erlangt.[2]

Durch zwingende Verpflichtungen aus dem Kreditwesengesetz und den Mindestanforderungen an das Risikomanagement (MaRisk) sind Kreditinstitute ferner gehalten, sich über die wirtschaftlichen Verhältnisse des Schuldners unterrichten zu lassen und die gewonnenen Informationen sodann zu analysieren, um drohende bzw. schon bereits bestehende Risiken noch rechtzeitig erkennen zu können.[3] Durch die daraus in der Regel resultierende Vorlage von Bilanzen,

---

1 Ab dem Zeitpunkt der Insolvenzeröffnung wird der Schuldner als Insolvenzschuldner bezeichnet. Vor dem Zeitpunkt der Insolvenzeröffnung wird der spätere Insolvenzschuldner als Schuldner bezeichnet. Zwecks Vereinfachung und Vereinheitlichung wird im Folgenden die Bezeichnung Schuldner (generisches Maskulinum) einheitlich für Schuldnerinnen und Schuldner sowie für Insolvenzschuldnerinnen und Insolvenzschuldner verwendet. Dies gilt sowohl für natürliche als auch juristische Personen.

2 *Kirstein*, in: Praxis der Insolvenzanfechtung, Teil IV Rn. 3; *derselbe*, ZInsO 2014, 1921.

3 Vgl. *Hannemann/Schneider/Hanenberg*, Mindestanforderungen an das Risikomanagement, S. 430; *Kirstein*, in: Praxis der Insolvenzanfechtung, Teil IV Rn. 4; *derselbe*, ZInsO 2014, 1921.

betriebswirtschaftlichen Auswertungen bzw. sonstigen vergleichbaren Aufstellungen, welche die Finanzkraft des Schuldners dokumentieren, erhalten Kreditinstitute in der Regel einen ebenso frühen wie detaillierten Überblick über die finanzielle Situation des Schuldners und verfügen somit grundsätzlich über einen Wissensvorsprung gegenüber anderen Gläubigern, welche sich in der Regel nur aus der Außendarstellung des Schuldners ein Bild über dessen Finanzkraft machen können. Dieser Wissensvorsprung der Kreditinstitute wird zudem dadurch gefördert, dass die Kreditinstitute durch die Überwachung und Abwicklung des Zahlungsverkehrs des Schuldners als Zahlungsdienstleister frühzeitig bzw. regelmäßig vor anderen Gläubigern maßgebliche Anzeichen einer finanziellen Krise wahrnehmen; hierzu gehören Maßnahmen der Zwangsvollstreckung wie zum Beispiel die Pfändung und Überweisung einer Forderung des Schuldners gegenüber dem Kreditinstitut als Drittschuldner (§§ 829 Abs. 3, 835 Abs. 3 ZPO), Vorpfändungen (§ 845 ZPO) und selbstredend die Rückgabe von Lastschriften.[4]

Aufgrund der genannten Umstände, dem daraus resultierenden Wissensvorsprung und der Möglichkeit des Kreditinstituts, sich regelmäßig weitere Informationen vom potentiellen Insolvenzschuldner zu beschaffen, sowie der bestehenden Sachkunde des Kreditinstitutes, sind diese für die Verwirklichung der gesetzlichen Anfechtungstatbestände im Sinne der Insolvenzordnung besonders „anfällig". Denn die in einer Vielzahl der Anfechtungstatbestände nur mit Schwierigkeiten darzulegenden und darüber hinaus im Betreibungsfall zu beweisenden sog. inneren Tatsachen, lassen sich gegenüber dem Kreditinstitut als Anfechtungsgegner oftmals – aufgrund des genannten Informationsflusses sowie der bestehenden Überwachung – zeitlich wesentlich früher und gegebenenfalls prozessual erfolgversprechend vortragen. Daher kann auch der sonst mit „hohen Hürden" behaftete § 133 Abs. 1 InsO insbesondere gegenüber Kreditinstituten als funktionierendes und sog. „scharfes Schwert"[5] der Insolvenzanfechtung angesehen werden. Zudem wurde dieses „scharfe Schwert" durch die höchstrichterliche Rechtsprechung dahingehend geschliffen, dass der Anfechtungstatbestand aus § 133 InsO auch gegenüber einem Leistungsmittler, der auf Weisung des Schuldners dessen Leistung an ein Dritten erbringt, grundsätzlich

---

4 Vgl. BGH, 06.12.2012 – IX ZR 3/12, ZInsO 2013, 190 (195): „*Vielmehr bildeten die nunmehr gehäuften Lastschriftrückgaben ein eindeutiges Alarmsignal für eine Zahlungseinstellung, dem sich ein redlicher Gläubiger nicht verschließen konnte.*"

5 In Anlehnung an den Titel der Ausgabe des „INDat-Report: Verwalter – Verfahren – Gerichte" aus Juli 2006: „*Insolvenzanfechtung: Klares Votum für das scharfe Schwert*".

anwendbar sein soll.[6] Dies hat zur Folge, dass der § 133 InsO nunmehr auch Relevanz im Zeitraum der sog. „gesetzlichen Krise" (der sog. „Drei-Monats-Zeitraum" vor Antragsstellung sowie zeitlich nach der Antragsstellung = gesetzliche Krise[7]) genießt, da eine Anfechtung gegenüber dem Leistungsmittler aus den §§ 130, 131 InsO mangels Vorliegen der tatbestandlichen Voraussetzungen ausscheidet.[8]

Dies zusammengenommen und ausgehend davon, dass Kreditinstitute über eine nachhaltige Solvenz verfügen, liegt für den Insolvenzverwalter bei der Auffüllung der Insolvenzmasse durch Anfechtungsansprüche ein Hauptaugenmerk auf diesem möglichen Anfechtungsgegner. Abhängig davon, ob Kreditinstitute für den Schuldner als Darlehensgeber agieren und entsprechende Tilgungen und Zinszahlungen von einem Konto des Schuldners bei einem anderen Zahlungsdienstleister erhalten oder als kontoführender Zahlungsdienstleister den Zahlungsverkehr für den Schuldner vollziehen und letztendlich Befriedigung durch Verrechnung im Kontokorrent erzielen[9], existieren anfechtungsrechtliche Besonderheiten, die sich sowohl aus den allgemeinen Strukturen des Anfechtungssystems als auch und insbesondere aus der Stellung eines Kreditinstitutes gegenüber dem Schuldner für die Beteiligten im Rahmen eines Anfechtungsanspruches ergeben. Die anfechtungsrelevanten Sachverhalte konzentrieren sich dabei auf zwei wesentliche Blickwinkel des Insolvenzverwalters als Anspruchssteller gegenüber dem Kreditinstitut als Anfechtungsgegner. Zum einen, wenn das Kreditinstitut in der Stellung als Leistungsempfänger (Zahlungsempfänger) Zahlungseingänge auf einem debitorisch geführten Konto des Schuldners verrechnet und zum anderen, wenn das Kreditinstitut in der Stellung als Leistungsmittler (Zahlstelle) Zahlungsaufträge ausführt und daraus resultierende Aufwendungsersatzansprüche in entsprechender Höhe in das für den Schuldner geführte Konto einstellt.

Der Hauptteil der Arbeit orientiert sich demnach an folgenden wegweisenden Anfechtungskonstellationen:

Das Kreditinstitut als Anfechtungsgegner in der Stellung als Leistungsempfänger;
Das Kreditinstitut als Anfechtungsgegner in der Stellung als Leistungsmittler.

Zum einen ist dabei das Ziel der Arbeit, die daraus entstehenden „Angriffsflächen" für die Durchsetzung eines Insolvenzanfechtungsanspruches gegenüber einem

---

6 BGH, 24.01.2013 - IX ZR 11/12, ZInsO 2013, 384.
7 *Bograkos/Kirstein*, in: Praxis der Insolvenzanfechtung, § 130 Rn. 1.
8 Siehe dazu S. 114 ff.
9 *Kirstein*, in: Praxis der Insolvenzanfechtung, Teil IV Rn. 6.

Kreditinstitut aufzuzeigen, welcher den Anfechtungsgrund des § 133 Abs. 1 InsO zum Gegenstand hat. Zum anderen sind spiegelbildlich die Verteidigungsmöglichkeiten des Kreditinstitutes gegen einen solchen Insolvenzanfechtungsanspruch zu beleuchten. Verbunden und geprägt sind diese Themenkomplexe mit den äußerst interessanten dogmatischen Facetten eines auf dem § 133 Abs. 1 InsO basierenden Insolvenzanfechtungsanspruches gegenüber einem Kreditinstitut. Aus der Anwendung des geltenden Rechts und insbesondere aus dem oben angedeuteten möglichen Stellungswechsel des Kreditinstitutes bestehen eine Vielzahl von dogmatischen Fragen bzw. zu bewältigenden „Hürden", welche sich z. B. schon bei der Suche der tauglichen Anspruchsgrundlage im Falle von anfechtbaren Verrechnungen andeuten.

Um diese Themenkreise in einen rechtlichen Kontext einordnen, auf- und abarbeiten zu können, sind zunächst einleitend die Grundsätze der Insolvenzanfechtung darzustellen (**§ 2**). Im **§ 3** dieser Arbeit sind vorab historische und inhaltliche Strukturen des § 133 InsO anzureißen (*A)*). Der die Arbeit und auch den **§ 3** prägende Themenkomplex richtet sich sodann an die Insolvenzanfechtung gemäß § 133 Abs. 1 InsO gegenüber einem Kreditinstitut in der Stellung als Leistungsempfänger (*B)*) und als Leistungsmittler (*C)*). Diese Themenkreise sind anhand der Systematik des Insolvenzanfechtungsrechtes und den einzelnen Voraussetzungen des § 133 Abs. 1 InsO sowie den gegebenenfalls damit verbundenen Spezifitäten des Bankrechts zu durchleuchten. Abgeschlossen wird der **§ 3** dieser Arbeit mit einer Analyse der spannenden Fragestellung, ob Kreditinstitute aus ihrem Handeln heraus gegebenenfalls „nahestehende Personen" im Sinne des § 138 InsO sein können und somit in den Anwendungsbereich des § 133 Abs. 2 InsO fallen (*D)*). Die Arbeit endet mit einem Gesamtfazit und einer Zusammenfassung der erzielten Ergebnisse (**§ 4**).

Im Ergebnis soll die Untersuchung dem Praktiker als auch dem Wissenschaftler ein umfassendes Bild über die Insolvenzanfechtung gemäß § 133 InsO gegenüber einem Kreditinstitut als Anfechtungsgegner bieten.

§ 2 Grundsatz der Insolvenzanfechtung - § 129 InsO

A) Einleitung

Die Gläubiger des Schuldners in einem Insolvenzverfahren bilden im Gegensatz zur Einzelzwangsvollstreckung und dem damit verbundenen Prioritätsprinzip (vgl. § 804 Abs. 3 ZPO) eine Verlustgemeinschaft und unterliegen dem das Insolvenzverfahren beherrschenden Grundsatz „*par condicio creditorum*", namentlich die Gleichbehandlung sämtlicher Gläubiger des insolventen Schuldners (vgl. § 1 Abs. 1 S. 1 InsO).

Um diesen Grundsatz zu sichern, stellt die Insolvenzordnung für unterschiedliche Zeiträume diverse Rechtsinstrumente zur Verfügung. So verhindern zum einen die §§ 80-82 InsO die Reduzierung der Aktivmasse oder die Mehrung der Passivmasse durch einen Übergang der Verfügungsbefugnis vom Schuldner auf den Insolvenzverwalter ab Verfahrenseröffnung. Ferner werden absolut wirkende (§ 88 InsO)[10] und relativ (§ 89 InsO)[11] wirkende Vollstreckungshindernisse zur Verfügung gestellt, um Verwertungsmaßnahmen der Zwangsvollstreckung in zeitlicher Nähe vor und stets nach der Verfahrenseröffnung kraft Gesetzes (Wirkung des § 88 InsO) oder durch die Erhebung des Rechtsbehelfs der Vollstreckungserinnerung auszuschließen (Wirkung des § 89 InsO). Zum anderen finden sich in einzelnen Teilen der Insolvenzordnung wiederum Spezialtatbestände, welche nach ihrem Sinn und Zweck das Erreichen und die Sicherstellung des genannten Grundsatzes verfolgen (z. B. §§ 21, 110 Abs. 2, 114 Abs. 3 a. F., 321, 332 i. V. m. 321 InsO) und dabei an Zeiträume anknüpfen, welche sich

10 Sog. „Rückschlagsperre" = Soweit ein Insolvenzgläubiger im letzten Monat vor dem Antrag auf Eröffnung des Insolvenzverfahrens oder nach diesem Antrag durch Zwangsvollstreckung eine Sicherung an dem zur Insolvenzmasse gehörenden Vermögen des Schuldners erlangt hat, so wird diese Sicherung mit der Eröffnung des Verfahrens unwirksam. Gemäß § 88 InsO wird *ipso iure* die maßgebliche Sicherung unwirksam; einer gesonderten Anfechtung bedarf es dann nicht mehr.

11 § 89 InsO stellt ein „klassisches" Vollstreckungshindernis dar, welches im Gegensatz zu § 88 InsO keine absolute Unwirksamkeit bezüglich der erlangten Sicherung erzeugt, sondern vielmehr relativ zum Schutze der Insolvenzmasse wirkt. Um den Schutz des § 89 InsO zu erreichen, bedarf es der Erhebung der Vollstreckungserinnerung gemäß § 766 ZPO. Wegen der Existenz und der Wirkung des § 88 InsO ist der praktische Anwendungsbereich des § 89 InsO gering.

aufgrund von Besonderheiten des jeweiligen Insolvenzverfahrens ergeben. So stellt beispielsweise der § 321 InsO im Rahmen einer Nachlassinsolvenz ein weiteres Vollstreckungshindernis für die Gläubiger ab dem Zeitpunkt des Erbfalls zur Verfügung.[12]

Das maßgebliche Rechtsinstrument zur Sicherstellung des Grundsatzes *„par condicio creditorum"* bezogen auf Vermögensverschiebungen vor Insolvenzeröffnung stellt jedoch das Insolvenzanfechtungsrecht dar.[13] Die grundlegende Aufgabe der Insolvenzanfechtung ist die Wiederherstellung der Zugriffslage, welche ohne die Masse beeinträchtigende Rechtshandlungen seitens des Schuldners für die Gläubiger bestanden hätte.[14] Der gesetzliche Anknüpfungspunkt für jeden anfechtungsrelevanten Sachverhalt ist der § 129 InsO. Dieser stellt – wie die amtliche Überschrift es ausdrücklich bezeichnet – den „Grundsatz" des Anfechtungsrechtes der Insolvenzordnung dar. § 129 InsO normiert diejenigen Voraussetzungen, welche in Bezug auf jeden (gegebenenfalls) bestehenden Anfechtungsanspruch vorab zu prüfen sind. Demnach können Rechtshandlungen, die vor der Eröffnung des Insolvenzverfahrens vorgenommen worden sind und die Insolvenzgläubiger benachteiligen, vom Insolvenzverwalter nach Maßgabe der §§ 130 bis 146 InsO angefochten werden, vgl. § 129 Abs. 1 InsO.

§ 129 InsO konkretisiert dabei den zeitlichen, personellen und sachlichen Anwendungsbereich des Anfechtungsrechtes. Erst bei Vorliegen der Voraussetzungen des § 129 InsO eröffnet sich insbesondere der Anwendungsbereich der Anspruchsgrundlage aus § 143 Abs. 1 S. 1 InsO sowie der Anfechtungsgründe als Hilfsnormen aus den §§ 130 ff. InsO.

B) Zeitlicher Anwendungsbereich des § 129 InsO

In zeitlicher Hinsicht knüpft das Anfechtungsrecht gemäß der Formulierung des § 129 InsO an Zeiträume vor der Eröffnung des Insolvenzverfahrens an. Demnach sind Rechtshandlungen grundsätzlich nur anfechtbar, die vor Verfahrenseröffnung stattfinden.

---

12 *Siegmann*, in: Münchener Kommentar zur Insolvenzordnung, § 321 Rn. 6.

13 Vgl. *Rogge/Leptien*, in: Hamburger Kommentar zum Insolvenzrecht, Vor §§ 129 ff. Rn. 1; vgl. ferner *Dauernheim*, in: Frankfurter Kommentar zur Insolvenzordnung, § 129 Rn. 1.

14 BGH, 20.10.2005 – IX ZR 276/02, ZInsO 2006, 151; BGH, 29.06.2004 – IX ZR 258/02, ZIP 2004, 1619; BGH, 08.07.1993 – IX ZR 116/92, ZIP 1993, 1662; BGH 01.10.1953 – III ZR 351/52, NJW 1953, 1785.

Eine Ausnahme von diesem zeitlichen Grundsatz macht der Gesetzgeber gemäß § 147 InsO. In diesem Fall sind Rechtshandlungen nach Verfahrenseröffnung anfechtbar, soweit diese wirksam sind. Darüber hinaus dehnt die Rechtsprechung in bestimmten Einzelfällen den zeitlichen Anwendungsbereich auch über den Zeitpunkt der Verfahrenseröffnung aus, soweit dies die Interessen der Gläubigergemeinschaft erfordern und somit das Bedürfnis der Rechtssicherheit und des Verkehrsschutzes eines Einzelnen gegenüber den Interessen der Gläubigergemeinschaft zurücktreten muss.[15] Wird zum Beispiel die am Vermögen eines Gesellschafters und am Gesellschaftsvermögen gesicherte Forderung eines Darlehensgläubigers nach der Eröffnung des Insolvenzverfahrens über das Vermögen der Gesellschaft durch Verwertung der Gesellschaftssicherheit befriedigt, ist der Gesellschafter zur Erstattung des an den Gläubiger ausgekehrten Betrages zur Insolvenzmasse gemäß §§ 143 Abs. 3 S. 1 InsO analog (i. V. m. § 135 Abs. 2 InsO) verpflichtet.[16]

C) Personeller und sachlicher Anwendungsbereich des § 129 InsO

Der § 129 InsO zeigt ferner den personellen und sachlichen Anwendungsbereich des Anfechtungsrechtes auf.

Der personelle Anwendungsbereich bezieht sich auf die Anfechtungsberechtigung. Der sachliche Anwendungsbereich zeigt die Voraussetzungen auf, welche vorliegen müssen, damit der Anwendungsbereich der Anspruchsgrundlage, der Hilfsnormen und der Wirknormen (vgl. §§ 130–146) aktiviert wird.

I. Personeller Anwendungsbereich des § 129 InsO: Anfechtungsberechtigung

Unter Berücksichtigung des § 129 InsO steht dem Insolvenzverwalter das Anfechtungsrecht ab Verfahrenseröffnung zu. Dabei ist unerheblich, ob der Insolvenzverwalter liquidierend oder sanierend tätig wird.[17]

Ferner wird das Anfechtungsrecht des Insolvenzverwalters auch nicht dadurch beeinträchtigt bzw. beschränkt, ob eine Zwangsverwertung durchgeführt

15 Vgl. z. B. BGH, 01.12.2011 – IX ZR 11/11, NJW 2012, 156 ff. = NZG 2012, 35 ff. = NZI 2012, 19 ff..

16 BGH, 01.12.2011 – IX ZR 11/11, NJW 2012, 156 = NZG 2012, 35 = NZI 2012, 19.

17 *Dauernheim*, in: Frankfurter Kommentar zur Insolvenzordnung, § 129 Rn.1; *Kreft*, in: Heidelberger Kommentar zur Insolvenzordnung, § 129 Rn. 1.

wird oder das Insolvenzverfahren durch einen Insolvenzplan beendet wird und ob ein Insolvenzverwalter bestellt wird oder die Eigenverwaltung[18] über das Vermögen des Schuldners angeordnet wird.[19]

Lediglich in vereinfachten Insolvenzverfahren wurde das Anfechtungsrecht auf die einzelnen Insolvenzgläubiger übertragen (vgl. § 313 Abs. 2 S. 1 InsO a. F.), was jedoch mit dem „Gesetz zur Verkürzung des Restschuldbefreiungsverfahrens und Stärkung der Gläubigerrechte" vom 17.05.2013 und mit Wirkung zum 01.07.2014 sein Ende gefunden hat. Der § 312 InsO wurde (u. a.) vollständig aufgehoben.[20] Das Anfechtungsrecht steht nunmehr auch im vereinfachten Insolvenzverfahren ausschließlich dem Insolvenzverwalter zu.

II. Sachlicher Anwendungsbereich des § 129 InsO

Der sachliche Anwendungsbereich des § 129 InsO umfasst die objektiven Tatbestandsmerkmale Rechtshandlung und Gläubigerbenachteiligung.[21]

1. Rechtshandlungen

In Bezug auf Rechtshandlungen im Sinne des Anfechtungsrechtes gilt es den Begriff der „Rechtshandlung" zu erklären.

---

18 Anzumerken gilt, dass in diesem Verfahrenstypus das Verwaltungsorgan nicht als Insolvenzverwalter, sondern gemäß der §§ 270 ff. InsO als Sachwalter tituliert wird. Auf die Ausübung des Anfechtungsrechtes hat dies jedoch keinerlei Auswirkung, vgl. § 280 InsO.

19 BT-Drucksache, 12/2443 S. 82, 156; siehe auch *Biehl*, KTS – Zeitschrift für Insolvenzrecht 1999, 313 f.; *Dauernheim*, in: Frankfurter Kommentar zur Insolvenzordnung, § 129 Rn. 1.

20 BR-Drucksache, 380/13 S. 8.

21 Auf dieser Ebene wird Grundlegendes zu den genannten Tatbestandsmerkmalen aufgezeigt. Eine intensive Behandlung dieser Tatbestandsmerkmale erfolgt unter dem § 3 dieser Arbeit. Es gilt dabei anzumerken, dass die objektive Gläubigerbenachteiligung gemäß § 129 InsO Voraussetzung jeder Insolvenzanfechtung ist. Voraussetzung nach § 133 InsO ist lediglich der Gläubigerbenachteiligungsvorsatz (vgl. dazu BGH, 10.01.2008 – IX ZR 33/07, ZIP 2008, 467 (468). Aus Gründen der Verständlichkeit und des Zusammenhangs zum hiesigen institutionellen Anfechtungsgegner, wird das Tatbestandsmerkmal der objektiven Gläubigerbenachteiligung im Rahmen des § 3 dieser Arbeit intensiviert. Dagegen könnte aus Gründen der Gesetzessystematik eine umfassende Behandlung dieses Tatbestandsmerkmal in Bezug auf den hier maßgeblichen Anfechtungsgegner auch im Rahmen des § 129 InsO vorgenommen werden, worauf jedoch aus den vorangestellten Gründen verzichtet wird.

a) Begriffsbestimmung

Als Rechtshandlungen im Sinne des Anfechtungsrechtes gelten sämtliche Willensbetätigungen, an die das Gesetz rechtliche Wirkungen knüpft, ohne dass diese gewollt sein müssen.[22] Dabei kann es sich um einzelne Willenserklärungen im Rahmen eines Rechtsgeschäftes, Kausalgeschäfte, Verfügungen als Erfüllungsgeschäfte, sonstige Verfügungen, Prozesshandlungen, rechtsgeschäftsähnliche Handlungen, Realakte sowie Vollstreckungsakte handeln.[23] Ferner wird ein rechtserhebliches Unterlassen gemäß § 129 Abs. 2 InsO einer Rechtshandlung im Sinne des § 129 Abs. 1 InsO gleichgestellt, sofern es bewusst und gewollt erfolgt und nicht nur die Folge einer Nachlässigkeit oder Unachtsamkeit darstellt.[24]

Dabei ist es grundsätzlich unerheblich, ob die Rechtshandlung die rechtliche Wirkung alleine herbeiführt.[25] Denn Gegenstand der Anfechtung ist nicht die Rechtshandlung selbst, sondern vielmehr die durch sie verursachte gläubigerbenachteiligende Wirkung.[26] Egal, welcher Ansicht bezüglich der Rechtsnatur der Insolvenzanfechtung[27] gefolgt wird, kann das Insolvenzanfechtungsrecht nicht dafür sorgen, dass einzelne Rechtshandlungen beseitigt werden, sondern sich nur auf die damit verbundenen gläubigerbenachteiligenden Wirkungen

---

22 BGH, 15.10.1975 – VIII ZR 62/74, WM 1975, 1182 (1184); *Ehricke*, in: Kübler/Prütting/Bork - Insolvenzordnung, § 129 Rn. 36 f.; *de Bra*, in: Braun – Insolvenzordnung, § 129 Rn. 10.

23 BGH, 09.07.2009 – IX ZR 86/08, ZInsO 2009, 1585 (1586 f.); vgl. BGH, 15.05.2003 – IX ZR 194/02, ZIP 2003, 1304 f.; vgl. BGH, 19.12.2002 – IX ZR 377/99, WM 2003, 524 (525); vgl. BGH, 21.03.2000 – IX ZR 138/99, WM 2000, 1071; *Kreft*, in: Heidelberger Kommentar zur Insolvenzordnung, § 129 Rn. 12; *Kayser*, in: Münchener Kommentar zur Insolvenzordnung, § 129 Rn. 7; vgl. auch *Kübler/Prütting*, Das neue Insolvenzrecht, S. 339.

24 BGH, 02.04.2009 – IX ZR 236/07, ZInsO 2009, 1060 (1061); BGH, 10.02.2005 – IX ZR 211/02, BB 2005, 734 (738); *Kayser*, in: Münchener Kommentar zur Insolvenzordnung, § 129 Rn. 24; *Kreft*, in: Heidelberger Kommentar zur Insolvenzordnung, § 129 Rn. 24; *Hess*, Kommentar zum Insolvenzrecht, § 129 Rn. 23; *Rogge/Leptien*, in: Hamburger Kommentar zum Insolvenzrecht, § 129 Rn. 15; *Henckel*, in: Jaeger/Henckel/Gerhardt – Insolvenzordnung, § 129 Rn. 12.

25 *Bograkos/Kirstein*, in: Praxis der Insolvenzanfechtung, § 129 Rn. 3 und Rn. 4.

26 BGH, 05.04.2001 – IX ZR 216/98, ZIP 2001, 885 (886); BGH, 21.01.1999 – IX ZR 329/97, ZIP 1999, 406; BGH, 16.03.1995 – IX ZR 72/94, ZIP 1995, 630 (634); *Karsten Schmidt*, in: Karsten Schmidt – Insolvenzordnung, § 129 Rn. 4.

27 Diesbezüglich existieren eine Vielzahl von wissenschaftlichen Abhandlungen und Kommentierungen: vgl. z. B. zuletzt *Sieber*, Die Rechtsnatur der Gläubigeranfechtung, S. 11 ff. (m. w. N.); vgl. ferner *Kayser*, in: Münchener Kommentar zur Insolvenzordnung, Vor §§ 129 bis 147 Rn. 11 ff.

beziehen.[28] Es ist nämlich nicht die Aufgabe des Insolvenzanfechtungsrechtes hinsichtlich einzelner Rechtshandlungen die Nichtigkeit dieser herbeizuführen, sondern vielmehr die gläubigerbenachteiligende Wirkung – zwecks bestmöglicher Befriedigung der Gläubigergemeinschaft – zu beseitigen.[29] Folglich kann demnach ebenso eine Rechtshandlung Gegenstand der Anfechtung sein, welche nur mit weiteren Rechtshandlungen zusammen die gläubigerbenachteiligende Rechtswirkung eintreten ließ.[30] Es ist somit zwingend aber auch ausreichend, dass zwischen der angefochtenen Rechtshandlung und der damit einhergehenden Gläubigerbenachteiligung ein Kausalzusammenhang besteht.[31] An einer anfechtbaren Rechtshandlung fehlt es jedoch, sofern die gläubigerbenachteiligende Wirkung kraft Gesetzes eingetreten und nicht auf die Rechtshandlung zurückzuführen ist.[32]

Festzuhalten bleibt, dass das Tatbestandsmerkmal der Rechtshandlung weit verstanden wird, damit alle denkbaren Fälle rechtlich erheblichen Handelns erfasst werden, die geeignet sind, die Vermögensmasse des Schuldners aus Sicht der Gläubigergemeinschaft nachteilig zu beeinflussen.[33]

b) Ausübung der Rechtshandlung

Aus § 129 Abs. 1 InsO ergibt sich, dass die der Anfechtung unterliegende Rechtshandlung grundsätzlich von jedermann vorgenommen werden kann.[34] Es kann sich demnach um eine Rechtshandlung des Schuldners, des Anfechtungsgegners – in der Regel eines einzelnen Gläubigers – oder eines Dritten handeln. Nur

---

28 *Häsemeyer*, Insolvenzrecht, Rn. 21.29; *Klinck*, Die Grundlagen der besonderen Insolvenzanfechtung, S. 167.

29 Vgl. *Gerhardt*, Die systematische Einordnung der Gläubigeranfechtung, S. 124 ff.; BGH, 05.04.2001 – IX ZR 216/98, ZIP 2001, 885 (886); *Klinck*, Die Grundlagen der besonderen Insolvenzanfechtung, S. 167.

30 *Bograkos/Kirstein*, in: Praxis der Insolvenzanfechtung, § 129 Rn. 3 und Rn. 4.

31 Vgl. BGH, 09.07.2009 – IX ZR 86/08, ZInsO 2009, 1585 (1586 f.); BGH, 09.06.2005 – IX ZR 152/03, NZI 2005, 497 (498); BGH, 18.05.2000 – IX ZR 119/99, ZIP 2000, 1550 (1551); *Schmittmann/Zeeck*, in: Haarmeyer/Wutzke/Förster – Insolvenzordnung, § 129 Rn. 10.

32 BGH, 28.09.2006 – IX ZR 98/05, ZInsO 2006, 1265 (1266).

33 BGH, 09.07.2009 – IX ZR 86/08, ZInsO 2009, 1585 (1586); BGH, 12.02.2004 – IX ZR 98/03, WM 2004, 666 (667); *Kayser*, in: Münchener Kommentar zur Insolvenzordnung, § 129 Rn. 7; *Kreft*, in: Heidelberger Kommentar zur Insolvenzordnung, § 129 Rn. 11 und Rn. 12.

34 BGH, 20.01.2000 – IX ZR 58/99, ZIP 2000, 364 (365); vgl. dazu bereits BGH, 25.11.1964 – VIII ZR 289/12, WM 1965, 14 (15 f.).

soweit das Gesetz ausdrücklich eine Personifikation des Handelnden vornimmt, beschränkt sich die Ausübung der Rechtshandlung auf diese Person. So verlangt z. B. der § 133 Abs. 1 S. 1 InsO die Rechtshandlung seitens des Schuldners.

Insbesondere können auch Rechtshandlungen eines vorläufigen Insolvenzverwalters (§ 22 InsO) für den Schuldner vom Insolvenzverwalter angefochten werden. Dies gilt selbst dann, soweit er dieses Amt selbst ausgeübt hat.[35] Dieser Grundsatz wird jedoch eingeschränkt, wenn der Insolvenzverwalter im Rahmen seiner Tätigkeit als vorläufiger Insolvenzverwalter einen derart schützenswürdigen Vertrauenstatbestand beim potentiellen Anfechtungsgegner geschaffen hat, der eine Anfechtung objektiv nicht rechtfertigt und bei dem Anfechtungsgegner unter Berücksichtigung des Grundsatzes von Treu und Glauben (§ 242 BGB) selbst darauf vertrauen durfte, dass die rechtlich erlangte und gefestigte Vermögensposition seitens des Insolvenzverwalters nicht mehr „angegriffen" wird.[36]

Im Rahmen des § 133 Abs. 1 InsO ist dies für Kreditinstitute insbesondere dann relevant, soweit sie als Leistungsmittler und nicht als Leistungsempfänger auftreten. Denn eine Vorsatzanfechtung soll auch gegenüber einem Leistungsmittler, der auf Weisung des Schuldners dessen mittelbare Leistung an einen Dritten erbringt, grundsätzlich möglich sein.[37] Sofern der Schuldner im Rahmen eines Insolvenzeröffnungsverfahrens (z. B.) zur Fortführung des Betriebes bis zur Insolvenzeröffnung durch den vorläufigen Insolvenzverwalter (vgl. § 22 Abs. 1 S. 2 Nr. 2 InsO) oder gegebenenfalls durch die bisherige Geschäftsführung des Schuldners (vgl. § 22 Abs. 2 S. 1 InsO) weitere Überweisungen oder Lastschriften veranlasst, besteht auch für den Zeitraum zwischen Antragsstellung und Insolvenzeröffnung ein nicht unerheblicher Anwendungsbereich für den § 133 InsO. Insbesondere wenn vom Schuldner autorisierte Verfügungen seitens des Kreditinstitutes zu Gunsten Dritter auf dem Konto des Schuldners durchgeführt werden, käme gegenüber dem Leistungsmittler, namentlich dem Kreditinstitut, nur der Anfechtungsgrund aus § 133 InsO in Betracht, da das Kreditinstitut in diesem Fall nicht das für die §§ 130, 131 und 132 InsO notwendige Tatbestandsmerkmal „Insolvenzgläubiger" verwirklicht. Denn in der

---

35 BGH, 10.01.2013 - IX ZR 161/11, ZInsO 2013, 551 (552) BGH, 11.06.1992 - IX ZR 255/91, ZIP 1992 1005, (1008); vgl. dazu auch *Kesseler*, ZInsO 2006, 530; *Dauernheim*, in: Frankfurter Kommentar zur Insolvenzordnung, § 129 Rn. 29.

36 BGH, 09.07.2009 - IX ZR 86/08, ZInsO 2009, 1585 (1588); BGH, 11.06.1992 - IX ZR 255/91, ZIP 1005, (1008).

37 BGH, 25.04.2013 - IX ZR 235/12, Jurion RS 2013, 35723; BGH, 24.01.2013 - IX ZR 11/12, ZInsO 2013, 384 (385); BGH, 26.04.2012 - IX ZR 74/11, ZInsO 2012, 924 f.; BGH, 29.11.2007 - IX ZR 121/06, ZInsO 2008, 814; vgl. dazu eingehender S. 113 ff.

geschilderten Konstellation besteht für das Kreditinstitut zum Zeitpunkt der aus der Überweisung resultierenden und der Anfechtung unterliegenden Belastungsbuchung kein Vermögensanspruch gegen den Schuldner; das Kreditinstitut ist somit kein Insolvenzgläubiger (vgl. § 38 InsO). Dieser entsteht erst durch die Belastungsbuchung als Aufwendungsersatzanspruch gemäß § 675c Abs. 1 BGB i. V. m. § 670 BGB. Zudem resultiert dieser Vermögensanspruch aus der vollzogenen Deckung des Schuldners zu Gunsten des Leistungsempfängers und dient folglich nicht der Sicherung oder Befriedigung des Kreditinstitutes in einer bestehenden Stellung als Insolvenzgläubiger (vgl. §§ 130, 131 InsO).[38]

In der Regel wird bzw. sollte sich das Kreditinstitut in diesem Falle ab dem Zeitpunkt der Antragsstellung den Verzicht auf die Anfechtung seitens des vorläufigen Insolvenzverwalters erklären lassen, um das geschilderte Anfechtungsrisiko aufgrund eines sodann bestehenden Vertrauenstatbestandes auszuschließen. Ein derartiger Verzicht wird für den genannten Zeitraum, namentlich nach Antragsstellung und vor Insolvenzeröffnung, auch im Lichte des § 133 InsO zu Gunsten des Kreditinstitutes als Leistungsmittler möglich sein müssen.[39] Ansonsten wäre die Betriebsfortführung, welche teilweise schon grundsätzlich vom Gesetzgeber vorgeschrieben wird (vgl. § 22 Abs. 1 S. 2 Nr. 2 InsO, §§ 270 ff. InsO (im Rahmen der Eigenverwaltung als vorläufiger Sachwalter)), für den vorläufigen Insolvenzverwalter faktisch unmöglich. Jedes Kreditinstitut würde sonst zumindest ab dem Zeitpunkt der Antragsstellung und der Nichtabgabe der genannten Erklärung von dem in der Regel zu diesem Zeitpunkt bestehenden und vereinbarten Sonderkündigungsrecht zwecks Beendigung der Geschäftsbeziehung zum Schuldner Gebrauch machen, um zum einen der sonst bestehenden grundsätzlichen Verpflichtung zur Ausführung von Zahlungsaufträgen (vgl. § 675o Abs. 2 BGB) zu entgehen und zum anderen das damit verbundene Anfechtungsrisiko auszuschließen. Die Möglichkeit einer konstruktiven Betriebsfortführung bzw. die damit notwendige verbundene Teilhabe am Geschäftsverkehr für den Schuldner wäre jedoch dann nicht mehr gegeben.

2. *Benachteiligung der Insolvenzgläubiger*

Der § 129 InsO schreibt eine Benachteiligung der Insolvenzgläubiger (§ 38 InsO) in ihrer Gesamtheit vor.[40] Privilegierte Teilnehmer im Insolvenzverfahren, namentlich zum Beispiel absonderungsberechtigte Gläubiger (§§ 50, 51

38 Siehe dazu weitergehender S. 115 f.

39 Dies wohl bestätigend BGH, 25.04.2013 – IX ZR 235/12, ZInsO 2013, 1077 (1080).

40 BGH, 23.09.1981 – VIII ZR 245/80, ZIP 1981, 1229 (1231).

InsO), können nicht benachteiligt werden soweit ihre Forderung durch das Absonderungsrecht gesichert ist und nicht ausfällt (vgl. § 52 S. 2 InsO).

a) *Begriffsbestimmung*

Eine Gläubigerbenachteiligung liegt grundsätzlich vor, wenn die angefochtene Rechtshandlung die Aktivmasse verkürzt oder die Passivmasse vermehrt wird und somit den Zugriff auf das Schuldnervermögen vereitelt, erschwert oder verzögert.[41]

Dabei und wie angedeutet[42] ist erforderlich, dass die Gläubigerbenachteiligung durch die Rechtshandlung verursacht wird. Es ist zunächst unerheblich, ob die Gläubigerbenachteiligung unmittelbar oder mittelbar herbeigeführt worden ist. Der § 129 Abs. 1 InsO akzeptiert jede Form der Gläubigerbenachteiligung.

b) *Unmittelbare und mittelbare Gläubigerbenachteiligung*

Sofern die Insolvenzordnung das Kriterium einer unmittelbaren Gläubigerbenachteiligung verlangt, wird dies in den Anfechtungsgründen ausdrücklich hervorgehoben (vgl. z. B. §§ 132, 133 Abs. 2 InsO). Aus einem daraus resultierenden Umkehrschluss kann gefolgert werden, dass grundsätzlich jede Form der Gläubigerbenachteiligung ausreicht; mithin auch eine sog. mittelbare Gläubigerbenachteiligung.

Eine mittelbare Gläubigerbenachteiligung liegt vor, soweit zu der jeweiligen Rechtshandlung ein irgendwie gearteter Umstand spätestens bis zum Abschluss der letzten mündlichen Tatsachenverhandlung hinzugetreten ist, welcher die Gläubigerbenachteiligung auslöst.[43] Dabei ist es sogar nicht erforderlich, dass die Rechtshandlung ursächlich für den die Gläubigerbenachteiligung auslösenden Umstand ist.[44] Dagegen setzt die unmittelbare Gläubigerbenachteiligung voraus, dass sich die Befriedigungsmöglichkeit der Gläubiger ohne Hinzutreten späterer

---

41 BGH, 20.01.2011 - IX ZR 58/10, ZInsO 2011, 421 (422); BGH, 29.09.2011 - IX ZR 74/09, ZInsO 2011, 1979; BGH, 22.11.2012 - IX ZR 142/11, BeckRS 2012, 25047 = ZInsO 2013, 247 (248); siehe auch *Kirchhof*, ZInsO 2013, 1813 (zugleich Beitrag von *Kirchhof*, in: Festschrift für Haarmeyer, 2013, S. 129 (130)).

42 Siehe dazu S. 8 ff.

43 BGH, 08.11.2012 - IX ZR 77/11, ZInsO 2012, 2338; BGH, 30.09.1993 - IX ZR 227/92, ZIP 1993, 1653 (1654).

44 BGH, 08.11.2012 - IX ZR 77/11, ZInsO 2012, 2338; BGH, 09.12.1999 - IX ZR 102/97, ZIP 2000, 238 (241); *Dauernheim*, in: Frankfurter Kommentar zu Insolvenzordnung, § 129 Rn. 43.

Umstände bei der Vornahme der Rechtshandlung verschlechtern muss.[45] Das Vorliegen einer unmittelbaren Gläubigerbenachteiligung ist demnach zum Zeitpunkt der Vornahme der Rechtshandlung zu beurteilen.[46]

III. Eröffnung des Anwendungsbereiches der §§ 130 bis 146 InsO

Durch das Vorliegen der Voraussetzungen des § 129 InsO eröffnet sich der Anwendungsbereich der §§ 130 bis 146 InsO. Insbesondere die Anspruchsgrundlage aus § 143 Abs. 1 S. 1 InsO mit den dazugehörigen Anfechtungsgründen als Hilfsnormen stehen dem Insolvenzverwalter zur Generierung der Insolvenzmasse zur Verfügung.

1. *Anfechtungsgründe als Hilfsnormen*

Die Anfechtungsgründe im Sinne der Insolvenzordnung zeigen dem Insolvenzverwalter auf, unter welchen Umständen eine (Rechts-)Handlung im Sinne des § 143 Abs. 1 S. 1 (§ 129 InsO) anfechtbar ist. Die Anfechtungsgründe enthalten dabei keine eigenständigen Rechtswirkungen, sondern zeigen Sachverhalte auf, welche der Gesetzgeber im Anwendungsbereich der genannten Anspruchsgrundlage erfassen will (sog. Hilfsnormen).

Im Rahmen der Insolvenzanfechtungsgründe sind grundsätzlich die Tatbestände der §§ 130 –132 InsO als sog. „besondere Anfechtungsgründe"[47], die vorsätzliche Benachteiligung gemäß § 133 InsO als sog. „Vorsatzanfechtung", die unentgeltliche Leistung im Sinne des § 134 InsO als sog. „Schenkungsanfechtung" sowie der Anfechtungstatbestand des § 135 InsO – welcher die Anfechtung der Sicherung oder Befriedigung von Liquiditätsmaßnahmen eines Gesellschafters regelt – von maßgeblicher Bedeutung. Da in Bezug auf das Vorliegen einzelner Tatbestandsmerkmale bei der vorsätzlichen Benachteiligung im Sinne des § 133 InsO insbesondere auf Grundsätzliches aus den §§ 130, 131 InsO zurückgegriffen werden muss, ist eine Darstellung von Grundlegendem zu den §§ 130, 131 InsO geboten. Denn zur Feststellung des Benachteiligungsvorsatzes des Schuldners gegenüber der Gläubigergemeinschaft (§ 133 Abs. 1 S. 1 InsO)

---

45 *Bograkos/Kirstein*, in: Praxis der Insolvenzanfechtung, § 129 Rn. 26.

46 *Bograkos/Kirstein*, in: Praxis der Insolvenzanfechtung, § 129 Rn. 25.

47 Die §§ 130–132 InsO werden als besondere Insolvenzanfechtungsgründe bezeichnet, da diese Tatbestände nur in der Insolvenzordnung existieren und somit nur im Insolvenzverfahren zum Tragen kommen. Das Anfechtungsgesetz beinhaltet derartige Tatbestände nicht (vgl. *Dauernheim*, in: Frankfurter Kommentar zur Insolvenzordnung, § 130 Rn. 2).

sowie der Kenntnis des Anfechtungsgegners (§ 133 Abs. 1 S. 2 InsO) von diesem Vorsatz ist eine Differenzierung dahingehend unerlässlich, ob der Anfechtungsgegner auf den Erhalt der Leistung zu diesem Zeitpunkt und aufgrund der Art der Durchsetzung vertrauen darf oder nicht. Sofern der Anfechtungsgegner eine ihm gebührende Leistung bzw. eine Leistung erhält, auf die er berechtigterweise vertrauen darf, sind an die Feststellung kognitiver Merkmale gemäß § 133 InsO gegebenenfalls erhöhte Anforderungen zu stellen. Diese These ergibt sich aus denen in § 130 und § 131 niedergelegten Wertungen des Gesetzgebers, welche im Folgenden dargestellt werden.

a) Der „besondere" Anfechtungsgrund aus § 130 InsO

Der § 130 InsO regelt die Anfechtung einer dem Insolvenzgläubiger zustehenden bzw. gebührenden (sog. Kongruenz) Sicherung oder Befriedigung (sog. Deckung).[48] Gemäß § 130 InsO ist eine kongruente Deckung anfechtbar, soweit diese dem Insolvenzgläubiger innerhalb der letzten drei Monate vor (§ 130 Abs. 1 Nr. 1 InsO) oder nach (§ 130 Abs. 1 Nr. 2 InsO) dem Eröffnungsantrag gebührt und der Insolvenzgläubiger zur Zeit der Handlung (§ 140 InsO) des Schuldners die objektiv bestehende Zahlungsunfähigkeit oder den Eröffnungsantrag kennt.

Die besondere Insolvenzanfechtung und somit auch der § 130 InsO beruhen auf dem Verständnis, dass vor Eröffnung des Insolvenzverfahrens innerhalb des vom Gesetzgeber aufgezeigten Zeitraumes der Krise (der sog. „Drei-Monats -Zeitraum" vor Antragsstellung sowie zeitlich nach der Antragsstellung = gesetzliche Krise[49]), das Vermögen des Schuldners mit der bestehenden Gläubigergemeinschaft verhaftet ist.[50] Grundsätzlich ist jedoch aus dem Inhalt des § 130 InsO zu schließen, dass ein Gläubiger grundsätzlich darauf vertrauen darf, dass die ihm gebührte Leistung anfechtungsfest ist und er diese behalten darf. Der Gesetzgeber hat diesen Vertrauens- und Verkehrsschutz im Rahmen des § 130 InsO dahingehend eingeschränkt, dass dem Gläubiger dann kein genannter Schutz mehr zusteht, soweit er die objektiv bestehende Krise oder Umstände, die zwingend auf die Krise (vgl. § 130 Abs. 2 InsO) schließen lassen mussten, positiv kennt.[51]

---

48 *Dauernheim*, in: Frankfurter Kommentar zur Insolvenzordnung, § 130 Rn. 1.

49 *Bograkos/Kirstein*, in: Praxis der Insolvenzanfechtung, § 130 Rn. 1.

50 So bereits zur kongruenten Deckung im Rahmen der Konkursordnung BGH, 15.03.1972 – VIII ZR 159/70 BGHZ 58, 240 (243); vgl. *Häsemeyer*, KTS – Zeitschrift für Insolvenzrecht 1982, 507 (526).

51 BT-Drucksache, 12/2443 S. 158.

Es ist demnach festzuhalten, dass der Gesetzgeber die Anfechtbarkeit bei sog. kongruenten Deckungen stets mit kognitiven Elementen beim Anfechtungsgegner verknüpft, um den grundsätzlich bestehenden Vertrauens- und Verkehrsschutz sowie die allgemein vermutete Gutgläubigkeit[52] eines Anspruchsgegners zu gewährleisten. Erst soweit diese Schutzfunktionen zu Gunsten des Anfechtungsgegners[53] durch Darlegung der in § 130 InsO kognitiven Merkmale widerlegt ist, erlaubt der Gesetzgeber einen Zugriff auf das Vermögen des Anspruchs- bzw. Anfechtungsgegners.

Daraus lässt sich entnehmen, dass der Insolvenzgläubiger sogar auch grundsätzlich im Zeitraum der (gesetzlichen) Krise bei sog. kongruenten Deckungen geschützt ist und der Insolvenzverwalter im Tatsächlichen erhöhte Anforderungen zur Durchsetzung des Anfechtungsanspruches bewältigen muss.

b) Der „besondere" Anfechtungsgrund aus § 131 InsO

Der § 131 InsO regelt die Anfechtung in Bezug auf sog. inkongruente Deckungen. Eine Rechtshandlung ist grundsätzlich inkongruent, wenn der Gläubiger auf die ermöglichte oder gewährte Deckung nach dem Inhalt des Schuldverhältnisses einen Anspruch nicht in der Art bzw. Form oder nicht zu der Zeit hat.[54] Die in § 131 InsO niedergelegten Voraussetzungen erweitern die Anfechtungsmöglichkeiten für den Insolvenzverwalter erheblich. Innerhalb eines Zeitmomentes von bis zu einem Monat vor dem Antrag auf Eröffnung wird gemäß § 131 Abs. 1 Nr. 1 InsO auf das Vorliegen erweiterter objektiver (z. B. die Zahlungsunfähigkeit in § 130 InsO) und sämtlicher kognitiver Tatbestandsmerkmale vollständig verzichtet.[55] Mit § 131 Abs. 1 Nr. 1 InsO hat der Gesetzgeber folglich eine unwiderlegbare Vermutung von der Krise und der Kenntnis der Krise zu Lasten des Anfechtungsgegners geschaffen.[56] Bei Rechtshandlungen die innerhalb einer Frist von drei Monaten vor dem Antrag auf Eröffnung des Insolvenzverfahrens vorgenommen werden, verlangt der Gesetzgeber entweder objektiv die Zahlungsunfähigkeit des Schuldners (§ 131 Abs. 1 Nr. 2 InsO) oder subjektiv die Kenntnis des Gläubigers von der Benachteiligung oder Umstände, die zwingend

---

52 Vgl. § 932 Abs. 1 S. 1 BGB: Verdeutlicht den allgemeinen Grundsatz, dass Rechtssubjekte insbesondere im Privat- bzw. Zivilrecht als gutgläubig gelten.

53 Beachte Ausnahme aus § 130 Abs. 3 InsO: Gegenüber einer Person, die dem Schuldner zur Zeit der Handlung nahestand (§ 138), wird vermutet, dass sie die Zahlungsunfähigkeit oder den Eröffnungsantrag kannte.

54 *Hirte*, in: Uhlenbruck – Insolvenzordnung, § 131 Rn. 3.

55 *Dauernheim*, in: Frankfurter Kommentar zur Insolvenzordnung, § 131 Rn. 2.

56 Vgl. BT-Drucksache 12/2443, S. 158.

auf die Zahlungsunfähigkeit schließen lassen (§ 131 Abs. 1 Nr. 3 InsO). Der § 131 Abs. 1 Nr. 3 InsO stellt dabei einen auf inkongruente Deckungen bezogenen Spezialfall der Anfechtung wegen vorsätzlicher Benachteiligung im Sinne des § 133 InsO dar[57], wobei jedoch – wie insgesamt im Rahmen der besonderen Insolvenzanfechtung – auf eine personifizierte Rechtshandlung verzichtet wird. Demnach kommt es bezüglich § 131 Abs. 1 Nr. 1 und Nr. 2 InsO nicht auf die Kenntnis des Anfechtungsgegners an. Im Rahmen des § 131 Abs. 1 Nr. 3 InsO ist es dagegen unerheblich, ob der Schuldner zum Zeitpunkt der maßgeblichen Rechtshandlung zahlungsunfähig ist.[58]

Der Gesetzgeber zeigt mit § 131 InsO auf, dass ein Gläubiger, der eine ihm nicht gebührende Leistung erhält, grundsätzlich kein Vertrauensschutz genießt. Der in § 130 InsO grundsätzlich bestehende und zuerkannte Vertrauensschutz einzelner Gläubiger wird in § 131 InsO nicht mehr aufrechterhalten.[59] Dieser Verzicht ist nachzuvollziehen, da Vermögensverschiebungen in einer Art und Weise erfolgen, welche grundsätzlich bei jedermann den Verdacht auslösen müssen, dass der Schuldner sich in finanziellen Engpässen befindet und der Gläubiger sich in der Krise begünstigt.[60] Entscheidend ist jedoch, dass diese Wertung des Gesetzgebers bzw. die in § 130 und § 131 InsO sogar kodifizierte Abwägung von entgegenstehenden Interessen einzelner Gläubiger gegenüber den Interessen der jeweils bestehenden Gläubigergemeinschaft, bei der Auslegung einzelner Tatbestandsmerkmale des jeweiligen Anfechtungstatbestandes Berücksichtigung finden muss.[61]

2. *Fazit*

Letztendlich gilt dies nicht nur für die § 130 InsO und § 131 InsO, sondern auch insbesondere für den Tatbestand des § 133 InsO. Die sich aus § 130 und § 131 InsO ergebenden Wertungen sind auch im Rahmen des Tatbestandes bzw. bei der Prüfung der subjektiven Tatbestandsmerkmale des § 133 InsO zu beachten. Denn soweit der Gesetzgeber kongruente Deckungen vor einer Anfechtung grundsätzlich schützen will und inkongruenten Deckungen grundsätzlich

57 BT-Drucksache, 12/2443 S. 159; *Dauernheim*, in: Frankfurter Kommentar zur Insolvenzordnung, § 131 Rn. 2.

58 *Dauernheim*, in: Frankfurter Kommentar zur Insolvenzordnung, § 131 Rn. 2.

59 *Schoppmeyer*, in: Kübler/Prütting/Bork – Insolvenzordnung, § 131 Rn. 5.

60 *Nerlich*, in: Nerlich/Römermann, Insolvenzordnung, § 131 Rn. 5; *Schoppmeyer*, in: Kübler/Prütting/Bork – Insolvenzordnung, § 131 Rn. 6.

61 *Schoppmeyer*, in: Kübler/Prütting/Bork – Insolvenzordnung, § 131 Rn. 5.

„wenig bis gar keinen“ Schutz innerhalb der gesetzlichen Krise bietet, müssen diese Wertungen auch für den Zeitraum außerhalb der gesetzlichen Krise Berücksichtigung finden. Folglich sind die Merkmale der Kongruenz und Inkongruenz zur Ermittlung der inneren Tatsachen innerhalb des § 133 Abs. 1 InsO als Indizien bzw. (Beweis-) Anzeichen heranzuziehen und die Würdigung des Tatrichters gemäß § 286 Abs. 1 ZPO mitaufzunehmen.

§ 3 Die Voraussetzungen der vorsätzlichen Benachteiligung nach der Insolvenzordnung gegenüber einem Kreditinstitut als Anfechtungsgegner

Die vorsätzliche Benachteiligung im Sinne des § 133 InsO stellt eine Art „*Generalklausel*“[62] zum Schutze der Gläubigergemeinschaft als Verlustgemeinschaft dar, deren Ursprung bis in das römische Recht zurückverfolgt werden kann.[63] Die vorsätzliche Benachteiligung gemäß § 133 InsO verfolgt dabei primär den Schutz der gesetzlichen Haftungsordnung, indem der Tatbestand des § 133 InsO es – wie in der Einzelzwangsvollstreckung (§ 3 AnfG) – nicht für tolerabel erklärt, dass sich der Schuldner durch die Privilegierung einzelner Gläubiger der Haftung der gesamten Gläubigergemeinschaft durch Verringerung der Haftungsmasse bzw. der späteren Insolvenzmasse entzieht.[64]

Seine praktische Relevanz erfährt dieser Anfechtungstatbestand hauptsächlich gegenüber institutionalisierten Gläubigern, namentlich Kreditinstituten, Sozialversicherungsträgern und Finanzbehörden, da diese aufgrund ihrer institutionellen Strukturen und in der Regel schon zeitlich länger bestehenden Geschäftsbeziehungen zum Schuldner schlichtweg anfälliger in Bezug auf die in einem solchen Tatbestand verlangten und grundsätzlich prozessual schwieriger darzulegenden und zu beweisenden kognitiven Merkmale sind. Dass ein solcher Tatbestand an subjektive Merkmale bzw. an „*überschießende Innentendenzen*“[65] anknüpfen muss, wird bereits durch die zeitliche Reichweite des Tatbestandes

---

62 So ausdrücklich *Häsemeyer*, Insolvenzrecht, Rn. 21.77.

63 Vgl. zur geschichtlichen Entwicklung der Absichtsanfechtung im Sinne des § 31 KO und der vorsätzlichen Benachteiligung im Sinne des § 133 InsO *Schulte*, Zum Anwendungsverständnis der Absichtsanfechtung (§ 31 Nr. 1 KO) in der Konkursordnung von 1877, S. 24 ff.; *Kummer*, in: Festschrift für Kreft, 2004, S. 393 ff.; *Gerhardt*, Die systematische Einordnung der Gläubigeranfechtung, S. 46 ff.; *Lind*, Zur Auslegung von § 133 InsO, insbesondere im System der Anfechtungstatbestände, S. 15 ff.

64 *Häsemeyer*, Insolvenzrecht, Rn. 21.77.

65 Vornehmlich wird diese Wendung im Strafrecht verwendet. Sie bedeutet, dass auf subjektiver Ebene ein „Mehr“ bzw. zusätzliche Tatbestandsmerkmale verlangt werden, obwohl diese auf objektiver Ebene nicht statuiert werden (vgl. *Wessels/Beulke/Satzger*, Strafrecht – AT, S. 86 Rn. 208).

dokumentiert.[66] Ansonsten wäre die grundsätzlich bestehende Möglichkeit der Durchbrechung von geschaffenen und existierenden Vertrauenstatbeständen sowie des in der Regel damit verbundenen Grundsatzes der Vertragserfüllung („*pacta sunt servanda*") und der Vertragsfreiheit hinsichtlich eines Zeitraumes bis zu einem Jahrzehnt vor der Insolvenzantragsstellung nicht zu rechtfertigen. Die demnach in (§ 129 InsO i. V. m.) § 133 InsO bestehende Verknüpfung von objektiven und subjektiven Tatbestandsmerkmalen stellt zum einen dogmatische „Hürden" und zum anderen Abgrenzungsschwierigkeiten auf. Im Folgenden werden dogmatische „Hürden" und „Abgrenzungsschwierigkeiten" in Bezug auf Kreditinstitute als Anfechtungsgegner untersucht bzw. analysiert.

A) Vorsätzliche Benachteiligung im Sinne des § 133 Abs. 1 InsO

Gemäß des Wortlauts des § 133 Abs. 1 ist eine Rechtshandlung anfechtbar, die der Schuldner in den letzten zehn Jahren vor dem Antrag auf Eröffnung des Insolvenzverfahrens oder nach diesem Antrag mit dem Vorsatz, seine Gläubiger zu benachteiligen, vorgenommen hat, wenn der andere Teil zur Zeit der Handlung den Vorsatz des Schuldners kannte. Diese Kenntnis wird vermutet, wenn der andere Teil wusste, dass die Zahlungsunfähigkeit des Schuldners drohte und dass die Handlung die Gläubiger benachteiligte.

Zur Einführung in diesen normativen Ansatz wird zunächst ein konzentrierter Überblick über die Genese, den Sinn und Zweck sowie den Anwendungsbereich des § 133 InsO vorangestellt.

I. Genese

Der Ursprung des Anfechtungstatbestandes wegen vorsätzlicher Gläubigerbenachteiligung findet sich – wie oben schon angedeutet – im römischen Recht.[67] Der § 133 Abs. 1 InsO entspricht im Grundsatz seinem „Vorgänger" aus § 31 Nr. 1 KO, dem früheren normativen Ansatz der sog. „Absichtsanfechtung"[68], welcher

66 Vgl. dazu *Häsemeyer*, Insolvenzrecht, Rn. 21.07.

67 Vgl. zur geschichtlichen Entwicklung der Absichtsanfechtung im Sinne des § 31 KO und der vorsätzlichen Benachteiligung im Sinne des § 133 InsO *Schulte*, Zum Anwendungsverständnis der Absichtsanfechtung (§ 31 Nr. 1 KO) in der Konkursordnung von 1877, S. 24 ff.; *Kummer*, in: Festschrift für Kreft, 2004, S. 393 ff.; *Gerhardt*, Die systematische Einordnung der Gläubigeranfechtung, S. 46 ff.; *Lind*, Zur Auslegung von § 133 InsO, insbesondere im System der Anfechtungstatbestände, S. 15 ff.

68 *Kayser*, in: Münchener Kommentar zur Insolvenzordnung, § 133 Rn. 2.

wiederum an die Normen der Preußischen Konkursordnung zur Anfechtung, insbesondere an § 103 der Preußischen Konkursordnung, angelehnt wurde.[69] Der Austausch der früheren Begrifflichkeit „Absicht" in § 31 KO gegenüber der Begrifflichkeit „Vorsatz" in § 133 InsO, führt zu keiner Veränderung gegenüber der bis zum 01.01.1999 bestandenen Rechtslage. Es entspricht der absolut herrschenden Auffassung, dass der Begriff der „Absicht" weit verstanden werden müsse und es folglich zu keiner inhaltlichen Änderung in Bezug auf die bestehende Rechtsprechung und Lehre kommen werde bzw. es diesbezüglich einer Änderung bedürfe.[70] Es besteht demnach weitgehend ein einheitliches Verständnis darüber, dass die bis dato gefundenen Ergebnisse der höchstrichterlichen Rechtsprechung zu § 31 KO ebenso im Rahmen des § 133 Abs. 1 InsO angewendet werden können.[71]

Eine Veränderung in § 133 Abs. 1 InsO zu § 31 KO stellt die Reduzierung der zuvor in § 41 Abs. 1 S. 3 KO geregelten 30-jährigen Anfechtungsfrist auf zehn Jahre dar. Eine über zehn Jahre hinausgehende Anfechtungsfrist sah der Gesetzgeber als nicht mehr zeitgemäß an.[72] Dies ist grundsätzlich zutreffend, da insbesondere die prozessuale Durchsetzung eines Anfechtungsanspruches basierend auf der vorsätzlichen Benachteiligung im Sinne des § 133 InsO über einen Zeitraum von zehn Jahren nach der Antragsstellung nur „theoretischer Natur" sein dürfte.[73] Ein durchschlagendes juristisches Argument hinsichtlich der Bemessung einer bestimmten Anfechtungsfrist in Bezug auf § 133 Abs. 1 InsO existiert m. E. jedoch nicht, sodass die Bestimmung der Anfechtungsfrist in § 133 Abs. 1 InsO bzw. in seinen „Vorgängern" hauptsächlich eine politische Entscheidung darstellt, welche grundsätzlich hinzunehmen ist.

Neu eingeführt in § 133 Abs. 1 InsO – und folglich ebenfalls eine Änderung zu § 31 KO darstellend – wurde der Satz 2 des § 133 Abs. 1 InsO. Zwar hat der Gesetzgeber die in § 31 KO bestandene und die sich ferner wiederum aus dem

69 Vgl. dazu *Lind*, Zur Auslegung von § 133 InsO, insbesondere im System der Anfechtungstatbestände, S. 19; § 103 der Preußischen Konkursordnung abgedruckt in *Hahn*, Die Preußische Konkursordnung, § 103 S. 66.

70 BT-Drucksache, 12/2443 S. 160; BGH, 16.10.2008 – IX ZR 183/06, ZInsO 2009, 87 (91); *Fischer*, NZI 2008, 588 f.; *Schäfer*, in: Kummer – Insolvenzanfechtung, S. 323 (F2); *Kayser*, in: Münchener Kommentar zur Insolvenzordnung, § 133 Rn. 2.

71 Vgl. dazu beispielhaft *Schäfer*, in: Kummer – Insolvenzanfechtung, S. 323 (F2).

72 BT-Drucksache, 12/2443 S. 160.

73 Siehe dazu *Marotzke*, ZInsO 2014, 417 (446) der im Wege des Vorschlages einer Neugestaltung des Anfechtungsrechtes neuerdings für eine Verkürzung der Anfechtungsfrist auf drei Jahre plädiert (vgl. auch *Marotzke*, ZInsO 2006, 7 (10 f.).

materiellen Recht ergebende Verteilung der Darlegungs- und Beweislast zu Lasten des Insolvenzverwalters in § 133 Abs. 1 S. 1 InsO aufrechterhalten, jedoch hat er zu Gunsten des Insolvenzverwalters als Anfechtungsberechtigter in § 133 Abs. 1 S. 2 InsO einen gesetzlichen Vermutungstatbestand geschaffen, welcher bei Vorliegen seiner Tatbestandsvoraussetzungen den Anfechtungsgegner zum Beweis des Gegenteils – nicht nur zum Gegenbeweis – zwingt.[74] Gemäß § 133 Abs. 1 S. 2 InsO wird demnach die Kenntnis des Anfechtungsgegners vom Benachteiligungsvorsatz des Schuldners vermutet, soweit der Anfechtungsgegner weiß, dass die Zahlungsunfähigkeit des Schuldners droht und dass die Handlung die Gläubiger benachteiligt (vgl. § 133 Abs. 1 S. 2 InsO). Neben die den genannten Vermutungstatbestand begründenden Tatsachen hat der Insolvenzverwalter jedoch weiterhin die sich aus § 129 Abs. 1 InsO und § 133 Abs. 1 InsO objektiv ergebenden Voraussetzungen sowie den Gläubigerbenachteiligungsvorsatz des Schuldners darzulegen und gegebenenfalls zu beweisen. Gesetzliche Vermutungstatbestände – damit sind nicht die von der Rechtsprechung geschaffenen tatsächlichen Vermutungstatbestände[75] (sog. Beweisanzeichen) gemeint – existieren bezüglich dieser Tatbestandsmerkmale nicht.

II. Sinn und Zweck des § 133 Abs. 1 InsO

Nach einem Anknüpfungspunkt verfolgt der Anfechtungstatbestand des § 133 InsO grundsätzlich die Intention, dass ein Gläubiger dann keinen Schutz mehr verdiene bzw. nicht mehr schutzwürdig sei, soweit der Schuldner vorsätzlich einen einzelnen Gläubiger unter Benachteiligung der bestehenden Gläubigergemeinschaft bevorzugt und der jeweilige bevorzugte Gläubiger Kenntnis davon hat.[76]

Darüber hinaus sieht die Rechtsprechung den Schutzzweck des § 133 InsO in der Sanktion des Schuldnerverhaltens. Denn der § 133 InsO sei unmittelbarer Ausdruck des Rechtsgedankens, dass ein Schuldner nicht berechtigt sei,

---

74 BT-Drucksache, 12/2443 S. 160.

75 Gegen eine derartige Wendung *Fischer*, NZI 2008, 588 (593). Stattdessen sollte die Begrifflichkeit Beweisanzeichen verwendet werden (*Fischer*, NZI 2008, 588 (593)); daran anschließend und klarstellend BGH, 13.08.2009 – IX ZR 159/06, ZInsO 2009, 1909: Stellte klar, dass Tatsachen, aus denen die subjektiven Voraussetzungen der vorsätzlichen Benachteiligung gefolgert werden können, keine Vermutung im Sinne des § 292 ZPO begründen, sondern mehr oder weniger gewichtige Beweiszeichen darstellen.

76 *Kayser*, in: Münchener Kommentar zur Insolvenzordnung, § 133 Rn. 1; *Schäfer*, in: Kummer – Insolvenzanfechtung, S. 324 (F5); vgl. auch *Häsemeyer*, Insolvenzrecht, Rn. 21.77; vgl. dazu auch *Bork*, ZIP 2014, 797 (804).

wissentlich einen Gläubiger gegenüber anderen zu bevorzugen.[77] Schließlich sei der maßgebliche Anknüpfungspunkt für die Anfechtung aus § 133 InsO der mit der Rechtshandlung verbundene Wille des Schuldners, einzelne Gläubiger zum Nachteil der Gläubigergemeinschaft zu bevorzugen.[78]

Die dargestellten Stimmen aus Rechtsprechung und Literatur zeigen auf, dass der § 133 InsO die Sanktion eines bestimmten Verhaltens verfolgt und an einzelne Verhaltensweisen des Schuldners und eines jeweiligen Gläubigers anknüpft. Es ist § 133 InsO demnach nicht – wie in den §§ 130–132 InsO – immanent, dass der Gesetzgeber die Anfechtungsmöglichkeit für den Insolvenzverwalter allein aus Gründen des Schutzes des Befriedigungsinteresses der Gläubigergemeinschaft vor dem Befriedigungsinteresse Einzelner geschaffen hat („*par condicio creditorum*").[79] Vielmehr hat der § 133 InsO seinen Schutzweck insbesondere dahingehend, dass Einzelne (der Schuldner und einzelne Gläubiger) die grundsätzlich gleichen Befriedigungschancen aller, namentlich der übrigen Gläubigergemeinschaft des Schuldners, nicht beeinträchtigen dürfen bzw. sollen.[80]

III. Anwendungsbereich des § 133 Abs. 1 InsO

Der Tatbestand des § 133 Abs. 1 InsO ist uneingeschränkt auf alle Rechtshandlungen des Schuldners anzuwenden.[81] Aufgrund der genannten Schutzrichtung des § 133 InsO schließen sich die besonderen Anfechtungstatbestände (§§ 130 - 132 InsO) und der Tatbestand des § 133 InsO nicht gegeneinander aus. Sie stehen weder in einem Exklusivitätsverhältnis noch in einem Über- und Unterordnungsverhältnis zueinander; vielmehr stehen diese uneingeschränkt und eigenständig nebeneinander, sodass sich die Anwendungsbereiche auch „überschneiden" können.[82] Eine einschränkende Auslegung des Anwendungsbereiches des § 133 InsO in Bezug auf kongruente Deckungen (§ 130 InsO) ist demnach nicht gewollt.[83]

---

77 BGH, 10.02.2005 - IX ZR 211/02, ZInsO 2005, 260 (262).

78 BGH, 10.02.2005 - IX ZR 211/02, ZInsO 2005, 260 (262).

79 Vgl. dazu S. 5.

80 Vgl. dazu BGH, 10.02.2005 - IX ZR 211/02, ZInsO 2005, 260 (262).

81 *Kayser*, in: Münchener Kommentar zur Insolvenzordnung, § 133 Rn. 5.

82 *Bograkos/Kirstein*, in: Praxis der Insolvenzanfechtung, § 133 Rn. 3.

83 *Bograkos/Kirstein*, in: Praxis der Insolvenzanfechtung, § 133 Rn. 3; *Ganter*, WM 2009, 1441 (1446); *Jacoby*, KTS - Zeitschrift für Insolvenzrecht 2009, 3 (24); *Koza*, DZWIR 2009, 404 (405 f.); a. A. *Schoppmeyer*, ZIP 2009, 600 (insbesondere 609); *Foerste*, NZI 2006, 6 (7 f., 10); *Foerste*, in: Festschrift für Picker, 2010, S. 227 (241 f.); daran anschließend *Foerste*, ZInsO 2013, 897 (901); vgl. BAG, 29.01.2014 - 6 AZR 345/12, ZInsO

B) Insolvenzanfechtung gemäß § 133 Abs. 1 InsO gegenüber einem Kreditinstitut in der Stellung als Leistungsempfänger

In der Stellung als Leistungsempfänger erzielt das Kreditinstitut bei einem debitorisch geführten Konto des Schuldners Befriedigung dadurch, in dem Zahlungseingänge in das Konto eingestellt werden und das ausgereichte Darlehen zurückgeführt wird. Allein bei derartigen Zahlungseingängen besteht für den Insolvenzverwalter immer das „*Potential einer Massegenerierung*"[84], da durch den Verrechnungsvorgang die Aktivmasse verkürzt wird und somit eine objektive Gläubigerbenachteiligung einhergehen kann.

Mitunter gilt dies nicht nur für den Zeitraum der gesetzlichen Krise.[85] Nimmt man die in der Einführung dargestellten Umstände zusammen, welche dem Kreditinstitut die wirtschaftliche Situation des Schuldners illustrieren, besteht nicht nur innerhalb der gesetzlichen Krise ein Potential zur Massegenerierung aus Zahlungseingängen auf einem debitorisch geführten Konto des Schuldners, sondern oftmals auch außerhalb der gesetzlichen Krise. Es ist keine Seltenheit, dass Kreditinstitute aufgrund ihrer Stellung zum Schuldner schon mehr als drei Monate vor dem Insolvenzantrag Kenntnis von Umständen (insbesondere Zahlungsunfähigkeit bzw. drohende Zahlungsunfähigkeit) haben, welche eine Schlussfolgerung auf die subjektiven Merkmale des § 133 Abs. 1 InsO zulassen.

Der Zeitraum außerhalb der gesetzlichen Krise wird in diesen Fällen über die vorsätzliche Benachteiligung gemäß § 133 Abs. 1 InsO anfechtungsrechtlich abgedeckt. Damit verbundene anfechtungsrechtliche Fragen durchziehen das gesamte Anfechtungssystem der Insolvenzordnung. Beginnend bei der Suche nach der tauglichen Anspruchsgrundlage und endend auf der subjektiven Seite des Kreditinstitutes als Anfechtungsgegner, wirft die Anfechtung von Zahlungseingängen auf einem debitorisch geführten Konto im Zusammenspiel mit der vorsätzlichen Benachteiligung und den allgemeinen Voraussetzungen der Insolvenzanfechtung eine Vielzahl von anfechtungsrechtlichen Fragen auf, die im Folgenden anhand der Systematik des Anfechtungsrechtes abgearbeitet werden.

2014, 659 (667); *Lütcke*, NZI 2014, 350 (352 ff.) *Paulus*, in: Festschrift für Fischer, 2008, S. 445 (456 ff.); *Jensen*, NZI 2013, 471; *Jensen*, NZI 2011, 798 (801); *Lind*, Zur Auslegung von § 133 InsO, insbesondere im System der Anfechtungstatbestände, S. 106 und S. 112; siehe Auseinandersetzung mit genannten Schrifttum auf S. 78 ff.

84 *Würdinger*, Insolvenzanfechtung im bargeldlosen Zahlungsverkehr, S. 163.

85 Vgl. *Bork*, in: Festschrift für Fischer, 2008, S. 37 (38).

I. Keine Anwendbarkeit des § 143 Abs. 1 S. 1 InsO bei anfechtbaren Verrechnungen seitens des Kreditinstitutes in der Stellung als Leistungsempfänger – Problemaufriss

Sofern ein Kreditinstitut Zahlungen von Drittschuldnern des Schuldners entgegennimmt und in ein debitorisch geführtes Konto des Schuldners einstellt, findet ein Verrechnungsvorgang statt, in welchem eine bestehende Forderung des Kreditinstitutes gegen den Schuldner mit einer Forderung des Schuldners aus der Gutschrift gegen das Kreditinstitut verrechnet wird. Die Verrechnungen basieren auf einem zwischen dem Kreditinstitut und dem Schuldner bestehenden Verrechnungsvertrag, durch den die Erfüllung wechselseitiger Forderungen erreicht wird.[86] Ein solcher Verrechnungsvorgang ähnelt dem Rechtsinstitut der Aufrechnung (§§ 387 ff. BGB), unterscheidet sich jedoch dahingehend, dass die Verrechnung antizipiert verabredet wird und sich im Ergebnis „automatisch" vollzieht.[87] Einer jeweils gesonderten Aufrechnungs- bzw. Verrechnungserklärung im Sinne des § 388 BGB bedarf es demnach nicht.

Ein spezielles Regelungskonvolut erfahren Aufrechnungslagen in den §§ 94–96 InsO. Dieses Regelungskonvolut ist geprägt durch den Telos des § 94 InsO, der dafür plädiert, dass grundsätzlich das Vertrauen auf eine bestehende Aufrechnungslage geschützt werden muss und das Recht zur Aufrechnung durch die Eröffnung des Insolvenzverfahrens grundsätzlich nicht berührt werden darf.[88] Eine wesentliche Einschränkung erfährt dieser Grundsatz jedoch in § 96 Abs. 1 Nr. 3 InsO. Gemäß § 96 Abs. 1 Nr. 3 InsO ist die Aufrechnung unzulässig, wenn ein Insolvenzgläubiger die Möglichkeit der Aufrechnung durch eine anfechtbare Rechtshandlung erlangt hat. Der § 96 Abs. 1 Nr. 3 InsO wird dabei als „*Gegenrecht zum Aufrechnungseinwand*"[89] verstanden, der das gesamte Anfechtungsrecht tatbestandlich aufnimmt und somit zu einer inzidenten Prüfung der §§ 129 ff. InsO auffordert.[90] Dieser Spezialtatbestand des § 96 Abs. 1 Nr. 3 InsO hat zur Folge, dass eine anfechtbar herbeigeführte Aufrechnung für insolvenzrechtlich

---

86 *Bork*, in: Festschrift für Kirchhof, 2003, S. 57 (59); *Heublein*, ZIP 2000, 161 (162); *Würdinger*, Insolvenzanfechtung im bargeldlosen Zahlungsverkehr, S. 172; vgl. *Pfeiffer*, JA 2006, 105 (106).

87 BGH, 18.04.1989 – XI ZR 133/88, BGHZ 107, 192 (197); *Grüneberg*, in: Palandt – BGB, § 387 Rn. 21; *Mayen*, in: Schimansky/Bunte/Lwowski, Bankrechts-Handbuch, § 47 Rn. 77.

88 *Uhlenbruck*, in: Uhlenbruck – Insolvenzordnung, § 94 Rn. 1; *Kayser*, in: Heidelberger Kommentar zur Insolvenzordnung, § 94 Rn. 1.

89 BGH, 28.09.2006 – IX ZR 136/05, BGHZ 169, 158 = ZInsO 2006, 1215 (1217).

90 *Fischer*, ZIP 2004, 1679 (1682).

unwirksam erklärt wird und es keiner gesonderten Anfechtung bedarf.[91] Vielmehr kann die Forderung, gegen die anfechtbar aufgerechnet wurde, zur Insolvenzmasse verlangt werden.[92] Dagegen statuiert der Anfechtungsanspruch aus § 143 Abs. 1 S. 1 InsO ein gesetzliches Schuldverhältnis, welches einen relativen schuldrechtlichen Verschaffungsanspruch – für den Anfechtungsberechtigten gegenüber dem Anfechtungsgegner – auf Rückgewähr der anfechtbar veräußerten, weggegebenen oder aufgegebenen Vermögensposition gegen den Anfechtungsgegner zur Verfügung stellt.[93] Dieser Rückgewähranspruch fungiert auch nicht erst als Folge einer vorangegangenen Anfechtungserklärung, sondern existiert schon dann, soweit sich ein Tatbestand der gesetzlichen Anfechtungstatbestände realisiert hat.[94]

Aufgrund dieser Wirkungen des § 96 Abs. 1 Nr. 3 InsO auf der einen Seite und der Wirkung des Anfechtungsanspruches aus § 143 Abs. 1 S. 1 InsO auf der anderen Seite drängen sich folgende, in Fragen formulierte Problemkonstellationen auf, die es zu lösen gilt:

Findet der § 96 Abs. 1 Nr. 3 InsO Anwendung auf durchgeführte Verrechnungen seitens des Kreditinstitutes?

Welche ist die taugliche Anspruchsgrundlage bei anfechtbaren Verrechnungen seitens des Kreditinstitutes in der Stellung als Leistungsempfänger?

Kann der Rechtsfolgenverweis aus § 143 Abs. 1 S. 2 InsO auf die aus der Wirkung des § 96 Abs. 1 Nr. 3 InsO resultierende Anspruchsgrundlage Anwendung finden?

Bestehen verjährungsrechtliche Probleme bei anfechtbaren Verrechnungen seitens des Kreditinstitutes?

---

91 BGH, 28.09.2006 – IX ZR 136/05, BGHZ 169, 158 = ZInsO 2006, 1215 (1217); *Dauernheim*, in: Frankfurter Kommentar zur Insolvenzordnung, § 130 Rn. 29; *Bork*, in: Festschrift für Fischer, 2008, S. 37 (39); *Heublein*, ZIP 2000, 161 (163); *Würdinger*, Insolvenzanfechtung im bargeldlosen Zahlungsverkehr, S. 172; *Kayser*, in: Heidelberger Kommentar zur Insolvenzordnung, § 96 Rn. 39; *Brandes/Lohmann*, in: Münchener Kommentar zur Insolvenzordnung, § 96 Rn. 37.

92 BGH, 28.09.2006 – IX ZR 136/05, BGHZ 169, 158 = ZInsO 2006, 1215 (1217); vgl. *Bork*, in: Festschrift für Fischer, 2008, S. 37 (39).

93 BGH, 21.09.2006 – IX ZR 235/04, NJW-RR 2007, 121 (122); BGH, 23.10.2003 – IX ZR 252/01, ZIP 2003, 2307 (2310); BGH, 11.01.1990 – IX ZR 27/89, NJW 1990, 990; BGH, 05.02.1987 – IX ZR 161/85, NJW 1987, 601.

94 BGH, 29.04.1986 – IX ZR 163/85, NJW 1986, 2252 (2253).

1. *Anwendbarkeit des § 96 Abs. 1 Nr. 3 InsO auf Verrechnungen seitens des Kreditinstitutes*

Nach der absolut herrschenden Meinung ist der § 96 Abs. 1 Nr. 3 InsO auch auf Verrechnungen und nicht nur auf (gesetzliche) Aufrechnungen anwendbar.[95] Vereinzelt wird im Schrifttum vorgetragen, dass der § 96 Abs. 1 Nr. 3 InsO Verrechnungen in einer laufenden Rechnung (Kontokorrent) nicht erfasse und dies dadurch zum Ausdruck gebracht werde, dass im Gegensatz zur Aufrechnung, die §§ 94, 96 Abs. 1 InsO gerade keinen wörtlichen Bezug auf eine Verrechnung im Rahmen einer laufenden Rechnung (Kontokorrent) nehmen.[96]

Unter Verweis auf die herrschende Meinung[97] ist dem jedoch zu widersprechen. Gegenstand der §§ 94 ff. InsO sind auch Verrechnungen aus einer laufenden Rechnung und nicht nur einseitige Aufrechnungen durch einen Insolvenzgläubiger.[98] Zum einen lässt der Wortlaut des § 94 InsO eine ausschließliche Anwendung auf das gesetzliche Rechtsinstitut der Aufrechnung (§§ 387 ff. BGB) nicht erkennen. Vielmehr erfasst der Wortlaut des § 94 InsO auch die auf einer Vereinbarung basierende Aufrechnungsmöglichkeit und bringt somit zum Ausdruck, dass sämtliche Aufrechnungsverträge in den Anwendungsbereich des § 94 InsO fallen.[99] Auch das Kontokorrentverhältnis enthält einen Aufrechnungsvertrag, welcher in der Regel dahin geht, die eingestellten Gutschriften mit den Forderungen des Kreditinstitutes gegen den Kunden verrechnen zu können.[100] Zum anderen macht der § 96 Abs. 2 InsO Verrechnungen ausdrücklich zum Regelungsgegenstand. Eine Bezugnahme auf Verrechnungen wäre überflüssig, soweit

---

95 BGH, 28.09.2006 - IX ZR 136/05, BGHZ 169, 158 = ZInsO 2006, 1215 (1217); *Dauernheim*, in: Frankfurter Kommentar zur Insolvenzordnung, § 130 Rn. 29; *Bork*, in: Festschrift für Fischer, 2008, S. 37 (39); *Heublein*, ZIP 2000, 161 (163 f.); *Würdinger*, Insolvenzanfechtung im bargeldlosen Zahlungsverkehr, S. 172 m. w. N.; *Kayser*, in: Heidelberger Kommentar zur Insolvenzordnung, § 96 Rn. 39; *Brandes/Lohmann*, in: Münchener Kommentar zur Insolvenzordnung, § 96 Rn. 37.

96 *Peschke*, Die Insolvenz des Girokontoinhabers, S. 185 f.

97 BGH, 28.09.2006 - IX ZR 136/05, BGHZ 169, 158 = ZInsO 2006, 1215 (1217); *Dauernheim*, in: Frankfurter Kommentar zur Insolvenzordnung, § 130 Rn. 29; *Bork*, in: Festschrift für Fischer, 2008, S. 37 (39); *Heublein*, ZIP 2000, 161 (163 f.); *Würdinger*, Insolvenzanfechtung im bargeldlosen Zahlungsverkehr, S. 172 m. w. N.; *Kayser*, in: Heidelberger Kommentar zur Insolvenzordnung, § 96 Rn. 39; *Brandes/Lohmann*, in: Münchener Kommentar zur Insolvenzordnung, § 96 Rn. 37.

98 *Würdinger*, Insolvenzanfechtung im bargeldlosen Zahlungsverkehr, S. 173.

99 *Bork*, in: Festschrift für Kirchhoff, 2003, S. 57 (61); *Würdinger*, Insolvenzanfechtung im bargeldlosen Zahlungsverkehr, S. 173.

100 *Grüneberg*, in: Palandt - BGB, § 387 Rn. 21.

die §§ 94 ff. InsO schon per se auf Verrechnungen nicht anwendbar wären. Im Wege eines daraus resultierenden Umkehrschlusses ist zu schließen, dass Verrechnungen in die Anwendungsbereiche der §§ 94 ff. InsO fallen.[101]

Letztendlich ist der herrschenden Meinung zu folgen. Der § 96 Abs. 1 Nr. 3 InsO findet auf Verrechnungen seitens des Kreditinstitutes in der Stellung als Leistungsempfänger Anwendung.

2. *Taugliche Anspruchsgrundlage bei anfechtbaren Verrechnungen seitens des Kreditinstitutes in der Stellung als Leistungsempfänger: § 780 BGB*

Wie oben dargelegt, bedarf es keiner gesonderten Anfechtung, soweit das Kreditinstitut die Möglichkeit der Verrechnung durch eine anfechtbare Rechtshandlung erlangt hat. Vielmehr ist aufgrund des § 96 Abs. 1 Nr. 3 InsO die Verrechnung (insolvenzrechtlich) unwirksam, sodass die Anspruchsgrundlage nicht insolvenzrechtlich, sondern bank- und vertragsrechtlich zu ermitteln ist.[102] *Bork* formuliert demnach trefflich:

> *„Die Rechtslage ist genauso zu beurteilen, als wenn es keine aufrechenbaren Gegenansprüche der Bank gäbe."*[103]

Der Anspruch des Insolvenzverwalters ergibt sich jedoch bei Verrechnungstatbeständen zu Gunsten des Kreditinstitutes aus § 780 BGB, da die Gutschrift, die aufgrund der Wirkung des § 96 Abs. 1 Nr. 3 InsO wieder auflebt, auch weiterhin als abstraktes Schuldversprechen eingeordnet werden muss.[104] Bei eingehenden Zahlungen auf einem debitorisch geführten Konto des Schuldners und sodann durchgeführten Verrechnungen seitens des Kreditinstitutes sind demnach weder der § 675t BGB[105] noch die §§ 675c Abs. 1, 667[106] BGB als Anspruchsgrundlage

---

101 *Würdinger*, Insolvenzanfechtung im bargeldlosen Zahlungsverkehr, S. 173; vgl. BGH, 28.09.2006 – IX ZR 136/05, BGHZ 169, 158 = ZInsO 2006, 1215 (1216).

102 *Bork*, in: Festschrift für Fischer, 2008, S. 37; vgl. zur mittlerweile unstreitigen Anwendbarkeit des § 96 Abs. 1 Nr. 3 InsO hinsichtlich Aufrechnungen bzw. Verrechnungen, die schon vor Insolvenzeröffnung erklärt wurden: BGH, 28.09.2006 – IX ZR 136/05, ZInsO 2006, 1215; BGH, 22.07.2004 – IX ZR 270/03, ZInsO 2004, 1028 (1029); BGH 09.10.2003 – IX ZR 28/03, ZInsO 2003, 1101 (1102).

103 *Bork*, in: Festschrift für Fischer, 2008, S. 37 (38).

104 *Bork*, in: Festschrift für Fischer, 2008, S. 37 (38); vgl. zur Rechtsnatur des Anspruches aus Gutschrift *Casper*, in: Münchener Kommentar zum Bürgerlichen Gesetzbuch, § 675t Rn. 24.

105 So jedoch *Würdinger*, Insolvenzanfechtung im bargeldlosen Zahlungsverkehr, S. 174; vgl. dazu auch *Bork*, in: Festschrift für Fischer, 2008, S. 37 (38).

106 So jedoch der BGH, 26.06.2008 – IX ZR 47/05, ZInsO 2008, 803 (804); BGH, 26.06.2008 – IX ZR 144/05, ZInsO 2008, 801.

heranzuziehen, sondern der § 780 BGB. Zwar ist es richtig, dass das Kreditinstitut zu Gunsten des Schuldners eingehende Zahlungen aufgrund des bestehenden Geschäftsbesorgungsvertrages herausgeben muss.[107] Die Erfüllung eines solchen Herausgabeanspruches erfolgt durch Gutschrift auf dem Konto des Schuldners. Dabei wird der Anspruch auf Gutschrift durch einen Anspruch aus Gutschrift ersetzt, welcher nunmehr in § 675 t geregelt ist.[108] Aufgrund der Insolvenzeröffnung und trotz der benannten Wirkung des § 96 Abs. 1 Nr. 3 InsO ist es dem Kreditinstitut des Schuldners nach dem Zeitpunkt der Insolvenzeröffnung jedoch nicht mehr möglich, den Anspruch aus § 675t BGB sowie den Anspruch aus §§ 675c Abs. 1, 667 BGB zu erfüllen. Denn mit Eröffnung des Insolvenzverfahrens erlöschen kraft Gesetzes und mit einer *ex nunc* Wirkung die zwischen dem Kreditinstitut und dem Schuldner bestehenden Geschäftsbesorgungsverträge gemäß §§ 116 Abs. 1 S. 1, 115 Abs. 1 InsO.[109] In dieser Konstellation ist auch nicht der § 116 S. 3 InsO anwendbar. Es handelt sich um einen Zahlungseingang auf dem Konto des Schuldners und nicht um einen Zahlungsauftrag des Schuldners.

Mangels vertraglicher Grundlage, welche die Erbringung von Zahlungsdiensten zum Gegenstand hat, ist demnach weder eine Anwendung des § 675t BGB noch die der §§ 675c Abs. 1, 667 BGB ab dem Zeitpunkt der Insolvenzeröffnung möglich. Insbesondere ein „Verfügbarmachen" im Sinne des § 675t Abs. 1 S. 1 InsO würde nämlich voraussetzen, dass das Kreditinstitut die eingegangenen und (unwirksam) verrechneten Gutschriften auf dem Konto des Schuldners wiederum gutschreibt, was jedoch nach Insolvenzeröffnung aufgrund der Anwendbarkeit der §§ 116 Abs. 1 S. 1, 115 Abs. 1 InsO nicht mehr vollzogen werden kann. Die eingestellten und gemäß § 96 Abs. 1 Nr. 3 InsO unwirksam durchgeführten Verrechnungen sind folglich aus der Saldierung herauszunehmen und aufgrund der vertraglichen Grundlage bis zur Insolvenzeröffnung an die Insolvenzmasse herauszugeben. Die Herausgabe erfolgt durch Gutschrift auf dem vom Insolvenzverwalter zum Insolvenzverfahren angelegten Anderkonto. Die Anspruchsgrundlage lautet demnach: § 780 BGB.

3. *Analoge Anwendung des Rechtsfolgenverweises aus § 143 Abs. 1 S. 2 InsO*

Insgesamt besteht Einigkeit dahingehend, dass § 143 Abs. 1 S. 1 InsO nicht als taugliche Anspruchsgrundlage zu qualifizieren ist, soweit der Anwendungsbereich des

107 *Bork*, in: Festschrift für Fischer, 2008, S. 37 (38).

108 BT-Drucksache, 16/11643 S. 112.

109 Vgl. dazu beispielhaft BGH, 05.12.2006 – XI ZR 21/06, NJW 2007, 914 ff.

§ 96 Abs. 1 Nr. 3 InsO gegeben ist.[110] Daraus folgernd ist auch der für die Insolvenzmasse lukrative Anspruch gegen den Anfechtungsgegner ab Insolvenzeröffnung auf Prozesszinsen gemäß § 143 Abs. 1 S. 2 InsO i. V. m. §§ 819 Abs. 1, 818 Abs. 4, 291, 288 Abs. 1 S. 2 BGB[111] bzw. ab Vornahme der gläubigerbenachteiligenden Rechtshandlung auf gezogene und schuldhaft nicht gezogene Nutzungen gemäß § 143 Abs. 1 S. 2 InsO i. V. m. §§ 819 Abs. 1, 818 Abs. 4, 292, 987 Abs. 1, Abs. 2 BGB[112] grundsätzlich nicht gegeben. Schließlich bezicht sich der § 143 Abs. 1 S. 2 InsO grundsätzlich nur auf § 143 Abs. 1 S. 1 InsO, sodass eine Anwendbarkeit auf andere Anspruchsgrundlagen gemäß der Norm nicht erkennbar ist. Infolgedessen wäre der Zeitpunkt des Verzuges (vgl. § 286 BGB) bzw. der Rechtshängigkeit (vgl. § 292 BGB) gesondert herbeizuführen (z. B. Mahnung, Klageerhebung). Um jedoch einen Gleichklang auf der Rechtsfolgenseite im Verhältnis zu der aus der Wirkung des § 96 Abs. 1 Nr. 3 InsO resultierenden Anspruchsgrundlage und zu der Anspruchsgrundlage aus § 143 Abs. 1 InsO herbeiführen zu können, drängt sich eine analoge Anwendung des § 143 Abs. 1 S. 2 InsO in Bezug auf die aus der Wirkung des § 96 Abs. 1 Nr. 3 InsO entstehenden Anspruchsgrundlage auf. Die ansonsten bestehende und benannte Divergenz kann „auf den ersten Blick“ vom Gesetzgeber nicht gewollt sein. Ob die aufgezeigte Divergenz durch eine analoge Anwendung des § 143 Abs. 1 S. 2 InsO in Bezug auf die aus der Wirkung des § 96 Abs. 1 Nr. 3 InsO resultierende Anspruchsgrundlage beseitigt werden kann, gilt es im Folgenden durch eine Prüfung der Voraussetzungen einer Analogie zu ermitteln:

a) Regelungslücke

Die aufgrund der Wirkung des § 96 Abs. 1 Nr. 3 InsO in Betracht kommenden Anspruchsgrundlagen weisen einen wie in § 143 Abs. 1 S. 2 InsO geregelten Rechtsfolgenverweis[113] nicht auf. Ferner erstreckt sich der § 143 Abs. 1 S. 2 InsO

110 BGH, 17.07.2008 – IX ZR 148/07, ZInsO 2008, 913 (914) m. w. N; BGH, 26.06.2008 – IX ZR 144/05, ZInsO 2008, 801 m. w. N; *Bork*, in: Festschrift für Fischer, 2008, S. 37 f.; *Henkel*, NZI 2007, 84 (90); *Kayser*, in: Heidelberger Kommentar zur Insolvenzordnung, § 96 Rn. 33; *Würdinger*, Insolvenzanfechtung im bargeldlosen Zahlungsverkehr, S. 178 f; vgl. *Zenker*, NZI 2006, 16 (20); *Ries*, ZInsO 2005, 848 (850); *derselbe*, ZInsO 2004, 1231 (1235), welche zumindest ein Wahlrecht für den Insolvenzverwalter zwischen § 96 Abs. 1 Nr. 3 InsO und § 143 InsO statuieren wollen.

111 BGH, 24.05.2012 – IX ZR 125/11, ZInsO 2012, 1168; BGH, 01.02.2007 – IX ZR 96/04, ZInsO 2007, 261; siehe dazu *Würdinger*, WuB 2012, VI A. § 143 InsO 2.12.

112 BGH, 24.05.2012 – IX ZR 125/11, ZInsO 2012, 1168 f.; BGH, 01.02.2007 – IX ZR 96/04, ZInsO 2007, 261; siehe dazu *Würdinger*, WuB 2012, VI A. § 143 InsO 2.12.

113 BGH, 13.12.2007 – IX ZR 116/06, ZInsO 2008, 276.

nur auf § 143 Abs. 1 S. 1 InsO, sodass eine Anwendbarkeit auf andere Anspruchsgrundlagen unmittelbar nicht stattfindet. Folglich besteht eine Regelungslücke.

b) *Planwidrigkeit der Regelungslücke*

Des Weiteren ist diese Regelungslücke auch planwidrig. Bereits mit Einführung des § 96 Abs. 1 Nr. 3 InsO erkennt der Gesetzgeber die Wirkung des § 96 Abs. 1 InsO und betont, dass es keiner gesonderten Anfechtung im Falle der Nummer 3 bedürfe.[114] Die daraus entstehende „Anspruchsgrundlagenproblematik" sowie die damit in Verbindung stehende fehlende Anwendbarkeit des neu eingeführten § 143 Abs. 1 S. 2 InsO erkennt der Gesetzgeber jedoch nicht. Der Gesetzgeber will mit der Einführung des § 143 Abs. 1 S. 2 InsO eine Gleichbehandlung des Anfechtungsgegners zum bösgläubigen Bereicherungsschuldner sowie unrechtmäßigen Besitzer erreichen[115], was jedoch aufgrund der Wirkung des § 96 Abs. 1 Nr. 3 InsO nicht grundsätzlich im Falle der Aufrechnung bzw. Verrechnung erreicht werden kann. Ferner sind auch keine Gründe erkennbar, einen unter den Anwendungsbereich des § 96 Abs. 1 Nr. 3 InsO fallenden Insolvenzgläubiger materiell-rechtlich dahingehend zu privilegieren, indem dieser aus dem Anwendungsbereich des § 143 Abs. 1 S. 2 InsO herausgenommen werden soll. Eine Absicht bzw. ein Wille des Gesetzgebers hinsichtlich der Besserstellung des Insolvenzgläubigers aus § 96 Abs. 1 Nr. 3 InsO gegenüber dem Insolvenzgläubiger aus anfechtungsrechtlichen Gründen (vgl. § 144 InsO) ist schlichtweg nicht ersichtlich.[116]

Zudem ist nicht erkennbar, warum ein Kreditinstitut als Darlehensgeber, welches mit dem Schuldner als Darlehensnehmer eine Verrechnungsvereinbarung geschlossen hat, besser im Anfechtungsfall gestellt werden soll, als ein privater Darlehensgeber, welcher gerade – mangels Erforderlichkeit – keine Verrechnungsvereinbarung mit dem Darlehensnehmer geschlossen hat. Die dargestellte Regelungslücke ist somit auch planwidrig.

c) *Vergleichbarkeit von Interessenlage und Normzweck*

Es besteht auch eine vergleichbare Interessenlage bzw. gar eine identische Interessenlage. Wie der § 143 Abs. 1 InsO will die Norm des § 96 Abs. 1 Nr. 3 InsO die Gläubigergemeinschaft als Verlustgemeinschaft vor Vermögensverlusten schützen, die einen Anfechtungstatbestand in sich bergen.[117] Soweit demnach eine

---

114 BT-Drucksache, 12/2443 S. 141.

115 BT-Drucksache, 12/2443 S. 167.

116 Vgl. *Henkel*, NZI 2007, 84 (89 f.).

117 Vgl. dazu *Kayser*, in: Heidelberger Kommentar zur Insolvenzordnung, § 96 Rn. 34.

Hauptforderung bzw. Passivforderung der (künftigen) Insolvenzmasse durch Aufrechnung bzw. Verrechnung zum Erlöschen gebracht wird, liegt darin zum einen eine Minderung der (künftigen) Insolvenzmasse (Verlust der Hauptforderung) und zum anderen die Privilegierung eines einzelnen Gläubigers, da seine Forderung zum Nominalwert befriedigt wird. Denn auch bei „anfechtbaren" Aufrechnungen bzw. Verrechnungen hat die zur Gegenforderung erklärte Forderung nicht mehr ihren Nominalwert, sondern und wenn überhaupt nur ihren durch die Insolvenzmasse abgedeckten quotalen Wert. Letztendlich schützt der § 96 Abs. 1 Nr. 3 InsO ebenso vor objektiven Gläubigerbenachteiligungen wie der § 143 Abs. 1 S. 1 InsO. Dies wird zudem dadurch untermauert, dass der § 96 Abs. 1 Nr. 3 InsO wie der § 143 Abs. 1 S. 1 InsO an sämtliche Merkmale eines Anfechtungstatbestandes (§§ 129 ff. InsO) anknüpft. Wäre nämlich der tatbestandliche Regelungsgehalt des § 96 Abs. 1 Nr. 3 InsO nicht existent, so könnten darunter fallende Sachverhalte ebenfalls über die Anspruchsgrundlage des § 143 Abs. 1 S. 1 InsO i. V. m. einem Anfechtungsgrund aus den §§ 130 ff. InsO zu Gunsten der Insolvenzmasse gelöst werden. Angemerkt sei darüber hinaus, dass die Verrechnung seitens des Kreditinstitutes in der laufenden Rechnung eine „sichere Befriedigung" ermöglicht.[118] Aufgrund der Einstellung von Gutschriften in die laufende Rechnung entsteht eine Möglichkeit der Verrechnung und ist durch die Bindung zur laufenden Rechnung dahingehend geschützt, dass weitere Gläubiger auf diesen Vermögenswert nicht mehr zugreifen können.[119]

Dass Kreditinstituten ferner eine Privilegierung dahingehend zukommen soll, dass diese aus Rechtsgründen aus dem Anwendungsbereich des § 143 Abs. 1 S. 2 InsO ausscheiden sollen, ist unter Bezugnahme aus den genannten Gründen nicht ersichtlich. Darüber hinaus ist es auch nicht die Aufgabe des § 96 Abs. 1 Nr. 3 InsO bestehende Rückgewähransprüche zu Gunsten der Haftungsmasse zu verkürzen[120], indem grundsätzlich vom Gesetzgeber statuierte Rechtsfolgen bei anfechtbaren Verhaltensweisen abgeschnitten werden. Vielmehr will auch der § 96 Abs. 1 Nr. 3 InsO die „Auffüllung" der Haftungsmasse mit liquiden Mitteln fördern, indem materiell-rechtlich erloschene Forderungen, im Zeitraum des Insolvenzverfahrens wieder geltend gemacht werden können.[121]

---

118 *Kirstein*, ZInsO 2012, 709 (713).

119 *Kirstein*, ZInsO 2012, 709 (713).

120 *Ries*, ZInsO 2005, 848 (850); *derselbe*, ZInsO 2004, 1231 (1235); vgl. *Zenker*, NZI 2006, 16 (20).

121 Vgl. BT-Drucksache, 12/2443 S. 140 f.; BGH, 26.09.2006 – IX 136/05, ZInsO 2006, 1215 (1217); *Ries*, ZInsO 2005, 848 (850); *derselbe*, ZInsO 2004, 1231 (1235).

Im Ergebnis berücksichtigen der § 96 Abs. 1 Nr. 3 InsO sowie der § 143 Abs. 1 InsO die gleichen Interessenlagen. Eine analoge Anwendung des § 143 Abs. 1 S. 2 InsO auf die aus der Wirkung des § 96 Abs. 1 Nr. 3 InsO entstehende Anspruchsgrundlage ist daher geboten.

4. *Verjährungsrechtliche Probleme bei anfechtbaren Verrechnungen seitens des Kreditinstitutes?*

Der dargelegte Problemaufriss und die zuvor gebildete Rechtsfolgenanalogie des § 143 Abs. 1 S. 2 InsO auf die aus der Wirkung des § 96 Abs. 1 Nr. InsO resultierende Anspruchsgrundlage zeigen auf, das die Rechtsfolgenfragen zu der Wirkung des § 96 Abs. 1 Nr. 3 InsO noch nicht abschließend durchleuchtet worden sind.

Die höchstrichterliche Rechtsprechung[122] hat sich dazu mit der gepaarten Frage beschäftigt, ob die Verjährungsfrist des § 146 Abs. 1 InsO auch auf die aus der Wirkung des Spezialtatbestandes des § 96 Abs. 1 Nr. 3 InsO resultierende Anspruchsgrundlage anzuwenden ist. In diesem Rechtsstreit[123] war die beantragte Hauptforderung aufgrund der für diese Forderung grundsätzlich geltenden Verjährungsfrist bereits verjährt. Die Verjährungsfrist des § 146 Abs. 1 konnte dagegen noch eingehalten werden. Es gilt demnach zu klären, ob auch in diesem Fall eine analoge Anwendung des § 146 Abs. 1 geboten ist. In der Literatur ist diese Frage umstritten.

a) Ansicht: Geltung allgemeiner Verjährungsregime

Teilweise wird in der Literatur die Ansicht vertreten, dass die durch Wirkung des § 96 Abs. 1 Nr. 3 InsO auflebende Forderung nach der für diese maßgeblichen Frist verjähre.[124] Der anfechtbar verrechnete Anspruch aus Gutschrift des Schuldners wäre somit nach drei Jahren bezogen auf den Zeitpunkt der Einstellung der Gutschrift in die laufende Rechnung und mit Ablauf des dritten Jahres verjährt (vgl. §§ 195, 199 BGB).

b) Ansicht von Jacoby: *Neubeginn der Verjährung durch Anerkenntnis*

Nach *Jacoby* handele es sich bei der Aufrechnung des Insolvenzgläubigers um ein Anerkenntnis gemäß § 212 Abs. 1 Nr. 1 BGB, welches dazu führe, dass es

---

122 BGH, 28.09.2006 – IX ZR 136/05, BGHZ 169, 158 = ZInsO 2006, 1215 (1217).

123 BGH, 28.09.2006 – IX ZR 136/05, BGHZ 169, 158 = ZInsO 2006, 1215.

124 *Kirchhof*, WM 2002, 2037 (2039); *Heublein*, ZIP 2000, 161 (164); *Henkel*, EWiR 2006, 53 (54); *Würdinger*, Insolvenzanfechtung im bargeldlosen Zahlungsverkehr, S. 269 ff.

zu einem Neubeginn der Verjährung komme.[125] Demnach beginne die jeweilige Verjährungsfrist der wieder aufgelebten Forderung mit der Erklärung der Aufrechnung erneut zu laufen.[126] In diesem Fall wäre der anfechtbare verrechnete Anspruch aus Gutschrift des Schuldners somit nach drei Jahren bezogen auf den Zeitpunkt der Verrechnung und mit Ablauf des dritten Jahres verjährt (vgl. §§ 195, 199 BGB).

c) Ansicht von Ries: „Novation“

Ries vertritt die Ansicht, dass die ursprüngliche Forderung aufgrund ihrer Anfechtbarkeit noviere.[127] Der Insolvenzverwalter setze nicht mehr die Hauptforderung durch, sondern ein *„künstliches Surrogat“*.[128] Es entstehe somit eine neue *„fingierte“* Forderung, welche drei Jahre nach Insolvenzeröffnung zum Jahresende verjähre.[129]

d) Teleologisch extensive bzw. analoge Anwendung des § 146 Abs. 1 InsO

Die herrschende Meinung wendet den § 146 Abs. 1 InsO entsprechend bzw. analog an.[130] Dies wird darauf begründet, dass der § 96 Abs. 1 Nr. 3 InsO rein insolvenzrechtlich wirke und als maßgebliches Ziel die Stärkung der Insolvenzmasse habe.[131] Schließlich seien auch Sachverhalte, welche dazu führen, dass die Forderung des Schuldners als verjährt zu qualifizieren sei und die Forderung des Insolvenzgläubigers zur Tabelle angemeldet werden könne, nicht schützenswert.[132] Ein Insolvenzgläubiger, der das Rechtsinstitut der Aufrechnung bemüht, habe im Nachhinein kein schützenswertes Interesse mehr daran, seine Forderung nunmehr doch im Wege der quotalen Befriedigung zumindest partiell durchzusetzen.[133]

---

125 *Jacoby*, KTS – Zeitschrift für Insolvenzrecht 2007, 225 (233).

126 *Jacoby*, KTS – Zeitschrift für Insolvenzrecht 2007, 225 (233).

127 *Ries*, ZInsO 2005, 848 (849).

128 *Ries*, ZInsO 2005, 848 (849).

129 *Ries*, ZInsO 2005, 848 (849).

130 BGH, 28.09.2006 – IX ZR 136/05, BGHZ 169, 158 = ZInsO 2006, 1215 (1217); *Kreft*, WuB 2005, VI A. § 96 InsO 3.05; *Fischer*, WM 2008, 1 (7); *Grub*, DZWiR 2007, 81 (83); im Ergebnis auch so *Brandes/Lohmann*, in: Münchener Kommentar zur Insolvenzordnung, § 96 Rn. 39.

131 BGH, 28.09.2006 – IX ZR 136/05, BGHZ 169, 158 = ZInsO 2006, 1215 (1217); vgl. *Kreft*, WuB 2005, VI A. § 96 InsO 3.05.

132 BGH, 28.09.2006 – IX ZR 136/05, BGHZ 169, 158 = ZInsO 2006, 1215 (1217).

133 Vgl. BGH, 28.09.2006 – IX ZR 136/05, BGHZ 169, 158 = ZInsO 2006, 1215 (1217).

e) Stellungnahme

Unter Berücksichtigung der Begründung zur analogen Anwendung des § 143 Abs. 1 S. 2 InsO auf die aus der Wirkung des § 96 Abs. 1 Nr. 3 InsO resultierenden Anspruchsgrundlage, überzeugt nur die Auffassung des BGH und der herrschenden Meinung.[134]

Die von *Ries*[135] vorgeschlagene Konstruktion der Entstehung eines neuen, von der ursprünglichen Forderung des Schuldners losgelösten Schuldverhältnisses im Wege einer Novation geht fehl. Eine gesetzliche Grundlage bzw. ein Wille des Gesetzgebers ist dafür nicht ersichtlich.[136] Vielmehr muss der Insolvenzverwalter die ursprüngliche Forderung des Schuldners durchsetzen. Soweit diese gegebenenfalls mit anderen tauglichen Einwendungen belastet ist, muss der Insolvenzverwalter sich auch diese weiterhin entgegenhalten lassen. Dies zeigt, dass gerade nicht ein neues, von der ursprünglichen Forderung des Schuldners losgelöstes Schuldverhältnis entsteht, sondern das ursprüngliche Schuldverhältnis wieder auflebt.

Des Weiteren stellt die durch den Insolvenzgläubiger erklärte Aufrechnung bzw. Verrechnung kein generelles Anerkenntnis im Sinne des § 212 Abs. 1 Nr. 1 BGB dar, sodass es in diesem Falle stets zu einem Neubeginn der Verjährung kommt.[137] Ein Anerkenntnis ist das rein tatsächliche Verhalten des Schuldners gegenüber dem Gläubiger, aus dem sich das Bewusstsein vom Bestehen des Anspruches unzweideutig ergibt.[138] Nur weil der Insolvenzgläubiger die Aufrechnung erklärt bzw. Verrechnung durchführt, wird nicht generell unzweideutig zum Ausdruck gebracht, dass die Forderung des Schuldners vom Aufrechnungserklärenden anerkannt wird. Oftmals wird eine Aufrechnung nur aus Gründen des Erreichens eines Rechtsfriedens ausgesprochen, obwohl gegebenenfalls die Passivforderung nicht vollständig durchsetzbar ist. Kein Erfüllungssurrogat muss zwingend die Anerkennung der erfüllten Forderung zum Gegenstand haben.

---

134 BGH, 28.09.2006 – IX ZR 136/05, BGHZ 169, 158 = ZInsO 2006, 1215 (1217); *Kreft*, WuB 2005, VI A. § 96 InsO 3.05; *Fischer*, WM 2008, 1 (7); *Grub*, DZWiR 2007,81 (83); im Ergebnis auch so *Brandes/Lohmann*, in: Münchener Kommentar zur Insolvenzordnung, § 96 Rn. 39.

135 *Ries*, ZInsO 2005, 848 (849).

136 *Peters*, KTS 2008, 295 (303); *Zenker*, ZInsO 2007, 142 (144); vgl. BT-Drucksache, 12/2443 S. 141.

137 Vgl. BGH, 08.06.1989 – X ZR 50/ 88, BGHZ 107, 395 (397 f.) = NJW 1989, 2469.

138 *Ellenberger*, in: Palandt – BGB, § 212 Rn. 2.

Mitunter ist auch nicht das Verjährungsregime der ursprünglichen und durch § 96 Abs. 1 Nr. 3 InsO wiederauflebenden Forderung anzuwenden. Der § 96 Abs. 1 Nr. 3 InsO ist nicht nur durch das Insolvenzanfechtungsrecht geprägt, sondern will vielmehr einen Gleichklang zum Anfechtungsrecht herstellen. Dies wird zum einen deutlich, dass das gesamte Anfechtungsrecht dem Grunde nach in den § 96 Abs. 1 Nr. 3 InsO inkorporiert ist. Zum anderen verfolgt auch der § 96 Abs. 1 Nr. 3 InsO zwei Funktionen, welche dem Anfechtungsrecht immanent sind: die sog. Masseschutz- und Masseauffüllungsfunktion. Denn das Anfechtungsrecht hat nicht nur die Aufgabe Masseverkürzungen zu verhindern (*Masseschutzfunktion*)[139], sondern soll vielmehr dazu führen, dass die (anfechtbare) Befriedigung einzelner verhindert und die Haftungsmasse zur Gläubigergemeinschaft bestmöglich zurückgeführt wird (*Masseauffüllungsfunktion*). Maßgebliche Aufgabe des Anfechtungsrechtes und des § 96 Abs. 1 Nr. 3 InsO ist somit, die aus der Haftungsmasse (anfechtbar) aufgegebenen bzw. weggegebenen liquiden Mittel unmittelbar zu dieser zurückzuführen. Dies bedingt demnach nicht nur eine Anwendung des Anfechtungsrechtes dem Grunde nach, sondern auch des Rechtsfolgensystems des Anfechtungsrechtes, welches ebenfalls die genannten Funktionen (mit-)verfolgt. Der Sinn und Zweck des § 96 Abs. 1 Nr. 3 InsO zu den §§ 143 ff. InsO ist einheitlich und kann demnach nicht nur zu einer „*halbseitigen*“ Analogie bestimmter Rechtsfolgennormen der §§ 143 ff. InsO führen.[140] Schließlich ist die Interessenlage des § 96 Abs. 1 Nr. 3 InsO zu den §§ 143 ff. InsO nicht nur vergleichbar, sondern identisch.

Folglich ist auch der § 146 InsO analog auf die aus der Wirkung des § 96 Abs. 1 Nr. 3 InsO resultierende Anspruchsgrundlage anzuwenden.

5. *Fazit*

Bezüglich der zu Beginn dieses Komplexes aufgeworfenen Fragen, lassen sich folgende Ergebnisse festhalten:

> *Der § 96 Abs. 1 Nr. 3 InsO findet auf von Kreditinstituten durchgeführte Verrechnungen Anwendung.*
>
> *Die taugliche Anspruchsgrundlage bei anfechtbaren Verrechnungen seitens des Kreditinstitutes in der Stellung des Leistungsempfängers ist der § 780 BGB.*

---

139 Vgl. *Kayser*, NJW 2014, 422 (425), der von einer sog. „*Masseschutzaufgabe*“ des Anfechtungsrechtes spricht.

140 So jedoch *Würdinger*, Insolvenzanfechtung im bargeldlosen Zahlungsverkehr, S. 276 zu § 146 Abs. 1 und Abs. 2 InsO.

Der Rechtsfolgenverweis aus § 143 Abs. 1 S. 2 InsO ist auf die aus der Wirkung des § 96 Abs. 1 Nr. 3 InsO resultierende Anspruchsgrundlage analog anzuwenden.

Der aus der Wirkung des § 96 Abs. 1 Nr. 3 InsO entstehende Anspruch unterliegt dem Verjährungsregime des § 146 Abs. 1 InsO (analog).

II. Die Tatbestandsvoraussetzungen des § 133 Abs. 1 InsO im Einzelnen

Die Anwendbarkeit des § 133 InsO setzt zunächst das Vorliegen des Tatbestandes aus § 129 Abs. 1 InsO voraus, sodass zunächst objektiv eine Rechtshandlung vorliegen muss, welche die Insolvenzgläubiger benachteiligt. Überdies wird im Rahmen des § 133 InsO die schon von § 129 InsO geforderte Rechtshandlung dahingehend personifiziert, dass diese vom Schuldner ausgehen muss. In subjektiver Hinsicht setzt der Tatbestand des § 133 Abs. 1 InsO zum einen voraus, dass der Schuldner mit dem Vorsatz handelt seine Gläubiger zu benachteiligen (sog. Gläubigerbenachteiligungsvorsatz). Zum anderen wird verlangt, dass der jeweilige Anfechtungsgegner wiederum Kenntnis von dem Gläubigerbenachteiligungsvorsatz des Schuldners hat. Der maßgebliche Zeitpunkt in Bezug auf das Vorliegen der genannten Tatbestandsvoraussetzungen richtet sich nach der Wirknorm des § 140 InsO. Demnach gilt im Grundsatz eine Rechtshandlung in dem Zeitpunkt als vorgenommen, wenn ihre rechtlichen Wirkungen eintreten (§ 140 Abs. 1 InsO). Ferner trägt der Insolvenzverwalter grundsätzlich die Darlegungs- und Beweislast für diejenigen Tatsachen, welche die Anfechtungsnorm des § 133 Abs. 1 InsO begründen.[141]

Auch im Anwendungsbereich des § 96 Abs. 1 Nr. 3 InsO sind sämtliche Voraussetzungen der §§ 129 Abs. 1, 133 InsO zu prüfen, da der § 96 Abs. 1 Nr. 3 InsO das Anfechtungsrecht vollständig inkorporiert und auf keine Voraussetzung zwecks Begründung eines Anfechtungsgrundes verzichtet.[142]

1. *Rechtshandlung des Schuldners*

Der § 133 InsO erfasst sämtliche Rechtshandlungen im Sinne des § 129 InsO.[143] Dabei ist es – entgegen der §§ 130, 131 InsO – unerheblich, ob die daraus

141 BT-Drucksache, 12/2443 S. 160; *Kayser*, in: Münchener Kommentar zur Insolvenzordnung, § 133 Rn. 22; *Kreft*, in: Heidelberger Kommentar zur Insolvenzordnung, § 133 Rn. 12 und Rn. 22.

142 Vgl. dazu *Kayser*, in: Heidelberger Kommentar zur Insolvenzordnung, § 96 Rn. 33.

143 *Kayser*, in: Münchener Kommentar zur Insolvenzordnung, § 133 Rn. 6; vgl. dazu S. 8 ff.

resultierende und der Anfechtung unterliegende gläubigerbenachteiligende „Wirkung“ einem Insolvenzgläubiger oder einem anderem Rechtssubjekt zu Gute kommt.[144] Tauglicher Anfechtungsgegner ist grundsätzlich jedes Rechtssubjekt. Getreu dem Wortlaut des § 133 Abs. 1 S. 1 InsO muss die Rechtshandlung vom Schuldner vorgenommen werden. Diese Personifikation der Rechtshandlung wird weit verstanden, sodass nicht nur Rechtshandlungen erfasst werden, welche der Schuldner im Tatsächlichen selbst vorgenommen hat. Vielmehr können auch Rechtshandlungen Dritter im Rahmen des § 133 InsO tatbestandsmäßig sein, sofern eine Rechtshandlung des Schuldners ursächlich für die Rechtshandlung des Dritten ist bzw. der Schuldner gar nur an der Realisierung der Rechtshandlung durch den Dritten mitgewirkt.[145]

Vereinzelt wird darüber hinaus sogar vorgebracht, dass im Rahmen des § 133 InsO – insbesondere bei Rechtshandlungen als Vollstreckungshandlungen – auf die dort niedergelegte Personifikation verzichtet werden müsse.[146] Vielmehr sei es genügend, dass eine Rechtshandlung seitens eines Gläubigers die gesamte Gläubigergemeinschaft benachteilige.[147]

Zum einen spricht jedoch gegen diese weitgehende Ansicht der „klare“ Wortlaut des § 133 Abs. 1 InsO.[148] Zum anderen ist die in § 133 Abs. 1 InsO genannte Rechtshandlung des Schuldners mit dem kognitiven Element des Gläubigerbenachteiligungsvorsatzes beim Schuldner zwingend verbunden.[149] Der Schuldner muss somit Kenntnis von den Umständen haben, welche die seinerseits

---

144 *Kayser*, in: Münchener Kommentar zur Insolvenzordnung, § 133 Rn. 6.

145 BGH, 03.02.2011 – IX ZR 213/09, ZInsO 2011, 574 (576); BGH, 27.05.2003 – IX ZR 169/02, BGHZ 155, 75, (80); *Kirchhof*, ZInsO 2004, 1168 (1173); *Kayser*, in: Münchener Kommentar zur Insolvenzordnung, § 133 Rn. 8; *Bork*, in: Kübler/Prütting/Bork - Insolvenzordnung, § 133 Rn. 11; *Dauernheim*, in: Frankfurter Kommentar zur Insolvenzordnung, § 133 Rn. 6; *Bograkos/Kirstein*, in: Praxis der Insolvenzanfechtung, § 133 Rn. 10; *Lind*, Zur Auslegung von § 133 InsO, insbesondere im System der Anfechtungstatbestände, S. 73.

146 *Rendels*, ZIP 2004, 1289 (1293 f.); *Kreft*, KTS – Zeitschrift für Insolvenzrecht 2004, 205 (216 ff.); vgl. *derselbe*, DStR 2005, 1192 (1195); vgl. *Kübler*, in: Festschrift für Greiner, 2005, S. 159 (160 f.); kritisch *Brinkmann/Luttmann*, ZInsO 2007, 565 ff; siehe auch *Marotzke*, ZInsO 2006, 7 (10), *derselbe*, ZInsO 2014, 417 (433 ff., 440 ff.).

147 *Rendels*, ZIP 2004, 1289 (1293 f.); *Kreft*, KTS – Zeitschrift für Insolvenzrecht 2004, 205 (216 ff.).

148 So auch und bereits *Bork*, ZIP 2004, 1684 (1685); *Lind*, Zur Auslegung von § 133 InsO, insbesondere im System der Anfechtungstatbestände, S. 65.

149 *Jaeger/Henckel*, Konkursordnung, § 30 Rn. 239; *Lind*, Zur Auslegung von § 133 InsO, insbesondere im System der Anfechtungstatbestände, S. 65.

herbeigeführte Rechtshandlung dokumentieren und ferner aufzeigen, dass diese geeignet ist, die Gläubigergemeinschaft zu benachteiligen. Sofern keine Rechtshandlung des Schuldners vorliegt, kann diesbezüglich auch kein die Gläubiger benachteiligender Wille damit einhergehen.[150] Darüber hinaus ergibt sich – neben dem genannten Wortlautargument – aus einem Umkehrschluss insbesondere zu den besonderen Anfechtungsgründen (§§ 130, 131 InsO), dass der Gesetzgeber in der Regel für weitläufige Zeiträume außerhalb der gesetzlichen Krise stets an bestimmte Verhaltensweisen des Schuldners anknüpft (§§ 133, 134) InsO, um die Durchbrechung von bestehenden Vertrauenstatbeständen und den Eingriff in erworbene Rechtspositionen zu rechtfertigen. Sofern dies seitens des Gesetzgebers nicht bzw. vielmehr ein (noch) „tiefgehender Einschnitt" in die Privatautonomie gewollt gewesen wäre, hätte es nur der Wendung „Rechtshandlung" bedurft, ohne jegliche Personifikation bzw. Verknüpfung zu kognitiven Elementen. Es ist auch gerade aufgrund der oben benannten Verknüpfung in § 133 Abs. 1 S. 1 InsO zwischen den subjektiven Merkmalen und der Rechtshandlung des Schuldners ersichtlich, dass es insbesondere eines Verhaltens des Schuldners bedarf, welches seiner Bewusstseinskontrolle unterliegt. Demnach kann es nicht möglich sein, eine wortlautgetreue Anwendung dadurch herzuleiten, indem man jegliches Unterlassen einer Rechtshandlung gemäß § 129 Abs. 2 InsO gleichstellt.[151] Sofern ein Unterlassen einer Rechtshandlung gleichgestellt werden kann, ist dafür ebenso erforderlich, dass jenes Unterlassen[152] zumindest bewusst und gewollt seitens des Schuldners existent ist.

Weder die Folgen einer Nachlässigkeit bzw. einer Unachtsamkeit noch das Vorliegen einer völligen willenlosen Passivität können demnach als Unterlassen einer Rechtshandlung des Schuldners im Sinne des § 133 InsO gleichgestellt werden. Letztendlich können an ein Unterlassen keine geringeren Anforderungen gestellt werden, als an die vom Tatbestand (§ 133 InsO) verlangte Rechtshandlung seitens des Schuldners selbst. Ein anderes Verständnis würde zu einer „faktischen" tatbestandlichen Reduktion in Bezug auf das Tatbestandsmerkmal „Rechtshandlung des Schuldners" führen, wofür jedoch keinerlei Anhaltspunkte existieren.[153]

---

150 Vgl. dazu *Jaeger/Henckel*, Konkursordnung, § 30 Rn. 239; *Lind*, Zur Auslegung von § 133 InsO, insbesondere im System der Anfechtungstatbestände, S. 65.

151 So jedoch *Rendels*, ZIP 2004, 1289 (1293 f.); vgl. dazu auch *Häger/Harig*, ZInsO 2013, 1677 (1679).

152 Vgl. S. 9.

153 Vgl. dazu *Lind*, Zur Auslegung von § 133 InsO, insbesondere im System der Anfechtungstatbestände, S. 66.

a) Die „Rechtshandlung des Schuldners" im bankenspezifischen Geschäftsverkehr in Bezug auf das Kreditinstitut in der Stellung als Leistungsempfänger

Im bankenspezifischen Geschäftsverkehr kommen mehrere Anknüpfungspunkte für das Tatbestandsmerkmal „Rechtshandlung des Schuldners" in Betracht. Dabei kann das Kreditinstitut als Anfechtungsgegner „klassisch" in der Rolle des Leistungsempfängers, aber auch in der Rolle des sog. Leistungsmittlers im Rahmen des Anfechtungsanspruches heranzuziehen sein. Jedoch insbesondere in der Stellung des Kreditinstitutes als Leistungsempfänger ist oftmals nicht von vornherein ersichtlich, worin die Rechtshandlung des Schuldners liegt. Dies resultiert in erster Linie aus folgenden Gesichtspunkten:

Zum einen gelten als Rechtshandlungen sämtliche Willensbetätigungen, an die das Gesetz rechtliche Wirkungen knüpft, ohne dass diese gewollt sein müssen.[154] Ferner wird als Rechtshandlung auch ein Unterlassen (§ 129 Abs. 2 InsO) erfasst, sofern dies bewusst und gewollt erfolgt ist.[155] Zum anderen ist grundsätzlich unerheblich, ob die Rechtshandlung die rechtliche Wirkung alleine herbeiführt.[156] Denn Gegenstand der Anfechtung ist nicht die Rechtshandlung als solche, sondern die durch die Rechtshandlung verursachte gläubigerbenachteiligende Wirkung.[157] Im Rahmen der girovertraglichen Bindung zwischen dem Schuldner und dem Kreditinstitut werden oftmals seitens des Schuldners Rechtshandlungen im Sinne der §§ 129, 133 InsO in Gang gesetzt, welche erst durch die Umsetzung des Kreditinstitutes ihre Anfechtungsrelevanz erreichen. Komplex wird die Subsumtion des Tatbestandsmerkmals „Rechtshandlung des Schuldners" dadurch, da sich der anfechtungsrelevante Sachverhalt gegenüber

---

154 BGH, 15.10.1975 – VIII ZR 62/74, WM 1975, 1182 (1184); *Ehricke*, in: Kübler/Prütting/Bork - Insolvenzordnung, § 129 Rn. 36 f.; *de Bra*, in: Braun – Insolvenzordnung, § 129 Rn. 10; vgl. dazu S. 8 f.

155 BGH, 02.04.2009 – IX ZR 236/07, ZInsO 2009, 1060 (1061); BGH, 10.02.2005 – IX ZR 211/02, BB 2005, 734 (738); *Kayser*, in: Münchener Kommentar zur Insolvenzordnung, § 129 Rn. 24; *Kreft*, in: Heidelberger Kommentar zur Insolvenzordnung, § 129 Rn. 24; *Hess*, Kommentar zum Insolvenzrecht, § 129 Rn. 23; *Rogge/Leptien*, in: Hamburger Kommentar zum Insolvenzrecht, § 129 Rn. 15;, *Henckel*, in: Jaeger/Henckel/Gerhardt – Insolvenzordnung, § 129 Rn. 12; vgl. dazu S. 8 f.

156 *Bograkos/Kirstein*, in: Praxis der Insolvenzanfechtung, § 129 Rn. 3 und Rn. 4; vgl. dazu S. 8 f.

157 BGH, 05.04.2001 – IX ZR 216/98, ZIP 2001, 885 (886); BGH, 21.01.1999 – IX ZR 329/97, ZIP 1999, 406; BGH, 16.03.1995 – IX ZR 72/94, ZIP 1995, 630 (634); *Karsten Schmidt*, in: Karsten Schmidt – Insolvenzordnung, § 129 Rn. 4; vgl. dazu S. 8 f.

dem Kreditinstitut in der Stellung als Leistungsempfänger regelmäßig aus Verrechnungen von Gutschriften seitens des Kreditinstitutes auf einem debitorisch geführten Konto des Schuldners ergibt, aus dem sich nicht offensichtlich erkennen lässt, ob ein für § 133 Abs. 1 S. 1 InsO tauglicher Mitwirkungsakt bzw. taugliches Unterlassen (§§ 129 Abs. 2, 133 Abs. 1 S. 1 InsO) seitens des Schuldners vorliegt.

Diesbezüglich hat insbesondere *Kirstein* unternommen, weitere Ansätze anzuführen, welche sich als „Rechtshandlung des Schuldners“ im Sinne des § 133 Abs. 1 S. 1 InsO qualifizieren lassen könnten.[158]

aa) Nichtumleitung von Zahlungseingängen auf ein kreditorisches Konto als Rechtshandlung des Schuldners

Nach *Kirstein* liege eine mögliche Rechtshandlung des Schuldners darin, dass der Schuldner nach Angabe des debitorisch geführten Kontos gegenüber seinem Drittschuldner es bewusst unterlassen habe, die Zahlung auf ein neu eingerichtetes, kreditorisches Konto umzuleiten.[159] In Anlehnung an die Pflicht aus § 64 GmbHG ergebe sich aus den Umständen der Krise, dass die initiierten Zahlungsströme zulasten der Gläubiger wirken und im negativen Saldo „versickern“, sodass es am Schuldner liege, Abhilfe zu schaffen.[160] Es sei dem Schuldner abzuverlangen, ein neues unbelastetes Girokonto einzurichten, auf welches nunmehr die Zahlungen zu erfolgen haben und auf dem das Guthaben der Gläubigergemeinschaft zur Verfügung stehe.[161] Ein tatbestandliches bzw. bewusstes Unterlassen im Sinne des § 129 Abs. 2 InsO sei jedoch nur dann anzunehmen, soweit der Schuldner im Tatsächlichen eine Umleitung der Zahlung hätte vornehmen können. Sofern die Zahlungsmodalitäten so festgelegt seien, dass eine Abänderung durch den Schuldner nicht hätte erfolgen können, fehle es an einem bewussten Unterlassen des Schuldners, da schon die notwendige Handlungsoption fehle.[162]

Den Ausführungen von *Kirstein* ist zuzustimmen. Es bedarf für ein tatbestandliches Unterlassen im Sinne des § 129 Abs. 2 InsO noch nicht einmal des Bestehens einer Rechtspflicht zum Handeln für den Schuldner, sodass die Anlehnung an die Pflicht aus § 64 GmbHG m. E. nicht erforderlich ist. Denn für

---

158 *Kirstein*, ZInsO 2012, 709; vgl. dazu auch *derselbe*, ZInsO 2014, 1921 (1928).
159 *Kirstein*, ZInsO 2012, 709 (710).
160 *Kirstein*, ZInsO 2012, 709 (711).
161 *Kirstein*, ZInsO 2012, 709 (711).
162 *Kirstein*, ZInsO 2012, 709 (711).

ein tatbestandliches Unterlassen im Sinne des § 129 Abs. 2 InsO ist lediglich erforderlich, dass dies wissentlich und willentlich geschehen ist.[163] Demnach ist für die Annahme eines Unterlassens nicht erforderlich, dass eine spezielle Handlungspflicht zur Vornahme einer die Gläubigergemeinschaft schützenden Rechtshandlung bestand.[164] Darüber hinaus muss auch im Rahmen des § 64 S. 1 GmbHG, dem Haftungsadressaten die *Zahlung* nur zuzurechnen sein.[165] Das heißt, der Geschäftsführer kann im Rahmen des § 64 S. 1 GmbHG für solche Schmälerungen des Gesellschaftsvermögens verantwortlich gemacht werden, die mit seinem Wissen und Willen geschehen sind oder die er hätte verhindern können.[166] Das Bestehen einer Rechtspflicht zum Handeln zum Schutze der Gesellschaftsgläubiger ist demnach auch bei § 64 S. 1 GmbHG nicht zwingend erforderlich. Allein entscheidend ist, dass die gebotene Rechtshandlung des Schuldners bewusst und gewollt unterlassen wird.[167] Dass solche Rechtshandlungen wiederum ursächlich für eine objektive Gläubigerbenachteiligung sind und mit dem für den Schuldner vom § 133 Abs. 1 S. 1 InsO geforderten subjektiven Tatbestandsmerkmal behaftet sein müssen, ist sodann aufgrund des Prüfungskataloges der §§ 129, 133 InsO als jeweils weiteres Tatbestandsmerkmal zu untersuchen und nicht in die Prüfung des Tatbestandsmerkmal „Rechtshandlung des Schuldners“ zu verfrachten.[168]

---

163 BGH, 16.01.2014 – IX ZR 31/12, JurrionRS 2014, 10171 (Tz. 12 ff.) = ZInsO 2014, 293 (294 f.); BGH, 02.04.2009 – IX ZR 236/07, ZInsO 2009, 1060 (1061); BGH, 10.02.2005 – IX ZR 211/02, BB 2005, 734 (738); *Kayser*, in: Münchener Kommentar zur Insolvenzordnung, § 129 Rn. 24; *Kreft*, in: Heidelberger Kommentar zur Insolvenzordnung, § 129 Rn. 24; *Hess,* Kommentar zum Insolvenzrecht, § 129 Rn. 23; *Rogge/Leptien*, in: Hamburger Kommentar zum Insolvenzrecht, § 129 Rn. 15; *Henckel*, in: Jaeger/Henckel/Gerhardt – Insolvenzordnung, § 129 Rn. 12; vgl. dazu S. 8 f.

164 So schon *Hirte*, in: Uhlenbruck – Insolvenzordnung, § 129 Rn. 64; *Karsten Schmidt*, in: Karsten Schmidt – Insolvenzordnung, § 129 Rn. 33; daran anschließend BGH, 16.01.2014 – IX ZR 31/12, JurrionRS 2014, 10171 (Tz. 16) = ZInsO 2014, 293 (295).

165 *Kleindiek*, in: Lutter/Hommelhoff – GmbHG, § 64 Rn. 6.

166 Vgl. BGH, 16.03.2009 – II ZR 32/08, ZInsO 2009, 917 (918) zur Haftung des Geschäftsführers gemäß § 130 a Abs. 3 HGB a. F.

167 Vgl. BGH, 16.01.2014 – IX ZR 31/12, JurionRS 2014, 10171 (Tz. 13) = ZInsO 2014, 293 (294 f.).

168 Vermischend BGH, 16.01.2014 – IX ZR 31/12, JurionRS 2014, 10171 (Tz. 9, 13) = ZInsO 2014, 293 (294 f.); vgl. dazu auch *Würdinger*, WuB 2014, VI A. § 129 InsO 2.14.

Des Weiteren wird diese „Rechtshandlung des Schuldners“ im Sinne des § 133 Abs. 1 S. 1 InsO jedoch regelmäßig mit einer weiteren Rechtshandlung des Schuldners korrelieren. Die aufgrund der fehlenden Umleitung des Schuldners eingehenden Gutschriften auf dem debitorisch geführten Konto werden regelmäßig aufgrund einer Anweisung des Schuldners an seinen Drittschuldner basieren. In einer derart ausdrücklichen oder konkludenten Anweisung des Schuldners an seine Drittschuldner, namentlich mit Erfüllungswirkung gemäß § 362 Abs. 2 BGB auf sein Konto zu leisten, ist ebenso eine für die Entstehung der Verrechnungslage ursächliche Rechtshandlung seitens des Schuldners zu erkennen, welche als Rechtshandlung des Schuldners gemäß § 133 Abs. 1 S. 1 InsO zu qualifizieren ist.[169] Die der Anfechtung unterliegende gläubigerbenachteiligende Wirkung ist unter Berücksichtigung des § 140 Abs. 1 InsO sowohl bei der unterlassenen Umleitung auf ein kreditorisches Konto als auch bei der Anweisung des Schuldners an den jeweiligen Drittschuldner in der vom Kreditinstitut daraufhin durchgeführten Buchung zu erkennen. Insgesamt wird demnach das praktische Bedürfnis bezüglich der Qualifizierung einer Nichtumleitung von Zahlungseingängen auf ein kreditorisches Konto als Rechtshandlung des Schuldners im Sinne des § 133 Abs. 1 S. 1 InsO nicht besonders „groß“ sein.

bb) Annahme von Überweisungsbeträgen zu Gunsten des Schuldners durch das Kreditinstitut als Rechtshandlung des Schuldners

Ferner hinterfragt *Kirstein*, ob die bloße Entgegennahme des Buchgeldes[170] im Rahmen des Überweisungsverkehrs durch die Empfängerbank zu Gunsten des Schuldners als dessen Rechtshandlung im Sinne des § 133 Abs. 1 S. 1 InsO zu verstehen ist.[171] Denn schließlich verpflichte sich das Kreditinstitut durch die girovertragliche Abrede zur Führung eines laufenden Kontos zwecks Verbuchung von Zahlungseingängen zu Gunsten oder zu Lasten des Schuldners[172], sodass die Einigung in Bezug auf den Girovertrag die kausale Mitwirkungshandlung des Schuldners hinsichtlich der Entgegenahme des Buchgeldes seitens des Kreditinstitutes darstellen könne.[173] Im Ergebnis versteht *Kirstein* diesen Vorgang nicht als Rechtshandlung des Schuldners, da die Annahme des Buchgeldes durch das

169 *Bork*, Zahlungsverkehr in der Insolvenz, Rn. 210; *Kirstein*, ZInsO 2012, 709 (710).

170 Als Buchgeld werden Forderungen aus Gutschriften bei Kreditinstituten bezeichnet, welch nicht in Wertpapieren oder ähnlichen Verbriefungen verkörpert sind (*Haug*, in: Schimansky/Bunte/Lwowski, Bankrechts-Handbuch, § 123 Rn. 52).

171 *Kirstein*, ZInsO 2012, 709 (711).

172 *Mayen*, in: Schimansky/Bunte/Lwowski, Bankrechts-Handbuch, § 47 Rn. 7.

173 *Kirstein*, ZInsO 2012, 709 (712).

Kreditinstitut keine Leistung durch den Schuldner darstelle, sondern vielmehr eine Leistung des Kreditinstitutes an den Schuldner.[174]

Dem ist zuzustimmen. Sofern der Vertragspartner die vertraglich geschuldete (Gegen-) Leistung erbringt, handelt es sich nicht um eine Rechtshandlung des Schuldners, welche die Gläubigerbenachteiligung verursacht. Es handelt sich dabei wie zutreffend formuliert, um eine Leistung des Kreditinstitutes an den Schuldner.[175] Denn es hängt vom Vertragspartner ab, ob er seine Leistung bzw. Erfüllungshandlung erbringt oder nicht. Die girovertragliche Abrede stellt in der geschilderten Konstellation zwar rechtlich den Schuldgrund für die Leistung des Kreditinstitutes dar, an welcher der Schuldner durch seine korrespondierende Willenserklärung mitwirkt, ist jedoch im Tatsächlichen nicht die Ursache für die Entgegennahme des Buchgeldes seitens des Kreditinstitutes. Diese basiert auf einem eigenständigen Vorgang des Kreditinstitutes, welcher gerade nicht durch den Schuldner verursacht wird.

Die Entgegenahme des Buchgeldes durch das Kreditinstitut des Schuldners als Empfängerbank ist folglich nicht als Rechtshandlung des Schuldners im Sinne des § 133 Abs. 1 S. 1 InsO zu qualifizieren.

cc) Entstehung der Gutschrift als Rechtshandlung des Schuldners

Des Weiteren sieht *Kirstein* in der Entstehung der Gutschrift eine Rechtshandlung des Schuldners im Sinne des § 133 Abs. 1 S. 1 InsO. Schließlich stelle die Gutschrift ein Schuldversprechen dar, welches als Vertrag ebenfalls einer Mitwirkung des Schuldners durch Annahme bedürfe und dadurch die Verrechnungslage und Kontokorrentbindung ermögliche.[176]

Dies ist abzulehnen. Die Gutschrift selbst wiederum stellt ein abstraktes Schuldanerkenntnis oder Schuldversprechen (§§ 780 ff. BGB) des Kreditinstitutes gegenüber dem Kunden dar.[177] Demnach begründet die Gutschrift eine losgelöste Forderung für den Kunden gegen das Kreditinstitut, welche sich insbesondere nicht Einwendungen und Einreden aus dem Deckungsverhältnis entgegenhalten lassen muss.[178] Eingeschränkt wird die Gutschrift jedoch durch ihre Bindung zum Kontokorrentverhältnis und kann folglich trotz ihrer

---

174 *Kirstein*, ZInsO 2012, 709 (712).

175 *Kirstein*, ZInsO 2012, 709 (712).

176 *Kirstein*, ZInsO 2012, 709 (713).

177 BGH, 13.06.2013 – IX ZR 259/12, JurionRS 2013, 43926 (Tz. 28) = ZInsO 2013, 1898 (1901); *Mayen*, in: Schimansky/Bunte/Lwowski, Bankrechts-Handbuch, § 47 Rn. 52; *Casper*, in: Münchener Kommentar zum Bürgerlichen Gesetzbuch, § 675t Rn. 24.

178 *Kirstein*, in: Praxis der Insolvenzanfechtung, Teil IV Rn. 20.

Rechtsnatur nicht selbstständig geltend gemacht werden.[179] Zwar kann in der Entstehung der Gutschrift (= Entstehung einer Forderung) ein Mitwirkungsakt bzw. eine Rechtshandlung des Schuldners gesehen werden, namentlich die zur Entstehung notwendige und korrespondierende Willenserklärung des Schuldners. Die Gutschrift an sich ermöglicht jedoch nicht die Verrechnung in der laufenden Rechnung (Kontokorrent). Dies wird erst durch die Einstellung der Gutschrift in die laufende Rechnung ermöglicht, welche das Kreditinstitut als selbstständige Rechtshandlung aufgrund ihrer girovertraglichen Verpflichtung gegenüber dem Schuldner vornimmt. Darüber hinaus führt die Entstehung der Gutschrift an sich zu keiner die Gläubigergemeinschaft benachteiligenden und der Anfechtung unterliegenden Wirkung. Die Entstehung einer Forderung zu Gunsten des Schuldners stellt weder die Minderung der Aktivmasse noch die Mehrung der Passivmasse dar. Somit ist der Mitwirkungsakt des Schuldners an der Entstehung der Gutschrift nicht ursächlich für eine irgendwie geartete Gläubigerbenachteiligung. Die objektive Gläubigerbenachteiligung entsteht in einem debitorisch geführten Konto grundsätzlich erst durch die Verrechnung der eingestellten Gutschrift in die laufende Rechnung (Kontokorrent).[180] Nach dem bereits Dargestellten, ist dies jedoch nicht auf eine Rechtshandlung des Schuldners zurückzuführen, sondern vielmehr auf eine selbstständige Rechtshandlung des Kreditinstitutes an den Schuldner.

Demnach ist die Entstehung der Gutschrift nicht als Rechtshandlung des Schuldners dahingehend zu qualifizieren, welche die gläubigerbenachteiligende Verrechnung im Kontokorrent verursacht.

dd) Einstellung von Gutschriften in die Kontokorrentverrechnung als Rechtshandlung des Schuldners

Nach *Kirstein* basiere die Einstellung von Gutschriften in die Kontokorrentverrechnung auf einer Rechtshandlung des Schuldners.[181] Zwar stelle die Kontoführung im Kontokorrent als solche auch eine Leistung des Kreditinstitutes an den Schuldner dar und sei somit Erfüllungshandlung, jedoch habe die Einstellung in die laufende Rechnung (Kontokorrent) und die damit verbundene Kontokorrentverstrickung insofern einen Doppelcharakter, als dass sie als weitere Rechtsfolge

---

179 BGH, 25.06.2009 – IX ZR 98/08, ZInsO 2009, 1492 f.; *Mayen*, in: Schimansky/Bunte/Lwowski, Bankrechts-Handbuch, § 47 Rn. 52.

180 Vgl. dazu *Kirstein*, in: Praxis der Insolvenzanfechtung, Teil IV Rn. 50 ff.

181 *Kirstein*, ZInsO 2012, 709 (712 f.).

eine bessere Befriedigungsaussicht für das Kreditinstitut ermögliche.[182] Durch die Einstellung in das Kontokorrent entstehe die konkrete „*Verrechenmöglichkeit*“, welche zudem durch die Kontokorrentbindung geschützt sei. Schließlich können auf diesen Vermögenswert andere Gläubiger nicht mehr zugreifen.[183]

Dem ist nicht zu folgen. Wie *Kirstein* selbst klarstellt, stellt auch die Einstellung einer Gutschrift in die laufende Rechnung (Kontokorrent) bzw. die Kontoführung als solche eine Leistung des Kreditinstitutes an den Schuldner dar.[184] Soweit jedoch das Kreditinstitut die geschuldete (Gegen-) Leistung erbringt, handelt es sich wie erläutert nicht um eine Rechtshandlung des Schuldners, welche die Gläubigerbenachteiligung verursacht. Es handelt sich dabei, um eine Leistung des Kreditinstitutes an den Schuldner.[185] Denn es hängt vom Kreditinstitut ab, ob es seine Leistung bzw. Erfüllungshandlung erbringt oder nicht. Wie zur Entgegennahme des Buchgeldes dargestellt, stellt auch hier die girovertragliche Abrede den Schuldgrund für die Leistung des Kreditinstitutes dar, an welcher der Schuldner durch seine korrespondierende Willenserklärung mitwirkt. Diese alleinige Abrede ist jedoch im Tatsächlichen nicht die Ursache für die Einstellung der Gutschrift in die laufende Rechnung (Kontokorrent) seitens des Kreditinstitutes. Diese basiert ebenfalls auf einer eigenständigen Rechtshandlung des Kreditinstitutes, welche gerade nicht durch den Schuldner verursacht wird. Die Einstellung der Gutschrift in die laufende Rechnung (Kontokorrent) seitens des Kreditinstitutes stellt zudem die Einhaltung des Pflichtenkataloges aus der girovertraglichen Abrede gegenüber dem Schuldner dar, welche aus einer eigenständigen Rechtshandlung des Kreditinstitutes resultieren muss, da ansonsten alleinige verschuldensabhängige Pflichtverletzungen durch das Kreditinstitut gegebenenfalls ausgeschlossen wären. Denn die Pflicht zur Kontoführung kann nur von dem Kreditinstitut selbst eingehalten und nicht vom Schuldner verursacht werden. Daran vermag auch eine bessere Befriedigungsaussicht des Kreditinstitutes nichts ändern. Die Einstellung der Gutschrift in die laufende Rechnung (Kontokorrent) ist allein auf ein Handeln des Kreditinstitutes zurückzuführen, welches weder vom Schuldner alleine noch durch dessen Mitwirkung verursacht wird. Die Einstellung von Gutschriften in die laufende Rechnung (Kontokorrent) kann rechtlich nicht anders behandelt werden, als die Annahme von Überweisungsbeträgen zu Gunsten des Schuldners durch

182 *Kirstein*, ZInsO 2012, 709 (713).
183 *Kirstein*, ZInsO 2012, 709 (713).
184 *Kirstein*, ZInsO 2012, 709 (713).
185 Vgl. dazu *Kirstein*, ZInsO 2012, 709 (712).

das Kreditinstitut in Bezug auf das Tatbestandsmerkmal „Rechtshandlung des Schuldners" im Sinne des § 133 Abs. 1 InsO.

Die Einstellung von Gutschriften in die laufende Rechnung (Kontokorrent) stellt keine Rechtshandlung des Schuldners im Sinne des § 133 Abs. 1 S. 1 InsO dar.

ee) Vereinbarung einer Verrechnungsabrede als Rechtshandlung des Schuldners

Des Weiteren unterliegt die Vereinbarung einer Verrechnungsabrede zwischen dem Schuldner und dem Kreditinstitut nicht der Anfechtung aus § 133 Abs. 1 InsO.

Die Verrechnungsabrede stellt eine eigenständige und neben der Geschäftsverbindung bestehende Vereinbarung zwischen mehreren Rechtssubjekten dar, welche formfrei und konkludent geschlossen werden kann.[186] Diese Vereinbarung muss eine Einigung dahingehend beinhalten, dass die aus der Geschäftsverbindung entstehenden beiderseitigen Ansprüche und Leistungen in Rechnung gestellt werden (vgl. § 355 Abs. 1 HGB). Sie legt zudem fest, welche Ansprüche diesbezüglich erfasst werden, wobei im Zweifel sämtliche aus der Geschäftsverbindung resultierenden Geldforderungen erfasst werden.[187]

Trotz des benannten Mitwirkungsaktes des Schuldners, namentlich die Abgabe einer korrespondierenden Willenserklärung hinsichtlich der Vereinbarung einer Verrechnungsabrede, wird der Abschluss der Verrechnungsabrede nicht in den Anwendungsbereich des § 133 InsO fallen. Die zunächst isoliert zu betrachtende Verrechnungsabrede ist zum einen nicht kausal für eine objektive Gläubigerbenachteiligung. Es erfordert vielmehr einen gesonderten Mitwirkungsakt des Schuldners, welcher zu einer Belastung der Haftungsmasse führt (z. B. Weisungen des Schuldners an das Kreditinstitut). Zum anderen sind im Rahmen der Verrechnungsabrede vorkommende eigene Einstellungen des Kreditinstitutes – wie oben dargestellt – als nicht auf einen Mitwirkungsakt des Schuldners basierend anzusehen. Solche Handlungen sind auf einen eigenständigen Vorgang des Kreditinstitutes zurückzuführen, welche der Handlungs- bzw. Mitwirkungssphäre des Schuldners entzogen sind. Anfechtungsrechtlich ist die Verrechnungsabrede im Rahmen des § 133 InsO demnach dadurch geschützt, dass es entweder an einem Kausalzusammenhang zwischen der Rechtshandlung

186 *Brox/Henssler*, Handelsrecht, Rn. 342.

187 BGH, 27.01.1982 – VIII ZR 28/81, NJW 1982, 1150 (1151); *Hopt*, in: Baumbach/Hopt – HGB, § 355 Rn. 14; *Horn*, in: Heymann – Handelsgesetzbuch, § 355 Rn. 10; *Oetker*, Handelsrecht, § 7 Rn. 78.

des Schuldners und einer daraus resultierenden objektiven Gläubigerbenachteiligung fehlt oder eine Rechtshandlung, welche zu einer objektiven Gläubigerbenachteiligung führt, nicht dem Schuldner zuzuordnen ist.

2. *Objektive Gläubigerbenachteiligung (§ 129 Abs. 1 InsO)*

In Bezug auf Grundlegendes zu dem genannten Tatbestandsmerkmal wird auf die Ausführungen zu § 2 dieser Arbeit verwiesen.[188] Es wird jedoch nochmals hervorgehoben, dass das Tatbestandsmerkmal der objektiven Gläubigerbenachteiligung im Sinne des § 129 InsO Voraussetzung jeder Insolvenzanfechtung ist und folglich auch bei der Untersuchung des § 133 InsO nicht vernachlässigt werden darf, auch wenn der § 133 InsO selbst nur das Vorliegen des Gläubigerbenachteiligungsvorsatzes statuiert.[189]

Im Folgenden wird die objektive Gläubigerbenachteiligung (§ 129 Abs. 1 InsO) unter besonderer Berücksichtigung des Kreditinstitutes in der Stellung als Leistungsempfänger untersucht. Es wird begutachtet, ob auch auf einem debitorisch geführten Konto des Schuldners Zahlungseingänge bestehen können, welche die Gläubigergemeinschaft des Schuldners nicht benachteiligen. Grundsätzlich besteht bei jedem Zahlungseingang auf einem debitorisch geführten Konto und der damit verbundenen Verrechnung seitens des Kreditinstitutes eine Reduzierung der Aktivmasse, was für sich gesehen das Tatbestandsmerkmal der objektiven Gläubigerbenachteiligung ausfüllt. Zahlungseingänge auf einem Konto des Schuldners können jedoch oftmals mit (anfechtungsfesten) Sicherungsrechten des Kreditinstitutes korrelieren, welche das Kreditinstitut als Sicherungsnehmer gegenüber einem „einfachen" Insolvenzgläubiger privilegiert und dabei das Tatbestandsmerkmal der objektiven Gläubigerbenachteiligung nicht ausgefüllt wird. In diesen Fällen scheidet eine Anfechtung von Zahlungseingängen auf einem debitorisch geführten Konto des Schuldners aus. Unter welchen Voraussetzungen gegebenenfalls Zahlungseingänge auf ein debitorisch geführtes Konto die Gläubigergemeinschaft des Schuldners nicht benachteiligen, wird anhand des Zusammenspiels der Sicherheiten von Globalzession und AGB-Pfandrecht zu Gunsten des Kreditinstitutes untersucht. Dabei gilt es sich folgende grundlegende Sachverhaltskonstellation „vor Augen" zu führen:

> Auf ein debitorisch geführtes Konto des Schuldners gehen Zahlungen von Drittschuldnern ein. Die auf dem Konto des Schuldners eingehenden Forderungen unterliegen

188 S. 12 ff.

189 Vgl. BGH, 10.01.2008 – IX ZR 33/07, ZIP 2008, 467 (468); vgl. ferner *Marotzke*, ZInsO 2007, 897 (898).

einer – gegenüber Dritten nicht offen gelegten – Globalzession, welche zwecks Sicherung der ausgereichten Kredite seitens des Kreditinstituts zu dessen Gunsten begründet wurde. Durch Zahlungen auf das Konto des Schuldners erlöschen die Forderungen gegenüber den Drittschuldnern (§§ 362, 407 BGB). Anstelle des erloschenen Sicherungsrechtes (erloschene Forderung aus der Globalzession) entsteht für das Kreditinstitut nunmehr ein rechtsgeschäftliches Pfandrecht an dem entstandenen Anspruch des Schuldners *auf* Gutschrift und sodann an dem seitens des Kreditinstitutes verrechneten Anspruch des Schuldners *aus* Gutschrift gemäß Nr. 14 Abs. 1 der AGB-Banken bzw. Nr. 21 Abs. 1 der AGB-Sparkassen (sog. AGB-Pfandrecht).

In einem zweiten Schritt wird sodann geprüft, ob sich das Kreditinstitut – soweit es nicht besonders gesichert ist – bei Zahlungseingängen auf ein debitorisch geführtes Konto des Schuldners auch im Rahmen des § 133 Abs. 1 InsO auf den sog. Bargeschäftseinwand aus § 142 InsO berufen kann. Dabei soll nicht der Frage nachgegangen werden, ob überhaupt ein Bargeschäft im Sinne des § 142 InsO vorliegt, wenn das Kreditinstitut Zahlungseingänge auf dem debitorisch geführten Konto des Schuldners verrechnet und den Schuldner – zumindest – über den gleichen Wert wieder verfügen lässt. Diese Frage ist nach der Grundsatzentscheidung des Bundesgerichtshofes vom 07.03.2002 (Az. IX ZR 223/01)[190] als geklärt anzusehen, in dem das Vorliegen eines Bargeschäftes in derartigen Fällen – zur Recht – bejaht wird. Vielmehr wird in diesem Zusammenhang geklärt, ob der § 142 InsO bei Zahlungseingängen auf einem debitorisch geführten Konto des Schuldners auch im Rahmen der §§ 129, 133 Abs. 1 InsO zu Gunsten des Kreditinstitutes berücksichtigt werden muss. Aufgrund des Wortlautes des § 142 InsO a. E. könnte davon ausgegangen werden, dass das Privileg des Bargeschäftes aus § 142 InsO bei anfechtungsrechtlicher Relevanz des § 133 Abs. 1 InsO keine Berücksichtigung finden darf.[191]

---

190 BGH, 07.03.2002 – IX ZR 223/01, BGHZ 150, 122 = BGH, ZInsO 2002, 426; vgl. dazu: *Kreft*, in: Heidelberger Kommentar zur Insolvenzordnung, § 142 Rn. 10; *Stiller*, ZInsO 2002, 651; *Kirchhof*, ZInsO 2003, 149 (154); *Bruckhoff*, NJW 2002, 3304.

191 So *Kirstein/Sietz*, ZInsO 2008, 761 (767); *Würdinger*, Insolvenzanfechtung im bargeldlosen Zahlungsverkehr, S. 159; die h. M. zieht das Privileg des Bargeschäftes aus § 142 InsO im Rahmen des § 133 Abs. 1 InsO zur Entkräftung des Gläubigerbenachteiligungsvorsatz des Schuldners bzw. als Beweisanzeichen gegen den Gläubigerbenachteiligungsvorsatz des Schuldners heran und lässt es somit nicht per se unberücksichtigt: *Ganter*, WM 2014, 49 (50 f.); *derselbe*, ZIP 2012, 2037; *derselbe*, WM 2009, 1441 (1444); *Thole/Schmidberger*, BB 2014, 3 (4); *Gehrlein*, DB 2013, 2843 (2847); *Priebe*, ZInsO 2013, 2479 in Fußnote 3; *Fischer*, NZI 2008, 588 (594); *Kayser*, WM 2013, 293 (298); vgl. *derselbe*, in: Festschrift für Fischer, 2008, S. 267 (280 ff.); *Jacoby*, KTS – Zeitschrift für Insolvenzrecht 2009, 3 (21); *Lütcke*, ZInsO 2013, 1984

a) *Anfechtungsfester, die Gläubiger nicht benachteiligender (unmittelbarer) Sicherheitenaustausch am Beispiel von Globalzession und „AGB – Pfandrecht" zu Gunsten des Kreditinstitutes*

An einer Gläubigerbenachteiligung fehlt es, wenn das Kreditinstitut durch die Verrechnung nur das erhält, was diesem aufgrund anfechtungsfest bestehender Absonderungsrechte (z. B. Globalzession) sowieso zusteht.[192] In diesen Fällen stellt das Tatbestandsmerkmal der objektiven Gläubigerbenachteiligung gemäß § 129 Abs. 1 InsO die Schnittstelle zur Überprüfung von Sicherungsrechten zu Gunsten des Kreditinstitutes dar.[193] Die höchstrichterliche Rechtsprechung spricht insbesondere dann von einem Fehlen der objektiven Gläubigerbenachteiligung, sofern ein sog. *unmittelbarer Sicherheitentausch* vorliegt.[194] Für das Bestehen eines solchen unmittelbaren Sicherheitentausch hat die höchstrichterliche Rechtsprechung jedoch keine zwingenden Voraussetzungen statuiert, sondern nur verlauten lassen, dass die miteinander korrelierenden Sicherungsrechte (Globalzession und AGB – Pfandrecht) *unmittelbar* ausgetauscht werden müssen.[195] Fraglich bleibt demnach unter welchen Voraussetzungen ein anfechtungsfester, die Gläubiger nicht benachteiligender Sicherheitentausch seitens des Kreditinstitutes bei Zahlungseingängen auf ein debitorisch geführtes Konto des Schuldners möglich ist.

In der Regel und wie erwähnt korreliert dabei das revolvierende Sicherungsmittel der Globalzession mit dem sog. AGB-Pfandrecht des Kreditinstitutes. Um den anfechtungsfesten Sicherheitentausch nachvollziehen zu können, gilt es zunächst die genannten Sicherungsmittel im Hinblick auf ihre anfechtungsrechtliche Relevanz zu erklären. Die Sicherungsrechte, namentlich die Globalzession als sog. revolvierende Sicherheit und das sog. AGB-Pfandrecht der Kreditinstitute,

---

(1990 f.); *Schwartz*, Der subjektive Tatbestand der Vorsatzanfechtung gemäß § 133 InsO, S. 168; wohl auch, aber nicht ganz eindeutig *Schoppmeyer*, ZIP 2009, 600 (609); *Rogge/Leptien*, in: Hamburger Kommentar zum Insolvenzrecht, § 133 Rn. 8; *Hirte*, in: Uhlenbruck - Insolvenzordnung, § 133 Rn. 6; vgl. *Harbeck*, Gläubigerbenachteiligung als normative Voraussetzung der Insolvenzanfechtung, S. 178 f.; vgl. ferner *Foerste*, WM 2014, 1213; vgl. auch BGH, 10.07.2014 – IX ZR 192/13, JurionRS 2014, 18838 (Tz. 44) = WM 2014, 1488 (1493).

192 BGH, 26.06.2008 – IX ZR 47/05, ZInsO 2008, 803 (804).

193 *Würdinger*, Insolvenzanfechtung im bargeldlosen Zahlungsverkehr, S. 180.

194 BGH, 26.06.2008 – IX ZR 47/05, ZInsO 2008, 803 (804 f.); BGH, 29.11.2007 – IX ZR 30/07, ZInsO 2008, 91; BGH, 01.10.2002 – IX ZR 360/99, ZInsO 2002, 1136.

195 BGH, 26.06.2008 – IX ZR 47/05, ZInsO 2008, 803 (804 f.); BGH, 29.11.2007 – IX ZR 30/07, ZInsO 2008, 91; BGH, 01.10.2002 – IX ZR 360/99, ZInsO 2002, 1136.

zeichnen sich zum einen insbesondere dadurch aus, dass diese überwiegend bzw. in der Regel nur von Kreditinstituten verwendet werden. Zum anderen weisen diese Sicherungsrechte eine gewisse „anfechtungsrelevante Kontinuität" auf, da durch eine Änderung bzw. einen Wandel bzw. Austausch des jeweiligen Sicherungsgutes grundsätzlich stets neue anfechtungsrelevante Sachverhalte geschaffen werden können. Der dahinter stehende Rahmenvertrag zwischen dem Kreditinstitut und dem Schuldner stellt grundsätzlich jedoch nur das Fundament der revolvierenden Sicherheiten dar und ist zumeist anfechtungsfest, da dieser außerhalb des Bestehens eines Insolvenzeröffnungsgrundes, insbesondere der Zahlungsunfähigkeit, zwischen Kreditinstitut und dem Schuldner geschlossen worden ist.[196] Vielmehr gilt es für den Insolvenzverwalter in Bezug auf das jeweilig einzelne und konkret bestehende bzw. neu begründete Sicherungsgut, die Voraussetzungen eines Anfechtungstatbestandes zu prüfen. Wie angedeutet, lassen sich oftmals durch den immer wieder möglichen Wechsel bzw. die Änderung von Sicherheiten neue Verknüpfungen von der sodann bestehenden Krise des Schuldners und den notwendigen kognitiven Merkmalen des einzelnen Gläubigers bzw. Anfechtungsgegners aufzeigen, sodass die Insolvenzanfechtung insbesondere in Bezug auf folgende Sicherheiten ein taugliches Instrument zur Massegenerierung darstellt.

aa) Globalzession

Im Wege der Globalzession tritt der Schuldner zur Sicherung des Darlehens „sämtliche gegenwärtigen und zukünftigen Forderungen aus Lieferung und Leistung"[197] an den Darlehensgeber, namentlich das Kreditinstitut, ab. Unter Berücksichtigung des § 140 Abs. 1 InsO gilt die Abtretung einer künftigen Forderung anfechtungsrechtlich als vorgenommen, soweit die Forderung entstanden und folglich hinreichend bestimmbar ist.[198] Sofern der Drittschuldner aus der jeweiligen Vertragsbeziehung nicht vorleistungspflichtig ist, kommt neben der Anspruchs- bzw. Forderungsentstehung als weiterer anfechtungsrelevanter Anknüpfungspunkt, der Zeitpunkt der „Werthaltigmachung" der maßgeblichen Forderung in Betracht.[199] Mit der Wendung „Werthaltigmachung" ist in der Regel die Durchsetzbarkeit des einzelnen Zahlungsanspruches gemeint. In diesem Fall

196 Vgl. dazu *Kuder*, ZInsO 2006, 1065 (1066); *Kirstein*, in: Praxis der Insolvenzanfechtung, Teil V Rn. 40 (jeweils zur Globalzession).

197 Dies ist (wohl) die „gängigste" Wendung in derartigen Vereinbarungen.

198 BGH, 22.07.2004 – IX ZR 183/03, ZInsO 2004, 967 (969); BGH, 20.03.2003 – IX ZR 166/02, NZI 2003, 320; siehe auch *Kirchhof*, ZInsO 2004, 465 (468).

199 *Kirstein*, in: Praxis der Insolvenzanfechtung, Teil V Rn. 41.

stellen die Erfüllungshandlungen des Schuldners die gläubigerbenachteiligende Rechtshandlung im Sinne der §§ 129 ff. InsO dar, sodass dem vereinbarten und nunmehr zedierten Zahlungsanspruch zwischen Schuldner und Drittschuldner keine die Durchsetzbarkeit hemmenden Einreden entgegengehalten werden können.[200] Darüber hinaus können in diesen Fällen jedoch auch Realakte der Anfechtung unterliegen, sofern erst Realakte die Forderung werthaltig machen und die Gläubigergemeinschaft des Schuldners benachteiligen.[201] Festzuhalten bleibt demnach, dass im Rahmen einer Globalzession grundsätzlich drei anfechtungsrelevante Zeiträume bzw. Anknüpfungspunkte bestehen:[202]

Rahmenvertrag → Forderungsentstehung → Werthaltigmachung

Wie darlegt, wird der Rahmenvertrag in der Regel anfechtungsfest sein, da sich diesbezüglich kein Anfechtungstatbestand subsumieren lässt oder gar sämtliche Anfechtungsfristen schon verstrichen sind. Der Rahmenvertrag wird in der Regel außerhalb des „kritischen Zeitraumes“ geschlossen. Eine weitaus höhere Anfechtungsrelevanz genießen dagegen die Anknüpfungspunkte „Forderungsentstehung“ und „Werthaltigmachung“. Insbesondere bei der erkennbar drohenden finanziellen Krise bzw. bei bereits bestehender Zahlungsunfähigkeit des Schuldners wird allein aus Gründen der Kostendeckung versucht, weitere Zahlungsansprüche durch Auftragsannahmen zu generieren. Ferner wird – unter verständlichem Zwang – versucht, den bestehenden aktiven Forderungsbestand – sofern dies noch nicht geschehen ist – werthaltig zu machen, um schnellstmöglich Liquidität abschöpfen zu können.

Desto früher es dem Insolvenzverwalter folglich gelingt, dem Kreditinstitut insbesondere die Kenntnis von der Zahlungsunfähigkeit bzw. die Kenntnis von dessen Umständen nachzuweisen, kann sich das Insolvenzanfechtungssystem im Hinblick auf die Globalzession als „lukrativer Massegenerator“ erweisen. Insbesondere aufgrund der genannten und bestehenden Anzahl von anfechtungsrelevanten Zeitpunkten bzw. Anknüpfungspunkten stellt sich dieses Sicherungsmittel für das Kreditinstitut in Zeiten der Krise als nicht zweckmäßig bzw. als auch nicht interessengerecht dar. Zum einen besteht für das Kreditinstitut trotz eines in der Regel anfechtungsfest bestehenden Rahmenvertrages – welcher

---

200 Vgl. dazu BGH, 26.06.2008 – IX ZR 144/05, WM 2008, 1512; *Kirstein*, in: Praxis der Insolvenzanfechtung, Teil V Rn. 41.

201 Vgl. dazu S. 8 f.; BGH, 26.06.2008 – IX ZR 144/05, WM 2008, 1512 (1513).

202 Vgl. dazu *Cranshaw*, DZWIR 2008, 221 (222); vgl. dazu ferner *Kirstein*, in: Praxis der Insolvenzanfechtung, Teil V Rn. 39.

das durchweg bestehende Merkmal der Kongruenz impliziert[203] – und dem Bewusstsein sowie der Existenz des Grundsatzes der Vertragserfüllung bzw. Vertragseinhaltung („*pacta sunt servanda*") die Gefahr, dass eine an sich gefestigt bestehende Rechtsposition, der sog. Rahmenvertrag, faktisch durch Zerstörung einzelner rechtlicher oder gar realer Teilakte keine Berücksichtigung findet. Zum anderen sind bei der Globalzession im Hinblick auf die Zession zukünftiger Forderungen nicht die Grundsätze bzw. die Voraussetzungen des Privilegs des Bargeschäfts (vgl. § 142 InsO) anwendbar. Wenngleich die Beteiligten, namentlich das Kreditinstitut und der Schuldner, einen revolvierenden Tatbestand begründen sowie von dessen Bestehen ausgehen und darüber hinaus das Kreditinstitut dem Schuldner als Sicherungsgeber erlaubt, die schon zedierten Forderungen einzuziehen, um, als Gegenleistung, mitunter dafür die „*Auffüllung der Sicherheit*" durch Entstehen neuer Forderungen verlangen zu können[204], ist jedoch die von § 142 InsO vorausgesetzte rechtsgeschäftliche Verknüpfung zwischen Leistung und Gegenleistung bezüglich der ausscheidenden und der hinzukommenden Forderungen nicht existent.[205] Schließlich erfolgt der Erwerb weiterer bzw. neuer Forderungen bei der Globalzession unabhängig davon, ob der Schuldner eine ihm überlassenen Forderung durchgesetzt hat oder nicht. Für den Einbezug einer Forderung in die Sicherung des Darlehens ist der Rahmenvertrag maßgeblich. Eine weitere auf gleichwertigen Austausch von Leistungen gerichtete vertragliche Vereinbarung ist schlichtweg nicht gegeben.[206]

Kreditinstitute sind demnach gehalten, eine Globalzession nicht als einziges Mittel zur Sicherung eines Darlehens heranzuziehen. Sofern die Möglichkeit seitens des Schuldners besteht, sollten weitere zur abgesonderten Befriedigung berechtigende Sicherungsmittel verlangt werden (vgl. §§ 49, 50, 51 InsO). Soweit eine weitere Sicherheitenstellung seitens des Schuldners nicht möglich ist, sollten die in Aussicht gestellten Kreditlinien in Bezug zur Umsatzstärke des Schuldners „relativ kurz" gehalten werden, sodass das bestehende Ausfallrisiko des Kreditinstitutes minimiert wird. Der sodann entstehende „Spagat" zwischen Minimierung des Ausfallrisikos durch „kurzgeschnürrte" Kreditlinien und der Erkennbarkeit von Liquiditätsproblemen sowie damit verbundenen Anfechtungsrisiken, darf natürlich nicht außer Acht gelassen werden. Dieser kann jedoch durch

203 Vgl. dazu BGH, 29.11.2007 - IX ZR 30/07, ZInsO 2008, 91.

204 *Blum*, ZInsO 2007, 528 (530); *Kuder*, ZInsO 2006, 1065 (1069); *Obermüller*, Insolvenzrecht in der Bankpraxis, Rn. 6.102 d (7. Auflage); siehe auch *Furche*, WM 2007, 1305 (1314).

205 BGH, 29.11.2007 - IX ZR 30/07, ZInsO 2008, 91 (94 f.).

206 BGH, 29.11.2007 - IX ZR 30/07, ZInsO 2008, 91 (94 f.).

frühzeitiges Erkennen und die damit verbundene Einleitung eines Verfahrens gemäß § 270 b InsO durch den Schuldner „gelockert“ werden. Zwar ist es nicht durch Fundstellen belegbar, jedoch dürfte es in der „Verwalterszene“ unstreitig sein, dass insbesondere Kreditinstitute eine faktische Einwirkungsmöglichkeit hinsichtlich der Einleitung von Verfahren im Modus der § 270 ff. InsO sowie bei der damit verbundenen Auswahl des sog. Sachwalters haben (§ 270 c InsO). Der Sicherungswert der Globalzession wird weiter dadurch reduziert, dass alle Maßnahmen der Werthaltigmachung (im Übrigen auch der Abschluss des Rahmenvertrages sowie die Herbeiführung der Forderungsentstehung) als Rechtshandlungen des (Insolvenz-) Schuldners zu qualifizieren sind, sodass stets auch der § 133 InsO in die Begutachtung des Insolvenzverwalters fällt.

bb) AGB-Pfandrecht der Kreditinstitute

Sofern das Kreditinstitut mit dem Schuldner eine Geschäftsverbindung begründet, werden regelmäßig die Allgemeinen Geschäftsbedingungen der Banken bzw. der Sparkassen Vertragsbestandteil. Das daraus resultierende sog. rechtsgeschäftliche AGB-Pfandrecht der Kreditinstitute[207] dient der Sicherung der Forderungen gegenüber dem Kunden. Es erfasst dabei nicht nur Wertpapiere und Sachen, welche in den Besitz des Kreditinstitutes gelangen, sondern auch Ansprüche bzw. Forderungen, welche dem einzelnen Kunden gegenüber dem Kreditinstitut zustehen.[208] Eine Verwertung des seitens des Kreditinstitutes erlangten Pfandes darf erfolgen, soweit Pfandreife besteht; das heißt sofern eine durch das AGB-Pfandrecht gesicherte Forderung des Kreditinstitutes gegenüber dem Schuldner fällig geworden ist (vgl. § 1228 Abs. 2 BGB). Des Weiteren bedarf es bei der Bestellung des AGB-Pfandrechtes zu Gunsten des Kreditinstitutes nicht der Anwendung des § 1280 BGB.[209] Nach § 1280 BGB bedarf es zur Wirksamkeit der Verpfändung einer Forderung der Anzeige des Gläubigers (Pfandgeber) gegenüber dem Drittschuldner. Die Vorschrift verfolgt den Zweck, die durch die Verpfändung begründete Beschränkung des Vermögens des Pfandgebers für den Rechtsverkehr erkenntlich zu machen.[210] Zwar kann der § 1280 BGB nicht abbedungen werden (vgl. § 1284 BGB)[211], jedoch ist im Falle der Bestellung des AGB-Pfandrechtes eine Anzeige gemäß § 1280 BGB entbehrlich, da

207 Nr. 14 Abs. 1 AGB-Banken und Nr. 21 Abs. 1 AGB-Sparkassen.

208 Vgl. Nr. 14 Abs. 1 AGB-Banken und Nr. 21 Abs. 1 AGB-Sparkassen.

209 BGH, 12.02.2004 – IX ZR 98/03, ZInsO 2004, 342 (344).

210 *Damrau*, in: Münchener Kommentar zum Bürgerlichen Gesetzbuch, § 1280 Rn. 1; *Würdinger*, Insolvenzanfechtung im bargeldlosen Zahlungsverkehr, S. 221.

211 *Würdinger*, Insolvenzanfechtung im bargeldlosen Zahlungsverkehr, S. 221.

der Zweck der Norm ein solches Verhalten in der Konstellation der Bestellung des AGB-Pfandrechtes nicht bedingt.[212] Im Rahmen der Bestellung des AGB-Pfandrechtes reduzieren sich die daran teilnehmenden Rechtssubjekte auf das Kreditinstitut und den Schuldner. Da das Kreditinstitut an der Bestellung des Pfandrechts teilnimmt bzw. in der Begründung des Pfandrechtes gleichzeitig die Anzeige des Schuldners an das Kreditinstitut gesehen werden kann, erfordert es einen gesonderten Akt der Anzeige nicht[213]; eine weitere Anzeige der Pfandrechtsbestellung würde nur einen nicht gewollten Formalismus darstellen, welcher von § 1280 BGB nicht gefordert wird, da der Zweck des § 1280 BGB auf Verhältnisse von drei Rechtssubjekten zugeschnitten ist.[214]

Durch die Begründung eines AGB-Pfandrechtes ist das Kreditinstitut in der Insolvenz des Kunden bzw. Schuldners grundsätzlich zur *abgesonderten* Befriedigung (vgl. § 50 Abs. 1 InsO) berechtigt. Dies gilt jedoch nur, soweit das Kreditinstitut das AGB-Pfandrecht als sog. Absonderungsrecht anfechtungsfest erworben hat. In diesem Zusammenhang und isoliert betrachtet ist das AGB-Pfandrecht allerdings als „schwaches" Sicherungsmittel[215] zu qualifizieren. Zum einen stellt es aufgrund seiner mangelnden Bestimmtheit in Bezug auf Pfandgegenstände eine inkongruente Sicherheit dar.[216] Zum anderen wird das Verwertungsrecht bezüglich des Pfandes erst per Fälligkeit der zu sichernden Forderung begründet (vgl. § 1228 Abs. 2 BGB). Dieser das Verwertungsrecht begründende Umstand, wird jedoch in der Regel durch Kündigung (vgl. §§ 488 Abs. 1, Abs. 3 BGB) eingeräumter Darlehen seitens des Kreditinstitutes gegenüber dem Schuldner erst unmittelbar vor oder nach Insolvenzantragsstellung erreicht, sodass (z. B.) Gutschriften bzw. Guthaben zu Gunsten des Schuldners an denen ein sog. AGB-Pfandrecht bestanden hätte, in der Regel nicht mehr im Haftungsvermögen des Schuldners vorhanden sind. Zudem und aufgrund des benannten inkongruenten Charakters des AGB-Pfandrechtes wird die Begründung eines solchen Absonderungsrechtes (z. B.) an Gutschriften zu Gunsten des Schuldners im Zeitpunkt der Krise nicht Wert halten, da die Anfechtung im Zeitpunkt der gesetzlichen Krise für den Insolvenzverwalter grundsätzlich ein Leichtes sein wird (vgl. § 131 Abs. 1 Nr. 1 InsO).

Darüber hinaus hat das AGB-Pfandrecht jedoch seine für das Kreditinstitut insolvenzanfechtungsrechtlich wertvollste und entscheidende Funktion

212 BGH, 12.02.2004 - IX ZR 98/03, ZInsO 2004, 342 (344).

213 *Würdinger*, Insolvenzanfechtung im bargeldlosen Zahlungsverkehr, S. 221 f.

214 *Würdinger*, Insolvenzanfechtung im bargeldlosen Zahlungsverkehr, S. 221 f.

215 Vgl. dazu *Fischer/Dissen*, DZWIR 2004, 368.

216 BGH, 07.03.2002 - IX ZR 223/01, ZInsO 2002, 426 (427).

dahingehend, dass es in bestimmten Fällen als „*Brücke*“[217] funktioniert, indem es in Bezug auf die Verwertung anderer seitens des Schuldners gestellter Sicherheiten, insbesondere bei der oben aufgezeigten Globalzession[218], die anfechtungsfeste Verrechnung von Zahlungseingängen auf dem Konto des Schuldners ermöglicht.[219] Die diesbezüglich bestehende und nachhaltige höchstrichterliche Rechtsprechung[220] zeigt auf, dass eingegangene Gutschriften, die auf der Bezahlung solcher Forderungen beruhen, welche wiederum dem Kreditinstitut anfechtungsfest zur Sicherheit abgetreten werden, die Gläubigergemeinschaft nicht im Sinne des § 129 Abs. 1 InsO objektiv benachteiligen. Zwar erlischt in solchen Fällen das Sicherungsrecht des Sicherungsnehmers, jedoch entsteht für das Kreditinstitut anstelle des Sicherungsrechtes ein Pfandrecht an dem nunmehr bestehenden Anspruch des Kunden *auf* und sodann *aus* Gutschrift gemäß Nr. 14 Abs. 1 der AGB-Banken bzw. Nr. 21 Abs. 1 der AGB-Sparkassen. Dieser sog. unmittelbare Sicherheitentausch benachteiligt die Gläubigergemeinschaft nicht, sofern das Kreditinstitut durch die bestandene Sicherheit (Globalzession) ein anfechtungsfestes Absonderungsrecht (zuvor) erlangt hat. Demnach kommt es in der Praxis nicht auf die Anfechtung des AGB-Pfandrechtes, sondern auf die Anfechtbarkeit des in einer derartigen Sicherungskette davorstehenden und zur abgesonderten Befriedigung berechtigenden Sicherungsrechtes an. Da das Kreditinstitut sich bei der Einräumung umfangreicherer Engagements nicht mit der Bestellung des AGB-Pfandrechtes begnügen wird, ist für den Insolvenzverwalter im Falle von sog. Sicherungsketten[221] (z. B.)

Globalzession → AGB-Pfandrecht → Verrechnung

die Globalzession – wie oben angedeutet – die anfechtungsrechtlich zu nehmende „Hürde“, um das Tatbestandsmerkmal der Gläubigerbenachteiligung im

217 So die Wendung von *Kirstein*, in: Praxis der Insolvenzanfechtung, Teil V Rn. 25.

218 Siehe dazu S. 51 ff.

219 Vgl. BGH, 26.04.2012 – IX ZR 67/09, DZWIR 2012, 504 (506); BGH, 17.03.2011 – IX ZR 63/10, BGHZ 189, 1 (8); BGH, 26.06.2008 – IX ZR 144/05, ZInsO 2008, 801 (802); BGH, 26.08.2008 – IX ZR 47/05, ZInsO 2008, 803 (804); BGH, 29.11.2007 – IX ZR 30/07, BGHZ 174, 297 (300); *Kirstein*, in: Praxis der Insolvenzanfechtung, Teil V Rn. 25.

220 BGH, 26.04.2012 – IX ZR 67/09, DZWIR 2012, 504 (506); BGH, 17.03.2011 – IX ZR 63/10, BGHZ 189, 1 (8); BGH, 26.06.2008 – IX ZR 144/05, ZInsO 2008, 801 (802); BGH, 26.08.2008 – IX ZR 47/05, ZInsO 2008, 803 (804); BGH, 29.11.2007 – IX ZR 30/07, BGHZ 174, 297 (300).

221 Vgl. dazu *Kirstein*, in: Praxis der Insolvenzanfechtung, Teil V Rn. 27.

Rahmen des § 129 Abs. 1 InsO bei etwaigen und aus den genannten Sicherungsrechten resultierenden Verrechnungen seitens des Kreditinstitutes „aufleben“ zu lassen.

cc) Fehlende objektive Gläubigerbenachteiligung bei einem unmittelbaren Sicherheitentauch

Der soeben im Rahmen der Darstellung des AGB-Pfandrechtes geschilderte und das Fehlen einer objektiven Gläubigerbenachteiligung aufzeigende unmittelbare Sicherheitentausch ist unter der Berücksichtigung der höchstrichterlichen Rechtsprechung[222] schließlich als gegeben anzusehen, sofern die Begründung der neuerworbenen Sicherheit in dem Verlust der alten Sicherheit angelegt ist, d. h., dass die Entstehung der neuerworbenen Sicherheit nur durch ein *juristisches momentum* abgegrenzt wird, aber keiner wesentlichen erkennbaren zeitlichen Zäsur unterliegt. Ferner muss sich ein Sicherheitentausch dadurch kennzeichnen, dass sich die ausgetauschten Sicherheiten wertmäßig decken und in Bezug auf die Sicherungsnehmerin eine Personenidentität gegenständlich ist.[223] Sofern diese Voraussetzungen vorliegen, ist ein unmittelbarer Sicherheitentausch existent, welche die Gläubigergemeinschaft im Sinne des § 129 Abs. 1 InsO nicht benachteiligt.[224]

Würde man das AGB-Pfandrecht in solchen Fällen isoliert der Anfechtung unterwerfen und dies zur Begründung der objektiven Gläubigerbenachteiligung ausreichen lassen, wäre in den Zeiten der Krise zum einen das AGB-Pfandrecht sowie das damit verbundene Sicherungsrecht, welches in der Regel anfechtungsfest erworben wird und letztendlich erst die Begründung eines AGB-Pfandrechtes ermöglicht, wertlos. Denn durch den Forderungseinzug des Zessionars aus dem Sicherungsrecht (Globalzession), erlischt die sichernde Forderung. Das Sicherungsmittel erlischt demnach, obwohl eine „bankenspezifische“ Verrechnung der eingezogenen und sichernden Forderung auf die zu sichernde Forderung

---

222 Vgl. BGH, 26.04.2012 – IX ZR 67/09, DZWIR 2012, 504 (506); BGH, 17.03.2011 – IX ZR 63/10, BGHZ 189, 1 (8); BGH, 26.06.2008 – IX ZR 144/05, ZInsO 2008, 801 (802); BGH, 26.08.2008 – IX ZR 47/05, ZInsO 2008, 803 (804); BGH, 29.11.2007 – IX ZR 30/07, BGHZ 174, 297 (300); BGH, 01.10.2002 – IX ZR 360/99, ZInsO 2002, 1136.

223 So auch (schon) *Würdinger*, Insolvenzanfechtung im bargeldlosen Zahlungsverkehr, S. 255. In Bezug auf das notwendige zeitliche Merkmal spricht *Würdinger* als Erfordernis aus, dass der Austauch bzw. die Ablösung von Sicherungsrechten *„uno actu“* geschehen muss (S. 254).

224 So (zumindest im Ergebnis) auch (bereits) *Würdinger*, Insolvenzanfechtung im bargeldlosen Zahlungsverkehr, S. 254 f.

(z. B. das gewährte Darlehen) noch gar nicht stattfindet. Der mit einer Forderungsabtretung bzw. Globalzession verbundene Sicherungscharakter verwirklicht sich folglich nur, sofern das für das Kreditinstitut entstehende AGB-Pfandrecht an den entstehenden Ansprüchen *auf* und *aus* Gutschrift des Schuldners anfechtungsfest erworben wird. Wäre dies nicht der Fall, würden diese (grundsätzlich) anfechtungsfest erworbene Sicherungsrechte in den Zeiten der Krise leerlaufen und dem berechtigten Sicherungsinteresse institutioneller Gläubiger nicht gerecht werden. Oftmals verfügen potentielle Kunden eines Kreditinstitutes über keine anderweitigen Sicherheiten, sodass allein die Abtretung von Forderungen aus Lieferungen und Leistungen die einzige Möglichkeit darstellt, die Gewährung und die regelmäßig damit verbundene notwendige Sicherung eines Darlehens zu erreichen. Demnach muss eine Gläubigerbenachteiligung im Sinne des § 129 Abs. 1 InsO ausscheiden, soweit ein anfechtungsfestes Sicherungsrecht (Absonderungsrecht) unmittelbar gegen ein gleichwertiges Sicherungsrecht (Absonderungsrecht) ausgetauscht wird.

Das Kriterium der Unmittelbarkeit ist – wie gesagt – derart auszufüllen, soweit die Entstehung der neuerworbenen Sicherheit nur durch ein „*juristisches momentum*" abgegrenzt, aber keiner wesentlichen zeitlichen Zäsur unterliegt, die getauschten Sicherheiten sich wertmäßig decken und in Bezug auf die Sicherungsnehmerin eine Personenidentität gegeben ist. Fehlt es an diesen Voraussetzungen ist kein anfechtungsfester Sicherheitentausch anzunehmen.

dd) Problematik: Unmittelbarer Sicherheitentausch im Rahmen von Sicherheitenpoolverträgen

(1) Einführung in die Problematik

Im Zuge der Problematik des anfechtungsfesten Sicherheitentausches beschäftigte sich die Rechtsprechung[225] und die Literatur[226] auch mit der Frage, ob ein anfechtungsfester Sicherheitentausch auch dann besteht, wenn sich mehrere Kreditinstitute aufgrund eines sog. Sicherheitenpoolvertrages zusammenschließen und ihre Berechtigung zur Aus- und Absonderung gemeinsam wahrnehmen, wobei einem Kreditinstitut als Treuhänderin die Poolführung überlassen wird. In dieser traditionellen treuhänderischen Rolle ist die Poolführerin oder nach entsprechenden Übertragungs- bzw. Veräußerungsakten, Inhaberin der als Aus- und

225 Vgl. BGH, 02.06.2005 – IX ZR 181/03, ZInsO 2005, 932; BGH, 21.02.2008 – IX ZR 255/06, ZInsO 2008, 317 (319).

226 Vgl. *Leithaus*, NZI 2005, 592; *Zeidler/Wendt*, ZBB 2006, 191; *Steinwachs*, NJW 2008, 2231; *Würdinger*, Insolvenzanfechtung im bargeldlosen Zahlungsverkehr, S. 257 f.

Absonderungsrechte zur Verfügung stehenden mobilen Vermögenswerte und verwaltet diese treuhänderisch für die weiteren teilnehmenden Kreditinstitute am „Pool“ als sog. Poolführerin.[227] Als Rechtssubjekt bildet der Sicherheitenpool eine Gesellschaft bürgerlichen Rechts.[228]

Die dabei entscheidende Frage ist diejenige, ob zu Gunsten eines am Sicherheitenpoolvertrag teilnehmenden Kreditinstitutes, welches jedoch gerade nicht mehr Inhaberin des Aus- und Absonderungsrechtes ist, sondern in fehlender Inhaberschaft eines Aus- und Absonderungsrechtes Befriedigung auf einem debitorisch geführtem Konto des Schuldners erzielt, ein anfechtungsfester Sicherheitentausch vorliegen kann.

(2) Kein anfechtungsfester unmittelbarer Sicherheitentausch

Nach dem oben aufgezeigten Prüfungskatalog für einen anfechtungsfesten Sicherheitentausch, liegt ein solcher in der geschilderten Konstellation gerade nicht vor.[229] Lediglich die Poolführerin ist in der geschilderten Konstellation bezüglich der eingebrachten Aus- und Absonderungsrechte dinglich berechtigt. Die weiteren teilnehmenden Kreditinstitute am Pool haben jedoch keinerlei dingliche Berechtigung. Diese sind mit der Poolführerin und Inhaberin der Aus- und Absonderungsrechte nur relativ bzw. schuldrechtlich über den Sicherheitenpoolvertrag verbunden und haben keine wie von § 50 Abs. 1 InsO bzw. § 51 Abs. 1 Nr. 1 InsO vorgeschriebene persönliche dingliche Berechtigung. Unter Berücksichtigung der aufgestellten Voraussetzungen fehlt es an der geforderten Personenidentität in Bezug auf die Inhaberschaft der ausgetauschten Alt- und Neusicherheit. Denn durch das vorliegende Auseinanderfallen von dinglicher Berechtigung der Sicherungsinhaberin als Poolführerin und den sonstigen Poolteilnehmern, ist die erforderliche Personenidentität nicht existent.[230] Des Weiteren kann die relative schuldrechtliche Beziehung der weiteren Poolteilnehmer aus dem Sicherheitenpoolvertrag auch nicht die von den §§ 50 Abs. 1, 51 Nr. 1 InsO geforderte dingliche Berechtigung bzw. Inhaberschaft ersetzen. Es entspricht den Regeln der allgemeinen Rechtsgeschäftslehre, dass eine auf ein bestimmtes Rechtsubjekt bezogene absolute Rechtsposition nicht durch ein relativ wirkendes Verpflichtungsgeschäft auf weitere Rechtssubjekte erweitert bzw.

---

227 Vgl. *Würdinger*, Insolvenzanfechtung im bargeldlosen Zahlungsverkehr, S. 258 f.

228 BGH, 03.11.1988 – IX ZR 213/87, ZIP 1988, 1534 (1535); vgl. *Würdinger*, Insolvenzanfechtung im bargeldlosen Zahlungsverkehr, S. 258 m. w. N.

229 So auch *Leithaus*, NZI 2005, 592 (593); *Zeidler/Wendt*, ZBB 2006, 191 (193); *Würdinger*, Insolvenzanfechtung im bargeldlosen Zahlungsverkehr, S. 259 f.

230 So auch *Würdinger*, Insolvenzanfechtung im bargeldlosen Zahlungsverkehr, S. 259 f.

beschränkt werden kann (vgl. § 137 BGB). Daran vermögen auch wirtschaftliche Betrachtungsweisen nichts zu ändern.[231]

Insgesamt kann gefolgert werden, dass der anfechtungsfeste Sicherheitentausch nur dann mit seinen oben benannten Voraussetzungen vorliegen kann, soweit er auf einer bestehenden dinglichen Berechtigung bzw. Forderungsinhaberschaft des Sicherungsnehmers aufbaut.

b) *Das Privileg des Bargeschäftes (§ 142 InsO) in Bezug auf das Kreditinstitut in der Stellung als Leistungsempfänger – ein ausdrücklich kodifizierter Sonderfall fehlender (unmittelbarer) Gläubigerbenachteiligung?*

Im Folgenden wird ermittelt, ob sich das Kreditinstitut – wenn es eben nicht besonders gesichert ist – bei Zahlungseingängen auf ein debitorisch geführtes Konto des Schuldners auch im Rahmen des § 133 Abs. 1 InsO auf den sog. Bargeschäftseinwand aus § 142 InsO berufen kann. Dabei wird – wie oben klargestellt – nicht der Frage nachgegangen werden, ob überhaupt ein Bargeschäft im Sinne des § 142 InsO vorliegt, wenn das Kreditinstitut Zahlungseingänge auf dem debitorisch geführten Konto des Schuldners verrechnet und den Schuldner – zumindest – über den gleichen Wert wieder verfügen lässt. Vielmehr wird überprüft, ob der § 142 InsO bei Zahlungseingängen auf einem debitorisch geführten Konto des Schuldners auch im Rahmen der §§ 129, 133 Abs. 1 InsO zu Gunsten des Kreditinstitutes berücksichtigt werden muss. Anhand der Bestimmung der Voraussetzungen des Bargeschäftes (§ 142 InsO) und dessen Rechtsfolge wird der Anwendungsbereich des § 142 InsO im Rahmen der §§ 129, 133 Abs. 1 InsO und unter Berücksichtigung des Kreditinstitutes in der Stellung als Leistungsempfänger ermittelt.

aa) Privileg des Bargeschäftes

Das Privileg eines Bargeschäftes stellt einen zentralen Grundsatz der Insolvenzanfechtung dar.[232] Dieser Grundsatz schreibt vor, dass eine unmittelbare Gläubigerbenachteiligung nicht vorliegen kann, wenn und soweit eine Leistung des Schuldners unmittelbar durch eine gleichwertige Gegenleistung eines Gläubigers ausgeglichen worden ist.[233] Dies ergibt sich daraus, dass dem Vermögen des Schuldners unmittelbar ein entsprechender Gegenwert durch sein Handeln zufließt und somit eine Masseverkürzung verhindert wird.[234] Ohne einen

---

231 Vgl. *Steinwachs*, NJW 2008, 2231 (2233).

232 *Schmittmann/Zeeck*, in: Haarmeyer/Wutzke/Förster – Insolvenzordnung, § 142 Rn. 6.; *Jacoby*, in: Kübler/Prütting/Bork - Insolvenzordnung, § 142 Rn. 1.

233 BGH, 19.03.1998 – IX ZR 22/97, ZIP 1998, 793 (798) zur Zeiten der KO.

234 Vgl. dazu *Lwowski/Wunderlich*, WM 2004, 1511 f.

solchen Grundsatz bzw. Rechtsgedanken wäre der Schuldner in Zeiten der Krise vom Geschäftsverkehr ausgeschlossen.[235] Kein Geschäftspartner würde weitere Rechtsgeschäfte mit dem Schuldner abschließen, sofern jedes der Anfechtung unterliegen würde.[236] Zwar ist dieser Grundsatz in § 142 InsO ausdrücklich kodifiziert, jedoch wäre dieser auch ungeschrieben aus den genannten Gründen zu berücksichtigen[237], da es sich m. E. bei dem Privileg des Bargeschäftes um eine ausdrückliche Kodifikation fehlender unmittelbarer Gläubigerbenachteiligung handelt. Daraus ist weiter zu folgern, dass die in § 142 InsO niedergelegten Voraussetzungen schon im Rahmen des § 129 InsO unter dem Tatbestandsmerkmal „Benachteiligung der Insolvenzgläubiger" zu prüfen sind. Allein aus dem Wortlaut des § 142 InsO kann nicht geschlossen werden, dass das Bargeschäft im Rahmen des § 133 Abs. 1 InsO nur als eines, den Gläubigerbenachteiligungsvorsatz bzw. dessen Kenntnis davon, zu entkräftendes Beweisanzeichen zu werten sei[238] oder sogar gänzlich nicht bei der Anwendung des § 133 Abs. 1 InsO zu berücksichtigen sei.[239] Schließlich fehlt es bei Vorliegen der Voraussetzungen des § 142 InsO an einer objektiven unmittelbaren Gläubigerbenachteiligung.[240] Nach der

---

235 BT-Drucksache, 12/2443 S. 167; *Kirchhof*, in: Münchener Kommentar zur Insolvenzordnung, § 142 Rn. 1; *Kreft*, in: Heidelberger Kommentar zur Insovenzordnung, § 142 Rn. 2; *Kupka*, in: Praxis der Insolvenzanfechtung, § 142 Rn. 1.

236 *Schmittmann/Zeeck*, in: Haarmeyer/Wutzke/Förster - Insolvenzordnung, § 142 Rn. 6.

237 Vgl. zur Konkursordnung BGH, 19.03.1998 - IX ZR 22/97, ZIP 1998, 793 (798); vgl. ferner *Hirte*, in: Uhlenbruck - Insolvenzordnung, § 142 Rn. 3; vgl. auch *Huber*, ZInsO 2013, 1049; vgl. zudem *Knospe*, ZInsO 2014, 748 (749).

238 So die h. M. *Ganter*, WM 2014, 49 (50 f.); *derselbe*, ZIP 2012, 2037; *derselbe*, WM 2009, 1441 (1444); *Thole/Schmidberger*, BB 2014, 3 (4); *Gehrlein*, DB 2013, 2843 (2847); *Priebe*, ZInsO 2013, 2479 in Fußnote 3; *Fischer*, NZI 2008, 588 (594); *Kayser*, WM 2013, 293 (298); vgl. *derselbe*, in: Festschrift für Fischer, 2008, S. 267 (280 ff.); *Jacoby*, KTS - Zeitschrift für Insolvenzrecht 2009, 3 (21); *Lütcke*, ZInsO 2013, 1984 (1990 f.); *Schwartz*, Der subjektive Tatbestand der Vorsatzanfechtung gemäß § 133 InsO, S. 168; wohl auch, aber nicht ganz eindeutig *Schoppmeyer*, ZIP 2009, 600 (609); *Rogge/Leptien*, in: Hamburger Kommentar zum Insolvenzrecht, § 133 Rn. 8; *Hirte*, in: Uhlenbruck - Insolvenzordnung, § 133 Rn. 6; *Köper/Pfoser*, ZInsO 2014, 2341 (2345); vgl. *Harbeck*, Gläubigerbenachteiligung als normative Voraussetzung der Insolvenzanfechtung, S. 178 f.; vgl. ferner *Foerste*, WM 2014, 1213; vgl. auch BGH, 10.07.2014 - IX ZR 192/13, JurionRS 2014, 18838 (Tz. 44) = WM 2014, 1488 (1493).

239 So *Kirstein/Sietz*, ZInsO 2008, 761 (767); *Würdinger*, Insolvenzanfechtung im bargeldlosen Zahlungsverkehr, S. 159; *Iliou*, ZInsO 2014, 640.

240 Vgl. auch *Hirte*, in: Uhlenbruck - Insolvenzordnung, § 142 Rn. 3; siehe dazu auch S. 12 f.

Darstellung von Grundlegendem zum Bargeschäft wird im Rahmen der Rechtsfolge des § 142 InsO diese Behauptung inhaltlich ausgefüllt.

(1) Begriffsbestimmung

Unter einem Bargeschäft versteht man den unmittelbaren und äquivalenten Austausch von Leistung und Gegenleistung.[241] Der § 142 InsO besagt, dass dies dann der Fall ist, soweit für eine Leistung des Schuldners unmittelbar eine gleichwertige Gegenleistung in sein Vermögen gelangt ist. Bei Einhaltung dieser Voraussetzungen liegt folgendermaßen keine Vermögensverschiebung zu Lasten des Vermögens des Schuldners vor, sondern eine Vermögensumschichtung.[242]

(2) Voraussetzungen des Bargeschäftes

Die Voraussetzungen zur Annahme eines Bargeschäftes sind gemäß § 142 InsO wie folgt zu verstehen:

(a) Eine Leistung des Schuldners

Zunächst setzt der § 142 InsO voraus, dass eine Leistung des Schuldners vorliegt. Der Leistungsbegriff im Sinne des § 142 InsO wird dabei wesentlich weiter als der des im BGB verankerten Bereicherungsrechts[243] verstanden. Bei der Leistung im Sinne des § 142 InsO kann es sich grundsätzlich um jedes Tun, Dulden oder Unterlassen handeln, soweit diesem ein wirtschaftlicher Wert beigemessen

241 *Rogge/Leptien*, in: Hamburger Kommentar zum Insolvenzrecht, § 142 Rn. 1 und Rn. 5.

242 *Schmidt*, WM 1983, 490 (493); *Gehrlein*, in: Ahrens/Gehrlein/Ringstmeier – Insolvenzrecht, § 142 Rn. 1.

243 Leistung im Sinne des § 812 BGB ist jede bewusste und zweckgerichtete Mehrung fremden Vermögens (*Sprau*, in: Palandt – BGB, § 812 Rn. 3.). Erläuternd wird darauf hingewiesen, dass es sich bei der Rechtsnatur des Anfechtungsanspruches aus § 143 InsO nicht um einen Anspruch bereicherungsrechtlicher Natur handelt (BGH, 03.12.1954 – V ZR 96/53, BGHZ 15, 333 (337); *Kirchhof*, in: Münchener Kommentar zur Insolvenzordnung, § 143 Rn. 10; *Kreft*, in: Heidelberger Kommentar zur Insolvenzordnung, § 129 Rn. 74; *Kindl*, NZG 1998, 321 (323 f.)), auch wenn ein partieller Verweis auf das Bereicherungsrecht stattfindet (vgl. *Kirchhof*, in: Münchener Kommentar zur Insolvenzordnung, § 143 Rn. 10). Letztendlich setzt der § 143 InsO keine Bereicherung des Anfechtungsgegners voraus, sondern ist darauf gerichtet, dass das, was aus der Insolvenzmasse weggeben wurde, zurückgewährt wird; auf eine Bereicherung kommt es demnach nicht an (vgl. BGH, 29.01.1964 – Ib ZR 197/62, BGHZ 41, 98 (103 f.); vgl. ferner *Kirchhof*, in: Münchener Kommentar zur Insolvenzordnung, § 143 Rn. 10).

wird.[244] Eine gravierende Diskrepanz zwischen dem Leistungsbegriff bei § 142 InsO und dem bereicherungsrechtlichen Leistungsbegriff im BGB ist jedoch nicht gegeben, da das sog. Bargeschäft im Sinne des § 142 InsO eine rechtsgeschäftliche Verknüpfung bzw. eine Parteivereinbarung zwischen Leistung und Gegenleistung verlangt[245] und somit der Schuldner grundsätzlich bewusst und zweckgerichtet seine Leistung erbringen wird. Die rechtsgeschäftliche Verknüpfung bzw. Parteivereinbarung kann dabei in einem gegenseitigen Vertrag oder in einer sonstigen rechtsgeschäftlichen Parteivereinbarung liegen.[246]

Bei Verrechnungen von Gutschriften zu Gunsten des Schuldners durch das Kreditinstitut wird die notwendige rechtsgeschäftliche Verbindung in dem (in der Regel) bestehenden Girovertrag bzw. in der bestehenden Verrechnungsabrede (Kontokorrentvertrag) zwischen dem Kreditinstitut und dem Schuldner gesehen.[247] Denn durch den Girovertrag verpflichtet sich das Kreditinstitut zur Führung eines laufenden Kontos zwecks Verbuchung von Zahlungseingängen zu Gunsten oder zu Lasten des einzelnen Kunden.[248] Demnach hat das Kreditinstitut für den jeweiligen Kunden einzelne bestimmbare Geldeingänge entgegenzunehmen und gutzuschreiben sowie im jeweiligen Verfügungsrahmen die getätigten Dispositionen einzulösen.[249] Die Leistung des Schuldners gemäß § 142 InsO stellt dabei die auf dem Konto des Schuldners eingehende Gutschrift dar.[250]

(b) Gleichwertige Gegenleistung, die in das Vermögen des Schuldners gelangt

Wie dargelegt, muss zwischen der Leistung des Schuldners und der Gegenleistung des Gläubigers eine rechtsgeschäftliche Verknüpfung bestehen; ein reiner

---

244 *Rogge/Leptien*, in: Hamburger Kommentar zum Insolvenzrecht, § 142 Rn. 2; *Schmittmann/Zeeck*, in: Haarmeyer/Wutzke/Förster – Insolvenzordnung, § 142 Rn. 6; *Kirchhof*, in: Münchener Kommentar zur Insolvenzordnung, § 142 Rn. 4.

245 BT-Drucksache, 12/2443 S. 167; BGH, 10.07.2014 – IX ZR 192/13, JurionRS 2014, 18838 (Tz. 10) = WM 2014, 1488 (1489); BGH, 29.11.2007 – IX ZR 30/07, BGHZ 174, 297 (312).

246 *Dauernheim*, in: Frankfurter Kommentar zur Insolvenzordnung, § 142 Rn. 1; *Kirchhof*, in: Münchener Kommentar zur Insolvenzordnung; § 142 Rn. 5; *Kupka*, in: Praxis der Insolvenzanfechtung, § 142 Rn. 2.

247 BGH, 11.10.2007 – IX ZR 195/04, ZInsO 163 (164); *Kayser*, in: Festschrift für Fischer, 2008, S. 267 (277 f.); *Hirte*, in: Uhlenbruck – Insolvenzordnung, § 142 Rn. 10 A.

248 *Mayen*, in: Schimansky/Bunte/Lwowki, Bankrechts-Handbuch, § 47 Rn. 8.

249 *Mayen*, in: Schimansky/Bunte/Lwowki, Bankrechts-Handbuch, § 47 Rn. 8.

250 *Hirte*, in: Uhlenbruck – Insolvenzordnung, § 142 Rn. 10 A; *Kupka*, in: Praxis der Insolvenzanfechtung, § 142 Rn. 8.

wirtschaftlicher Zusammenhang genügt nicht.[251] Ferner wird verlangt, dass die Gegenleistung des Gläubigers gleichwertig ist, um ein anfechtungsfreies Bargeschäft anzunehmen. Gleichwertigkeit der Gegenleistung ist gegeben, soweit der Wert dieser Leistung dem der Leistung des Schuldners mindestens objektiv entspricht.[252] Der Wortlaut des § 142 InsO zeigt zudem durch die Wendung „unmittelbar eine gleichwertige Leistung" auf, dass irgendwie geartete sonstige Vorteile als der vertraglichen Gegenleistung nicht in Betracht gezogen werden dürfen.[253] Darüber hinaus setzt das Bargeschäft voraus, dass die Leistung des anderen Teils tatsächlich in das Aktivvermögen des Schuldners gelangt ist.[254]

In Bezug auf Kreditinstitute in der Stellung als Leistungsempfänger kommt ein gleichwertiger Leistungsaustausch im Sinne des § 142 InsO zwischen dem Kreditinstitut und dem Schuldner dann in Betracht, sofern das Kreditinstitut Zahlungseingänge auf ein im Soll geführtes Konto verrechnet und es weiterhin Verfügungen des Schuldners – zumindest in gleicher Höhe – zulässt.[255] Dabei stellt die auf dem Konto eingehende Gutschrift die Leistung des Schuldners dar.[256] Die wiederum durchgeführte Disposition des Schuldners über den zumindest eingegangenen Betrag zeigt die gleichwertige Gegenleistung des Kreditinstitutes auf.[257] Dies gilt jedoch nicht, sofern der Schuldner aus einem im Haben geführten Konto disponiert. In diesem Fall fehlt es an einer gleichwertigen Gegenleistung des Kreditinstitutes.[258] Die Gegenleistung kann auch nicht in der

---

251 BGH, 29.11.2007 – IX ZR 30/07, BGHZ 174, 297 (312); vgl. dazu BGH, 07.05.2009 – IX ZR 71/08, ZIP 2009, 1122 (1123).

252 BGH, 10.07.2014 – IX ZR 192/13, JurionRS 2014, 18838 (Tz. 12) = WM 2014, 1488 (1489); *Kirchhof*, in: Münchener Kommentar zur Insolvenzordnung, § 142 Rn. 9. Ferner ist der Erhalt einer höherwertigen Leistung unschädlich; dann liegt „erst recht" keine Gläubigerbenachteiligung vor (vgl. *Kirchhof*, in: Münchener Kommentar zur Insolvenzordnung, § 142 Rn. 9); *Utsch*, DZWIR 2013, 353 (355).

253 So auch *Riggert*, in: Braun – Insolvenzordnung, § 142 Rn. 19; vgl. dazu *Henckel*, in: Festschrift für Deutsch, 1999, S. 967 (979 ff.).

254 BGH, 07.05.2009 – IX ZR 71/08, ZIP 2009, 1122, (1123); *Kirchhof*, in: Münchener Kommentar zur Insolvenzordnung, § 142 Rn. 4a.

255 *Hirte*, in: Uhlenbruck – Insolvenzordnung, § 142 Rn. 10 A; *Kupka*, in: Praxis der Insolvenzanfechtung, § 142 Rn. 8.

256 *Hirte*, in: Uhlenbruck – Insolvenzordnung, § 142 Rn. 10 A; *Kupka*, in: Praxis der Insolvenzanfechtung, § 142 Rn. 8.

257 *Hirte*, in: Uhlenbruck – Insolvenzordnung, § 142 Rn. 10 A; *Kupka*, in: Praxis der Insolvenzanfechtung, § 142 Rn. 8.

258 Vgl. *Gehrlein*, WM 2011, 577 (583 f.); *Kirchof*, in: Münchener Kommentar zur Insolvenzordnung, § 142 Rn. 13 b.

Zurverfügungstellung des Kontos seitens des Kreditinstitutes erblickt werden. Soweit darin überhaupt eine Gegenleistung des Kreditinstitutes gesehen werden kann, ist diese Leistung durch die in der Regel vereinbarte Kontoführungsgebühr abgegolten, sodass eine weitere Verfügung über das bestehende Guthaben keine gleichwertige Gegenleistung darstellen kann.

(c) Kriterium der Unmittelbarkeit

Des Weiteren muss gemäß § 142 InsO die Leistung und Gegenleistung in einem unmittelbaren Zusammenhang stehen. Dem Erfordernis der Unmittelbarkeit wird entsprochen, soweit Leistung und Gegenleistung in einem engen zeitlichen Zusammenhang stehen und ausgetauscht werden.[259] Leistung und Gegenleistung müssen demnach zwar nicht Zug um Zug erbracht werden und sind grundsätzlich von einer Reihenfolge unabhängig, sodass auch eine Vorleistungspflicht des Schuldners den Tatbestand des § 142 InsO nicht ausschließt.[260] Der durch § 142 InsO geschützte Zeitraum lässt sich nicht schematisch feststellen. Dieser muss vielmehr durch die ausgetauschten Leistungen und durch Bräuche bzw. Gepflogenheiten des maßgeblichen Geschäftsverkehrs ermittelt werden.[261] Einzelne normative Anhaltspunkte können Indizien darstellen (z. B. § 286 Abs. 3 BGB), ob der maßgebliche Zeitraum des Bargeschäftes noch eingehalten ist oder nicht; diese lassen jedoch keine grundlegende Feststellung zur Annahme der Gegebenheit sowie des Ausschlusses bezüglich des Kriteriums der Unmittelbarkeit zu.[262]

---

259 BT-Drucksache, 12/2443 S. 167; BGH, 8.12.2005 - IX ZR 182/01, NZI 2006, 159 (161); *Kreft*, in: Heidelberger Kommentar zur Insolvenzordnung, § 142 Rn. 5; *Hirte*, in: Uhlenbruck - Insolvenzordnung, § 142 Rn. 13; *Kirchhof*, in: Münchener Kommentar zur Insolvenzordnung, § 142 Rn. 15.

260 BGH, 30.09.1993 - IX ZR 227/92, BGHZ 123, 320 (329); vgl. dazu BGH, 14.01.2010 - IX ZR 153/07, JurionRS 2010, 11423 (Tz. 2): etwas irritierend, bezieht sich m. E. jedoch nicht auf das Tatbestandsmerkmal „unmittelbar", sondern auf das Vorliegen einer gleichwertigen Gegenleistung bzw. letztendlich darauf, ob eine objektive Gläubigerbenachteiligung vorliegt.

261 BGH, 10.07.2014 - IX ZR 192/13, JurionRS 2014, 18838 (Tz. 15) = WM 2014, 1488 (1489 f.); BGH, 19.12.2002 - IX ZR 377/99, ZIP 2003, 488 (493); *Kreft*, in: Heidelberger Kommentar zur Insolvenzordnung, § 142 Rn. 5; *Lwowski/Wunderlich*, in: Festschrift für Kirchhof, 2003, S. 301 (308); *Ganter*, ZIP 2012, 2037 (2039).

262 Vgl. BGH, 10.07.2014 - IX ZR 192/13, JurionRS 2014, 18838 (Tz. 15, 34, 37) = WM 2014, 1488 (1489 ff.); vgl. BGH, 21.05.1980 - VIII ZR 40/79, WM 1980, 779 (780): Bei Kaufverträgen ist ein Zeitraum von circa einer Woche zwischen Lieferung und Zahlung nicht zu lang, um die Annahme eines Bargeschäftes (noch) zu begründen; vgl. BGH, 09.02.1955 - IV ZR 173/54, WM 1955, 404 (408): Ein Zwischenraum von

In zeitlicher Hinsicht ist das Kriterium der Unmittelbarkeit bei Verrechnungen im Konto des Schuldners in der Regel dann gewahrt, soweit zwischen einer Soll- und Habenbuchung in entsprechender Höhe nicht mehr als zwei Wochen vergehen.[263] Die Reihenfolge zwischen der Gutschrift und der Belastungsbuchung ist dabei grundsätzlich unerheblich.[264] Dabei gilt es anzumerken, dass sich dieses Verständnis nur auf das Tatbestandsmerkmal der Unmittelbarkeit im Sinne des § 142 InsO bezieht.[265] Erforderlich für die Annahme eines Bargeschäftes ist jedoch weiterhin, dass die Verrechnung einer Gutschrift nicht der letzte Akt sein darf, bevor das Konto des Schuldners seitens des Kreditinstitutes geschlossen wird.[266] In diesen Fällen ist eine taugliche und erkennbare Gegenleistung des Kreditinstitutes nicht existent, sodass es für die Annahme des § 142 InsO an der geforderten „gleichwertigen Gegenleistung" fehlt.

(3) Rechtsfolge des § 142 InsO

Soweit die Voraussetzungen des § 142 InsO erfüllt sind, ist eine Insolvenzanfechtung grundsätzlich ausgeschlossen. Es fehlt dann mithin schon an einer objektiven unmittelbaren Gläubigerbenachteiligung, sodass die Voraussetzungen des § 129 InsO nicht vorliegen. Demnach muss der § 142 InsO inzident in die Prüfung des § 129 InsO bei dem Tatbestandsmerkmal „Insolvenzgläubiger benachteiligen" verortet werden. Durch den § 142 InsO hat der Gesetzgeber einen Fall der fehlenden unmittelbaren objektiven Gläubigerbenachteiligung ausdrücklich kodifiziert, welche in Zeiten der Konkursordnung von der höchstrichterlichen Rechtsprechung entwickelt worden ist.[267] Durch das offene Formulieren des

---

zwei Monaten ist akzeptabel bzw. unschädlich, sofern der Eintragungsantrag für die dingliche Sicherheit zwecks Darlehensgewährung ohne schuldhaftes Zögern (vgl. § 121 Abs. 1 BGB) erfolgt ist; siehe auch *Thole/Schmidberger*, BB 2014, 3 (7) und *Fuhst*, DStR 2013, 782 (784) zur (zeitnahen) Abrechnung von Beraterhonoraren.

263 BGH, 17.06.2004 – IX ZR 2/01, ZInsO 2004, 854 (855); *Kupka*, in: Praxis der Insolvenzanfechtung, § 142 Rn. 8.

264 BGH, 25.01.2001 – IX ZR 6/00, ZInsO 2001, 318 (319); *Steinhoff*, ZIP 2000, 1141 (1149 f.); *Lewowski*, in: Festschrift für Uhlenbruck, 2000, S. 299 (311 f.).

265 BGH, 14.01.2010 – IX ZR 153/07, DZWIR 2010, 290.

266 BGH, 14.01.2010 – IX ZR 153/07, DZWIR 2010, 290; *Kupka*, in: Praxis der Insolvenzanfechtung, § 142 Rn. 8.

267 Vgl. BGH, 27.09.1984 – IX ZR 3/84, WM 1984, 1430; vgl. *Huber*, ZInsO 2013, 1049; vgl. ferner BGH, 07.03.2013 – IX ZR 7/12, ZInsO 2013, 717 (719): hier verortet der BGH m. E. den Gedanken des Bargeschäftes in die Prüfung des Bestehens einer objektiven Gläubigerbenachteiligung gemäß § 129 InsO, ohne dabei ausdrücklich auf den Tatbestand des § 142 InsO einzugehen.

Tatbestandes und das Fehlen von feststehenden Alternativen, Varianten oder Regelbeispielen verdeutlicht der Gesetzgeber, dass eine Vielzahl von Sachverhaltskonstellationen existieren bzw. sich noch entwickeln werden, welche unter das Privileg des Bargeschäftes fallen können und mithin keine unmittelbare Gläubigerbenachteiligung darstellen. Dennoch lässt das Vorliegen eines Bargeschäftes eine Insolvenzanfechtung nur grundsätzlich scheitern und schließt diese nicht per se aus. So ordnet § 142 InsO ausdrücklich die Anwendbarkeit des § 133 Abs. 1 InsO weiterhin an, auch wenn die Voraussetzungen des Bargeschäftes gegeben sind. Dies muss jedoch dahingehend verstanden werden, dass eine Anfechtung gemäß § 133 Abs. 1 InsO greift, sofern mit oder gegebenenfalls zeitlich nach dem unmittelbaren (gleichwertigen) Leistungsaustausch Umstände auftreten, welche für die Gläubigergemeinschaft zu einer mittelbaren Gläubigerbenachteiligung führen.[268] Würde man dies nicht so verstehen und die Anwendbarkeit des § 133 Abs. 1 InsO immer im Falle eines Bargeschäftes anordnen, so würde in diesen Fällen auf das Vorliegen einer objektiven Gläubigerbenachteiligung verzichtet und der Anwendungsbereich des § 129 InsO dahingehend ausgedehnt werden, dass auch Rechtshandlungen der Anfechtung unterliegen, welche nur dem Versuch unterliegen die Gläubigergemeinschaft zu benachteiligen, dies aber im Tatsächlichen (objektiv) gar nicht eintritt. Dieses Verständnis ist auch nicht irreführend bzw. unterschlägt auch nicht einen eigenständigen Anwendungsbereich

268 So im Ergebnis wohl auch *Harbeck*, Gläubigerbenachteiligung als normative Voraussetzung der Insolvenzanfechtung, S. 215 f.; ansonsten wohl entgegen Aller, welche das Privileg des Bargeschäftes aus § 142 InsO ausschließlich zur Entkräftung des Gläubigerbenachteiligungsvorsatz des Schuldners bzw. als Beweisanzeichen gegen den Gläubigerbenachteiligungsvorsatz des Schuldners heranziehen: *Ganter*, WM 2014, 49 (50 f.); *derselbe*, ZIP 2012, 2037; *derselbe*, WM 2009, 1441 (1444); *Thole/Schmidberger*, BB 2014, 3 (4); *Gehrlein*, DB 2013, 2843 (2847); *Priebe*, ZInsO 2013, 2479 in Fußnote 3; *Fischer*, NZI 2008, 588 (594); *Kayser*, WM 2013, 293 (298); vgl. *derselbe*, in: Festschrift für Fischer, 2008, S. 267 (280 ff.); *Jacoby*, KTS – Zeitschrift für Insolvenzrecht 2009, 3 (21); *Lütcke*, ZInsO 2013, 1984 (1990 f.); *Schwartz*, Der subjektive Tatbestand der Vorsatzanfechtung gemäß § 133 InsO, S. 168; wohl auch, aber nicht ganz eindeutig *Schoppmeyer*, ZIP 2009, 600 (609); *Rogge/Leptien*, in: Hamburger Kommentar zum Insolvenzrecht, § 133 Rn. 8; *Hirte*, in: Uhlenbruck - Insolvenzordnung, § 133 Rn. 6; *Köper/Pfoser*, ZInsO 2014, 2341 (2345); vgl. *Harbeck*, Gläubigerbenachteiligung als normative Voraussetzung der Insolvenzanfechtung, S. 178 f.; vgl. ferner *Foerste*, WM 2014, 1213; vgl. auch BGH, 10.07.2014 – IX ZR 192/13, JurionRS 2014, 18838 (Tz. 44) = WM 2014, 1488 (1493).

des § 142 InsO.[269] Ein anderweitiges Verständnis würde zur ungerechtfertigten Sanktionierung einzelner Gläubiger führen und ein maßgebliches Ziel der Insolvenzordnung, namentlich die objektive und gemeinschaftliche Befriedigung aller Insolvenzgläubiger als Verlustgemeinschaft, subjektivieren (vgl. § 1 InsO). Es ist schließlich ureigene Aufgabe des Insolvenzanfechtungsrechtes, das der Gläubigergemeinschaft des Schuldners haftende Vermögen wiederherzustellen, dadurch dass die objektiv benachteiligenden Vermögensverschiebungen in die Haftungsmasse zurückgeführt werden.[270] Die mit einer Leistung des Schuldners unmittelbar zusammenhängende, in das Haftungsvermögen des Schuldners gelangte und dort zumindest gleichwertig erhalten gebliebene Gegenleistung ist deshalb im Rahmen der Prüfung des Bestehens einer objektiven Gläubigerbenachteiligung gemäß § 129 Abs. 1 InsO in Ansatz zu bringen und nicht im Wege eines gesonderten Anfechtungsausschlusses. Die dem Insolvenzanfechtungsrecht *„obliegende Masseschutzaufgabe“*[271] kann somit nur dann erfüllt werden, sofern die im Tatsächlichen zur Verfügung stehende Haftungsmasse geschmälert wird. Im Umkehrschluss gilt dies somit nicht, sofern ein neutraler, die Gläubigergemeinschaft nicht belastender, unmittelbarer Austausch von Vermögenswerten stattfindet. Ansonsten würde – wie oben angedeutet – eine nicht zu rechtfertigende, weitergehende Sanktion des Anfechtungsgegners verbunden mit einer ungerechtfertigten Bereicherung der Haftungsmasse herbeigeführt werden.[272] Dieses Verständnis wird zudem dadurch untermauert, dass die höchstrichterliche Rechtsprechung in den Fällen der sog. Anweisung auf Kredit schon dann das Fehlen einer objektiven Gläubigerbenachteiligung annimmt, soweit auf der Passivseite ein Gläubigeraustausch vorgenommen wird.[273] Das Fehlen der Gläubigerbenachteiligung muss spiegelbildlich jedoch auch dann gelten, soweit auf der Aktivseite ein unmittelbarer Austausch – und keine Saldierung[274] – von

---

269 *Ganter*, ZIP 2012, 2037; *Ganter/Weinland*, in: Karsten Schmidt – Insolvenzordnung, § 142 Rn. 3.

270 *Kreft*, in: Heidelberger Kommentar zur Insolvenzordnung, § 129 Rn. 1; vgl. *Kayser*, in: Münchener Kommentar zur Insolvenzordnung, § 129 Rn. 76 ff.; vgl. BGH, 16.11.2007 – IX ZR 194/04, ZInsO 2008, 106 (108).

271 Vgl. *Kayser*, NJW 2014, 422 (425), der diese Wendung jedoch in einem anderen Kontext verwendet.

272 Vgl. BGH, 16.11.2007 – IX ZR 194/04, ZInsO 2008, 106 (108).

273 Vgl. BGH, 21.06.2012 – IX ZR 59/11, ZInsO 2012, 1425 (1426); siehe zur Differenzierung zwischen der sog. Anweisung auf Schuld und sog. der Anweisung auf Kredit im Rahmen der objektiven Gläubigerbenachteiligung S. 126 ff.

274 Vgl. BGH, 07.05.2013 – IX ZR 191/12, ZInsO 2013, 1143 (1144); BGH, 26.04.2012 – IX ZR 146/11, ZInsO 2012, 1127 (1130).

gleichwertigen Vermögenswerten stattfindet und dieser nicht mit Umständen behaftet ist, welche eine mittelbare Benachteiligung für die Gläubigergemeinschaft aufzeigen. Demnach kann eine Gläubigerbenachteiligung bei Vorliegen des Bargeschäftsprivilegs gemäß § 142 InsO nur dann in Betracht kommen, sofern die Gläubigergemeinschaft zeitgleich oder bis zum Abschluss der mündlichen Tatsachenverhandlung noch mittelbar benachteiligt wird. Der § 142 InsO stellt im Ergebnis die Kodifikation einer Vielzahl von Tatbeständen fehlender objektiver unmittelbarer Gläubigerbenachteiligung dar, welche von der Rechtsprechung entwickelt wurden und nunmehr ausdrücklich in der Insolvenzordnung niedergelegt ist.

Diese These und die damit verbundene Argumentationslinie wird ferner durch eine normative Auslegung des § 142 InsO abgesichert. In folgender Auslegung wird bestätigt, dass der § 142 InsO die ausdrückliche Kodifikation einer fehlenden unmittelbaren Gläubigerbenachteiligung ist (*Hilfsnormcharakter*) und nur im Falle des Vorliegens einer mittelbaren Gläubigerbenachteiligung neben dem Bestehen seiner Voraussetzungen einen eigenständigen konstitutiven Charakter hat (*Wirknormcharakter*), wodurch dieser die Anfechtung von mittelbaren Gläubigerbenachteiligungen auf den Anfechtungstatbestand des § 133 Abs. 1 InsO reduziert. Die Auslegung des § 142 hat sich dabei an dem Tatbestandsmerkmal der Gläubigerbenachteiligung aus § 129 Abs. 1 InsO zu orientieren.[275] Denn wie der Wortlaut des § 129 Abs. 1 InsO ausdrücklich vorschreibt, verlangt jede Insolvenzanfechtung das Bestehen einer Gläubigerbenachteiligung; folglich auch der Tatbestand des § 133 InsO.[276] Sofern demnach das Bargeschäft schon das Fehlen einer Gläubigerbenachteiligung aufzeigen würde, scheidet eine Insolvenzanfechtung mangels Vorliegen der Grundvoraussetzungen einer Anfechtung gemäß § 129 Abs. 1 InsO aus. Im Wege der Auslegung ist demnach zu ermitteln, inwiefern eine Anfechtung aus § 133 Abs. 1 InsO in Betracht kommt, wenn die Voraussetzungen eines Bargeschäftes gemäß § 142 InsO vorliegen.

(a) Wortlaut

Der Wortlaut des § 142 InsO statuiert ausdrücklich eine Anfechtung bei Vorliegen eines Bargeschäftes dann, wenn die Voraussetzungen des § 133 Abs. 1 InsO gegeben sind. D. h. im Umkehrschluss, dass der § 142 InsO von der Existenz des § 129 Abs. 1 InsO ausgeht. Dies ist auch folgerichtig, da erst das Vorliegen der Voraussetzungen des § 129 Abs. 1 InsO die Anwendung der §§ 130 bis 146

275 *Würdinger*, Insolvenzanfechtung im bargeldlosen Zahlungsverkehr, S. 206.

276 BGH, 09.06.2011 – IX ZR 179/08, ZInsO 2011, 1350 (1351); *Ganter*, ZIP 2012, 2037.

InsO eröffnet (vgl. § 129 Abs. 1 InsO) und somit das Vorliegen einer objektiven Gläubigerbenachteiligung gegeben sein muss.

Im Falle eines Bargeschäftes fehlt es zunächst an einer unmittelbaren Gläubigerbenachteiligung. Durch den unmittelbaren Leistungsaustausch wird die Passivmasse weder vermehrt noch die Aktivmasse reduziert. Es liegt ein zumindest neutraler, die Haftungsmasse nicht belastender Leistungsaustausch vor. Insbesondere eine weitergehende wirtschaftliche Betrachtungsweise vermag an diesem Verständnis nichts ändern.[277] Eine Gläubigerbenachteiligung kann jedoch weiterhin auch mittelbar in Erscheinung treten. Das Bargeschäft untersagt schließlich nur die Anfechtung dahingehend, wenn Leistungen unmittelbar und gleichwertig ausgetauscht werden. Daraus ist zunächst zu folgern, dass das hiesige Verständnis des § 142 InsO – als Ausdruck fehlender unmittelbarer Gläubigerbenachteiligung – nicht gegen den Gesetzeswortlaut strebt, wenn eine Anfechtung aus § 133 InsO versagt wird, weil es an einer unmittelbaren Gläubigerbenachteiligung fehlt und ferner keine mittelbare Gläubigerbenachteiligung eingetreten ist. Vielmehr lässt der Wortlaut des § 142 InsO folgern, dass durch Rechtshandlungen des Schuldners mittelbar verursachte Gläubigerbenachteiligungen dem Anwendungsbereich des § 133 InsO unterfallen sollen, auch wenn damit ein sog. Bargeschäft verbunden ist bzw. einhergeht. Diese Sichtweise wird durch die Wendung „*…in sein Vermögen gelangt…*" gemäß § 142 InsO untermauert. Nach dem Wortlaut des § 142 InsO ist es demnach nicht erforderlich, dass die Gegenleistung im Vermögen des Schuldners verbleibt.[278] Es reicht aus, dass die Gegenleistung in das Vermögen gelangt. Wäre jedoch vom Gesetzgeber für die Existenz eines Bargeschäftes das Verbleiben bzw. der Erhalt des Vermögenswertes in der Haftungsmasse gewollt, so würden neutrale und die Haftungsmasse nicht belastende Verfügungsgeschäfte des Schuldners der Anfechtung unterliegen, was im Widerspruch zu den Grundvoraussetzungen des § 129 Abs. 1 InsO stehen würde und die Insolvenzanfechtung aus § 133 InsO auf das Bestehen der subjektiven Voraussetzungen reduzieren sowie die Haftungsmasse objektiv bereichern würde. Da jedoch der § 142 InsO nicht verlangt, dass erlangte Vermögenswerte im Haftungsvermögen verbleiben und demnach Sachverhalte existieren können, welche trotz des Bestehens eines Bargeschäftes eine mittelbare Gläubigerbenachteiligung aufzeigen bzw. beinhalten, wird aus dem Wortlaut des § 142 InsO verständlich, dass der Verweis auf § 133 Abs. 1 InsO im Rahmen des § 142 InsO nur solche Anfechtungskonstellationen erfassen soll,

---

277 Vgl. BGH, 23.09.2010 – IX ZR 212/09, ZInsO 2010, 1929 (1931).

278 *Würdinger*, Insolvenzanfechtung im bargeldlosen Zahlungsverkehr, S. 209.

denen eine mittelbare Gläubigerbenachteiligung zugrunde liegt. Die übrigen Konstellationen des Bargeschäftes, denen keine mittelbare Gläubigerbenachteiligung anhaftet, führen zu einem Fehlen des Tatbestandsmerkmals der objektiven Gläubigerbenachteiligung (§ 129 Abs. 1 InsO).

(b) Genese

Dieses Verständnis wird auch durch die Historie des § 142 InsO bestätigt. Bereits zu Zeiten der Konkursordnung ist das Bargeschäft als Ausdruck fehlender unmittelbarer Gläubigerbenachteiligung verstanden worden. Die Begründung für die Privilegierung wird darin gesehen, „*dass wegen des ausgleichenden Gegenwerts keine Vermögensverschiebung zu Lasten der Gemeinschuldnerin, sondern eine bloße Vermögensumschichtung vorliege*".[279] Des Weiteren heißt es in der amtlichen Begründung zu § 142 (§ 161 des Regierungsentwurfes):

> *„Die Vorschrift entspricht dem Grundsatz des geltenden Konkursrechts, dass Bargeschäfte nicht der Anfechtung … unterliegen und dass auch eine unmittelbare nachteilige Rechtshandlung nicht vorliegt, wenn der Schuldner für seine Leistung eine gleichwertige Gegenleistung erhält. Die Benachteiligung der Gläubiger, die in der Leistung des Schuldners liegt, bleibt außer Betracht, da sie durch die Gegenleistung wieder ausgeglichen wird. Eine Anfechtung ist in diesen Fällen nur möglich, wenn die Voraussetzungen der Absichtsanfechtung vorliegen, da diese auch mittelbare Benachteiligungen der Insolvenzgläubiger erfasst."*[280]

Demnach hebt die Genese sogar ausdrücklich hervor, dass Bargeschäfte grundsätzlich aus dem Anfechtungsgeschehen mangels Gläubigerbenachteiligung herauszunehmen sind und nur im Falle einer einhergehenden mittelbaren Gläubigerbenachteiligung der Insolvenzanfechtung aus § 133 InsO unterliegen kann.

(c) Sinn und Zweck

Der Sinn und Zweck des § 142 InsO ist von wirtschaftlichen Gesichtspunkten geprägt, welche keinen Schluss auf die dogmatische Einordnung des § 142 InsO im Anfechtungssystem zulassen. Vielmehr verfolgt der Gesetzgeber mit § 142 InsO das Interesse, das ein finanziell kriselnder Schuldner praktisch nicht vom Geschäftsverkehr ausgeschlossen werden dürfe.[281] Dies wäre jedoch der Fall,

---

279 BGH, 30.09.1993 – IX ZR 227/92, BGHZ 123, 320 f.; BGH, 26.01.1997 – VIII ZR 122/75, WM 1977, 254 (255).

280 BT-Drucksache, 12/2443 S. 167; siehe dazu auch *Raschke*, Funktion und Abgrenzung des Bargeschäftstatbestandes in § 142 InsO, S. 58 f.

281 BT-Drucksache, 12/2443 S. 167.

wenn selbst die von ihm abgeschlossenen wertäquivalenten Bargeschäfte der Anfechtung unterliegen.[282] Einen trefflichen Schluss lassen diese Erwägungen auf die dogmatische Einordnung des § 142 InsO nicht zu.

(d) Systematik

Der systematische Standort des § 142 InsO verrät des Weiteren, dass der § 142 InsO die Anwendbarkeit des § 133 Abs. 1 InsO nur dann anordnen kann, soweit dem anfechtungsrechtlichen Sachverhalt eine mittelbare Gläubigerbenachteiligung zugrundliegt. Der § 142 InsO findet sich in dem von § 129 Abs. 1 InsO aufgezeigten Normenkonvolut wieder (vgl. § 129 Abs. 1 InsO). Gemäß § 129 Abs. 1 InsO kann der Insolvenzverwalter ausdrücklich nach Maßgabe der §§ 130 bis 146 InsO anfechten, wenn eine Rechtshandlung vor Insolvenzeröffnung vorgenommen worden ist und die Insolvenzgläubiger durch diese benachteiligt worden sind. Demzufolge wird auch für die Anwendung des § 142 InsO das Vorliegen einer objektiven Gläubigerbenachteiligung benötigt. Andernfalls könnte der § 142 InsO mangels Vorliegen der Grundvoraussetzungen aus § 129 Abs. 1 InsO nicht angewendet werden. Da bei Vorliegen eines Bargeschäftes im Sinne des § 142 InsO es *per definitionem* und insbesondere unter Berücksichtigung des gesetzgeberischen Willens an einer unmittelbaren Gläubigerbenachteiligung fehlt, kann sich der Regelungswillen des § 142 InsO nur auf Anfechtungskonstellationen konzentrieren, welche neben dem Vorliegen eines Bargeschäftes, die Existenz einer mittelbaren Gläubigerbenachteiligung aufzeigen. Soweit neben dem Bargeschäft keine mittelbare Gläubigerbenachteiligung existent ist, scheitert der anfechtungsrelevante Sachverhalt schon an den Grundvoraussetzungen des § 129 Abs. 1 InsO und eröffnet nicht die Anwendungsbereiche der §§ 130 bis 146 InsO. In diesem Falle hat das Verständnis vom Bargeschäft bzw. der § 142 InsO nur deklaratorischen Charakter, welcher besagt, wann ein Leistungsaustausch keine unmittelbare Gläubigerbenachteiligung darstellt.

Eine konstitutive Wirkung ist dem § 142 InsO nur dahingehend beizumessen, dass dieser bei Anwendbarkeit und Vorliegen seiner Voraussetzungen ausschließlich die Anfechtung von mittelbar benachteiligenden Rechtshandlungen über § 133 Abs. 1 InsO erlaubt bzw. anordnet. Andere Anfechtungsgründe, welche auch eine mittelbare Gläubigerbenachteiligung erfassen können (z. B. §§ 130, 131 InsO), scheiden bei Vorliegen der Voraussetzungen des § 142 InsO aus (vgl. § 142 InsO a. E.). Diese Folgerung ist gerade auf die Stellung des § 142 InsO im Anfechtungssystem zurückzuführen, da sich der § 142 InsO hinter sämtlichen

282 BT-Drucksache, 12/2443 S. 167.

Anfechtungsgründen und vor der Anspruchsgrundlage einordnet.[283] Folglich offenbart die systematische Stellung des § 142 InsO, dass dieser grundsätzlich auf alle Anfechtungstatbestände anwendbar ist, jedoch bei Vorliegen seiner Voraussetzungen, die Anfechtbarkeit von Rechtshandlungen auf den normativen Inhalt des § 133 InsO reduziert, welche eine mittelbare Gläubigerbenachteiligung zum Gegenstand haben.

bb) Fazit

Es bleibt insgesamt festzuhalten, dass bei Vorliegen der Voraussetzungen eines Bargeschäftes (§ 142 InsO) das Tatbestandsmerkmal der objektiven Gläubigerbenachteiligung im Sinne des § 129 Abs. 1 InsO grundsätzlich nicht existent ist. Aus den genannten Gründen kann jedoch eine Anfechtung aus § 133 Abs. 1 InsO – sowohl innerhalb als auch außerhalb der gesetzlichen Krise – weiterhin in Betracht kommen, soweit die Gläubigergemeinschaft zeitgleich oder bis zum Abschluss der mündlichen Tatsachenverhandlung in einem Rechtsstreit noch mittelbar benachteiligt wird und die gläubigerbenachteiligende Rechtshandlung des Schuldners auch von den subjektiven Tatbestandsvoraussetzungen des § 133 Abs. 1 S. 1 InsO getragen wird; insbesondere, wenn die mittelbare Gläubigerbenachteiligung seitens des Schuldners bewusst in Kauf genommen wird und der Anfechtungsgegner Kenntnis davon hat. Beispielhaft dargestellt kann dies in folgenden Sachverhaltskonstellationen zu erkennen sein:

> Grundlegender Beispielsfall:
> Der Schuldner veräußert in Kenntnis seiner Zahlungsunfähigkeit einen Vermögenswert an den Gläubiger (G1) zum Zeitwert, um sich liquide Mittel zu beschaffen. Mit diesen – in das Vermögen des Schuldners gelangten – Mitteln befriedigt er nur einen bestimmten Gläubiger (G2) und zwar mit dem Vorsatz, diese Mittel der übrigen Gläubigergemeinschaft zu entziehen. Der Anfechtungsgegner (G1) ist in diese Gesinnung eingebunden.

> Weiterer Beispielsfall:
> Auf Veranlassung des Schuldners zahlt ein Drittschuldner einen bestimmten Betrag auf ein debitorisch geführtes Konto des Schuldners. Die Kreditlinie ist offen und weitere Verfügungen seitens des Kreditinstitutes werden zugelassen. Mit der eingehenden Zahlung befriedigt der Schuldner in Kenntnis seiner Zahlungsunfähigkeit nur einen bestimmten für ihn essentiellen Lieferanten (Gläubiger) und zwar mit dem Vorsatz, diese Mittel der übrigen Gläubigergemeinschaft zu entziehen. Das Kreditinstitut ist in diese Gesinnung des Schuldners eingebunden.

---

283 Vgl. *Raschke*, Funktion und Abgrenzung des Bargeschäftstatbestandes in § 142 InsO, S. 51 f; *Würdinger*, Insolvenzanfechtung im bargeldlosen Zahlungsverkehr, S. 210.

Das Kreditinstitut in der Stellung als Leistungsempfänger kann sich demnach grundsätzlich auch bei anfechtbaren Zahlungseingängen auf ein debitorisches Konto des Schuldners außerhalb der gesetzlichen Krise auf das Privileg des Bargeschäftes berufen. Eine Insolvenzanfechtung aus § 133 Abs. 1 S. 1 InsO gegenüber dem Kreditinstitut in der Stellung als Leistungsempfänger bei eingehenden Zahlungen auf ein debitorisch geführtes Konto des Schuldners ist somit nur dann anzunehmen, wenn zum einen die damit verbundene Rechtshandlung des Schuldners von einem Vorsatz getragen wird seine Gläubiger mittelbar zu benachteiligen und zum anderen das Kreditinstitut bei dem durchgeführten Verrechnungsvorgang Kenntnis von der gewollten mittelbaren Benachteiligung der Gläubigergemeinschaft seitens des Schuldners hat. Ein diesbezüglicher Nachweis seitens des Insolvenzverwalters dürfe kein Leichtes werden, da sich die Kenntnis des Kreditinstitutes gerade auf eine neben dem Verrechnungsvorgang bestehende mittelbare Gläubigerbenachteiligung beziehen muss. Der Verrechnungsvorgang als solcher ist vielmehr durch das „offen halten" der Kreditlinie und das weitere Verfügen lassen des Schuldners seitens des Kreditinstitutes als Bargeschäft (§ 142 InsO) und folglich als das Fehlen einer unmittelbaren Gläubigerbenachteiligung zu qualifizieren.

Ferner führt dies auch zu sachgerechten und gesellschaftstauglichen Ergebnissen, da trotz des Vorliegens eines Bargeschäftes gemäß § 142 InsO nur dann eine Anfechtung über § 133 Abs. 1 InsO zugelassen wird, sofern – wie benannt – eine mittelbare Benachteiligung gegeben ist und in den kognitiven Merkmalen des Schuldners und des Anfechtungsgegners gerade nicht der gleichwertige unmittelbare Leistungsaustausch im Fokus steht, sondern vielmehr die damit verbundene mittelbare Benachteiligung der Gläubigergemeinschaft des Schuldners. Demnach sind Vermögensverschiebungen gemäß § 142 InsO im Rahmen der notwendigen Betriebsfortführung bzw. einer Sanierung eines Unternehmens in der Regel gänzlich der Insolvenzanfechtung entzogen.[284] Eine Neukonzipierung des § 142 InsO, welche z. B. Umstände einer mittelbaren Gläubigerbenachteiligung bzw. spezielle Gesinnungen eines Beteiligten ausdrücklich erfasst oder gar bestimmte Gläubigergruppen privilegiert, bedarf es folglich nicht.[285] Dies spiegelt insbesondere die dargestellte Auslegung des § 142 InsO wider, welche nur eine Anfechtung über § 133 Abs. 1 InsO erlaubt, sofern überhaupt eine mittelbare Gläubigerbenachteiligung existent ist.

---

284 Vgl. BGH, 10.07.2014 – IX ZR 192/13, JurionRS 2014, 18838 (Tz. 44) = WM 2014, 1488 (1493).

285 So (partiell) *Marotzke*, ZInsO 2014, 745 (747 f.) mit Beispielsformulierung; vgl. dazu *Bork*, ZIP 2014 797 (810); *derselbe*, ZIP 2014, 1905 (1907 f.); *Frind*, ZInsO 2014, 1985 (1988 f.); *Kayser*, ZIP 2014, 1966 (1969); *Windel*, ZIP 2014, 2167 (2172 f.).

Der Tatbestand aus § 133 Abs. 2[286] InsO ist demgegenüber mangels unmittelbarer objektiver Gläubigerbenachteiligung (§ 129 Abs. 1 InsO) nicht anzuwenden.[287] Unabhängig davon handelt es sich bei dem Verweis des § 142 InsO auf den § 133 Abs. 1 InsO und nicht auf den § 133 Abs. 2 InsO auch um kein Redaktionsversehen.[288] Vielmehr macht der Gesetzgeber durch diesen partiellen Verweis gerade deutlich, dass der § 142 InsO als ausdrückliche Kodifikation fehlender unmittelbarer Gläubigerbenachteiligung zu verstehen ist. Ein Verweis auf § 133 Abs. 2 ist demnach denklogisch ausgeschlossen, was der Gesetzgeber in seinem Verständnis zu § 142 InsO auch zum Ausdruck bringt.[289]

3. *Gläubigerbenachteiligungsvorsatz des (Insolvenz-) Schuldners*

Als weitere Voraussetzung des Anfechtungstatbestandes aus § 133 Abs. 1 InsO wird verlangt, dass der Schuldner die Rechtshandlung mit dem Vorsatz

---

286 Nach weit überwiegender Auffassung stellt der § 133 Abs. 2 InsO keinen eigenständigen Anfechtungsgrund dar, sondern eine Regel für die Beweislast (vgl. dazu *Kayser*, in: Münchener Kommentar zur Insolvenzordnung, § 133 Rn. 39; *Riggert*, in: Braun – Insolvenzordnung, § 142 Rn. 18; *Schmittmann/Zeeck*, in: Haarmeyer/Wutzke/Förster – Insolvenzordnung, § 133 InsO Rn. 24; *Bograkos/Kirstein*, in: Praxis der Insolvenzanfechtung, § 133 Rn. 46; eingehender Gliederungspunkt § 3 D.). Ferner soll es sich bei dem Verweis in § 142 InsO nur auf den § 133 Abs. 1 InsO, um ein Redaktionsversehen des Gesetzgebers handeln, sodass der § 133 Abs. 2 InsO ebenso von dem Verweis in § 142 InsO mitumfasst ist (*Ehricke*, in: Kübler/Prütting/Bork – Insolvenzordnung, § 142 Rn. 21; *Nerlich*, in: Nerlich/Römermann, Insolvenzordnung, § 142 Rn. 14; a. A. *Huber*, Anfechtungsgesetz, § 3 Rn. 47. Letztendlich und unabhängig von der Rechtsnatur sowie der grundsätzlichen Anwendbarkeit des § 133 Abs. 2 InsO, würde die Anwendbarkeit des § 133 Abs. 2 InsO bereits an der Voraussetzung der unmittelbaren Benachteiligung scheitern. Sofern ein Bargeschäft und mithin ein unmittelbar gleichwertiger Leistungsaustausch vorliegt, kann denklogisch keine unmittelbare Gläubigerbenachteiligung mehr eintreten. Die Voraussetzungen des § 133 Abs. 2 sind schlechthin nicht erfüllt (vgl. *Kirchhof*, in: Münchener Kommentar zur Insolvenzordnung, § 142 Rn. 22-24; vgl. dazu BGH, 10.07.2014 – IX ZR 192/13, JurionRS 2014, 18838 (Tz. 48) = WM 2014, 1488 (1494); vgl. ferner dazu *Harbeck*, Gläubigerbenachteiligung als normative Voraussetzung der Insolvenzanfechtung, S. 216 ff.).

287 Vgl. *Kirchhof*, in: Münchener Kommentar zur Insolvenzordnung, §142 Rn. 22; *Rogge/Leptien*, in: Hamburger Kommentar zum Insolvenzrecht, § 142 InsO Rn. 14; davon abweichend *Henkel*, ZInsO 2009, 1577 ff.

288 Vgl. dazu *Ehricke*, in: Kübler/Prütting/Bork – Insolvenzordnung, § 142 Rn. 21; *Nerlich*, in: Nerlich/Römermann, Insolvenzordnung, § 142 Rn. 1.

289 BT-Drucksache, 12/2443 S. 167.

vorgenommen hat, seine Gläubiger zu benachteiligen (sog. Gläubigerbenachteiligungsvorsatz des Schuldners; vgl. § 133 Abs. 1 S. 1 InsO).[290]

a) Zum Gläubigerbenachteiligungsvorsatz des Schuldners

Im Folgenden wird Grundlegendes zum Gläubigerbenachteiligungsvorsatz seitens des Schuldners dargestellt, wobei die höchstrichterliche Rechtsprechung und das sich daraus maßgeblich entwickelnde Schrifttum berücksichtigt werden.

aa) Gläubigerbenachteiligungsvorsatz des Schuldners unter Berücksichtigung der höchstrichterlichen Rechtsprechung

Grundsätzlich ist der Gläubigerbenachteiligungsvorsatz des Schuldners gegeben, soweit der Schuldner bei Vornahme der Rechtshandlung (§ 140 Abs. 1 InsO) die Benachteiligung der Gläubiger im Allgemeinen als Erfolg seiner Rechtshandlung gewollt oder als mutmaßliche Folge – sei es auch als unvermeidliche Nebenfolge eines an sich erstrebten anderen Vorteils – erkannt und gebilligt hat.[291] Dem Schuldner muss bewusst sein, dass er neben dem Anfechtungsgegner nicht alle Insolvenzgläubiger innerhalb angemessener Zeit befriedigen kann oder sich diese Folge zumindest als möglich vorgestellt bzw. sich durch die Vorstellung dieser Möglichkeit nicht von seinem Handeln hat abhalten lassen, und dies billigend in Kauf genommen hat.[292]

Demnach lässt der § 133 Abs. 1 S. 1 InsO im Rahmen der Feststellung des Gläubigerbenachteiligungsvorsatzes die Vorsatzform des sog. *dolus eventualis* (bedingter Vorsatz) ausreichen.[293] Sofern der Schuldner bei der Vornahme der Rechtshandlung zahlungsunfähig ist, handelt dieser nur dann nicht mit dem

---

290 Vgl. dazu *Kayser*, in: Münchener Kommentar zur Insolvenzordnung, § 133 Rn. 12: Bezeichnet dieses Tatbestandsmerkmal als *„Schwerpunkt"* der Prüfung des § 133 InsO.

291 BGH, 05.03.2009 – IX ZR 85/07, ZInsO 2009, 873 (874); BGH, 13.04.2006 – IX ZR 158/05, ZInsO 2006, 712; *Kayser*, in: Münchener Kommentar zur Insolvenzordnung, § 133 Rn. 13; *Bork*, in: Kübler/Prütting/Bork - Insolvenzordnung, § 133 Rn. 24; *Kreft*, in: Heidelberger Kommentar zur Insolvenzordnung, § 133 Rn. 10; *Huber*, in: Graf-Schlicker – Insolvenzordnung, § 133 Rn. 14.

292 BGH, 05.03.2009 – IX ZR 85/07, ZInsO 2009, 873 (874); BGH, 24.05.2007 – IX ZR 97/06, ZInsO 2007, 819 (820).

293 BT-Drucksache, 12/2443 S. 160; BGH, 05.03.2009 – IX ZR 85/07, ZInsO 2009, 873 (874); BGH, 24.05.2007 – IX ZR 97/06, ZInsO 2007, 819 (820); BGH, 08.12.2005 – IX ZR 182/01, ZInsO 2006, 94 (96); BGH, 13.05.2004 – IX ZR 190/03, ZInsO 2004, 859 (860); BGH, 17.07.2003 – IX ZR 272/02, ZInsO 2003, 850 (851).

Vorsatz die Gläubigergemeinschaft zu benachteiligen, soweit dieser aufgrund konkreter Umstände mit einer zeitnahen Überwindung der Krise rechnen kann.[294] Sollte die Zahlungsunfähigkeit drohen, ist es erforderlich Umstände darzulegen, welche vermitteln, dass die Krise für den Schuldner noch abgewendet werden kann.[295] Beispielhaft kann dies der Fall sein, wenn die Gläubiger aufgrund eines Sanierungsvergleiches in einem erheblichen Umfang auf ihre Forderungen verzichten und ein gestellter Insolvenzantrag daraufhin zurückgenommen wird.[296] Nach ständiger Rechtsprechung des Bundesgerichtshofes soll somit auf den Gläubigerbenachteiligungsvorsatz des Schuldners geschlossen werden, sofern der Schuldner seine Zahlungsunfähigkeit[297] oder seine drohende Zahlungsunfähigkeit[298] kennt.[299] Dies wird mittelbar aus § 133 Abs. 1 S. 2 InsO geschlossen.[300] Soweit für den anderen Teil die Kenntnis vom Gläubigerbenachteiligungsvorsatz

---

294 BGH, 08.01.2015 - IX ZR 198/13, ZInsO 2015, 299 (300), BGH, 24.01.2013 - IX ZR 11/12, ZInsO 2013, 384 (386); BGH, 06.12.2012 - IX ZR 3/12, ZInsO 2013, 190 (191); BGH, 25.10.2012 - IX ZR 117/11, ZInsO 2244 (2246); BGH, 18.03.2010 - IX ZR 57/09, ZInsO 2010, 807 (809); BGH, 05.03.2009 - IX ZR 85/07, ZInsO 2009, 873 (874); BGH, 24.05.2007 - IX ZR 97/06, ZInsO 2007, 819 (820).

295 BGH, 08.01.2015 - IX ZR 198/13, ZInsO 2015, 299 (300), BGH, 24.01.2013 - IX ZR 11/12, ZInsO 2013, 384 (386); BGH, 05.03.2009 - IX ZR 85/07, ZInsO 2009, 873 (874); BGH, 24.05.2007 - IX ZR 97/06, ZInsO 2007, 819 (820).

296 BGH, 27.03.2008 - IX ZR 98/07, WM 2008, 840 (841); *Schwartz*, Der subjektive Tatbestand der Vorsatzanfechtung nach § 133 InsO, S. 150.

297 BGH, 24.01.2013 - IX ZR 11/12, ZInsO 2013, 384 (386); BGH, 06.12.2012 - IX ZR 3/12, ZInsO 2013, 190 (191); BGH, 25.10.2012 - IX ZR 117/11, ZInsO 2244 (2246); BGH, 29.11.2011 - IX ZR 202/10, ZInsO 2011, 138 (139); BGH, 18.03.2010 - IX ZR 57/09, ZInsO 2010, 807 (809).

298 BGH, 18.12.2008 - IX ZR 79/07, ZInsO 2009, 518 (519); BGH, 29.1.2007 - IX ZR 121/06, ZInsO 2008, 814 (816); BGH, 24.05.2007 - IX ZR 97/06, ZInsO 2007, 819 (821).

299 BGH, 06.12.2012 - IX ZR 3/12, ZInsO 2013, 190 (191); BGH, 25.10.2012 - IX ZR 117/11, ZInsO 2244 (2246); BGH, 29.11.2011 - IX ZR 202/10, ZInsO 2011, 138 (139); BGH, 18.03.2010 - IX ZR 57/09, ZInsO 2010, 807 (809); BGH, 18.12.2008 - IX ZR 79/07, ZInsO 2009, 518 (519); BGH, 29.1.2007 - IX ZR 121/06, ZInsO 2008, 814 (816); BGH, 24.05.2007 - IX ZR 97/06, ZInsO 2007, 819 (821); vgl. dazu auch *Würdinger*, WuB 2014, VI A. § 133 InsO 7.13.

300 BGH, 29.11.2007 - IX ZR 121/06, ZInsO 2008, 814 (816); BGH, 13.04.2006 - IX ZR 158/05, NJW 2006, 2701 (2702); *Kayser*, in: Münchener Kommentar zur Insolvenzordnung, § 133 Rn. 26; *Kreft*, in: Heidelberger Kommentar zur Insolvenzordnung, § 133 Rn. 10; *Stiller*, ZInsO 2003, 595 (596); vgl. dazu *Koza*, DZWIR 2009, 404 (406 f.); *Thole*, KTS - Zeitschrift für Insolvenzrecht 2007, 293 (301 f.); vgl. dazu auch ferner *Bork*, ZIP 2004, 1684 (1691).

des Schuldners vermutet wird, wenn dieser weiß, dass die Zahlungsunfähigkeit des Schuldners vorliegt[301] bzw. droht[302], sollen für die Feststellung des Gläubigerbenachteiligungsvorsatzes des Schuldners keine strengeren Anforderungen gelten.[303] Demnach begründet die substantiierte, schlüssige und gegebenenfalls bewiesene Darlegung, dass der Schuldner seine eigene drohende Zahlungsunfähigkeit kennt, ein widerlegliches – aus tatsächlichen Gründen hergeleitetes – Beweisanzeichen (auch sog. tatsächliche Vermutung genannt)[304] bezüglich des Gläubigerbenachteiligungsvorsatzes seitens des Schuldners.[305] Dabei darf jedoch nicht verkannt werden, dass ein solcher Umstand nur ein Beweisanzeichen darstellt und die vom Tatrichter stets vorzunehmende Gesamtwürdigung der Umstände des Einzelfalles nicht entbehrlich macht.[306] Die subjektiven

---

301 BGH, 06.12.2012 – IX ZR 3/12, ZInsO 2013, 190 (191); BGH, 25.10.2012 – IX ZR 117/11, ZInsO 2244 (2246); BGH, 29.11.2011 – IX ZR 202/10, ZInsO 2011, 138 (139); BGH, 18.03.2010 – IX ZR 57/09, ZInsO 2010, 807 (809).

302 BGH, 29.11.2007 – IX ZR 121/06, ZInsO 2008, 814 (816); BGH, 13.04.2006 – IX ZR 158/05, NJW 2006, 2701 (2702); *Kayser*, in: Münchener Kommentar zur Insolvenzordnung, § 133 Rn. 26; *Kreft*, in: Heidelberger Kommentar zur Insolvenzordnung, § 133 Rn. 10; *Stiller*, ZInsO 2003, 595 (596); vgl. dazu *Koza*, DZWIR 2009, 404 (406 f.); vgl. dazu auch ferner *Bork*, ZIP 2004, 1684 (1691).

303 BGH, 06.12.2012 – IX ZR 3/12, ZInsO 2013, 190 (191); BGH, 25.10.2012 – IX ZR 117/11, ZInsO 2244 (2246); BGH, 29.11.2011 – IX ZR 202/10, ZInsO 2011, 138 (139); BGH, 18.03.2010 – IX ZR 57/09, ZInsO 2010, 807 (809); BGH, 29.11.2007 – IX ZR 121/06, ZInsO 2008, 814 (816); BGH, 13.04.2006 – IX ZR 158/05, NJW 2006, 2701 (2702); *Kayser*, in: Münchener Kommentar zur Insolvenzordnung, § 133 Rn. 26; *Kreft*, in: Heidelberger Kommentar zur Insolvenzordnung, § 133 Rn. 10; *Stiller*, ZInsO 2003, 595 (596); vgl. dazu *Koza*, DZWIR 2009, 404 (406 f.); vgl. dazu auch ferner *Bork*, ZIP 2004, 1684 (1691).

304 Gegen eine solche Wendung *Fischer*, NZI 2008, 588 (593). Stattdessen sollte die Begrifflichkeit Beweisanzeichen verwendet werden (*Fischer*, NZI 2008, 588 (593)); daran anschließend und klarstellend BGH, 13.08.2009 – IX ZR 159/06, ZInsO 2009, 1909: Stellte klar, dass Tatsachen, aus denen die subjektiven Voraussetzungen der vorsätzlichen Benachteiligung gefolgert werden können, keine Vermutung im Sinne des § 292 ZPO begründen, sondern mehr oder weniger gewichtige Beweisanzeichen darstellen.

305 BGH, 29.11.2007 – IX ZR 121/06, ZInsO 2008, 814 (816); BGH, 13.04.2006 – IX ZR 158/05, NJW 2006, 2701 (2702); *Kayser*, in: Münchener Kommentar zur Insolvenzordnung, § 133 Rn. 26; *Kreft*, in: Heidelberger Kommentar zur Insolvenzordnung, § 133 Rn. 10; *Stiller*, ZInsO 2003, 595 (596); vgl. dazu *Koza*, DZWIR 2009, 404 (406 f.); vgl. dazu auch *Bork*, ZIP 2004, 1684 (1691).

306 BGH, 10.01.2013 – IX ZR 13/12, ZInsO 179, (182); BGH, 13.08.2009 – IX ZR 159/06, ZInsO 2009, 1909 (1910); BGH, 12.07.2007 – IX ZR 235/03, ZInsO 2007, 1107 (1109).

Voraussetzungen des § 133 Abs. 1 InsO hat der Tatrichter unter Berücksichtigung des § 286 ZPO sowie unter Würdigung aller maßgeblichen Umstände des Einzelfalles auf der Grundlage des Gesamtergebnisses der Verhandlung und einer gegebenenfalls vorgenommenen Beweisaufnahme zu prüfen.[307]

Darüber hinaus verlangt der Gläubigerbenachteiligungsvorsatz seitens des Schuldners im Sinne des § 133 Abs. 1 InsO kein Element des unlauteren Zusammenwirkens.[308] Selbst konkretere Anstrengungen der Bundesregierung bezüglich einer derartigen Einschränkung des Insolvenzanfechtungsrechtes wurden wiederum aufgegeben.[309] Des Weiteren und wie dargestellt[310] genügt im Rahmen des Tatbestandes nach § 133 Abs. 1 InsO eine mittelbare, erst künftig eintretende Gläubigerbenachteiligung.[311] Für den auf eine solche Benachteiligung gerichteten Vorsatz des Schuldners ist es daher unerheblich, ob dieser sich gegen alle oder nur einzelne, gegen bestimmte oder unbestimmte, gegen schon vorhandene oder nur mögliche künftige Gläubiger richtet.[312] Entscheidend ist, dass sich der Vorsatz des Schuldners auf eine solche Benachteiligung ausgerichtet hat.

bb) Kritik des Schrifttums

Kritik erfährt die höchstrichterliche Rechtsprechung insbesondere aus der Begründung des oben genannten Beweisanzeichens (auch teilweise als sog. „tatsächliche Vermutung" bezeichnet) bezüglich des Gläubigerbenachteiligungsvorsatzes, welches an die Zahlungsunfähigkeit bzw. drohende Zahlungsunfähigkeit anknüpft.

---

307 BGH, 10.01.2013 - IX ZR 13/12, ZInsO 179, (182); BGH, 13.08.2009 - IX ZR 159/06, ZInsO 2009, 1909 (1910); BGH, 12.07.2007 - IX ZR 235/03, ZInsO 2007, 1107 (1109).

308 BGH, 17.07.2003 - IX ZR 272/02, ZInsO 2003, 850.

309 Vgl. BR-Drucksache, 618/05 S. 3, zu § 133 InsO: *„Bei einer Rechtshandlung, die nicht eine nach § 130 Abs. 1 ist, wird diese Kenntnis vermutet, wenn der andere Teil weiß, dass die Zahlungsunfähigkeit des Schuldners drohte und dass diese Handlung die Gläubiger benachteiligte. Eine Rechtshandlung nach § 130 Abs. 1 kann nach Satz 1 nur angefochten werden, wenn ein unlauteres Verhalten des Schuldners vorliegt."*; vgl. dazu ferner *Ganter*, WM 2009, 1441 (1442); vgl. auch *Paulus*, in: Festschrift für Fischer, 2008, S. 445 (448); vgl. *Foerste*, NZI 2006, 6 (8, 10); vgl. dazu auch nunmehr *Windel*, ZIP 2014, 1823 (1825) im Kontext zu wiederum neuen Bestrebungen der Bundesregierung die Vorsatzanfechtung zu reformieren.

310 S. 12 f.

311 BGH, 13.08.2009 - IX ZR 159/06, ZInsO 2009, 1909 (1910).

312 BGH, 13.08.2009 - IX ZR 159/06, ZInsO 2009, 1909 (1910).

(1) Einzelne Kritiken im Schrifttum

Zum einen wird vorgetragen, dass anlässlich eines derartigen Verständnisses der höchstrichterlichen Rechtsprechung kongruente Rechtshandlungen als Anzeichen gegen die bewusste Gläubigerbenachteiligung des Schuldners zu werten seien.[313] *Schoppmeyer* fordert gar auf Vermutungswirkungen bzw. Beweisanzeichen zu verzichten und den Einzelfall im Hinblick auf das Bestehen der Voraussetzungen des § 133 InsO der ausschließlichen tatrichterlichen Würdigung zu überlassen.[314] Schließlich sei aus den Wertungen der §§ 130–132 InsO zu entnehmen, dass § 133 InsO nur die Gleichheit und den Fortbestand der Befriedigungschancen sichere, nicht aber die Gleichheit der Befriedigung.[315] Zum anderen wird vor allem seitens *Foerste* gefordert, dass kongruente Rechtshandlungen grundsätzlich der Anfechtung aus § 133 InsO entzogen seien, da es in diesen Fällen an einem unlauteren Zusammenwirken fehle, welches weiterhin für die Annahme des Gläubigerbenachteiligungsvorsatzes im Sinne des § 133 Abs. 1 S. 1 InsO gefordert werden müsse.[316] Neben der Historie und der Systematik des § 133 InsO gebiete insbesondere der Normzweck des § 133 Abs. 1 ein solches einschränkendes Verständnis.[317] Denn im Rahmen einer kongruenten Deckung verdiene der Gläubiger Vertrauensschutz, welcher ihm außerhalb der gesetzlichen Krise nicht abverlangt werden könne.[318] Zudem liege es auch grundsätzlich in der Autonomie und Befugnis des einzelnen Schuldners, frei zu wählen, welcher Gläubiger befriedigt werde; bestimmte Umstände, wie zum Beispiel die Zahlungsunfähigkeit bzw. die drohende Zahlungsunfähigkeit,

---

313 *Bork*, ZIP 2004, 1684 (1691); *Kirchhof*, in: Festschrift für Fischer, 2008, S. 285 (295); *Schoppmeyer*, ZIP 2009, 600 (607); *Kreft*, in: Heidelberger Kommentar zur Insolvenzordnung, § 133 Rn. 14; *Schwartz*, Der subjektive Tatbestand der Vorsatzanfechtung nach § 133 InsO, S. 81; vgl. auch *Blum*, ZInsO 2006, 807 (808 f.); vgl. *Zeuner*, in: Leonhard/Smid/Zeuner - Insolvenzordnung, § 133 Rn. 33.

314 *Schoppmeyer*, ZIP 2009, 600 (605 und 609).

315 *Schoppmeyer*, ZIP 2009, 600 (601 ff., 605 ff. und 609).

316 Insbesondere *Foerste*, NZI 2006, 6 (8, 10); *derselbe*, in: Festschrift für Picker, 2010, S. 227 (241 ff.); *derselbe*, ZInsO 2013, 897 (899); *derselbe*, ZInsO 2013, 1661 f. (zugleich Beitrag von *Foerste*, in: Festschrift für Haarmeyer, 2013, S. 27 f.); *Paulus*, in: Festschrift für Fischer, 2008, S. 445 (456 ff.); *Jensen*, NZI 2013, 471; *derselbe*, NZI 2011, 798 (801); vgl. dazu *Bork*, ZIP 2008, 1041 (1045 f.); *derselbe*, ZIP 2004, 1684 (1691 f.); vgl. *ferner Schoppmeyer*, ZIP 2009, 600 (605, 607).

317 So *Foerste* zuletzt in ZInsO 2013, 897 (899 und 901) und ZInsO 2013, 1661 f. (zugleich Beitrag von *Foerste*, in: Festschrift für Haarmeyer, 2013, S. 27 f.).

318 *Foerste*, ZInsO 2013, 897 (899).

können demnach nicht von Grund auf die Schlussfolgerung auf einen Gläubigerbenachteiligungsvorsatz zulassen.[319] *Lind* verlangt eine Trennung zwischen verkehrsüblichen und nicht verkehrsüblichen Umständen, wobei das Kriterium der Abgrenzung die Verkehrssitte sei.[320] Verkehrsübliche Umstände können nur von § 130 InsO erfasst werden und nicht von § 133 InsO.[321] Dagegen können nicht verkehrsübliche Umstände auch von § 133 InsO erfasst werden.[322] *Ganter* fordert, dass zwischen der Kenntnis von der Zahlungsunfähigkeit und der Kenntnis von der drohenden Zahlungsunfähigkeit des Schuldners differenziert werden müsse.[323] Wisse der Schuldner, dass er zahlungsunfähig ist, so bedeute dies, dass die materielle Insolvenz eingetreten sei.[324] Leiste der Schuldner in Kenntnis seiner materiellen Insolvenz an einen einzelnen Gläubiger, so führe grundsätzlich kein Weg an dem Verständnis vorbei, dass der Schuldner einzelne Gläubiger bevorzugen möchte und ferner die übrige Gläubigergemeinschaft benachteilige.[325] In einem derartigen Fall handele der Schuldner mit einem bedingten Gläubigerbenachteiligungsvorsatz.[326] Wisse der Schuldner jedoch nur, dass die Zahlungsunfähigkeit drohe, könne man allein daraus nicht die Existenz eines Gläubigerbenachteiligungsvorsatzes folgern.[327] Schließlich sei der Schuldner im Zeitpunkt der drohenden Zahlungsunfähigkeit nicht zahlungsunfähig, sodass er in seiner Vorstellung die Benachteiligung der Gläubigergemeinschaft nicht zu beachten habe.[328] Zudem verlangt ein weiterer Ansatz im Schrifttum bezüglich des Vorliegens und folglich über die gesetzlichen Tatbestandsvoraussetzungen

---

319 *Foerste*, NZI 2006, 6 (7 f.); vgl. *Paulus*, in: Festschrift für Fischer, 2008, S. 445 (456 ff.); sich an dieses Meinungsspektrum anschließend *Jensen*, NZI 2013, 471 (473 f.); *derselbe*, NZI 2011, 798 (799).

320 *Lind*, Zur Auslegung von § 133 InsO, insbesondere im System der Anfechtungstatbestände, S. 112.

321 *Lind*, Zur Auslegung von § 133 InsO, insbesondere im System der Anfechtungstatbestände, S. 112.

322 *Lind*, Zur Auslegung von § 133 InsO, insbesondere im System der Anfechtungstatbestände, S. 112.

323 *Ganter*, WM 2014, 49 f.; *derselbe*, WM 2009, 1441 (1443).

324 *Ganter*, WM 2009, 1441 (1443).

325 *Ganter*, WM 2009, 1441 (1443).

326 *Ganter*, WM 2009, 1441 (1443).

327 *Ganter*, WM 2014, 49 f.; *derselbe*, WM 2009, 1441 (1443); vgl. dazu auch *Jensen*, Grundfragen des Rechts der Gläubiger- und Insolvenzanfechtung, S. 263 f.

328 *Ganter*, WM 2014, 49 (50); *derselbe*, WM 2009, 1441 (1443); vgl. dazu auch *Jensen*, Grundfragen des Rechts der Gläubiger- und Insolvenzanfechtung, S. 263 f.

des § 133 Abs. 1 InsO hinaus, dass sich der Eintritt der Insolvenz des Schuldners zum Zeitpunkt der Vornahme der Rechtshandlung abzeichnen müsse.[329]

(2) Gesonderte Kritik von *Schwartz*: Zahlungsunfähigkeit und drohende Zahlungsunfähigkeit seien keine gesetzlichen Vermutungen, jedoch taugliche Beweisanzeichen

Des Weiteren trägt nunmehr *Schwartz* in diesem Kontext vor, dass die von der Rechtsprechung und auch vermehrt im Schrifttum vertretene Ansicht, die den Benachteiligungsvorsatz des Schuldners vermute, wenn dieser im Zeitpunkt der Vornahme der gläubigerbenachteiligenden Rechtshandlung seine Zahlungsunfähigkeit oder drohende Zahlungsunfähigkeit kenne, nicht zuzustimmen sei.[330] Dies ergebe sich aus dem gesetzgeberischen Willen sowie aus systematischen Gründen.[331] Schließlich habe der Gesetzgeber absichtlich zum Schutze des Rechtsverkehrs auf eine gesetzliche Vermutung verzichtet.[332] Zudem würde die Vorsatzanfechtung die Kongruenzanfechtung nach § 130 Abs. 1 S. 1 Nr. 1 InsO bei Anknüpfung an die Zahlungsunfähigkeit weitgehend überflüssig machen bzw. bei Anknüpfung an die drohende Zahlungsunfähigkeit wäre die Vorsatzanfechtung sogar unter leichteren Voraussetzungen durchsetzbar als die Deckungsanfechtung.[333] Es widersprechen jedoch weder der Wille des Gesetzgebers noch die systematischen Gründe gegen die Annahme eines Beweiszeichens aus der fehlenden Solvenz des Schuldners, sodass die Zahlungsunfähigkeit bzw. die drohende Zahlungsunfähigkeit als taugliche Beweisanzeichen für die Ermittlung des Gläubigerbenachteiligungsvorsatzes heranzuziehen seien.[334]

329 *Tasma*, Leveraged Buyout und Gläubigerschutz, S. 359; vgl. *Eidenmüller/Engert*, in: Festschrift für Karsten Schmidt, 2009, S. 305 (322 f.); vgl. ferner auch *Jacoby*, KTS – Zeitschrift für Insolvenzrecht 2009, 3 (20 f.) der bei kongruenten Deckungen für die Anfechtbarkeit aus § 133 Abs. 1 InsO das Vorliegen der materiellen Insolvenz verlangt; siehe auch *Haas*, ZIP 2006, 1373 (1376).

330 *Schwartz*, Der subjektive Tatbestand der Vorsatzanfechtung nach § 133 InsO, S. 90 f.

331 *Schwartz*, Der subjektive Tatbestand der Vorsatzanfechtung nach § 133 InsO, S. 91.

332 *Schwartz*, Der subjektive Tatbestand der Vorsatzanfechtung nach § 133 InsO, S. 91.

333 *Schwartz*, Der subjektive Tatbestand der Vorsatzanfechtung nach § 133 InsO, S. 93; so wohl bereits *Schoppmeyer*, ZIP 2009, 600 (604).

334 *Schwartz*, Der subjektive Tatbestand der Vorsatzanfechtung nach § 133 InsO, S. 93 und S. 94.

cc) Stellungnahmen

(1) Stellungnahme zu den kritischen Positionen im Schrifttum

Den Stimmen, welche eine Einschränkung bzw. Reduktion des Tatbestandes aus § 133 Abs. 1 S. 1 InsO im Rahmen kongruenter Deckungen erreichen wollen, indem sie weiterhin ein Merkmal der Unlauterkeit für den § 133 Abs. 1 S. 1 InsO voraussetzen, ist nicht zu folgen. Bereits der Wortlaut des § 133 Abs. 1 S. 1 InsO lässt auf eine derartige Einschränkung ausdrücklich nicht schließen. Vielmehr wird wörtlich Vorsatz im Sinne des § 133 Abs. 1 S. 1 InsO verlangt.[335] Sofern man ein Merkmal der Unlauterkeit in den § 133 Abs. 1 S. 1 InsO hineinlesen möchte, lässt es sich zudem nicht leugnen, dass der Anwendungsbereich des § 133 Abs. 1 InsO sodann nur noch einen „absoluten" Randbereich abdecken würde bzw. gegebenenfalls ein eigenständiger Anwendungsbereich des § 133 Abs. 1 InsO wegen der §§ 138, 826 BGB nicht mehr existent wäre.[336] Neben dem genannten Wortlautargument widerspricht dies zudem deutlich der Intention des Gesetzgebers. Der Gesetzgeber will im Zuge der Begründung des Anfechtungsrechtes zur Insolvenzordnung eine höhere Wirksamkeit gegenüber des diesbezüglichen *„unvollkommenen"* Normenkonvoluts der Konkursordnung erreichen.[337] Schließlich formulierte der Gesetzgeber in Bundestagdrucksache 12/2443, S. 156 ausdrücklich:

> *„Da das geltende Recht der Konkursanfechtung nach allgemeiner Auffassung die ihm vom Gesetzgeber zugedachte Aufgabe nur unvollkommen erfüllt hat, werden wichtige Änderungen vorgenommen, deren gemeinsames Ziel es ist, das Anfechtungsrecht wirksamer auszugestalten."*[338]

Würde jedoch der § 133 Abs. 1 S. 1 InsO ein Merkmal der Unlauterkeit verlangen, wäre der gesamte Anwendungsbereich des § 133 Abs. 1 InsO faktisch auf null reduziert, was jedoch aus Gründen des Wortlautes sowie der genannten Intention des Gesetzgebers nicht hingenommen werden kann. Des Weiteren kann im Rahmen des § 133 InsO auch nicht zwischen verkehrsüblichen und

---

335 So bereits *Fischer*, NZI 2008, 588 (591).

336 *Fischer*, NZI 2008, 588 (592).

337 BT-Drucksache, 12/2443, S. 156: *„Da das geltende Recht der Konkursanfechtung nach allgemeiner Auffassung die ihm vom Gesetzgeber zugedachte Aufgabe nur unvollkommen erfüllt hat, werden wichtige Änderungen vorgenommen, deren gemeinsames Ziel es ist, das Anfechtungsrecht wirksamer auszugestalten."*

338 BT-Drucksache, 12/2443, S. 156.

nicht verkehrsüblichen Umständen differenziert werden.[339] Diese Ansicht verkennt die unterschiedlichen und vom Gesetzgeber gewollten Schutzrichtungen des § 130 InsO sowie des § 133 InsO, welche gerade dazu führen, dass sich die genannten Tatbestände nicht gegeneinander einschränken oder ausschließen. Vielmehr haben diese grundsätzlich einen eigenständigen Anwendungsbereich, der gegebenenfalls zu Überschneidungen in den Anwendungsbereichen führen kann, jedoch nicht den einen oder anderen Tatbestand obsolet macht.[340] Ferner wird es in der Praxis „schwer fallen" zwischen verkehrsüblichen und verkehrsunüblichen Umständen zu differenzieren, da Grenzen fließend sein können und in diversen Branchen unterschiedlichste Bräuche und Gepflogenheiten bestehen, so dass verkehrsübliche Umstände zwischen Gläubiger und Schuldner gar nicht erst festzustellen sind. Derartige Kriterien sind demnach auch zu unbestimmt.

Darüber hinaus soll gar nicht bestritten werden, dass kongruente Rechtshandlungen sowie Bargeschäfte – welche eine mittelbare Gläubigerbenachteiligung beinhalten – geeignet sein können, weitere Beweisanzeichen, die wiederum auf den Gläubigerbenachteiligungsvorsatz schließen lassen, zu entkräften. Denn schließlich hat der Tatrichter die subjektiven Voraussetzungen selbst bei positiver Kenntnis von der Zahlungsunfähigkeit seitens des Schuldners auf Grundlage einer stets vorzunehmenden Gesamtwürdigung festzustellen, welche selbstredend ebenso entlastende Umstände zulassen muss (vgl. § 286 ZPO).[341] Dennoch kann auch bei einer kongruenten Rechtshandlung nicht geleugnet werden, dass es grundsätzlich bei lebensnaher Betrachtung sehr naheliegend ist bzw. es in der Regel dem wahren Sachverhalt entspricht, dass ein Schuldner, der seine Zahlungsunfähigkeit kennt, in aller Regel nicht in der Lage sein wird, sämtliche Gläubiger zu befriedigen. Auf einer solchen Tatsachengrundlage basiert grundsätzlich das von der Rechtsprechung bezüglich des Gläubigerbenachteiligungsvorsatzes im Sinne des § 133 Abs. 1 S. 1 InsO geschaffene Beweisanzeichen. Demnach ist es richtig, die tatsächliche Vermutungsgrundlage bzw. das Beweisanzeichen für den Gläubigerbenachteiligungsvorsatz zu bejahen, sofern

---

339 So jedoch *Lind*, Zur Auslegung von § 133 InsO, insbesondere im System der Anfechtungstatbestände, S. 112.

340 So jedoch *Lind*, Zur Auslegung von § 133 InsO, insbesondere im System der Anfechtungstatbestände, S. 106.

341 BGH, 24.01.2013 – IX ZR 11/12, ZInsO 2013, 384 (386); BGH, 18.03.2010 – IX ZR 57/09, ZInsO 807 (809); BGH, 13.08.2009 – IX ZR 159/06, ZInsO 2009, 1909 (1910); BGH, 08.10.2009 – IX ZR 173/07, ZInsO 2009, 2148 (2149); *Kayser*, WM 2013, 293 (295).

der Schuldner in Kenntnis der Zahlungsunfähigkeit objektiv benachteiligende Rechtshandlungen zu Gunsten einzelner Gläubiger vornimmt.

(2) Problematik: Die „drohende Zahlungsunfähigkeit" des Schuldners als taugliches Beweisanzeichen für die subjektiven Merkmale des § 133 Abs. 1 InsO

Fraglich bleibt jedoch, ob dies auch gilt, wenn der Schuldner lediglich in Kenntnis der drohenden Zahlungsunfähigkeit einzelne Forderungen bestimmter Gläubiger tilgt. Soweit man das Tatbestandsmerkmal „Vorsatz" aus § 133 Abs. 1 S. 1 InsO unter Berücksichtigung anderer Normensysteme definiert, muss die Definition grundsätzlich verlangen, dass der Schuldner *„Kenntnis von den Umständen hat, welche zu dem gesetzlichen Tatbestand gehören"* (kognitives Element).[342] Darüber hinaus ist allgemein anerkannt, dass für den Inhalt des Tatbestandsmerkmals „Vorsatz" neben dem genannten kognitiven Element, ein voluntatives Element seitens des Schuldners treten muss, welches den tatbestandlichen Erfolg – hier: die Benachteiligung der Gläubigergemeinschaft – zumindest billigend in Kauf nimmt.[343] Sofern diese Maßstäbe zur Ermittlung einer Vermutungsgrundlage herangezogen werden, muss gesagt werden, dass in diesem Fall die Kenntnis von der drohenden Zahlungsunfähigkeit bezüglich der Vermutung (sog. Beweisanzeichen) des Gläubigerbenachteiligungsvorsatzes seitens des Schuldners nicht ausreichend ist. Soweit für den Schuldner die Zahlungsunfähigkeit droht, kann dieser Umstand zumindest nicht die Kenntnis von der Gläubigerbenachteiligung dokumentieren, unabhängig davon, ob der Schuldner dies will oder nicht. Denn solange die Zahlungsunfähigkeit nur droht, ist der Schuldner zum Zeitpunkt der Vornahme der Rechtshandlung noch zahlungsfähig und könnte letztendlich seine Gläubigergemeinschaft noch befriedigen.[344]

Bei einem derartigen Verständnis gilt es jedoch zum einen den sich aus § 133 Abs. 1 S. 2 InsO ergebenden „Erst-Recht-Schluss" (*argumentum a fortiori*) zu berücksichtigen. Soweit für den anderen Teil gemäß § 133 Abs. 1 S. 2 InsO die Kenntnis vom Gläubigerbenachteiligungsvorsatz des Schuldners vermutet wird, wenn dieser weiß, dass Zahlungsunfähigkeit des Schuldners vorliegt[345]

342 Argumentum e contrario aus § 16 StGB (vgl. § 16 StGB).

343 Vgl. dazu *Kayser*, WM 2013, 293 (295); vgl. dazu ferner *Ganter*, WM 2009, 1441 f..

344 *Ganter*, WM 2009, 1441 (1443).

345 BGH, 06.12.2012 – IX ZR 3/12, ZInsO 2013, 190 (191); BGH, 25.10.2012 – IX ZR 117/11, ZInsO 2244 (2246); BGH, 29.11.2011 – IX ZR 202/10, ZInsO 2011, 138 (139); BGH, 18.03.2010 – IX ZR 57/09, ZInsO 2010, 807 (809).

bzw. droht[346], können für den Schuldner selbst keine strengeren Anforderungen gelten.[347] Dieses sog. *argumentum a fortiori* findet zudem seine Berechtigung in dem von der Rechtsprechung herausgearbeiteten Sinn und Zweck des § 133 Abs. 1 InsO wieder. Schließlich ist der § 133 InsO unmittelbarer Ausdruck des Rechtsgedankens, dass ein Schuldner nicht berechtigt ist, wissentlich einen Gläubiger gegenüber anderen zu bevorzugen.[348] Denn der maßgebliche Anknüpfungspunkt für die Anfechtung aus § 133 InsO ist der mit der Rechtshandlung intendierte Wille des Schuldners, einzelne Gläubiger zum Nachteil der Gläubigergemeinschaft zu bevorzugen.[349] Folglich bestätigt der Sinn und Zweck des § 133 Abs. 1 InsO – welcher insbesondere das Verhalten des Schuldners gegenüber der bestehenden Gläubigergemeinschaft berücksichtigen will –, dass der Schuldner nicht weniger „streng" zu behandeln ist als der einzelne bevorzugte Gläubiger. Zum anderen unterscheidet sich die Rechtsfolge dieses dargelegten tatsächlichen Vermutungstatbestandes[350] (sog. Beweisanzeichen) von einer gesetzlichen Vermutung (§ 292 ZPO) oder Beweislastumkehr, indem dieser nicht so weitgreifend ist.[351] Demnach kann eine solche tatsächliche Vermutung bzw. ein derartiges Beweisanzeichen durch das Erschüttern der Vermutungs-

346 BGH, 29.11.2007 – IX ZR 121/06, ZInsO 2008, 814 (816); BGH, 13.04.2006 – IX ZR 158/05, NJW 2006, 2701 (2702); *Kayser*, in: Münchener Kommentar zur Insolvenzordnung, § 133 Rn. 26; *Kreft*, in: Heidelberger Kommentar zur Insolvenzordnung, § 133 Rn. 10; vgl. dazu *Koza*, DZWIR 2009, 404 (406 f.); vgl. dazu auch ferner *Bork*, ZIP 2004, 1684 (1691); *Stiller*, ZInsO 2003, 595 (596).

347 BGH, 06.12.2012 – IX ZR 3/12, ZInsO 2013, 190 (191); BGH, 25.10.2012 – IX ZR 117/11, ZInsO 2244 (2246); BGH, 29.11.2011 – IX ZR 202/10, ZInsO 2011, 138 (139); BGH, 18.03.2010 – IX ZR 57/09, ZInsO 2010, 807 (809); BGH, 29.11.2007 – IX ZR 121/06, ZInsO 2008, 814 (816); BGH, 13.04.2006 – IX ZR 158/05, NJW 2006, 2701 (2702); *Kayser*, in: Münchener Kommentar zur Insolvenzordnung, § 133 Rn. 26; *Kreft*, in: Heidelberger Kommentar zur Insolvenzordnung, § 133 Rn. 10; vgl. dazu *Koza*, DZWIR 2009, 404 (406 f.); vgl. dazu auch ferner *Bork*, ZIP 2004, 1684 (1691); *Stiller*, ZInsO 2003, 595 (596).

348 BGH, 10.02.2005 – IX ZR 211/02, ZInsO 2005, 260 (262).

349 BGH, 10.02.2005 – IX ZR 211/02, ZInsO 2005, 260 (262).

350 Wie bereits erwähnt: Gegen eine derartige Wendung *Fischer*, NZI 2008, 588 (593). Stattdessen sollte die Begrifflichkeit Beweisanzeichen verwendet werden (*Fischer*, NZI 2008, 588 (593)); daran anschließend und klarstellend BGH, 13.08.2009 – IX ZR 159/06, ZInsO 2009, 1909: Stellte klar, dass Tatsachen, aus denen die subjektiven Voraussetzungen der vorsätzlichen Benachteiligung gefolgert werden können, keine Vermutung im Sinne des § 292 ZPO begründen, sondern mehr oder weniger gewichtige Beweiszeichen darstellen.

351 Vgl. *Fischer*, NZI 2008, 588 (592 f.); vgl. ferner *Kayser*, WM 2013, 293 (295).

grundlage und der Vermutungswirkung beseitigt werden. Es bedarf gerade nicht der vollständigen Entkräftung der von dieser Vermutung ausgehenden Beweiswirkungen bzw. gar der Ausräumung jeder eventuell bestehenden Möglichkeit durch den Beweis des Gegenteils (vgl. § 292 ZPO).[352] Durch dieses Verständnis wird zudem zum Ausdruck gebracht, dass ein Tatrichter die Kenntnis von der (drohenden) Zahlungsunfähigkeit nicht schematisch zur Feststellung des Gläubigerbenachteiligungsvorsatzes verwenden darf, sondern vielmehr daran gehalten ist, im Rahmen einer Gesamtwürdigung weiterhin festzustellen (vgl. § 286 ZPO), ob die subjektiven Voraussetzungen des § 133 Abs. 1 S. 1 InsO existent sind oder nicht.

Aus den vorgenannten und aus einer Gesetzesauslegung resultierenden Argumenten, namentlich Systematik und Sinn und Zweck der Norm, gepaart mit dem Verständnis der (prozessualen) Rechtsfolge bezüglich einer tatsächlichen Vermutung bzw. eines sog. Beweisanzeichens ist es gerechtfertigt auch dann, wenn der Schuldner seine zumindest drohende Zahlungsunfähigkeit kennt, auf ein Beweisanzeichen für das Bestehen eines Benachteiligungsvorsatzes zu schließen. Zu diesem Ergebnis muss auch die Ansicht im Schrifttum gelangen, welche für die Existenz des § 133 Abs. 1 InsO auf das erkennbare Abzeichnen einer Insolvenz des Schuldners abstellen will. Insbesondere wenn der Schuldner in Kenntnis der drohenden bzw. gar bestehenden Zahlungsunfähigkeit handelt, zeichnet sich die Insolvenz des Schuldners bei Vornahme der Rechtshandlung ab bzw. besteht sogar schon; schließlich wird die Rechtshandlung sodann unter Kenntnis von Umständen vorgenommen, welche die Eröffnung eines Insolvenzverfahrens rechtfertigen (vgl. §§ 17 ff. InsO).[353] Umstände, welche die bevorstehende bzw. schon eingetretene Insolvenz noch bezeichnender andeuten bzw. abzeichnen oder eben darstellen, dürften vielmehr nicht bestehen. Die diesbezüglich dargestellte Ansicht wird demnach aus den Umständen der drohenden Zahlungsfähigkeit bzw. gar bestehenden Zahlungsfähigkeit ebenso Beweisanzeichen für das Bestehen des Gläubigerbenachteiligungsvorsatzes folgern müssen.

(3) Stellungnahme zur These von *Schwartz*

Des Weiteren ist das oben gefundene Ergebnis auch nicht durch die These von *Schwartz* in Frage zu stellen. Zum einen verkennt *Schwartz*, dass der Bundesgerichtshof keine gegen den Willen des Gesetzgebers existente gesetzliche

---

352 Vgl. zur Einordnung der Beweisanzeichen und Vermutungen in das Beweisrecht der Zivilprozessordnung *Kayser*, WM 2013, 293 (295).

353 *Tasma*, Leveraged Buyout und Gläubigerschutz, S. 359; vgl. *Eidenmüller/Engert*, in: Festschrift für Karsten Schmidt, 2009, S. 305 (322 f.).

Vermutung schafft. Der Wille des Gesetzgebers ist es, für den seitens des Insolvenzverwalters zu ermittelnden Gläubigerbenachteiligungsvorsatz des Schuldners keine gesetzliche Vermutung aufzustellen.[354] Einen solchen Willen bringt der Gesetzeber im Rahmen des § 133 Abs. 1 InsO auch zum Ausdruck, da er gerade für den § 133 Abs. 1 S. 1 InsO von einer gesetzlichen Vermutung wie in § 133 Abs. 1 S. 2 InsO absieht. Darüber hinaus kann dic Rechtsprechung auch keine gesetzliche Vermutung schaffen. Eine gesetzliche Vermutung kennzeichnet sich dadurch, dass gerade das Gesetz für das Vorhandensein einer Tatsache eine Vermutung aufstellt, welche nur durch den Beweis des Gegenteils und nicht durch den Gegenbeweis im Hinblick auf das Erschüttern einer dargelegten Tatsachengrundlage ausgeräumt werden kann (vgl. § 292 ZPO). Reine aus der Lebenserfahrung bzw. aus sonst irgendwie gearteten Gründen gebildete Erfahrungssätze, welche nunmehr als Beweisanzeichen bezeichnet werden, sind dagegen durch einen Gegenbeweis bzw. gar durch substantiierten Vortrag hinsichtlich ihrer Tatsachengrundlage oder ihrer Wirkung der Entkräftung fähig und sind folglich gerade keine gesetzlichen Vermutungen.[355] Allein auf diesem Verständnis basiert auch die „jüngere“ Rechtsprechung[356] des Bundesgerichtshofes, was durch den grundlegenden Leitsatz in BGH, 13.08.2009 – IX ZR 159/06, ZInsO 2009, 1909 zum Ausdruck kommt und ebenso in der Literatur anerkannt wird.[357] Dass der Gesetzgeber auch aus dem Tatsächlichen herrührende Erfahrungssätze bzw. auf Lebenserfahrung basierende Schlussfolgerungen aus dem Anwendungsbereich des § 133 Abs. 1 S. 1 InsO ausschließen will, welche letztendlich die Ermittlung des Gläubigerbenachteiligungsvorsatzes des Schuldners ermöglicht, ist nicht vorstellbar und wird auch von *Schwartz* nicht behauptet; vielmehr erkennt auch *Schwartz* an, dass die drohende Zahlungsunfähigkeit bzw. die Zahlungsunfähigkeit des Schuldners ein taugliches Beweisanzeichen für die Feststellung des Gläubigerbenachteiligungsvorsatzes ist.[358] Ansonsten ist die Ermittlung der subjektiven Tatbestandsmerkmale im Sinne des § 133 Abs. 1 InsO unmöglich, da die Feststellung von subjektiven Tendenzen eines

---

354 BT-Drucksache, 12/2443 S. 265.

355 Vgl. dazu *Baumgärtel*, in: Festschrift für Schwab, 1990, S. 43 (48 f., 50 f.).

356 *Schwartz*, Der subjektive Tatbestand der Vorsatzanfechtung nach § 133 InsO, S. 90.

357 Vgl. *Fischer*, NZI 2008, 588 (593); *Kayser*, WM 2013, 293 (295).

358 *Schwartz*, Der subjektive Tatbestand der Vorsatzanfechtung nach § 133 InsO, S. 93 und S. 94.; siehe auch *Baumgärtel*, in: Festschrift für Schwab, 1990, S. 43 (51): *„Die Legitimation für die Verwendung „tatsächlicher Vermutungen“ ergibt sich aus dem Prinzip der freien Beweiswürdigung, in dessen Rahmen diese Rechtsfigur auch ihre ausschließliche Anwendung findet.“*

Rechtssubjektes regelmäßig nur durch Indizien möglich ist.[359] Demnach hat die Rechtsprechung des Bundesgerichtshofes nicht gegen den Willen des Gesetzgebers verstoßen. Vielmehr muss gesagt werden, dass aus Rechtsgründen die Begründung einer gesetzlichen Vermutung – nicht tatsächliche Vermutung bzw. Tatsachenvermutung[360] bzw. Beweisanzeichen – durch die Rechtsprechung des Bundesgerichtshofes ausgeschlossen ist. Es spricht auch nicht das systematische Verhältnis von § 133 Abs. 1 InsO zu § 130 Abs. 1 Nr. 1 InsO gegen die Anwendung von Erfahrungssätzen bzw. Beweisanzeichen[361] zur Ermittlung des Gläubigerbenachteiligungsvorsatzes. Durch die Anwendung von Beweisanzeichen für die Feststellung des Gläubigerbenachteiligungsvorsatzes seitens des Schuldners in Form der Zahlungsunfähigkeit bzw. der drohenden Zahlungsunfähigkeit wird der Anwendungsbereich des § 130 Abs. 1 Nr. 1 InsO auch nicht obsolet bzw. schließt der eine Tatbestand den anderen in seinem Anwendungsbereich auch nicht vollständig aus. Objektiv reduziert sich der § 133 Abs. 1 InsO auf Rechtshandlungen des Schuldners, wobei der § 130 Abs. 1 Nr. 1 InsO auch Rechtshandlungen von anderen bzw. Dritten erfasst.[362] Des Weiteren besteht ebenfalls ein Bedürfnis für die Anwendung des § 133 Abs. 1 InsO in dem Zeitraum der gesetzlichen Krise. Denn gerade in der Stellung des Anfechtungsgegners als Leistungsmittler können sich Anfechtungssituationen ergeben, in denen trotz des Vorliegens der gesetzlichen Krise aber aufgrund des Fehlens des Tatbestandsmerkmals „Insolvenzgläubiger" nur eine Anfechtung aus § 133 Abs. 1 InsO in Betracht kommt.[363] Darüber hinaus hat der Tatrichter gerade im Rahmen von § 133 Abs. 1 S. 1 InsO und ferner über die Voraussetzungen des § 130 Abs. 1 Nr. 1 InsO hinausgehend, die *mehr oder weniger gewichtigen Beweisanzeichen* im Wege einer Gesamtwürdigung als zusätzliche Voraussetzung nochmals zu

---

359 Vgl. dazu sogar *Gehrlein* erläuternd, in: Frankfurter Allgemeine Zeitung vom 18. Dezember 2013 Nr. 294 – Recht und Steuern, S. 19: …*„Derartige innere Merkmale lassen sich in einem Prozess nur schwer nachweisen. Deswegen hat die Rechtsprechung Beweisanzeichen entwickelt."*…; vgl. ferner *Schmidt*, ZInsO 2014, 1093 (1094): … *„kann die Regelung des § 133 InsO nur praktische Bedeutung erlangen, wenn die Kenntnis auch aus Indizien abgeleitet werden kann."*…

360 Vgl. dazu *Baumgärtel*, in: Festschrift für Schwab, 1990, S. 43 (48 f., 50 f.).

361 Was auch nicht von *Schwartz* in Frage gestellt wird: *Schwartz*, Der subjektive Tatbestand der Vorsatzanfechtung nach § 133 InsO, S. 94.

362 Von *Schoppmeyer* in ZIP 2009, 600 (604) als Nebensächlichkeit bezeichnet.

363 Vgl. BGH, 13.06.2013 – IX ZR 259/12, JurionRS 2013, 43926 (Tz. 19) = ZInsO 2013, 1898 (1900); Vgl. dazu *Ganter*, NZI 2010, 835 (836); *Bork*, in: Festschrift für Fischer, 2008, S. 37 (46); *Kirstein/Sietz*, ZInsO 2008, 761.

überprüfen und darf nicht schematisch auf diese zugreifen.[364] Nach alldem findet sich weder im Willen des Gesetzebers noch aus systematischen Gründen eine Einschränkung auf die Anwendung des Beweisanzeichens der drohenden Zahlungsunfähigkeit bzw. Zahlungsunfähigkeit im Hinblick auf die Feststellung des Gläubigerbenachteiligungsvorsatzes des Schuldners.

b) *Fehlen des Gläubigerbenachteiligungsvorsatzes seitens des Schuldners bei Bestehen eines schlüssigen Sanierungskonzeptes*

Die vorsätzliche Benachteiligung gemäß § 133 Abs. 1 InsO spielt in Sanierungsfällen eine anfechtungsrelevante Rolle, soweit die Sanierung gescheitert ist. Denn nur in diesen Fällen wird es grundsätzlich[365] zur Eröffnung des Insolvenzverfahrens und der Anwendungsbereiche aus §§ 129 ff. InsO kommen. Im Rahmen der Prüfung des Bestehens eines Anfechtungsgrundes aus § 133 Abs. 1 InsO sind „Sanierungsaspekte" insbesondere in den subjektiven Elementen des § 133 Abs. 1 InsO zu verorten, wo diese auch letztendlich die Schwerpunkte der gutachterlichen Prüfung setzen dürften.[366] Denn ein sachgerechter, ernsthafter und erfolgversprechender Sanierungsversuch muss im Einzelfall dazu führen, dass der Schuldner ohne Gläubigerbenachteiligungsvorsatz in Bezug auf die seinerseits zur Sanierung erbrachten Leistungen handelt.[367] In diesem Fall fehlt dem Schuldner der Wille seine Gläubiger zu benachteiligen.

Taugliches Sanierungsmittel der Kreditinstitute im Rahmen einer angestrebten Sanierung ist oftmals das sog. Sanierungsdarlehen. Aus der folgenden und vorab vorzunehmenden Bestimmung dieser Darlehensart in der Abgrenzung von anderen Darlehensarten wird sich jedoch folgern lassen, dass für die Qualifizierung eines Sanierungsmittels als solches – unabhängig von der Rechtsnatur des Sanierungsmittels –, notwendige und entscheidende Voraussetzung der Sanierungswille der Vertragsparteien ist.

---

364 BGH, 18.03.2010 – IX ZR 57/09, ZInsO 2010, 807 (809); BGH, 13.08.2009 – IX ZR 159/06, ZInsO 2009, 1909; *Kayser*, WM 2013, 293 (295); *derselbe*, NJW 2014, 422 (425).

365 Ausnahmen zu dieser Regel stellen die Verfahren gemäß §§ 270 ff. InsO dar, welche in der Regel ein bereits ausgearbeitetes Sanierungskonzept bzw. eine angestrebte Sanierung zum Gegenstand haben. Das Anfechtungsrecht existierte in diesen Fällen für den Sachwalter (§ 280 InsO).

366 Vgl. dazu *Priebe*, ZInsO 2012, 1589 (1590).

367 *Kayser*, in: Münchener Kommentar zur Insolvenzordnung, § 133 Rn. 37.

aa) Begriff des Sanierungsdarlehens

Ein Sanierungsdarlehen stellt die darlehensweise Zuführung von finanziellen Mitteln durch Kreditinstitute oder andere Darlehensgeber an sanierungsbedürftige Unternehmen mit dem Ziel dar, ein Insolvenzverfahren abzuwenden bzw. die Insolvenzgründe zu beseitigen und die wirtschaftliche Leistungsfähigkeit wiederherzustellen.[368] Durch die Vergabe von Sanierungsdarlehen soll vor allem die Liquidität eines Unternehmens gewährleistet bzw. wiederhergestellt werden.[369] Das maßgebliche Kriterium für die Einordnung eines Darlehens als sog. Sanierungsdarlehens ist der dahinterstehende bzw. der damit verbundene Parteiwille. Die Parteien müssen sich dahingehend geeinigt haben, dass diese einen Sanierungszweck mit dem gewährten Darlehen verfolgen.[370] Da der Sanierungszweck letztendlich die entscheidende Voraussetzung für die Qualifikation als Sanierungsdarlehen ist, muss folglich auch das Kreditinstitut die Sanierungsbedürftigkeit des Unternehmens erkannt bzw. gekannt haben.[371] Es reicht demnach nicht allein aus, dass das Kreditinstitut dem Unternehmen in der Krise ein Darlehen gewährt.[372] Festzuhalten ist somit, dass zwischen den Parteien eine

---

368 *Brandstätter*, Die Prüfung der Sanierungsfähigkeit notleidender Unternehmen, S. 26; *Drukarczyk/Schöntag*, in: Gottwald - Insolvenzrechtshandbuch, § 3 Rn. 38; *Gawaz*, Die Bankenhaftung für Sanierungskredite, S. 15 (Rn. 31); *Möllers*, Die Haftung der Bank bei der Kreditkündigung, S. 21; *Wenzel*, in: Insolvenzrecht 1998 Tagungsband zum RWS Forum - Rechtliche Risiken der Kreditinstitute bei der Unternehmenssanierung, S. 245 f.; *Vuia*, Die Verantwortlichkeit von Banken in der Krise von Unternehmen, S. 55; *Häuser*, in: Schimansky/Bunte/Lwowski, Bankrechts-Handbuch, § 85 Rn. 8.

369 *Obermüller*, Insolvenzrecht in der Bankpraxis, Rn. 5.28; *Wittig*, NZI 1998, 49 (52); *Vuia*, Die Verantwortlichkeit von Banken in der Krise von Unternehmen, S. 55.

370 BGH, 14.04.1964 - VI ZR 219/62, WM 1964, 671 (672); *Gawaz*, Die Bankenhaftung für Sanierungskredite, S. 15 (Rn. 31) und S. 16 (Rn. 35); *Häuser*, in: Schimansky/Bunte/Lwowski, Bankrechts-Handbuch, § 85 Rn. 8 und Rn. 15; *Wiegelmann*, Verhaltenspflichten der Kreditinstitute im Kreditgeschäft mit Kunden in der Krise, S. 212; *Vuia*, Die Verantwortlichkeit von Banken in der Krise von Unternehmen, S. 55.

371 *Wenzel*, in: Insolvenzrecht 1998 Tagungsband zum RWS Forum - Rechtliche Risiken der Kreditinstitute bei der Unternehmenssanierung, S. 252; *Vuia*, Die Verantwortlichkeit von Banken in der Krise von Unternehmen, S. 55.

372 *Wenzel*, in: Insolvenzrecht 1998 Tagungsband zum RWS Forum - Rechtliche Risiken der Kreditinstitute bei der Unternehmenssanierung, S. 252; *Vuia*, Die Verantwortlichkeit von Banken in der Krise von Unternehmen, S. 55.

Zweckabrede hinsichtlich der Sanierung des Unternehmens durch Gewährung eines Darlehens bestehen muss.[373]

Soweit der Sanierungszweck nicht ausdrücklich bzw. schriftlich fixiert wird, werden sich regelmäßig Beweisschwierigkeiten ergeben.[374] Denn die Definition des Sanierungsdarlehens zeigt auf, dass zum Zeitpunkt der Darlehenszuführung ein Sanierungszweck zwischen den Parteien vereinbart worden sein muss. Die lediglich weitere Gewährung eines Darlehens bzw. der Verzicht auf die Ausübung der Kündigung in Bezug auf ein gewährtes Darlehen zum Zeitpunkt der Krise kann eine solche bestehende Zweckvereinbarung zum Zeitpunkt der Darlehensgewährung nicht darlegen oder gar unter Berücksichtigung von prozessualen Gesichtspunkten beweisen.[375] Die Darlegungs- und Beweislast für den Sanierungswillen des Schuldners trägt regelmäßig der Anfechtungsgegner, da er mit dieser Einrede[376] zum Tatsächlichen, den vom Insolvenzverwalter darzulegenden und zu beweisenden Gläubigerbenachteiligungsvorsatz des Schuldners widerlegen will. Es handelt sich demnach um eine für den Anspruchsgegner günstige Tatsache, für welche er die Darlegungs- und Beweislast trägt.[377]

Fraglich ist jedoch, ob in Bezug auf ein gewährtes Darlehen nachträglich eine nach der Definition vorausgesetzte Zweckbestimmung getroffen werden kann. Grundsätzlich knüpft der Gesetzgeber einen Zweck bzw. eine Bestimmung an die jeweilige Leistung. D. h. die jeweilige Leistung und der damit verfolgte Zweck müssen nicht nur in einem zeitlich inneren Zusammenhang stehen, sondern müssen grundsätzlich zeitgleich vorliegen, sodass eine unverkennbare Verbindung zwischen Leistung und Zweck gegeben ist (vgl. z. B. § 366 Abs. 1

---

373 So auch *Vuia*, Die Verantwortlichkeit von Banken in der Krise von Unternehmen, S. 55.

374 Vgl. dazu *Vuia*, Die Verantwortlichkeit von Banken in der Krise von Unternehmen, S. 55.

375 Vgl. dazu *Obermüller*, Insolvenzrecht in der Bankpraxis, Rn. 5.29; *Wenzel*, in: Insolvenzrecht 1998 Tagungsband zum RWS Forum – Rechtliche Risiken der Kreditinstitute bei der Unternehmenssanierung, S. 246; *Vuia*, Die Verantwortlichkeit von Banken in der Krise von Unternehmen, S. 56; *Kiethe*, KTS – Zeitschrift für Insolvenzrecht 2005, 179 (185 f.); *Schäffler*, BB 2006, 56 (57 f.).

376 Der Begriff „Einrede“ stellt den Oberbegriff für sämtliche Entgegnungen dar, mit denen die Aufhebung eines Anspruches oder die Hemmung der Wirksamkeit des Anspruches geltend gemacht wird (*Schmidt*, JuS 2003, 1007 (1010)); dies ist jedoch nicht zu verwechseln mit den materiell-rechtlichen Begriffen der rechtshindernden bzw. rechtsvernichtenden Einwendung und rechtshemmenden Einreden.

377 Vgl. grundsätzlich zur Verteilung von Darlegungs- und Beweislast *Schmidt*, JuS 2003, 1007.

BGB, § 812 Abs. 1 S. 2 Alt. 2 BGB). In den Grenzen von § 242 BGB kann jedoch gegebenenfalls eine Leistungsbestimmung nachgeholt werden.[378] Dies gilt jedoch grundsätzlich nur dann, sofern es sich um die Abgabe einer einseitigen Willenserklärung bzw. rechtsgeschäftsähnlichen Handlung des Leistenden handelt. Soweit es mehrerer korrespondierender Erklärungen in Bezug auf die Bestimmung des Zweckes bedarf, können diese nicht durch eine lediglich einseitige Bestimmung ersetzt werden. Die Bestimmung des Sanierungszwecks durch eine Partei kann demnach nicht und schon gar nicht nachträglich ausreichend sein.

Des Weiteren bleibt fraglich, ob die Parteien nachträglich durch eine gemeinsame Zweckbestimmung, den Sanierungscharakter in Bezug auf ein gewährtes Darlehen herbeiführen können. Dagegen spricht wiederum zum einen die Definition des Sanierungsdarlehens. Diese verlangt das Bestehen des Sanierungszweckes bei der Darlehensvergabe. Zum anderen knüpft auch der Gesetzgeber bei zweckgeprägten Abreden die Leistung zumindest „zeitgleich" an die Abrede an (vgl. § 812 Abs. 1 S. 2 Alt. 2. BGB „...der mit einer Leistung nach dem Inhalt des Rechtsgeschäftes bezweckte Erfolg nicht eintritt."). Es ist demnach festzuhalten, dass eine nachträgliche Zweckabrede in Bezug auf den Sanierungscharakter des Darlehens nicht getroffen werden kann.

Der Begriff des Sanierungsdarlehens umfasst demnach neue Darlehen, welche nach dem Eintritt der Krise zum Zwecke der Sanierung und Beseitigung der wirtschaftlichen Krise gewährt werden.[379] Als Sanierungsdarlehen sind demnach nicht solche Darlehen zu erfassen, mit denen nicht die Wiederherstellung der Liquidität des sich in der Krise befindlichen Unternehmens bezweckt wird.[380]

bb) Abzugrenzende Darlehensarten

Im Hinblick auf das Sanierungsdarlehen gilt es folgende Darlehensarten zu differenzieren:

(1) Liquidationsdarlehen

Soweit das Kreditinstitut die Liquidation eines Kunden finanziert, stellt dies kein Sanierungsdarlehen dar.[381] Ein Liquidationsdarlehen wird in der Regel dann gewährt, sofern eine Sanierung keine Erfolgschancen hat und die Liquidierung

---

378 BGH, 15.05.1986 – VII ZR 274/85, NJW 1986, 2700.

379 So auch *Vuia*, Die Verantwortlichkeit von Banken in der Krise von Unternehmen, S. 57.

380 *Vuia*, Die Verantwortlichkeit von Banken in der Krise von Unternehmen, S. 57.

381 *Obermüller*, Insolvenzrecht in der Bankpraxis, Rn. 5.96.

dazu dient, ein sonst bevorstehendes Insolvenzverfahren abzuwenden.[382] Es fehlt einem Liquidationsdarlehen der notwendige und vom Willen der jeweiligen Parteien zu tragende Sanierungszweck. Die Liquidierung eines Unternehmens kann demnach keine Sanierung darstellen.

(2) Existenzgründerdarlehen

Allein aus der Begrifflichkeit der Existenzgründung kann bereits gefolgert werden, dass durch ein Darlehen, welches die Existenzgründung begleitet, nicht die Sanierung des Unternehmens bzw. des Kunden bezweckt wird (vgl. dazu § 512 Abs. 1 BGB „…für die Aufnahme einer gewerblichen oder selbstständigen beruflichen Tätigkeit…"). Es wird vielmehr – wie der Name es beredet – die Gründung eines Unternehmens bezweckt und nicht die Sanierung des Unternehmens.[383]

(3) Überbrückungsdarlehen

Ein Überbrückungsdarlehen hat grundsätzlich nicht die Intention eine Unternehmung zu sanieren. Vielmehr soll dieses Darlehen zeitliche Liquiditätslücken beseitigen.[384] Es verfolgt demnach grundsätzlich keinen Sanierungszweck.[385]

Oft dient das Überbrückungsdarlehen jedoch auch dazu, den Zeitraum bis zur Entscheidung über die Sanierungsfähigkeit des Unternehmens zu überbrücken, um nicht von Beginn an die Gewährung des Sanierungsdarlehens zu gefährden.[386] Fraglich ist demnach der Charakter des Überbrückungsdarlehen, soweit mit diesem die Sanierung des Kreditinstitutes mitverfolgt wird; sofern also die Vergabe eines Sanierungsdarlehens durch ein anderes Kreditinstitut ermöglicht werden soll bzw. etwaige zurzeit bestehende Insolvenzeröffnungsgründe (vgl. §§ 16 ff. InsO) und die damit verbundene Antragspflicht aus § 15 a InsO sowie

---

382 *Obermüller*, Insolvenzrecht in der Bankpraxis, Rn. 5.96; *Vuia*, Die Verantwortlichkeit von Banken in der Krise von Unternehmen, S. 60.

383 Vgl. BGH, 13.05.1958 – VIII ZR 331/56, WM 1958, 845 (846); *Gawaz*, Die Bankenhaftung für Sanierungskredite, S. 18 (Rn. 38); *Neuhof*, NJW 1998, 3225 (3229); *Häuser*, in: Schimansky/Bunte/Lwowski, Bankrechts-Handbuch, § 85 Rn. 8; *Vuia*, Die Verantwortlichkeit von Banken in der Krise von Unternehmen, S. 59.

384 *Vuia*, Die Verantwortlichkeit von Banken in der Krise von Unternehmen, S. 58.

385 *Knops*, in: Knops/Bamberger/Maier-Reimer – Recht der Sanierungsfinanzierung, § 7 A Rn. 8.

386 *Knops*, in: Knops/Bamberger/Maier-Reimer – Recht der Sanierungsfinanzierung, § 7 A Rn. 8; *Heise*, in: Derleder/Knops/Bamberger – Handbuch zum deutschen und europäischen Bankrecht, § 29 Rn. 24.

die sich möglicherweise daraus ergebende Haftung beseitigt werden sollen.[387] In derartigen Gestaltungen des Sachverhaltes kann getrost von einem zumindest mittelbar zwischen den Parteien bestehenden Sanierungszweck gesprochen werden.[388] Zum einen unterscheidet die genannte Definition nicht zwischen der Verfolgung eines mittelbaren bzw. unmittelbaren Sanierungszweckes, sodass es auch per se nicht ausgeschlossen sein kann, dass ein solcher mittelbarer Sanierungszweck nicht auch den Charakter des Sanierungsdarlehens herbeiführen kann. Denn wird eine Sanierung durch die Zuführung eines Überbrückungsdarlehens erst möglich, so stellt die Gewährung eines Überbrückungsdarlehens ein notwendiges „Teilstück" der Sanierung dar und genießt entsprechenden Sanierungscharakter.[389] Zum anderen wird dies insbesondere dadurch untermauert, dass bei einer Vergabe eines Überbrückungsdarlehens unter den genannten Umständen ebenso wie bei einem Sanierungsdarlehen die Gefahr des Zusammenbruchs sowie der Verringerung der Insolvenzmasse bzw. der Haftungsmasse droht.[390]

Demnach kann auch ein Überbrückungsdarlehen unter gewissen Umständen einen Sanierungscharakter bzw. Sanierungszweck haben, sodass nicht per se gesagt werden kann, dass ein Überbrückungsdarlehen kein Sanierungsdarlehen sein könne.[391]

(4) Objektbezogene Darlehen

Darlehen die dazu dienen ein bestimmtes Objekt zu finanzieren, verfolgen keinen Sanierungszweck. Diese haben nicht das Ziel Liquidität zu schaffen und

---

387 *Batereau*, WM 1992, 1517 (1519); *Neuhof*, NJW 1998, 3225 (3226 und 3229); *Vuia*, Die Verantwortlichkeit von Banken in der Krise von Unternehmen, S. 58.

388 *Vuia*, Die Verantwortlichkeit von Banken in der Krise von Unternehmen, S. 58.

389 *Vuia*, Die Verantwortlichkeit von Banken in der Krise von Unternehmen, S. 58; vgl. dazu *Eidenmüller*, Unternehmenssanierung zwischen Markt und Gesetz, S. 372 f.

390 *Batereau*, WM 1992, 1517 (1519); *Obermüller*, Insolvenzrecht in der Bankpraxis, Rn. 5.68; *Wenzel*, in: Insolvenzrecht 1998 Tagungsband zum RWS Forum – Rechtliche Risiken der Kreditinstitute bei der Unternehmenssanierung, S. 257; *Eidenmüller*, Unternehmenssanierung zwischen Markt und Gesetz, S. 372 f.

391 So wohl auch *Vuia*, Die Verantwortlichkeit von Banken in der Krise von Unternehmen, S. 59; a. A. vgl. *Eidenmüller*, Unternehmenssanierung zwischen Markt und Gesetz, S. 372 f.; *Neuhof*, NJW 1998, 3225 (3229); *Gawaz*, Die Bankenhaftung für Sanierungskredite, S. 17 (Rn. 37); *Häuser*, in: Schimansky/Bunte/Lwowski, Bankrechts-Handbuch, § 85 Rn. 8; *Hopt*, in: Birk/Kreuzer – Das Unternehmen in der Krise – Probleme der Insolvenzvermeidung aus rechtsvergleichender Sicht, S. 47.

ferner eine Sanierung des Unternehmens herbeizuführen.[392] Etwaige mittelbare Auswirkungen eines solchen Darlehens zu Gunsten der Sanierung des Unternehmens sind auch nicht als „notwendiges Zwischenziel" zur Erreichung der Sanierung zu qualifizieren.[393] Diese Umstände stellen einen Reflex einer anders orientierten Maßnahme dar, welche im Sanierungsstadium wohlwollend aufgenommen werden. Dies kann jedoch nicht zum Bestehen eines Sanierungszweckes bei Vergabe des Darlehens führen.

(5) Projektbezogene Darlehen

Sofern das Kreditinstitut Darlehen zur Verfügung stellt, welche dazu dienen halbfertige Arbeiten bzw. Projektarbeiten fertigzustellen, um damit wiederum einen höheren wirtschaftlichen Wert abzuschöpfen, fehlt einem solchen Darlehen der Sanierungszweck bzw. Sanierungscharakter. Projektbezogene Darlehen haben den Zweck Vermögenswerte bzw. die Vermögensmasse zu steigern.[394]

(6) Stellungnahme

Allgemein kann festgehalten werden, dass das maßgebliche Kriterium für ein Sanierungsmittel der dahinter stehende Sanierungswille der betreffenden Parteien ist. Unabhängig von der Rechtsnatur oder Bezeichnung des von den Parteien gewählten (Sanierungs-)Mittels, wird es im Rahmen der subjektiven Elemente von § 133 InsO darauf ankommen, ob das gewählte (Sanierungs-)Mittel von einem tauglichen Sanierungswillen der Parteien getragen wird. Denn nur aus einem solchen Willen kann im Einzelfall gefolgert werden, dass der Schuldner die Gläubigergemeinschaft mit Leistungen aus dem Sanierungsversuch nicht benachteiligen will.[395] Da es sich bei dem Sanierungswillen des Schuldners um eine innere Tatsache handelt, ist es in der Regel erforderlich, diesen anhand objektiver Kriterien zu ermitteln. Welche objektiven Kriterien für die Folgerung auf einen den Gläubigerbenachteiligungsvorsatz des Schuldners ausschließenden Sanierungswillen erforderlich sind, sollen folgende Erörterungen aufzeigen.

---

392 OLG Frankfurt, 27.09.1989 – 21 U 247/88, WM 1990, 2010 (2012 f.); *Gawaz*, Die Bankenhaftung für Sanierungskredite, S. 17 (Rn. 36); *Häuser*, in: Schimansky/Bunte/Lwowski, Bankrechts-Handbuch, § 85 Rn. 8

393 *Vuia*, Die Verantwortlichkeit von Banken in der Krise von Unternehmen, S. 58; vgl. auch *Neuhof*, NJW 1998, 3225 (3229);

394 Ausführlich zur Finanzierung von Arbeiten bzw. Projekten *Hoffmann*, in: Knops/Bamberger/Maier-Reimer – Recht der Sanierungsfinanzierung, § 7 C; Vgl. dazu auch *Vuia*, Die Verantwortlichkeit von Banken in der Krise von Unternehmen, S. 57.

395 Vgl. dazu *Kayser*, in: Münchener Kommentar zur Insolvenzordnung, § 133 Rn. 37 f.

cc) Der taugliche, aber gescheiterte Sanierungsversuch des Schuldners

Der taugliche, aber gescheiterte Sanierungsversuch des Schuldners stellt ein fähiges Beweisanzeichen gegen das Bestehen des Gläubigerbenachteiligungsvorsatzes bzw. gegen die Existenz dokumentierender Umstände des Gläubigerbenachteiligungsvorsatzes dar, sofern ernsthafte Sanierungsversuche zum Zeitpunkt der Rechtshandlung unternommen werden und die jeweilige Rechtshandlung vom Sanierungswillen des Schuldners getragen werden.[396] Dabei reichen für das Bestehen eines Sanierungswillen des Schuldners grundsätzlich konkrete Umstände aus, welche eine positive Prognose der angestrebten Sanierung nachvollziehbar und vertretbar bzw. realistisch dokumentieren.[397] Denn wer ernsthaft und nachvollziehbar daran glaubt, dass die Sanierung gelingen wird, will gerade nicht seine Gläubigergemeinschaft benachteiligen, sondern vielmehr den Versuch unternehmen, diese vollständig zu befriedigen. Demnach ist eingrenzend klarzustellen, dass die alleinige vage Hoffnung des Schuldners nicht ausreichend sein kann, das Bestehen eines Gläubigerbenachteiligungsvorsatzes zu verneinen.[398] Sofern der Schuldner nur die Hoffnung hegt, die Sanierung kann gelingen, nimmt er in der Regel auch weiterhin in Kauf, dass diese scheitern wird und einzelne Rechtshandlungen seinerseits die Gläubigergemeinschaft benachteiligen können. Dies wird beispielsweise dann der Fall sein, soweit sich die vermeintlichen Sanierungsbemühungen nur auf den Verweis einzelner Umstände (z. B. der alleinige Verweis auf steigende Auftragszahlen[399]) reduzieren, ohne damit einen

---

396 Vgl. dazu BGH, 04.12.1997 – IX ZR 47/97, ZIP 1998, 248 (251) bezüglich der grundsätzlichen Voraussetzungen eines „schlüssigen Sanierungskonzeptes“: *„Das Sanierungsgutachten hat von den erkannten und erkennbaren tatsächlichen Gegebenheiten auszugehen und ist nicht offensichtlich undurchführbar. Sowohl die Frage der Erlernbarkeit der Ausgangslage als auch für die Prognose der Durchführbarkeit ist auf die Beurteilung eines unvoreingenommen – nicht notwendigerweise unbeteiligten -, branchenkundigen Fachmanns abzustellen, dem die vorgeschriebenen oder üblichen Buchhaltungsunterlagen zeitnah vorliegen. Eine solche Prüfung muss die wirtschaftliche Lage des Schuldners im Rahmen seiner Wirtschaftsbranche analysieren und die Krisenursachen sowie Vermögens-, Ertrags- und Finanzlage erfassen.“*; vgl. ferner auch *Frege*, NZI 2006, 545; *Weber*, ZInsO 2011, 904; *Prütting*, KSI 2013, 101.

397 *Kayser*, WM 2013, 293 (299); *Fischer*, NZI 2008, 588 (593); vgl. dazu auch *Gehrlein*, WM 2011, 577 (581); vgl. ferner *Hagemann*, NZI 2014, 210 (211 f.).

398 BGH, 08.12.2011 – IX ZR 156/09, ZInsO 2012, 171 (172); *Kayser*, WM 2013, 293 (299).

399 BGH, 21.01.1999 – IX ZR 329/97, ZInsO 1999, 165 (167); siehe dazu auch *Hagemann*, NZI 2014, 210 (212).

nachvollziehbaren und nachhaltigen „Sanierungsweg" aus der Krise aufzuzeigen bzw. zu verbinden.

Ferner objektiviert die Rechtsprechung die Umstände, welche auf einen tauglichen Sanierungsversuch bzw. Sanierungswillen des Schuldners schließen lassen, indem diese zur Entlastung ein „*schlüssiges Sanierungskonzept*"[400], welches von den „*tatsächlichen Gegebenheiten*" getragen wird und eine „*ernsthafte und begründete Aussicht auf Erfolg*" innehat sowie „*mindestens in den Anfängen*" schon in die Tat umgesetzt worden ist, fordert.[401] Derartige strenge und kumulierte Voraussetzungen haben den Vorteil, dass diese dem jeweiligen Tatrichter im Wege der seinerseits vorzunehmenden Wertung der im Einzelnen und im Tatsächlichen bestehenden Umstände (§ 286 ZPO), eine Richtschnur an die Hand geben und zu einer einheitlichen Rechtsprechung führen können. Dennoch und aufgrund der Existenz des § 286 ZPO muss jedoch auch für Sachverhalte Raum sein, welche zwar nicht die vom Bundesgerichtshof statuierten Voraussetzungen bezüglich eines tauglichen Sanierungsversuches erfüllen, jedoch geprägt sind von atypischen zur Zeit noch nicht fassbaren Umständen, die wiederum geeignet sind, den Tatrichter in seiner Würdigung auf das Fehlen bezüglich eines Gläubigerbenachteiligungsvorsatz seitens des Schuldners schließen zu lassen. Es muss demnach entscheidend sein, ob der Schuldner zum Zeitpunkt der Vornahme der Rechtshandlung einen ernsthaften und nachvollziehbaren Sanierungswillen hat, welcher sich in der Dokumentation objektiv überprüfbarer Umstände wiederfinden muss. Ob dieser sich durch die genannten Kriterien des Bundesgerichtshofes oder zudem durch andere Umstände ermitteln lässt, ist schließlich dem jeweiligen Einzelfall geschuldet, welchen der Tatrichter zu würdigen hat. Maßgeblich und wie schon mehrfach erwähnt bleibt allein der Wille des Schuldners zum Zeitpunkt der Vornahme der Rechtshandlung.

Die von der Rechtsprechung aufgestellten und oben genannten Voraussetzungen an einen tauglichen den Gläubigerbenachteiligungsvorsatz verneinenden Sanierungsversuch sind demnach nicht als abschließend zu betrachten.

dd) Der ersichtlich untaugliche Sanierungsversuch des Schuldners

Sofern der Sanierungszweck zum Zeitpunkt der Vornahme von Rechtshandlungen unmöglich bzw. unerreichbar ist, ist fraglich, ob zwingend auf den

400 Siehe dazu Fußnote 395.

401 Vgl. BGH, 08.12.2011 – IX ZR 156/09, ZInsO 2012, 171 (172); BGH, 04.12.1997 – IX ZR 47/97, ZIP 1998, 248 (251).

Gläubigerbenachteiligungsvorsatz des Schuldners zum Zeitpunkt der Vornahme der Rechtshandlung geschlossen werden muss.[402]

Die begründungslose Behauptung des Bundesgerichtshofes, dass der ursprüngliche Sanierungszweck den Benachteiligungsvorsatz nicht mehr ausschließe, wenn er zu diesem Zeitpunkt unerreichbar geworden sei[403], kann nur dahingehend verstanden werden, dass sich der Schuldner der Unerreichbarkeit des Sanierungszweckes auch bewusst gewesen sein muss. Ging der Schuldner zum Zeitpunkt der Vornahme von Rechtshandlungen trotz bestehender objektiver Unerreichbarkeit des Sanierungsversuchs davon aus, dass der Sanierungszweck noch erreicht wird bzw. erreicht werden kann, darf dem Schuldner nicht der Gläubigerbenachteiligungsvorsatz unterstellt werden. Ist der Schuldner demnach trotz objektiver Unerreichbarkeit des Sanierungsversuchs aufgrund von konkreten Umständen nachvollziehbar davon ausgegangen, dass die Sanierung gelingen werde, so muss dieser Umstand weiterhin als Beweisanzeichen gegen das Bestehen eines Gläubigerbenachteiligungsvorsatzes des Schuldners seitens des Tatrichters gewürdigt werden. Schließlich wird im Rahmen des § 133 Abs. 1 S. 1 InsO die Anfechtbarkeit durch die subjektiven Umstände der Rechtshandlung begrenzt.[404] Somit muss der Gläubigerbenachteiligungsvorsatz des Schuldners auch dann ausgeschlossen sein, wenn der Schuldner zum Zeitpunkt der Vornahme der Rechtshandlung weiterhin nachvollziehbar trotz bestehender Unerreichbarkeit der Sanierung von dem möglichen Erfolg der Sanierung ausgehen darf.[405]

Entsprechend stellt schon die höchstrichterliche Rechtsprechung zu § 31 Nr. 1 KO klar:

> *„Beteiligte, die ernsthaft und mit aus ihrer Sicht tauglichen Mitteln die Sanierung anstreben, handeln subjektiv redlich: Sie wollen typischerweise den Eintritt der Gläubigerbenachteiligung gerade vermeiden, nehmen sie also durchweg nicht in Kauf".*[406]

---

402 BGH, 28.09.2004 – IX ZR 185/03, JurionRS 2004, 19998.

403 BGH, 28.09.2004 – IX ZR 185/03, JurionRS 2004, 19998; dem für sich genommen zustimmend *Prütting*, KSI 2013, 101 (105), der unter Berufung auf BGH, 04.12.1997 – IX ZR 47/97, ZIP 1998, 248 (252) die objektive Geeignetheit des Sanierungskonzeptes zum Zeitpunkt der Vornahme der Rechtshandlung verlangt.

404 Vgl. dazu BGH, 04.12.1997 – IX ZR 47/97, ZIP 1998, 248 (252) zu § 31 Nr. 1 KO.

405 Vgl. dazu BGH, 04.12.1997 – IX ZR 47/97, ZIP 1998, 248 (252) zu § 31 Nr. 1 KO; im Ergebnis wohl auch *Weber*, ZInsO 2011, 904 (906); *Schwartz*, Der subjektive Tatbestand der Vorsatzanfechtung nach § 133 InsO, S. 156.

406 BGH, 04.12.1997 – IX ZR 47/97, ZIP 1998, 248 (252) zu § 31 Nr. 1 KO.

Da der Anwendungsbereich des § 133 Abs. 1 S. 1 InsO ebenso wie der § 31 Nr. 1 KO durch die subjektiven Umstände der Rechtshandlung begrenzt wird[407], ist dieses Verständnis auf die subjektiven Merkmale des § 133 Abs. 1 S. 1 InsO vollständig zu übertragen. Im Ergebnis kann der ursprünglich verfolgte Sanierungszweck den Benachteiligungsvorsatz des Schuldners nur dann nicht mehr ausschließen, wenn sich der Schuldner zum Zeitpunkt der Vornahme der Rechtshandlung der Umstände bewusst ist, welche auf die Unerreichbarkeit der Sanierung schließen lassen mussten. Dies kann z. B. der Fall sein, wenn der Schuldner zur außergerichtlichen Schuldenbereinigung das Restrukturierungsinstrument eines Sanierungsvergleiches wählt und im Rahmen dieses Vergleiches der bestehenden Gläubigergemeinschaft eine bestimmte quotale Befriedigung zusagt, der Vergleich jedoch daran hinkt, dass von Anfang an eine zu geringe Vermögensmasse vorhanden ist, um die quotal angebotene Befriedigung der Gläubigergemeinschaft zu erreichen.[408] In diesem Fall werden partiell getätigte Zahlungen des Schuldners an bestimmte Gläubiger nicht mehr von einem verständlichen Sanierungswillen des Schuldners getragen. Vielmehr nimmt der Schuldner die objektive Benachteiligung der Gläubigergemeinschaft zumindest billigend in Kauf.

4. *Kenntnis des anderen Teils vom Vorsatz des Schuldners*

Als abschließendes Tatbestandsmerkmal setzt der § 133 Abs. 1 S. 1 InsO ferner voraus, dass der andere Teil, namentlich der Anfechtungsgegner, bei Vornahme der Rechtshandlung seitens des Schuldners (§ 140 InsO) den Gläubigerbenachteiligungsvorsatz des Schuldners kennt.[409] In diesem Zusammenhang werden zunächst Grundsätze zur Kenntnis des anderen Teils vom Gläubigerbenachteiligungsvorsatz des Schuldners erläutert. In einem weiteren Schritt wird die „Anfälligkeit" von Kreditinstituten als Anfechtungsgegner in Bezug auf die Kenntnis vom Gläubigerbenachteiligungsvorsatz des Schuldners dargestellt. Abgeschlossen wird dieser Komplex mit der Analyse, ob trotz des Bestehens einer offenen Kreditlinie auf eine drohende Zahlungsunfähigkeit des Schuldners geschlossen werden kann. Im Falle des Befürwortens hätte dies für den Insolvenzverwalter den Vorteil, dass er zum Zwecke der Darlegung der Kenntnis des Kreditinstitutes vom Gläubigerbenachteiligungsvorsatz des Schuldners im Rahmen der Durchsetzung eines Insolvenzanfechtungsanspruches basierend auf der vorsätzlichen Benachteiligung insbesondere auf die gesetzliche Vermutung des

---

407 BGH, 04.12.1997 – IX ZR 47/97, ZIP 1998, 248 (252) zu § 31 Nr. 1 KO.
408 OLG Hamm, 16.04.1996 – 27 U 197/95, WM 1996, 1929 (1930 f.).
409 Vgl. BGH, 17.07.2003 – IX ZR 272/02, ZInsO 2003, 850 (852).

§ 133 Abs. 1 S. 2 InsO zurückgreifen kann. Anzumerken gilt, dass eine mögliche Einschränkung der Kenntnis vom Gläubigerbenachteiligungsvorsatz seitens des Kreditinstitutes in der Stellung als Leistungsmittler (Zahlstelle) – zwecks Einhaltung der Gliederung und Systematik dieser Arbeit – dem Gliederungspunkt C. vorbehalten bleibt.

a) Zur „Kenntnis des anderen Teils" unter Berücksichtigung der höchstrichterlichen Rechtsprechung

Der Anfechtungsgegner muss gemäß § 133 Abs. 1 S. 1 InsO wissen, dass die Rechtshandlung des Schuldners die Gläubigergemeinschaft benachteiligt und dass der Schuldner dies auch will.[410] Gemäß § 133 Abs. 1 S. 2 InsO wird diese Kenntnis in Bezug auf den Anfechtungsgegner vermutet, wenn er weiß, dass die Zahlungsunfähigkeit des Schuldners im Sinne des § 18 Abs. 2 InsO droht und dass die Handlung die Gläubiger benachteiligt.[411] Nach der Rechtsprechung des Bundesgerichtshofes bestehen für die in der gesetzlichen Vermutung des § 133 Abs. 1 S. 2 InsO niedergelegten Voraussetzungen wiederum sog. tatsächliche Vermutungen[412] bzw. sog. Beweisanzeichen, wenn der Gläubiger Umstände kennt, die zwingend auf eine drohende Zahlungsunfähigkeit schließen lassen.[413] Darüber hinaus und sofern der Anfechtungsgegner Kenntnis davon hat, dass der Schuldner nicht in der Lage ist oder voraussichtlich nicht in der Lage sein wird, die bestehenden Zahlungsverpflichtungen zum Zeitpunkt der Fälligkeit zu erfüllen (§ 18 Abs. 2 InsO), wird der Anfechtungsgegner ebenso wissen, dass die Rechtshandlung des Schuldners die Gläubigergemeinschaft benachteiligt.[414]

---

410 BGH, 17.07.2003 – IX ZR 272/02, ZInsO 2003, 850 (852).

411 BGH, 17.07.2003 – IX ZR 272/02, ZInsO 2003, 850 (852).

412 Wie bereits aufgezeigt: Gegen eine derartige Wendung *Fischer*, NZI 2008, 588 (593). Stattdessen sollte die Begrifflichkeit Beweisanzeichen verwendet werden (*Fischer*, NZI 2008, 588 (593)); daran anschließend und klarstellend BGH, 13.08.2009 – IX ZR 159/06, ZInsO 2009, 1909: Stellte klar, dass Tatsachen, aus denen die subjektiven Voraussetzungen der vorsätzlichen Benachteiligung gefolgert werden können, keine Vermutung im Sinne des § 292 ZPO begründen, sondern mehr oder weniger gewichtige Beweiszeichen darstellen.

413 BGH, 15.03.2012 – IX ZR 239/09, ZInsO 2012, 696 (698 f.); BGH, 08.10.2009 – IX ZR 173/07, ZInsO 2009, 2148 (2149); BGH, 20.11.2008 – IX ZR 188/07, ZInsO 2009, 145 (146); BGH, 20.12.2007 – IX ZR 93/06, ZInsO 2008, 273 (276); BGH, 17.02.2004 – IX ZR 318/01, ZInsO 2004, 385 (386); BGH, 13.05.2004 – IX ZR 190/03, ZInsO 2004, 859 (860 f.).

414 BGH, 29.09.2011 – IX ZR 202/10, ZInsO 2012, 138 (139); BGH, 20.11.2008 – IX ZR 188/07, ZInsO 2009, 145 (146); BGH, 20.12.2007 – IX ZR 93/06, ZInsO 2008, 273

Maßgebende Voraussetzung des § 133 Abs. 1 S. 2 InsO ist demnach die Kenntnis der drohenden Zahlungsunfähigkeit seitens des Schuldners.[415]

Sowohl für die Voraussetzungen des § 133 Abs. 1 S. 1 InsO als auch für die Voraussetzungen des gesetzlichen Vermutungstatbestandes (vgl. § 292 ZPO) in § 133 Abs. 1 S. 2 InsO trägt der Insolvenzverwalter die Darlegungs- und Beweislast.[416] In Bezug auf Beweiserleichterungen (sog. tatsächliche Vermutungen bzw. sog. Beweisanzeichen) gelten die gleichen Grundsätze spiegelbildlich für den Anfechtungsgegner, welche für oder gegen die Annahme eines Gläubigerbenachteiligungsvorsatzes bei dem Schuldner sprechen.[417] Ferner gilt auch für die Feststellungen der subjektiven Voraussetzungen des § 133 Abs. 1 S. 2 InsO, dass der Tatrichter diese letztendlich unter Würdigung aller maßgeblichen Umstände des Einzelfalles zu ermitteln hat und sich nicht schematisch an bestehenden Beweisanzeichen orientieren darf.[418]

b) „Anfälligkeit" der Kreditinstitute in Bezug auf die Kenntnis vom Gläubigerbenachteiligungsvorsatz des Schuldners

Kreditinstitute gemäß §§ 1, 11 KWG haben Prüfungs- und Überwachungspflichten, welche ein angemessenes und wirksames Risikomanagement in Bezug auf Bankgeschäfte umfasst, sodass die Risikotragfähigkeit des Kreditinstitutes stets feststellbar ist (§ 25a KWG; vgl. auch § 18 KWG). Diese Prüfungs- und Überwachungspflichten produzieren unter anderem eine hohe Anfälligkeit der Kreditinstitute in Bezug auf die Kenntnis vom Gläubigerbenachteiligungsvorsatz des Schuldners. Schließlich wird diese gesetzlich vermutet (vgl. § 292 ZPO),

---

(276); BGH, 17.02.2004 – IX ZR 318/01, ZInsO 2004, 385 (386); BGH, 13.05.2004 – IX ZR 190/03, ZInsO 2004, 859 (860 f.); siehe auch *Huber*, NZI 2003, 597 (600); *Kayser*, in: Münchener Kommentar zur Insolvenzordnung, § 133 Rn. 24 d; *Kreft*, in: Heidelberger Kommentar zur Insolvenzordnung, § 133 Rn. 22; *Rogge/Leptien*, in: Hamburger Kommentar zum Insolvenzrecht, § 133 Rn. 21; *Hutschenreuther/Neugebauer*, ZInsO 2013, 1221 (1226).

415 *Kayser*, in: Münchener Kommentar zur Insolvenzordnung, § 133 Rn. 24 d.

416 *Kayser*, in: Münchener Kommentar zur Insolvenzordnung, § 133 Rn. 22; *Bork/Gehrlein*, Aktuelle Probleme der Insolvenzanfechtung, § 133 Rn. 534.

417 Vgl. BGH, 04.12.1997 – IX ZR 47/97, ZIP 1998, 248 (252) zu § 31 Nr. 1 KO; *Bork/Gehrlein*, Aktuelle Probleme der Insolvenzanfechtung, § 133 Rn. 538.

418 Vgl. BGH, 24.01.2013 – IX ZR 11/12, ZInsO 2013, 384 (386) BGH, 10.01.2013 – IX ZR 13/12, ZInsO 179, (182); BGH, 18.03.2010 – IX ZR 57/09, ZInsO 807 (809); BGH, 13.08.2009 – IX ZR 159/06, ZInsO 2009, 1909 (1910); (1109); BGH, 08.10.2009 – IX ZR 173/07, ZInsO 2009, 2148 (2149); BGH, 12.07.2007 – IX ZR 235/03, ZInsO 2007, 1107; *Kayser*, WM 2013, 293 (295).

wenn der andere Teil, namentlich das Kreditinstitut, weiß, dass die Zahlungsunfähigkeit des Schuldners droht und dass die Handlung die Gläubiger benachteiligt (§ 133 Abs. 1 S. 2 InsO). Umstände, welche zur Kenntnis des Kreditinstitutes vom Gläubigerbenachteiligungsvorsatz des Schuldners führen können, werden im Folgenden dargestellt.

aa) Kenntnis von Umständen, welche auf die zumindest drohende Zahlungsunfähigkeit des Schuldners schließen lassen

Ein Kreditinstitut hat Kenntnis von einer wirtschaftlichen Krise des Schuldners, soweit es den drohenden wirtschaftlichen Zusammenbruch des Unternehmens erkennt.[419] Aufgrund spezieller Prüfungs- und Sorgfaltspflichten des Kreditinstitutes muss dieses den Tatbestand der drohenden Zahlungsunfähigkeit erfassen und subsumieren können.[420] Ein Kreditinstitut hat demnach Kenntnis von der drohenden Zahlungsunfähigkeit, soweit es die Umstände erfasst, welche auf die drohende Zahlungsunfähigkeit schließen lassen.[421] Darüber hinaus ist eine zutreffende rechtliche und tatsächliche Würdigung der bestehenden Umstände durch das Kreditinstitut selbst nicht notwendig.[422] Vielmehr reicht es aus, dass das Kreditinstitut diejenigen Umstände zur Kenntnis nimmt, welche eine Prognose auf die drohende Zahlungsunfähigkeit ermöglicht und diese schlussfolgern lassen muss.[423]

Greifbare Anzeichen für die drohende Zahlungsunfähigkeit des Schuldners können sich für das Kreditinstitut aus verschiedenen Umständen ergeben. Diese können aus Erklärungen des Schuldners selbst herrühren, z. B. wenn dieser erklärt, dass der einzige Großauftraggeber aufgrund einer Insolvenz die Geschäftsbeziehung beendet hat[424] bzw. der für ihn bestehende Absatzmarkt eingebrochen ist[425] oder aus rechtlichen Gründen eine die wirtschaftliche Existenz

419 *Kemper*, Der Kontokorrent Kredit in der Krise des Unternehmens, S. 65.

420 *Kemper*, Der Kontokorrent Kredit in der Krise des Unternehmens, S. 65.

421 Vgl. BGH, 20.11.2008 – IX ZR 188/07, ZInsO 2009, 145 (146); BGH, 20.12.2007 – IX ZR 93/06, ZInsO 2008, 273 (276); BGH, 17.02.2004 – IX ZR 318/01, ZInsO 2004, 385 (386); BGH, 13.05.2004 – IX ZR 190/03, ZInsO 2004, 859 (860 f.).

422 Vgl. BGH, 10.01.2013 – IX ZR 13/12, ZInsO 2013, 179 (182); *Kemper*, Der Kontokorrent Kredit in der Krise des Unternehmens, S. 66.

423 Vgl. BGH, 10.01.2013 – IX ZR 13/12, ZInsO 2013, 179 (182); vgl. ferner *Schermbach*, in: Frankfurter Kommentar zur Insolvenzordnung, § 18 Rn. 6 ff.; *Mitter*, in: Haarmeyer/Wutzke/Förster – Insolvenzordnung, § 18 Rn. 7.

424 *Kemper*, Der Kontokorrent Kredit in der Krise des Unternehmens, S. 66.

425 Vgl. *Theewen*, WM 2004, 105 (107).

des Schuldners tragende Produktionslinie versagt wird und sich der Eintritt der Zahlungsunfähigkeit folglich prognostizieren lässt.[426] Ferner sind auch für das Kreditinstitut aus der Kontoführung Umstände erkennbar, welche die drohende Zahlungsunfähigkeit dokumentieren können. Ständige Überziehungen der Kreditlinie, schleppende Ratenzahlungen des Schuldners[427], wiederholte Maßnahmen der Zwangsvollstreckung (z. B. Pfändung- und Überweisung einer Forderung des Schuldners gegenüber dem Kreditinstitut als Drittschuldner, §§ 829 Abs. 3, 835 Abs. 3 ZPO; Vorpfändungen, § 845 ZPO) sowie die Rückgabe von Lastschriften sind regelmäßig ein sicheres Indiz für die drohende Zahlungsunfähigkeit.[428] Darüber hinaus lassen sich die drohende Zahlungsunfähigkeit dokumentierende Umstände auch aus übergebenen Bilanzen sowie betriebswirtschaftlichen Auswertungen des Schuldners erkennen, welche insbesondere im Falle des § 18 KWG an das Kreditinstitut zu überreichen sind.[429] Solchen Umständen darf sich das Kreditinstitut auch nicht leichtfertig verschließen, sondern muss vielmehr die seitens des Schuldners überreichten Unterlagen sorgfältig prüfen.[430]

(1) Besondere organisatorische Pflichten des Kreditinstitutes gemäß § 25a KWG

Gemäß § 25a KWG wird von den Kreditinstituten die Einhaltung besonderer organisatorischer Pflichten verlangt, deren Erfüllung in der Verantwortung des jeweiligen Geschäftsleiters (vgl. § 1 Abs. 2 S. 1 KWG) liegt.[431]

Das in § 25a KWG geforderte Risikomanagement wird wiederum durch die von der Bundesanstalt für Finanzdienstleistungsaufsicht formulierten

426 Vgl. auch *Kemper*, Der Kontokorrent Kredit in der Krise des Unternehmens, S. 66; vgl. zum Erfordernis der zweifelhaften Liquiditätslage auch bei inkongruenten Deckungen BGH, 07.11.2013 - IX ZR 248/12, ZInsO 2013, 2376 (2377 f.).

427 Vgl. BGH, 06.12.2013 - IX ZR 3/12, ZInsO 2013, 190 (195); BGH, 01.07.2010 - IX ZR 70/08, ZInsO 2010, 1598 (1599); BGH, 20.12.2007 - IX ZR 93/06, ZInsO 2008, 273; *Priebe*, ZInsO 2012, 1589 (1593).

428 *Kemper*, Der Kontokorrent Kredit in der Krise des Unternehmens, S. 66; *van Marwyk*, ZInsO 2014, 1734 (1736).

429 *Blasche*, WM 2011, 343 (344); *Wallner/Neuenhahn*, NZI 2006, 553 (555); *Kemper*, Der Kontokorrent Kredit in der Krise des Unternehmens, S. 66.

430 *Kemper*, Der Kontokorrent Kredit in der Krise des Unternehmens, S. 67.

431 *Blasche*, WM 2011, 343 (344).

Mindestanforderungen an das Risikomanagement (MaRisk)[432] konkretisiert[433], die in den zurückliegenden Jahren immer wieder fortgeschrieben und deutlich verschärft worden sind.[434] Demnach sind Kreditinstitute insbesondere zum Zwecke der Überwachung und Einschätzung von Risiken im Kreditgeschäft angehalten, Überwachungsinstrumente zur Früherkennung von Ausfallserscheinungen des Kreditnehmers einzurichten.[435] So haben Kreditinstitute sowohl ein „*Risikofrüherkennungsverfahren*"[436] als auch ein „*Risikoklassifizierungsverfahren*"[437] zu installieren, welches die Grundlage für nachfolgende Kreditentscheidungen bildet und der nachhaltigen Beurteilung des Adressenausfallrisikos[438] dient.[439] Sie haben insbesondere sicherzustellen, dass bei der Vergabe von Krediten die Risikotragfähigkeit des Kreditinstitutes berücksichtigt wird (vgl. § 25a Abs. 1 S. 3 KWG). Die Mindestanforderungen an das Risikomanagement werden in der Regel rechtlich als normeninterpretierende Verwaltungsvorschriften[440]

---

432 Rundschreiben 10/2012 (BA) – Mindestanforderungen an das Risikomanagement – MaRisk, http://www.bafin.de/SharedDocs/Veroeffentlichungen/DE/Rundschreiben/rs_1210_marisk_ba.html, zuletzt abgerufen am 04.08.2014; die jeweils aktuelle Fassung ist unter www.bafin.de stets abrufbar.

433 Vgl. *Braun*, in: Boos/Fischer/Schulte-Mattler, Kreditwesengesetz, § 25a Rn. 46 ff.

434 *Fischer*, in: Schimansky/Bunte/Lwowski, Bankrechts-Handbuch, § 130 Rn. 42.

435 *Fischer*, in: Schimansky/Bunte/Lwowski, Bankrechts-Handbuch, § 130 Rn. 45.

436 Durch das „*Risikofrüherkennungsverfahren*" soll das Kreditinstitut sich die Möglichkeit eröffnen, in einem möglichst frühen Stadium Gegenmaßnahmen einleiten zu können (*Braun*, in: Boos/Fischer/Schulte-Mattler, Kreditwesengesetz, § 25a Rn. 497 ff.).

437 Durch das „*Risikoklassifizierungsverfahren*" werden Darlehensnehmer in Risikoklassen eingeordnet; je höher das Ausfallrisiko des Einzelnen liegt, desto minder fällt die zuzuordnende Risikoklasse aus = sog. Rating und Scoring (*Fischer*, in: Schimansky/Bunte/Lwowski, Bankrechts-Handbuch, § 130 Rn. 45).

438 Das Adressenausfallrisiko bzw. sog. Adressrisiko zeigt die Gefahr des Ausfalls von einzelnen Geschäftspartnern auf; insbesondere umfasst demnach die Darstellung des Adressenausfallrisikos den Ausfall des einzelnen „Kreditnehmers" (Darlehensnehmer) auf (eingehend dazu *Fischer*, in: Schimansky/Bunte/Lwowski, Bankrechts-Handbuch, § 129 Rn. 54 ff.).

439 *Fischer*, in: Schimansky/Bunte/Lwowski, Bankrechts-Handbuch, § 130 Rn. 45 und Rn. 49.

440 Die norminterpretierenden Verwaltungsvorschriften bzw. gesetzesauslegenden Verwaltungsvorschriften definieren die Anwendung und Auslegung von Normen bzw. unbestimmter Rechtsbegriffe (*Maurer*, Allgemeines Verwaltungsrecht, § 24 Rn. 9).

qualifiziert.[441] Sie richten sich an den Verordnungsgeber selbst, die Bundesanstalt für Finanzdienstleistungsaufsicht als Aufsichtsbehörde und verpflichten diese, sie im Rahmen der Aufsicht gegenüber Kreditinstituten anzuwenden.[442] Durch den Erlass der Verwaltungsvorschriften bindet sich die Aufsichtsbehörde selbst.[443]

Neben dieser materiell rechtlichen Wirkung gegenüber der Aufsichtsbehörde, wird den Mindestanforderungen für das Risikomanagement insbesondere eine *„faktische Bindungswirkung“* gegenüber den betroffenen Kreditinstituten zugesprochen.[444] Dies resultiert zum einen aus dem Umstand, dass Kreditinstitute insbesondere deren Geschäftsleiter und auch deren Aufsichtsorgane mit erheblichen Sanktionierungen[445] rechnen müssen, soweit diese die Mindestanforderungen an das Risikomanagement nicht erfüllen.[446] Zum anderen sind Kreditinstitute gehalten auf die Mindestanforderungen für das Risikomanagement zurückzugreifen, da sich aus diesen konkrete Handlungsvorgaben herleiten lassen, welche das Kreditwesengesetz aufgrund des Bestehens unbestimmter Vorgaben vermissen lässt.[447] Aus Gründen der Praktikabilität sowie dem Bestreben der Kreditinstitute aufsichtsrechtliche Maßnahmen stets zu vermeiden, ist davon auszugehen, dass sich die Kreditinstitute an die von der Aufsichtsbehörde

---

441 *Langen*, in: Schwennicke/Auerbach – Kreditwesengesetz, § 25a Rn. 8; *Bürkle*, VersR 2009, 866 (867); *Mülbert*, BKR 2006, 349 (353 f.); vgl. dazu VGH Kassel, 31.05.2006 – 6 UE 3256/05, WM 2007, 392 (393): *„…dass einem solchen Rundschreiben weder gegenüber den Adressaten noch gegenüber den Gerichten eine wie auch immer geartete Rechtsverbindlichkeit zukommen kann…“*. A. A. *Binder*, in: Romeike – Rechtliche Grundlagen des Risikomanagements, S. 153; *Hellstern*, in: Luz/Neus/Schaber/Scharpf/Schneider/Weber – Kreditwesengesetz, § 25a Rn. 39: Qualifizieren die „MaRisk“ als normkonkretisierende Verwaltungsvorschriften.

442 Vgl. *Kraft*, Die Mindestanforderungen an das Risikomanagement – speziell der „Besondere Teil Risiken“, S. 11; vgl. auch allgemein zu norminterpretierenden Verwaltungsvorschriften *Maurer*, Allgemeines Verwaltungsrecht, § 24 Rn. 9 und Rn. 21 ff.

443 *Ehlers*, in: Ehrichsen/Ehlers, Allgemeines Verwaltungsrecht, § 2 Rn. 65; *Maurer*, Allgemeines Verwaltungsrecht, § 24 Rn. 21 ff.

444 *Michael*, VersR 2010, 141 (147); *Wundenberg*, Compliance und die prinzipiengeleitete Aufsicht über Bankengruppen, S. 94.

445 Zum Beispiel die Abberufung der Geschäftsleiter und Aufsichtsräte (vgl. § 36 KWG)

446 *Kirstein*, in: Praxis der Insolvenzanfechtung, Teil IV Rn. 70; *Wundenberg*, Compliance und die prinzipiengeleitete Aufsicht über Bankengruppen, S. 94.

447 *Wundenberg*, Compliance und die prinzipiengeleitete Aufsicht über Bankengruppen, S. 94.

formulierten Voraussetzungen halten, jedenfalls ein entsprechendes Bemühen zeigen müssen.[448]

(2) Offenlegung von Kreditunterlagen des Kreditnehmers gegenüber dem Kreditinstitut gemäß § 18 KWG

Gemäß § 18 Abs. 1 S. 1 KWG darf ein Kreditinstitut einen Kredit, der insgesamt 750.000,00 € oder 10 vom Hundert des nach Artikel 4 Absatz 1 Nummer 71 der Verordnung (EU) Nr. 575/2013 anrechenbaren Eigenkapitals[449] des Institutes überschreitet nur gewähren, wenn es sich von dem Kreditnehmer die wirtschaftlichen Verhältnisse, insbesondere durch Vorlage der Jahresabschlüsse, offen legen lässt.

Mit der Wendung „offen legen" erfasst der § 18 Abs. 1 S. 1 KWG im Rahmen der Kreditgewährung sowohl die „Erstoffenlegung" als auch eine fortlaufende Offenlegung während der Laufzeit des Kreditverhältnisses durch den Kreditnehmer.[450] Denn weder Wortlaut noch Sinn und Zweck der Norm beschränken die geforderte Offenlegung von Kreditunterlagen auf die Kreditgewährung.[451] Um einer tauglichen Risikofrüherkennung und Risikoklassifizierung gerecht zu werden, ist es erforderlich, dass das Kreditinstitut die Kreditwürdigkeit des Kreditnehmers während der gesamten Dauer des Engagements kontinuierlich überwacht und nicht nur bei der Kreditgewährung prüft.[452] Fast selbstredend muss die beschriebene Offenlegung auch tatsächlich erfolgen.[453] Sofern im Zusammenhang mit einem Kreditantrag oder einem Antrag auf Erhöhung der Kreditlinie (sog. „Erstoffenlegung") keine Unterlagen (keine Jahresabschlüsse und keine Ersatzunterlagen) vorgelegt werden, darf das Kreditinstitut den Kredit auf

448 *Wundenberg*, Compliance und die prinzipiengeleitete Aufsicht über Bankengruppen, S. 94.

449 Zur Aufschlüsselung der Begrifflichkeit „anrechenbaren Eigenkapitals" wird auf die Verordnung (EU) Nr. 575/2013 des europäischen Parlaments und des Rates vom 26.07.2013 über die Aufsichtsanforderungen an Kreditinstitute und Wertpapierfirmen und zur Änderung der Verordnung (EU) Nr. 646/2012 verwiesen; insbesondere auf Artikel 4 Abs. 1 Nr. 71 der EU-VO Nr. 575/2013.

450 *Bock*, in: Boos/Fischer/Schulte-Mattler, Kreditwesengesetz, § 18 Rn. 31; *Blasche*, WM 2011, 343 (344); *van Bömmel*, Insolvenzanfechtung von upstream guarantees im GmbH-Konzern, S. 74.

451 *Blasche*, WM 2011, 343 (344).

452 Vgl. *Bock*, in: Boos/Fischer/Schulte-Mattler, Kreditwesengesetz, § 18 Rn. 30; vgl. dazu *auch Hofmann*, NJW 2010, 1782 (1783 f.).

453 *Bock*, in: Boos/Fischer/Schulte-Mattler, Kreditwesengesetz, § 18 Rn. 31.

keinen Fall gewähren.[454] Sollte der Kredit seitens des Kreditinstitutes trotzdem gewährt werden, so besteht eine Ordnungswidrigkeit gemäß § 56 Abs. 3 Nr. 4 KWG.[455] Im Falle der ausbleibenden fortlaufenden Offenlegung von Kreditunterlagen seitens des Kreditnehmers muss das Kreditinstitut den Kredit notfalls kündigen.[456]

Um dem gerecht zu werden, wird das Kreditinstitut regelmäßig im Rahmen des Kreditverhältnisses mit dem Kreditnehmer vereinbaren, dass der Kreditnehmer zeitnah bestehende Jahresabschlüsse bzw. betriebswirtschaftliche Auswertungen quartalsweise oder sogar monatlich dem Kreditinstitut vorlegt.[457] Ferner wird ebenso § 18 KWG durch die Mindestanforderungen an das Risikomanagement für ein Kreditinstitut dahingehend konkretisiert, dass diese dem Kreditinstitut bezüglich der Informationsbeschaffung, Auswertung und Dokumentation eindeutige Verhaltensweisen aufzeigen.[458]

Insbesondere zeigt BTO 1.2 der Mindestanforderungen an das Risikomanagement Anforderungen an die Prozesse im Kreditgeschäft auf. Folglich hat das Kreditinstitut gemäß BTO 1.2 Tz. 1 Prozesse für die Kreditbearbeitung (Kreditgewährung und Kreditweiterbearbeitung), die Kreditbearbeitungskontrolle, die Intensivbetreuung, die Problemkreditbetreuung und die Risikovorsorge einzurichten.[459] Insbesondere darf es sich gemäß BTO 1.2 Tz. 4 durch die Verwendung externer Bonitätseinschätzungen nicht von seiner Verpflichtung entheben, sich ein Urteil über das Adressenausfallrisiko zu bilden und dabei eigene Erkenntnisse und Informationen in seine Entscheidung mit einfließen zu lassen.[460] Darüber hinaus ist gemäß BTO 1.2 Tz. 9 ein Verfahren im Hinblick auf die erforderlichen Kreditunterlagen einzurichten, welche die zeitnahe Einreichung überwacht und eine zeitnahe Auswertung gewährleistet. Für ausbleibende Unterlagen ist ein Mahnverfahren einzurichten.[461] Im Rahmen der Kreditweiterbearbeitung gemäß BTO 1.2.2 gilt es seitens des Kreditinstitutes zu überwachen, dass die vertraglichen Vereinbarungen vom Kreditnehmer eingehalten werden.[462] Des Weiteren ist jährlich seitens des Kreditinstitutes das Adressenausfallrisiko zu beurteilen,

---

454 *Bock*, in: Boos/Fischer/Schulte-Mattler, Kreditwesengesetz, § 18 Rn. 31.
455 *Bock*, in: Boos/Fischer/Schulte-Mattler, Kreditwesengesetz, § 18 Rn. 31.
456 *Bock*, in: Boos/Fischer/Schulte-Mattler, Kreditwesengesetz, § 18 Rn. 31.
457 *Kirstein*, in: Praxis der Insolvenzanfechtung, Teil IV Rn. 67.
458 *Blasche*, WM 2011, 343 (344).
459 Mindestanforderungen an das Risikomanagement BTO 1.2 Tz. 1.
460 Mindestanforderungen an das Risikomanagement BTO 1.2 Tz. 4.
461 Mindestanforderungen an das Risikomanagement BTO 1.2 Tz. 9.
462 Mindestanforderungen an das Risikomanagement BTO 1.2.2 Tz. 1.

wobei die Intensität der Beurteilungen vom Risikogehalt der Engagements abhängt (z. B. Kreditwürdigkeitsprüfung, Risikoeinstufung im Risikoklassifizier ungsverfahren).[463] Ferner hat das Kreditinstitut Kriterien festzulegen, ab wann ein Engagement in die Intensivbetreuung aufzunehmen ist (BTO 1.2.4) bzw. als Problemkredit zu qualifizieren ist (BTO 1.2.5). Soweit letzteres der Fall ist, hat das Kreditinstitut gemäß BTO 1.2.5 Tz. 1 das Engagement an einen gesonderten Bereich speziell für Sanierung und Abwicklung zu übertragen.[464] Sofern eine Sanierung des Kreditnehmers begleitet wird, hat das Kreditinstitut gemäß BTO 1.2.5 Tz. 3 die Umsetzung des Sanierungskonzeptes sowie die Auswirkungen der Maßnahmen zu überwachen.[465] Im Rahmen von bedeutenden Engagements ist gar der zuständige Geschäftsleiter regelmäßig über den Stand des Sanierungsvorhabens zu informieren.[466]

bb) Fazit

Zusammenfassend kann demnach festgehalten werden, dass Kreditinstitute die Mindestanforderungen für das Risikomanagement trotz fehlenden verpflichtenden Charakters im Verhältnis zum Kunden nicht nur zur Kenntnis nehmen, sondern vielmehr als Schema für die Entwicklung und Installation konkreter Sicherungsmaßnahmen berücksichtigen bzw. verwenden. Diese Ausrichtung prägt auch und gerade das Verhalten gegenüber dem eigenen Kunden bei der Ausreichung von Krediten, denen das Risiko immanent ist. Daraus resultierend ist folgerichtig davon auszugehen, dass Kreditinstituten aufgrund entsprechend etablierter Überwachungsprozesse[467] und in der Regel zusätzlich vertraglich vereinbarter Informationspflichten des Schuldners[468] oftmals Umstände, welche objektiv auf eine bestehende (finanzielle) Krise deuten bzw. diese objektiv erkennbar machen, zeitlich weit vor der Stellung des Insolvenzantrages im Kreditinstitut des Schuldners bekannt sind, jedenfalls bekannt sein müssten. Insbesondere Umstände, welche zwingend auf die drohende Zahlungsunfähigkeit

---

463 Mindestanforderungen an das Risikomanagement BTO 1.2.2 Tz. 2.

464 Mindestanforderungen an das Risikomanagement BTO 1.2.5 Tz. 1.

465 Mindestanforderungen an das Risikomanagement BTO 1.2.5 Tz. 3.

466 Mindestanforderungen an das Risikomanagement BTO 1.2.5 Tz. 4.

467 Ob etwaige Überwachungsprozesse nach Maßgabe der MaRisk bei dem jeweiligen Kreditinstitut bestehen, kann in der Regel aus veröffentlichen Jahresabschlüssen seitens des Kreditinstitutes sowie dem mit dem Schuldner geführten Schriftverkehr ermittelt werden (*Kirstein*, in: Praxis der Insolvenzanfechtung, Teil IV Rn. 75 und Rn. 76).

468 *Kirstein*, in: Praxis der Insolvenzanfechtung, Teil IV Rn. 79.

hindeuten, wird sich das Kreditinstitut speziell als Hausbank und Sachkundiger in der Regel nicht verschließen können.

Sofern demnach dem Insolvenzverwalter die Darlegung (und gegebenenfalls der Beweis) gelingt, dass aus der Geschäftsbeziehung bzw. aus dem Geschäftsverkehr zwischen dem Schuldner und dem Kreditinstitut erkennbare Umstände hervortreten – insbesondere durch die Bereitstellung betriebswirtschaftlicher Dokumente bzw. Ausführungen des Schuldners –, welche die Schlussfolgerung auf die Kenntnis von der (zumindest) drohenden Zahlungsunfähigkeit für das Kreditinstitut zulassen müssen, wird in der Regel der Vermutungstatbestand des § 133 Abs. 1 S. 2 InsO erfüllt sein. Schließlich wird das Kreditinstitut regelmäßig von der Existenz weiterer Gläubiger des Schuldners wissen.[469] Der sodann vom Kreditinstitut zu erbringende Beweis des Gegenteils (vgl. § 292 ZPO) in Bezug auf die Kenntnis vom Gläubigerbenachteiligungsvorsatz des Schuldners verlangt die Darlegung und gegebenenfalls den Beweis von Umständen, welche es naheliegend erscheinen lassen, dass dem Kreditinstitut der Gläubigerbenachteiligungsvorsatz des Schuldners zum Zeitpunkt der Vornahme der Rechtshandlung (§ 140 Abs. 1 InsO) nicht bekannt ist[470].

c) *Feststellung der drohenden Zahlungsunfähigkeit trotz des Bestehens einer offenen Kreditlinie*

Das Kriterium der drohenden Zahlungsunfähigkeit spielt sowohl für die Feststellung des Gläubigerbenachteiligungsvorsatzes bei dem Schuldner als auch für die gesetzliche Vermutung des § 133 Abs. 1 S. 2 InsO auf Seiten des Anfechtungsgegners eine äußerst relevante Rolle. Im Folgenden soll erörtert werden, ob trotz des Bestehens einer offenen Kreditlinie auf die drohende Zahlungsunfähigkeit und die damit verbundenen Wirkungen im Kontext des § 133 Abs. 1 InsO geschlossen werden kann.

---

469 Vgl. BGH, 06.12.2012 – IX ZR 3/12, ZInsO 2013, 190 (191); BGH, 25.10.2012 – IX ZR 117/11, ZInsO 2012, 2244 (2246 f.); BGH, 29.09.2011 – IX ZR 202/10, ZInsO 2012, 138 (139); BGH, 20.11.2008 – IX ZR 188/07, ZInsO 2009, 145 (146); BGH, 20.12.2007 – IX ZR 93/06, ZInsO 2008, 273 (276); BGH, 17.02.2004 – IX ZR 318/01, ZInsO 2004, 385 (386); BGH, 13.05.2004 – IX ZR 190/03, ZInsO 2004, 859 (860 f.); siehe auch *Kayser*, WM 2013, 293 (295); *derselbe*, NJW 2014, 422 (425); *Lau*, DB 2013, 1219 (1223); *Huber*, NZI 2003, 599 (600); *Kayser*, in: Münchener Kommentar zur Insolvenzordnung, § 133 Rn. 24 d; *Kreft*, in: Heidelberger Kommentar zur Insolvenzordnung, § 133 Rn. 22; *Rogge/Leptien*, in: Hamburger Kommentar zum Insolvenzrecht, § 133 Rn. 21.

470 BGH, 24.05.2007 – IX ZR 97/06, ZInsO 2007, 819.

aa) Keine Entkräftung des Beweisanzeichens der drohenden Zahlungsunfähigkeit bei fehlender Aussicht des Erreichens weiterer Prolongation von Darlehen

Die Frage nach der drohenden Zahlungsunfähigkeit ist insbesondere dann zu berücksichtigen, wenn ein Darlehen nur befristet gewährt ist.[471] Zu prüfen ist dann, ob die berechtigte Aussicht zum Zeitpunkt der Vornahme der jeweiligen Rechtshandlung besteht, eine Prolongation des Darlehens – welche über den Zeitpunkt der Befristung des Darlehens hinausgeht – zu erreichen, um das Beweisanzeichen der Kenntnis von der drohenden Zahlungsunfähigkeit bei dem Schuldner bzw. das gleichlautende Tatbestandsmerkmal im Rahmen des § 133 Abs. 2 S. 1 InsO zu Gunsten des Anfechtungsgegners zu entkräften.

Im Kern und in Parallele zu Sanierungsvorhaben eines Schuldners ist zu folgern, dass das Beweisanzeichen der Kenntnis von der drohenden Zahlungsunfähigkeit bei dem Schuldner bzw. das gleichlautende Tatbestandsmerkmal im Rahmen des § 133 Abs. 2 S. 1 InsO zu Gunsten des Anfechtungsgegners entfällt, soweit die genannten Beteiligten berechtigterweise den Willen bzw. die Kenntnis haben dürfen, dass zum Zeitpunkt der Vornahme der Rechtshandlung seitens des Schuldners über die Befristung eines Darlehens hinaus, die Zahlungsfähigkeit gesichert sein wird. Ob die Prolongation eines Darlehens zum Zeitpunkt der Vornahme der Rechtshandlung durch den Schuldner über einen bestimmten Zeitpunkt hinaus objektiv realisierbar ist, ist grundsätzlich unerheblich. Es ist vielmehr nach den Umständen des Einzelfalles zu ermitteln, ob der Schuldner und gegebenenfalls der Anfechtungsgegner taugliche Umstände in ihr Bewusstsein mitaufgenommen haben, welche den Schluss auf eine dauernde Zahlungsfähigkeit zulassen. Denn wie gesagt, wird im Rahmen des § 133 Abs. 1 InsO die Rechtshandlung des Schuldners und damit die zwingend in Verbindung stehende Gläubigerbenachteiligung aus § 129 Abs. 1 InsO, durch die subjektiven Umstände der Rechtshandlung begrenzt.[472] Beteiligte, welche ernsthaft und mit aus ihrer Sicht tauglichen Mitteln die drohende Zahlungsunfähigkeit abwenden bzw. die Zahlungsfähigkeit wiederherstellen wollen, handeln subjektiv redlich.[473] Durch ein solches Verhalten wird versucht, den Eintritt der Gläubigerbenachteiligung zu verhindern.[474]

---

471 Vgl. BGH, 22.05.2014 – IX ZR 95/13, ZInsO 2014, 1326 (1330); BGH, 22.11.2012 – IX ZR 62/10, ZInsO 2013, 76 (78).

472 Vgl. BGH. 04.12.1997 – IX ZR 47/97, ZIP 1998, 248 (252) zu § 31 Nr. 1 KO.

473 Vgl. BGH. 04.12.1997 – IX ZR 47/97, ZIP 1998, 248 (252) zu § 31 Nr. 1 KO.

474 Vgl. BGH. 04.12.1997 – IX ZR 47/97, ZIP 1998, 248 (252) zu § 31 Nr. 1 KO.

Dies gilt jedoch nicht mehr, soweit die Beteiligten zum Zeitpunkt der Vornahme der gläubigerbenachteiligenden Rechtshandlung erkannt haben, dass eine Prolongation des Darlehens versagt wird und sich somit die Beseitigung der drohenden Zahlungsunfähigkeit nicht mehr erkennbar erreichen lässt. In diesen Fällen können die Beteiligten nicht mehr darauf schließen, einen wirtschaftlichen Krisenzustand noch abzuwenden. Die gegebenenfalls bestehende Hoffnung reicht nicht aus, um eine subjektive Redlichkeit der Beteiligten noch herbeizuführen. Vielmehr wird in diesen Fällen sehenden Auges die Gläubigerbenachteiligung in Kauf genommen. Beispielhaft können dies Fälle sein, wo nach einem kurzen Zeitraum von einem entwickelten Liquiditätsplan derart massiv und kontinuierlich von der vorgegebenen Planung negativ abgewichen wird, sodass sich für den Schuldner und den Anfechtungsgegner erschließen musste, dass zum einen über den befristeten Zeitpunkt hinaus sich die drohende Zahlungsunfähigkeit nicht mehr abwenden lässt, sondern vielmehr (gegebenenfalls) in eine Zahlungsunfähigkeit einmünden wird und zum anderen die ausgewählten Maßnahmen der Restrukturierung (z. B. weitere Prolongation von Darlehen, Umschuldungen etc.) aufgrund der bestehenden negativen Planentwicklung nicht realisiert werden können. Dabei darf sich der Anfechtungsgegner sowie der Schuldner auch nicht von der Einhaltung rein formaler und im Vorfeld vereinbarter Toleranzwerte (sog. *Benchmarks*) in Bezug auf eine Planverfehlung – welche in der Regel als sog. *Covenants* in die Darlehensverträge mit aufgenommen werden – blenden lassen. Das Scheitern eines Sanierungsplans kann sich vielmehr auch dann aufzeigen, soweit die vereinbarten *Benchmarks* in Bezug auf eine Planverfehlung zwar noch eingehalten sind, jedoch andere „harte" Kennzahlen zur Vermögens- und Kapitalstruktur einen wirtschaftlich irreversiblen Zustand des Schuldners untermauern. Dies ist insbesondere der Fall, wenn einerseits der sog. *EBIT* (*earnings before interest and taxes = Ertrag vor Zinsen und Steuern*) so deutlich von den Planwerten abweicht und andererseits der Auftragseingang des Schuldners als nicht ausreichend zu qualifizieren ist, sodass ein daraus resultierendes negatives Ergebnis wiederum einen Finanzierungsbedarf verlangt. Das bei der Ermittlung und der Vereinbarung der *Benchmarks*, das eine oder andere Kriterium nicht als wesentlich qualifiziert wird, spielt für das im Tatsächlichen bestehende Scheitern des ausgearbeiteten Sanierungsplanes keine Rolle.

Festhalten lässt sich somit, dass befristete Darlehen eine drohende Zahlungsunfähigkeit auslösen können, solange die Prolongation dieser Darlehen über den Zeitraum der Befristung hinaus, nicht als sicher bzw. dauernd realisierbar seitens der Beteiligten angenommen werden konnten.

bb) Ermittlung der Länge des Prognosezeitraums in Bezug auf die Feststellung der drohenden Zahlungsunfähigkeit

In diesem Zusammenhang hat sich die höchstrichterliche Rechtsprechung jedoch noch nicht dahingehend geäußert, welche Länge ein Prognosezeitraum in Bezug auf die Feststellung der drohenden Zahlungsunfähigkeit haben soll. Im Schrifttum besteht über die Länge des Prognosezeitraumes keine Einigkeit. Eine Ansicht verlangt, dass für die Prognose der drohenden Zahlungsunfähigkeit nur die im Zeitpunkt der Prognoseerstellung bestehenden Zahlungspflichten zu berücksichtigen seien.[475] Nach anderer Ansicht kann der Prognosezeitraum einige Monate nicht überschreiten, da eine langfristige Prognose nicht sinnvoll erscheine.[476] Des Weiteren wird vertreten, dass der Prognosezeitraum bis zu drei Jahre betragen könne.[477] Eine wiederum andere Ansicht besagt, dass der Prognosezeitraum sich bis zum Fälligkeitstermin der zeitlich letztbegründeten Forderung beziehe.[478] Darüber hinaus wird vertreten, dass nur die im laufenden sowie im nachfolgenden Geschäftsjahr fällig werdenden Verbindlichkeiten zu berücksichtigen seien.[479]

Die Länge des Prognosezeitraumes kann jedoch nicht pauschal beantwortet werden; vielmehr ist dieser vom jeweiligen Einzelfall sowie der Branchenzugehörigkeit und den Besonderheiten des Schuldners abhängig.[480] Denn Unternehmen haben aus ihrer Branche heraus unterschiedlichste Rhythmen bei Begründung von Zahlungsverpflichtungen sowie bei der Zahlung selbst.[481] Die Konstruktion eines für alle Branchen gleichgeltenden Prognosezeitraumes erscheint daher nicht als taugliches bzw. den einzelnen Branchen gerecht werdendes Instrument.[482] Konkordanz besteht nur über die maximale Länge eines Prognosezeitpunktes, welcher zumindest immer dann endet, wenn die zeitlich

---

475 *Burger/Schellberg*, BB 1995, 261 (264).

476 *Mönning*, in: Nerlich/Römermann, Insolvenzordnung, § 18 Rn. 34.

477 *Schermbach*, in: Frankfurter Kommentar zur Insolvenzordnung, § 18 Rn. 13.

478 *Goetsch*, in: Breutigam/Blersch/Goetsch, Berliner Kommentar Insolvenzrecht, § 18 Rn. 11.

479 *Schröder*, in: Hamburger Kommentar zum Insolvenzrecht, § 18 Rn. 10.

480 *Drukarczyk*, in: Münchener Kommentar zur Insolvenzordnung, § 18 Rn. 55; *Bußhardt*, in: Braun – Insolvenzordnung, § 18 Rn. 8; *Mitter*, in: Praxis der Insolvenzanfechtung, § 18 Rn. 25; *derselbe*, in: Haarmeyer/Wutzke/Förster – Insolvenzordnung, § 18 Rn. 16.

481 *Drukarczyk*, in: Münchener Kommentar zur Insolvenzordnung, § 18 Rn. 55; *Bußhardt*, in: Braun – Insolvenzordnung, § 18 Rn. 8.

482 *Drukarczyk*, in: Münchener Kommentar zur Insolvenzordnung, § 18 Rn. 55.

längste Zahlungsverpflichtung der zum Prognosezeitpunkt bereits bestehenden Zahlungsverpflichtungen fällig wird.[483] Das heißt, der Zeitpunkt der spätesten Fälligkeit der Verbindlichkeiten begrenzt den Prognosezeitraum.[484]

C) Vorsätzliche Benachteiligung im Sinne des § 133 Abs. 1 InsO gegenüber einem Kreditinstitut in der Stellung als Leistungsmittler (Zahlstelle)

Kreditinstitute sind unabdingbare Partner des Leistungs- und Geschäftsverkehrs und agieren dabei – selbstverständlich – auch als Leistungsmittler für ihre Kunden. In der Stellung als Leistungsmittler führen Kreditinstitute Zahlungsaufträge für ihre Kunden insbesondere durch Überweisungen oder durch Einlösung von Lastschriften aus.

Bei solchen Zahlungsvermittlungen – sowie generell in Mehrpersonenverhältnissen – ist zunächst nicht erkennbar, warum überhaupt der seitens des Schuldners (Anweisender) gewählte Zahlungsmittler (Angewiesene) als Anfechtungsgegner in Betracht gezogen werden soll und nicht ausschließlich der Zahlungsempfänger. Schließlich führt der Leistungsmittler die Zahlung für den Schuldner nur gegenüber dem Leistungsempfänger aus. Nach außen hin ist folglich zunächst nicht erkennbar, worin die durch die Rechtshandlung des Schuldners verursachte (objektive) Gläubigerbenachteiligung liegt bzw. warum ein Kreditinstitut in der Stellung als Leistungsmittler die Kenntnis davon haben soll, dass der Schuldner die Rechtshandlung mit dem sog. Gläubigerbenachteiligungsvorsatz im Sinne des § 133 Abs. 1 S. 1 InsO vornimmt. Ein Kreditinstitut kennt das Zuwendungsverhältnis (sog. Valutaverhältnis) zwischen dem Schuldner und dem Leistungsempfänger (in der Regel) nicht. Es weiß einfach nicht, warum der Schuldner an den jeweiligen Gläubiger leistet. Darf man dennoch bei Kenntnis von der drohenden bzw. bestehenden Zahlungsunfähigkeit des Schuldners seitens des Kreditinstitutes und der in der Regel bestehenden Ausführungspflicht (vgl. § 675o Abs. 2 BGB) des Kreditinstitutes auf die Kenntnis vom Gläubigerbenachteiligungsvorsatz des Schuldners schließen (vgl. § 133 Abs. 1 S. 2 InsO)?

Das Kreditinstitut in der Stellung als Leistungsmittler birgt demnach vielfältige zu überwindende dogmatischen Hürden, welche sich sowohl auf der

---

483 *Kirchhof*, in: Heidelberger Kommentar zur Insolvenzordnung, § 18 Rn. 8; *Schermbach*, in: Frankfurter Kommentar zur Insolvenzordnung, § 18 Rn. 12; *Drukarczyk*, in: Münchener Kommentar zur Insolvenzordnung, § 18 Rn. 55.

484 *Kirchhof*, in: Heidelberger Kommentar zur Insolvenzordnung, § 18 Rn. 8; *Mitter*, in: Haarmeyer/Wutzke/Förster – Insolvenzordnung, § 18 Rn. 16.

objektiven Ebene des Anfechtungsrechtes bzw. des § 133 Abs. 1 InsO als auch auf subjektiver Ebene des § 133 Abs. 1 InsO einordnen lassen. Die Relevanz des § 133 InsO in dieser Anfechtungskonstellation kennzeichnet sich dadurch, da eine Anfechtung gegenüber dem Leistungsmittler aus den §§ 130, 131 InsO mangels Vorliegen der tatbestandlichen Voraussetzungen ausscheidet. Dies hat zur Folge, dass der § 133 InsO auch einen Anwendungsbereich innerhalb des Zeitraums der sog. „gesetzlichen Krise"[485] genießt. Im Folgenden werden die aus dieser Anfechtungskonstellationen resultierenden dogmatischen Probleme sowohl auf der objektiven Ebene des § 133 Abs. 1 InsO bzw. des Anfechtungsrechtes (vgl. § 129 InsO) als auch auf der subjektiven Ebene des § 133 Abs. 1 InsO untersucht. Das daraus resultierende Prüfungsprogramm orientiert sich dabei in erster Linie an der Systematik des Anfechtungsrechtes.

I. Anwendungsrelevanz des § 133 Abs. 1 InsO in Bezug auf das Kreditinstitut in der Stellung als Leistungsmittler

Der § 133 InsO genießt in Mehrpersonenverhältnissen gegenüber dem Leistungsmittler und somit gegenüber einem Kreditinstitut als Zahlstelle Anfechtungsrelevanz. Dies ergibt sich aus dem Umstand, dass nur das Kreditinstitut in der Stellung als Leistungsempfänger, also bei Zahlungseingängen auf einem debitorisch geführten Konto, und nicht das Kreditinstitut in der Stellung als Leistungsmittler Insolvenzgläubiger des Schuldners ist. Bereits die Eingangsvoraussetzung der §§ 130, 131 InsO liegt somit nicht vor. Eine Insolvenzanfechtung aus den besonderen Anfechtungsgründen scheitert demnach daran, indem das Tatbestandsmerkmal „Insolvenzgläubiger" aus den §§ 130, 131 InsO nicht ausgefüllt wird. Denn das Tatbestandsmerkmal „Insolvenzgläubiger" im Rahmen der §§ 130, 131 bezieht sich auf die aus der Rechtshandlung resultierende Deckung.[486] Im Wege der Überweisung oder des Lastschriftverfahrens erhält das Kreditinstitut jedoch keine Deckung in der Stellung als Insolvenzgläubiger[487], auch wenn dem Kreditinstitut durch den jeweiligen Vorgang ein daraus

485 Der Zeitraum der „gesetzlichen Krise" wird aus den §§ 130, 131 InsO gefolgert. Der Zeitraum der „gesetzlichen Krise" umfasst demnach drei Monate vor dem Zeitpunkt der Insolvenzantragsstellung und den Zeitraum nach Insolvenzantragsstellung bis zur Insolvenzeröffnung.

486 *Bork*, in: Festschrift für Fischer, 2008, S. 37 (46); *Würdinger*, Insolvenzanfechtung im bargeldlosen Zahlungsverkehr, S. 145.

487 *Würdinger*, Insolvenzanfechtung im bargeldlosen Zahlungsverkehr, S. 145 mit Verweis auf die Genese, welche von einer Anfechtung gegen den Leistungsmittler bzw. Drittschuldner im Rahmen der besonderen Insolvenzanfechtung absieht.

resultierender Aufwendungsersatzanspruch vor Insolvenzeröffnung gegen den Schuldner gemäß §§ 675c Abs. 1 BGB i. V. m. 670 BGB als Vermögensanspruch im Sinne des § 38 InsO zusteht. Vielmehr resultiert dieser Vermögensanspruch aus der herbeigeführten Deckung des Schuldners zu Gunsten des Leistungsempfängers und dient nicht der Sicherung oder Befriedigung des Kreditinstitutes in einer bestehenden Stellung als Insolvenzgläubiger. Dabei ist ferner anzumerken, dass sich auch nicht aus der Vorschusspflicht des Schuldners gemäß §§ 675c Abs. 1 BGB i. V. m. 669 BGB die Stellung des Kreditinstitutes als Insolvenzgläubiger (§ 38 InsO) ergibt. Die Vorschusspflicht aus §§ 675c Abs. 1 BGB i. V. m. 669 BGB stellt keinen einklagbaren Anspruch dar[488] und ist somit nicht als Vermögensanspruch im Sinne des § 38 InsO zu qualifizieren. Nicht einklagbare Ansprüche können keine Insolvenzforderungen (§ 38 InsO) darstellen[489], da ansonsten durch die Aufnahme und Feststellung einer solchen Forderung zur Insolvenztabelle, die fehlende Titulierungs- und Vollstreckungsfähigkeit der Forderung über den (Um-)Weg des Insolvenzverfahrens hergestellt werden könnte (§ 178 Abs. 3 InsO).

Da der § 133 InsO nicht von dem Tatbestandsmerkmal „Insolvenzgläubiger" in Bezug auf den Anfechtungsgegner abhängt, kann nicht geleugnet werden, dass sich die Relevanz des § 133 InsO, neben dem Zeitraum außerhalb der gesetzlichen Krise, auch auf den Zeitraum der gesetzlichen Krise (vgl. §§ 130, 131 InsO) erstreckt. Soweit eine Insolvenzanfechtung gegenüber einem Kreditinstitut in der Stellung als Leistungsmittler durch den Insolvenzverwalter anvisiert wird, ist der § 133 Abs. 1 InsO die einzige in Betracht kommende und taugliche Anfechtungsnorm.

II. Anwendbarkeit der vorsätzlichen Benachteiligung gemäß § 133 Abs. 1 InsO in Bezug auf das Kreditinstitut in der Stellung als Leistungsmittler

Die Anwendbarkeit des § 133 Abs. 1 InsO gegenüber einem Kreditinstitut in Stellung als Leistungsmittler entspricht den in § 133 Abs. 1 InsO normierten Voraussetzungen[490] und wird durch eine normative Auslegung des § 133 Abs. 1 InsO

---

488 *Sprau*, in: Palandt – BGB, § 669 Rn. 1.

489 *Eickmann*, in: Heidelberger Kommentar zur Insolvenzordnung, § 38 Rn. 12.

490 Vgl. dazu BGH, 24.01.2013 – IX ZR 11/12, ZInsO 2013, 384 (385); BGH, 26.04.2012 – IX ZR 74/11, ZInsO 2012, 924 f.; BGH, 29.11.2007 – IX ZR 121/06, ZInsO 2008, 814; siehe ferner auch BGH, 23.10.2014 – IX ZR 290/13, JurionRS 2014, 25603 (Tz. 16) = ZInsO 2014, 2359 (2361); BGH, 16.09.1999 – IX ZR 204/98, BGHZ 142, 284.

bestätigt. In diesen Fällen bedarf es keiner Reduktion des Anwendungsbereiches gemäß § 133 Abs. 1 InsO aus Gründen einer besonderen Schutzwürdigkeit eines Leistungsmittlers. Sofern die Voraussetzungen des § 133 InsO gegenüber einem Leistungsmittler verwirklicht sind, ist der Anfechtungsanspruch aus § 143 Abs. 1 S. 1 InsO bzw. aus anderweitig in Betracht kommenden Anspruchsgrundlagen[491] gegeben. Es erfordert in derartigen Fällen keinerlei darüber hinausgehender Wertung.

Die vom Gesetzgeber gewollte Wertung findet sich insbesondere in den kodifizierten subjektiven Voraussetzungen des § 133 InsO wieder. Der § 133 InsO sanktioniert in erster Linie die subjektiven Gesinnungen des Schuldners und des Anfechtungsgegners.[492] Dass auch der Leistungsmittler Kenntnis von dem Gläubigerbenachteiligungsvorsatz des Schuldners haben kann, ist nicht generell auszuschließen. Auch diese Konstellation kann vom Schutzweck des § 133 InsO erfasst werden und der Anfechtung unterliegen, soweit eben die Tatbestandsmerkmale der §§ 129, 133 InsO erfüllt sind (*teleologisches Argument*). Der § 133 Abs. 1 InsO wird auch nicht in der Person des Anfechtungsgegners eingeschränkt. Durch die Wendung „andere Teil" in § 133 Abs. 1 InsO wird der Anfechtungsgegner nicht speziell personifiziert, sodass grundsätzlich jedes Rechtssubjekt in jeder Stellung, welches Träger von Rechten und Pflichten ist (Rechtsfähigkeit), in die passive Sachbefugnis (Passivlegitimation) eintreten kann (*Wortlautargument*).[493] Auch ein systematischer Vergleich des § 133 Abs. 1 InsO zu den §§ 130, 131 InsO lässt gerade einen Umkehrschluss zu, welcher für und nicht gegen die Anwendung des § 133 Abs. 1 InsO auf das Kreditinstitut in der Stellung als Leistungsmittler spricht. Im Rahmen der §§ 130, 131 InsO hat der Gesetzgeber die Eigenschaft des Anfechtungsgegners auf „Insolvenzgläubiger" reduziert. Von einer solchen Personifikation hat er jedoch im Rahmen des § 133 Abs. 1 InsO abgesehen. Vielmehr hat der Gesetzgeber die Eigenschaft des Anfechtungsgegners durch die Wendung „andere Teil" offen formuliert, was den Umkehrschluss zulässt, dass Anfechtungsgegner im Sinne des § 133 Abs. 1 InsO jeder sein kann, soweit die Voraussetzungen der §§ 129, 133 InsO erfüllt sind (*systematisches Argument*). Abgerundet wird dieses Verständnis durch die Motive der Gesetzgebung, welche verlauten lassen, dass gerade der Leistungsmittler im Rahmen der besonderen Anfechtung aus dem Anfechtungsgeschehen

491 Vgl. dazu S. 28 f., 126 ff.

492 Siehe dazu S. 22 f.

493 Vgl. dazu BGH, 29.09.2011 – IX ZR 202/10, ZInsO 2012, 138 (139); vgl. dazu ferner *Bork/Gehrlein*, Aktuelle Probleme der Insolvenzanfechtung, § 133 Rn. 476.

herausgehalten werden soll, nicht jedoch im Rahmen der vorsätzlichen Benachteiligung (*historisches Argument*).[494]

Des Weiteren gilt es sich in der geschilderten Konstellation bereits an dieser Stelle zu vergegenwärtigen, dass eine Rechtshandlung des Schuldners, z. B. die Erteilung einer Weisung an den Leistungsmittler bzw. die Erteilung einer Einzugsermächtigung des Schuldners im Rahmen des Lastschriftverfahrens, ursächlich für zwei zu differenzierende gläubigerbenachteiligende Akte sein kann, welche der Anfechtung unterliegen können. Denn Anfechtungsgegenstand ist – wie erwähnt – nicht die Rechtshandlung des Schuldners als solche, sondern die daraus resultierende gläubigerbenachteiligende Wirkung.[495] Demnach nimmt auch die Judikatur des Bundesgerichtshofes richtigerweise an, dass sowohl der Leistungsmittler als auch der Leistungsempfänger in einer solchen Konstellation der Anfechtung aus § 133 InsO unterliegen können, soweit der jeweilige Anfechtungsgegner durch eine gläubigerbenachteiligende Rechtshandlung etwas erlangt hat, was zur Insolvenzmasse zurückgewährt werden muss (vgl. § 143 Abs. 1 S. 1 InsO).[496] Dagegen wird nunmehr in solchen Konstellationen vorgetragen, dass eine Insolvenzanfechtung gegenüber dem Leistungsmittler ausscheide, da dieser selbst keinen Vorteil erlangt habe, welcher der Rückgewähr zur Insolvenzmasse unterliegen könne.[497] Diese „Probleme" sind in erster Linie dem Tatbestandsmerkmal der objektiven Gläubigerbenachteiligung zuzuordnen und werden dort aufgearbeitet, um nicht die Route der Systematik des Anfechtungsrechtes weitausschweifend zu verlassen. An der einen oder anderen Stelle wird es jedoch unerlässlich sein, einen Problemaufriss diesbezüglich herzustellen.

---

494 *Hahn*, Die gesamten Materialien zu den Reichs-Justizgesetzen – Band 4, S. 130 f.; vgl. dazu auch *Würdinger*, Insolvenzanfechtung im bargeldlosen Zahlungsverkehr, S. 145.

495 BGH, 05.04.2001 – IX ZR 216/98, ZIP 2001, 885 (886); BGH, 21.01.1999 – IX ZR 329/97, ZIP 1999, 406; BGH, 16.03.1995 – IX ZR 72/94, ZIP 1995, 630 (634).

496 In derartigen Fällen haften der Leistungsempfänger und der Leistungsmittler gesamtschuldnerisch (§ 426 BGB) auf Rückgewähr des aus der Haftungsmasse Weggegebenen, wobei im Innenverhältnis der Leistungsempfänger gegenüber dem Leistungsmittler allein haftet. (vgl. BGH, 24.01.2013 – IX ZR 11/12, ZInsO 2013, 384; BGH, 26.04.2012 – IX ZR 74/11, ZInsO 2012, 924 (925)).

497 Vgl. *Breilmann/Fuchs*, WM 2013, 1437 (1439) mit Bezug auf die Ausführungen von *Bitter* zu: „*Thematik Insolvenzanfechtung gegenüber Banken – aktuelle Entwicklungen*" im Rahmen des Bankenrechtstages am 28.07.2013 in Berlin; siehe auch *Ede*, ZInsO 2012, 1541 f.

1. *Überweisung und Lastschrift im Anwendungsbereich der §§ 129, 133 Abs. 1 InsO*

Die Zahlung per Überweisung oder Lastschrift seitens des Schuldners stellen jeweils eine Rechtshandlung des Schuldners im Sinne des § 133 Abs. 1 S. 1 InsO dar.[498] Sofern z. B. der Schuldner einen Überweisungsauftrag gegenüber seinem Kreditinstitut stellt, liegt die Rechtshandlung des Schuldners in der Weisung des Schuldners an sein Kreditinstitut (im Deckungsverhältnis), mit welcher die Pflicht des Kreditinstitutes zur Abwicklung von Zahlungsvorgängen konkretisiert wird.[499] Sollen Belastungen des Schuldnerkontos durch das Lastschriftverfahren erfolgen, so liegt die Rechtshandlung des Schuldners in der Erteilung einer Einzugsermächtigung zwecks Belastung seines Kontos.

Nach *Ganter* sei dagegen die gläubigerbenachteiligende Belastungsbuchung keine Rechtshandlung des Schuldners, sondern eine des Kreditinstitutes. Es fehle somit in derartigen Konstellationen an einer anfechtbaren Rechtshandlung des Schuldners.[500]

a) Einführung zur Überweisung und Lastschrift

aa) Grundlegendes zur Überweisung

Mit der Umsetzung der Zahlungsdiensterichtlinie vom 13.11.2007 führte der Gesetzgeber die §§ 675c – 676c BGB ein.[501] Mit diesen Regelungen kehrt der Gesetzgeber zurück zum sog. Weisungsmodell.[502] Demnach stellt ein Überweisungsauftrag eine Weisung des Schuldners an sein Kreditinstitut im Deckungsverhältnis dar, mit welcher die Pflicht der Bank zur Abwicklung von Zahlungsvorgängen dahingehend konkretisiert wird, dass das Kreditinstitut die Ausführung eines

---

498 Siehe allein zur Überweisung BGH, 21.11.2013 – IX ZR 128/13, JurionRS 2013, 50132 (Tz. 9) = ZInsO 2014, 31 (32 m. w. N.); vgl. zur Lastschrift BGH, 19.12.2002 – IX ZR 377/99, ZInsO 2003, 324; *Kayser*, in: Münchener Kommentar zur Insolvenzordnung, § 129 Rn. 147; *Bork*, Zahlungsverkehr in der Insolvenz, Rn. 275; a. A. *Ganter*, NZI 2010, 835 (836).

499 Vgl. BGH, 06.10.1953 – I ZR 185/52, BGHZ 10, 319 (322); vgl. ferner *Reymann*, JuS 2012, 781 (782); siehe auch *Kirstein*, ZInsO 2012, 709 (710).

500 *Ganter*, NZI 2010, 835 (836); vgl. dazu *derselbe*, in: Festschrift für Görg, 2010, 169 (180).

501 Richtlinie 2007/64/EG über Zahlungsdienste im Binnenmarkt vom 13.11.2007, Amtsblatt Nr. L 319 vom 05/12/2007 S. 0001 – 0036; vgl. dazu auch *Häuser*, in: Münchener Kommentar zum Handelsgesetzbuch, ZahlungsV Rn. B4 ff.; *Franck/Massari*, WM 2009, 1117 ff.; *Grundmann*, WM 2009, 1109 ff.

502 *Omlor*, in: Staudinger – BGB, Vorbemerkung zu §§ 675c-§676c Rn. 85, 94.

bestimmten Buchvorganges leisten muss.[503] Es wird somit nicht mehr anlässlich jeder Überweisung ein gesonderter Vertrag zwischen Kunde und Kreditinstitut geschlossen (sog. Vertragsmodell), sondern aus der Kernregelung des § 675f BGB und dem damit in Verbindung stehenden Zahlungsdienste(rahmen-)vertrag eine derartige und oben genannte Pflicht statuiert. Daraus resultierende Aufwendungen des Kreditinstitutes sind durch den Kunden gemäß §§ 675c Abs. 1 BGB, 670 BGB auszugleichen. Damit einhergehend ist die Widerruflichkeit eines Überweisungsauftrages grundsätzlich ausgeschlossen (§ 675p Abs. 1 BGB), sofern nicht ein Ausnahmetatbestand (vgl. § 675p Abs. 2 bis Abs. 4) den Widerruf gestattet. Für ferner nicht autorisierte Zahlungsvorgänge ist der Anspruch des Kreditinstitutes gegen den Kunden auf Ersatz der Aufwendungen gemäß § 675u BGB ausgeschlossen. Der maßgebliche Zeitpunkt für die Anfechtung einer aus der Überweisung resultierenden gläubigerbenachteiligenden Wirkung ist gemäß § 140 Abs. 1 InsO der Zeitpunkt des Buchungsdatums.[504]

bb) Grundlegendes zur Lastschrift

(1) Einzugsermächtigungs- und Abbuchungsverfahren

Die Lastschrift unterscheidet sich von der Überweisung dadurch, dass zunächst der Gläubiger und nicht der Schuldner den Zahlungsvorgang veranlasst (sog. rückläufige Überweisung).[505] Soweit die Forderung des Gläubigers fällig ist, fordert dieser den jeweiligen Betrag durch sein Kreditinstitut als Inkassostelle ab.[506] Nach Weiterleitung des Lastschriftbegehrens an das Kreditinstitut des Schuldners belastet dieses das Konto des Schuldners mit dem entsprechenden Betrag (sog. *Pull-Zahlung*).[507]

Auf nationaler Ebene waren das sog. Einzugsermächtigungsverfahren und das sog. Abbuchungsverfahren zu unterscheiden. Der von den Kreditinstituten praktizierte Regelfall stellte das Einzugsermächtigungsverfahren dar.[508] Diese beiden Verfahrensarten unterschieden sich darin, dass der Schuldner im Falle des Einzugsermächtigungsverfahrens den Zahlungsvorgang im Deckungsverhältnis erst zeitlich nach der Belastung seines Kontos autorisierte bzw.

---

503 BGH, 06.10.1953 – I ZR 185/52, BGHZ 10, 319 (322); *Reymann*, JuS 2012, 781 (782).

504 Vgl. dazu *Kirstein/Sietz*, ZInsO 2008, 761 (766); *Kirstein*, in: Praxis der Insolvenzanfechtung, Teil IV Rn. 25.

505 *Omlor*, in: Staudinger – BGB, Vorbemerkung zu §§ 675c-§676c Rn. 99; *Köndgen*, JuS 2011, 481 (482); *Reymann*, JuS 2012, 781 (782).

506 *Köndgen*, JuS 2011, 481 (482); *Reymann*, JuS 2012, 781 (782).

507 *Reymann*, JuS 2012, 781 (782).

508 *Reymann*, JuS 2012, 781 (782).

genehmigte, während im Abbuchungsverfahren die Autorisierung vorab erfolgte.[509] Durch die Rechtsprechung[510] des Bundesgerichtshofes vom 20.07.2010 änderte sich dieser Unterschied jedoch zum 09.07.2012, indem die Kreditinstitute ihre allgemeinen Geschäftsbedingungen dahingehend änderten, dass der Kunde das Kreditinstitut auch im Einzugsermächtigungsverfahren vorab autorisiert und als Ausgleich in einem Zeitraum von acht Wochen nach der Belastung eine Erstattung fordern kann (§ 675x Abs. 2, Abs. 4 BGB).[511]

In Bezug auf die Anfechtung einer gläubigerbenachteiligenden Rechtshandlung bzw. deren Wirkung gilt folglich die Rechtshandlung im Zeitpunkt der Buchung als vorgenommen (vgl. § 140 Abs. 1 InsO). Maßgeblicher Anknüpfungspunkt für die Ermittlung des Anfechtungszeitpunktes dürfte demnach das Buchungsdatum sein. Letztendlich ist sowohl im Abbuchungsverfahren als auch nunmehr im Einzugsermächtigungsverfahren nicht mehr auf den Tag der Autorisierung bzw. Genehmigung abzustellen, sondern auf den Tag der Belastungsbuchung. Denn in beiden genannten Verfahren tritt die gläubigerbenachteiligende Wirkung mit der Belastungsbuchung ein. Eine zeitlich spätere und die Gläubiger belastende Genehmigung der Buchung seitens des Schuldners ist somit nicht mehr existent. Dies gilt selbstverständlich nur dann, sofern die allgemeinen Geschäftsbedingungen des jeweiligen Kreditinstitutes Vertragsbestandteil zwischen dem Kunden und dem Kreditinstitut geworden sind, was jedoch der Regelfall sein dürfte.

(2) SEPA - Lastschrift

Im Rahmen des Lastschriftverfahrens auf der Single Euro Payments Area-Ebene (SEPA), welches grundsätzlich seit dem 01.02.2014 die nationalen Lastschriftenverfahren in den „Euro-Ländern" ablöst[512], autorisiert der Schuldner – sowohl im SEPA-Basislastschriftverfahren als auch im SEPA-Firmenlastschriftverfahren – ebenfalls sein Kreditinstitut im Vorfeld darüber, die jeweilige Belastung

---

509 BGH, 14.02.1989 – XI ZR 141/88, NJW 1989, 1672 (1673); *Hadding*, WM 1978, 1366 ff.; *Reymann*, JuS 2012, 781 (782).

510 BGH, 20.07.2010 – XI ZR 236/07, BGHZ 186, 269 (277 f.).

511 *Reymann*, JuS 2012, 781 (782); vgl. dazu *Omlor*, NJW 2012, 2150 ff.

512 *Häuser*, in: Münchener Kommentar zum Handelsgesetzbuch, ZahlungsV Rn. B12; *Reymann*, JuS 2012, 781 (787); Optional sieht jedoch die von der Europäischen Union verabschiedete Verordnung unter der Nr. 260/2012 die Möglichkeit vor, von den Anforderungen des Artikels 6 Abs. 1 und Abs. 2 der Verordnung (EU) Nr. 260/2012 bis zum 01.02.2016 abzusehen und das elektronische Lastschriftverfahren beizubehalten (vgl. *Reymann*, JuS 2012, 781 (787)). Davon hat der nationale Gesetzgeber gemäß § 7 c Abs. 1 ZAG Gebrauch gemacht.

durchzuführen bzw. die gezogenen Lastschriften einzulösen.[513] Der maßgebliche Unterschied im Lastschriftverfahren auf „SEPA-Basis" zu den nationalen Lastschriftenverfahren liegt in der sog. Doppelanweisung. Neben der benannten Autorisierung von Zahlungsvorgängen seitens des Schuldners als Zahler gegenüber seinem Kreditinstitut autorisiert dieser bezüglich etwaiger Zahlungsvorgänge ebenso den jeweiligen Gläubiger, Zahlungen vom Konto des Zahlers mittels Lastschrift einzuziehen.[514] Dabei leitet der Gläubiger als Erklärungsbote des Zahlers, die seitens des Zahlers gegenüber seinem Kreditinstitut erteilte Autorisierung (an das Kreditinstitut des Zahlers) weiter.[515] Ferner hat der Zahler gemäß Abschnitt C Nr. 2.5 I der Sonderbedingungen für den Lastschriftverkehr im Rahmen des SEPA-Basislastschriftverfahrens ebenso das Recht, in einem Zeitraum von acht Wochen ab der Belastungsbuchung gegenüber seinem Kreditinstitut den jeweils belasteten Betrag zurückzuverlangen (vgl. § 675x Abs. 2, Abs. 4).[516] Im Hinblick auf die Anfechtung und die Ermittlung des Zeitpunktes der Vornahme einer Rechtshandlung im Sinne des § 133 Abs. 1 InsO wird demnach auch im SEPA - Lastschriftenverfahren die Belastungsbuchung den maßgeblichen Anknüpfungspunkt darstellen (sog. *due date*[517]). Denn auch in diesem Verfahren tritt die gläubigerbenachteiligende Wirkung mit der belastenden Buchung ein; eine (z. B.) zeitlich spätere und die Gläubiger belastende Genehmigung der Buchung seitens des Schuldners existiert nicht. Insgesamt bestehen somit zwischen den nationalen und europäischen Lastschriftverfahren keine insolvenzanfechtungsrelevanten Unterschiede.

b) *Überweisung und Lastschrift als Rechtshandlung des Schuldners im Sinne des § 133 Abs. 1 S. 1 InsO*

Der oben genannten Ansicht von *Ganter*[518] kann nicht gefolgt werden. Vielmehr kann ebenso eine Rechtshandlung Gegenstand der Anfechtung sein, welche

513 *Reymann*, JuS 2012, 781 (782).

514 *Würdinger*, Insolvenzanfechtung im bargeldlosen Zahlungsverkehr, S. 351.

515 *Würdinger*, Insolvenzanfechtung im bargeldlosen Zahlungsverkehr, S. 351.

516 BGH, 20.07.2010 – XI ZR 236/07, ZInsO 2010, 1538 (1542 f.); *Omlor*, in: Staudinger – BGB, Vorbemerkung zu §§ 675c-§676c Rn. 127; *Bitter*, WM 2010, 1725 (1731 f.); *Reymann*, JuS 2012, 781 (782).

517 Die Lastschrift wird dem Leistungsmittler (Zahlstelle) im Rahmen einer festgelegten Frist vorgelegt. Die Erfüllung wird zum Zeitpunkt der Fälligkeit des Lastschriftbetrages gegenüber dem Gläubiger bewirkt. Der Zeitpunkt der Erfüllung und der Zeitpunkt der Fälligkeit charakterisieren den sog. *due date* (vgl. *Würdinger*, Insolvenzanfechtung im bargeldlosen Zahlungsverkehr, S. 351 f.; S. 356; *Omlor*, in: Staudinger – BGB, Vorbemerkung zu §§ 675c-§676c Rn. 126.)

518 *Ganter*, NZI 2010, 835 (836); siehe dazu S. 119.

nur mit weiteren Rechtshandlungen zusammen die gläubigerbenachteiligende Wirkung eintreten lässt.[519] Man wird zumindest folgern müssen, dass die Weisung seitens des Schuldners (Rechtshandlung) in Bezug auf die Überweisung oder die Erteilung der Lastschrift ebenso kausal ist für die gläubigerbenachteiligende Wirkung (Belastungsbuchung) wie die von *Ganter* angenommene und die Gläubigergemeinschaft benachteiligende Rechtshandlung (Belastungsbuchung seitens des Kreditinstitutes). Denn ohne den Mitwirkungsakt des Schuldners im Rahmen der Überweisung bzw. des Lastschriftverfahrens wäre es zu einer die Haftungsmasse belastenden Buchung nicht gekommen. Dies ist jedoch für die Anfechtbarkeit einer Rechtshandlung und der daraus resultierenden gläubigerbenachteiligenden Wirkung gemäß der Vorschriften des Insolvenzanfechtungsrechtes ausreichend.[520] Dass gegebenenfalls bei mehraktigen Rechtshandlungen zwischen dem jeweiligen Mitwirkungsakt und dem Eintritt der Gläubigerbenachteiligung eine gewisse Zeitspanne bestehen kann, steht der Annahme einer Rechtshandlung des Schuldners auch nicht entgegen.[521] Entscheidend muss vielmehr sein, dass die Handlung bzw. der Mitwirkungsakt des Schuldners ursächlich für die der Anfechtung unterliegenden Gläubigerbenachteiligung ist (vgl. § 129 Abs. 1 InsO).

Ferner wird dieses Verständnis auch durch die in Mehrpersonenverhältnissen verlangte Anwendung bereicherungsrechtlicher Zuordnungskriterien bezüglich des Leistungsbegriffs untermauert.[522] Denn für Insolvenzanfechtungen im Mehrpersonenverhältnis sollen diese bereicherungsrechtlichen Kriterien grundsätzlich entsprechend[523] gelten, sodass insbesondere zur Ermittlung der Rechtshandlung des Schuldners die damit verbundenen Kriterien herangezogen werden können. Demnach wird aus der Sicht des objektiven Dritten als Leistungsempfänger ersichtlich (objektiver Empfängerhorizont), dass es sich bei der Zahlung per (Über-) Weisung oder per Lastschrift seitens des Schuldners nur um

---

519 Vgl. *Bograkos/Kirstein*, in: Praxis der Insolvenzanfechtung, § 129 Rn. 3 und Rn. 4.

520 Vgl. dazu. BGH, 09.07.2009 - IX ZR 86/08, ZInsO 2009, 1585 (1586 f.): Bierbrauen als gläubigerbenachteiligende Rechtshandlung; BGH, 09.06.2005 - IX ZR 152/03, NZI 2005, 497 (498); BGH, 18.05.2000 - IX ZR 119/99, ZIP 2000, 1550 (1551); *Schmittmann/Zeeck*, in: Haarmeyer/Wutzke/Förster - Insolvenzordnung, § 129 Rn. 10).

521 *Würdinger*, Insolvenzanfechtung im bargeldlosen Zahlungsverkehr, S. 346 f.

522 BGH, 25.10.2007 - IX ZR 217/06, ZInsO 2007, 1216 (1220); vgl. BGH, 03.04.2014 - IX ZR 201/13, JurionRS 2014, 14491 (Tz. 24) = ZInsO 2014, 1004 (1006).

523 BGH, 25.10.2007 - IX ZR 217/06, ZInsO 2007, 1216 (1220); vgl. BGH, 03.04.2014 - IX ZR 201/13, JurionRS 2014, 14491 (Tz. 24) = ZInsO 2014, 1004 (1006).

eine Leistung und damit um eine einheitliche Rechtshandlung des Schuldners handeln kann. Würde man eine solche, an mehrere Akte anknüpfende Rechtshandlung des Schuldners wiederum in einzelne Akte „aufsplitten“, so würde dies die im Tatsächlichen bestehenden Leistungsbeziehungen und Rechtshandlungen einzelner verfremden bzw. daraus resultierende Risiken nicht wertungs- und sphärengemäß zuordnen.

c) *Gläubigerbenachteiligung in Bezug auf Leistungsmittler und Leistungsempfänger*

Aufgrund der steten Bezugnahme zum Tatbestandsmerkmal der objektiven Gläubigerbenachteiligung gilt es nunmehr festzuhalten, worin die objektive Gläubigerbenachteiligung gegenüber dem Leistungsmittler und gegenüber dem Leistungsempfänger liegen kann. Damit verbundene Problemkonstellationen, wie z. B. die Zahlung aus einem Überziehungskredit, sind ausschließlich dem Tatbestandsmerkmal der objektiven Gläubigerbenachteiligung vorzubehalten und werden unter C. III. abgearbeitet. Zuvor soll – wie beredet – einmal deutlich gemacht werden, worin insbesondere die objektive Gläubigerbenachteiligung gegenüber dem Leistungsmittler liegen kann.

In Bezug auf den Leistungsmittler kann die der Anfechtung unterliegende gläubigerbenachteiligende Wirkung in der Befreiung des Leistungsmittlers gegenüber einer Verbindlichkeit zu Gunsten des Schuldners liegen. Denn im Regelfall will sich der Leistungsmittler per Zahlung an den Leistungsempfänger von seiner Verbindlichkeit gegenüber dem Schuldner befreien (sog. Leistung auf Schuld[524]). Folglich liegen in der Befreiung einer Verbindlichkeit des Leistungsmittlers gegenüber dem Schuldner zum einen die der Anfechtung unterliegende gläubigerbenachteiligende Wirkung und zum anderen das seitens des Leistungsmittlers Erlangte, welches als das vom Schuldner *veräußerte, weggegebene oder aufgegebene* zu qualifizieren ist (vgl. § 143 Abs. 1 S. 1 InsO).[525] Im Hinblick auf den Leistungsempfänger liegt die der Anfechtung unterliegende gläubigerbenachteiligende Wirkung in der Reduzierung der Haftungsmasse durch eine Leistung des Schuldners gegenüber dem Leistungsempfänger[526], namentlich das, was der Leistungsempfänger wertmäßig im Tatsächlichen erhalten hat. Es wird mit Mitteln aus der Haftungsmasse eine Forderung eines Gläubigers erfüllt.

---

524 BGH, 21.06.2012 – IX ZR 59/11, ZInsO 2012, 1425 (1426). Davon abzugrenzen ist die sog. Rechtsfigur Anweisung auf Kredit. Siehe dazu S. 128 ff.

525 Vgl. dazu *Kirstein/Sietz*, ZInsO 2008, 761; so auch *Ede*, ZInsO 2012, 1541 (1542).

526 Vgl. BGH, 25.10.2007 – IX ZR 217/06, ZInsO 2007, 1216 (1220).

Klarzustellen gilt jedoch, dass die geschilderten gläubigerbenachteiligenden Wirkungen gegenüber dem Leistungsmittler und Leistungsempfänger ineinander aufgehen und den Insolvenzverwalter nicht berechtigen, die gläubigerbenachteiligende Wirkung in Form eines Anfechtungsanspruches zweimal durchzusetzen. Dies würde zu einer ungerechtfertigten Bereicherung der Insolvenzmasse führen, was per se nicht zulässig ist (vgl. § 55 Abs. 1 Nr. 3 InsO).[527]

d) *Keine Einschränkung der Anwendbarkeit des § 133 InsO aufgrund bereicherungsrechtlicher Zuordnungskriterien*

Gegen das bereits geschilderte Verständnis könnte man einwenden, dass ähnlich wie im Bereicherungsrecht der anfechtungsrechtliche Rückgewähranspruch sich in solchen Konstellationen vorrangig an den bestehenden Leistungsbeziehungen zu orientieren hat und nicht grundsätzlich gegenüber jedem Beteiligten statuiert wird. Schließlich bedient sich das Anfechtungsrecht bei Insolvenzanfechtungen im Mehrpersonenverhältnis bereicherungsrechtlicher Grundsätze.[528]

Dem muss jedoch entgegengehalten werden, dass das Bereicherungsrecht im Gegensatz zum Anfechtungsrecht die Aufgabe hat, grundsätzlich nicht bestehende schuldbegründende (kausale) Schuldverhältnisse innerhalb ihrer Leistungsbeziehungen rückabzuwickeln. Dagegen dient das Anfechtungsrecht prinzipiell der bestmöglichen Befriedigung der bestehenden Gläubigergemeinschaft, was auch die Wiederherstellung der reduzierten Haftungsmasse außerhalb der bestehenden Leistungsbeziehungen bedingt.[529] Darüber hinaus hat der Gesetzgeber innerhalb der subjektiven Voraussetzungen des § 133 InsO eine Wertung vorgenommen, welche es erlauben muss, bestehende Leistungsbeziehungen zu durchbrechen. Gerade § 133 InsO sanktioniert spezielle subjektive Tendenzen des Schuldners und des Anfechtungsgegners, welche eine Reduzierung des Anwendungsbereiches des § 133 InsO in Mehrpersonenverhältnissen auf die jeweiligen

527 Leistungsempfänger und der Leistungsmittler haften zwar in diesen Fällen gesamtschuldnerisch (§ 426 BGB) auf Rückgewähr des aus der Haftungsmasse Weggegebenen, wobei jedoch im Innenverhältnis der Leistungsempfänger gegenüber dem Leistungsmittler allein haftet. (vgl. BGH, 24.01.2013 - IX ZR 11/12, ZInsO 2013, 384; BGH, 26.04.2012 - IX ZR 74/11, ZInsO 2012, 924 (925)).

528 Vgl. BGH, 25.10.2007 - IX ZR 217/06, ZInsO 2007, 1216 (1220); vgl. ferner BGH, 03.04.2014 - IX ZR 201/13, JurionRS 2014, 14491 (Tz. 24) = ZInsO 2014, 1004 (1006).

529 So auch *Neyses*, Die Insolvenzanfechtung in Mehrpersonenverhältnissen, S. 78; ähnlich bzw. zumindest im Ergebnis so auch *Röttger*, Die insolvenzanfechtungsrechtliche Rückabwicklung von Anweisungsleistungen, S. 97.

(bereicherungsrechtlichen) Leistungsbeziehungen nicht zulassen kann. Denn § 133 InsO verfolgt unter anderem die Intention, dass ein vom Schuldner bevorzugter Gläubiger dann keinen Schutz mehr verdient bzw. nicht mehr schutzwürdig ist, soweit der Schuldner vorsätzlich einen einzelnen Gläubiger unter Benachteiligung der bestehenden Gläubigergemeinschaft bevorzugt und der jeweilige bevorzugte Gläubiger Kenntnis davon hatte.[530] Derartige Wertungen sind darüber hinaus auch dem System des Bereicherungsrechts im Bürgerlichen Gesetzbuch nicht wesensfremd. Insbesondere gesetzliche Wertungen können im Bereicherungsrecht des Bürgerlichen Gesetzbuches dazu führen, dass nicht nur innerhalb der bestehenden Leistungsbeziehungen kondiziert werden darf. Soweit der Empfänger eines erlangten *Etwas* nicht schutzwürdig ist, kann dieser auch aufgrund gesetzlicher Wertungen einer Nichtleistungskondiktion ausgesetzt sein (sog. Wertungsmodelle: z. B. Wertung der Bösgläubigkeit aus § 932 BGB; z. B. Wertung der Unentgeltlichkeit aus dem Rechtsgedanken der §§ 816 Abs. 1 S. 2, 822 BGB, z. B. Wertung des Abhandenkommens eines Gegenstandes aus § 935 Abs. 1 BGB).[531]

Es bleibt demnach dabei, dass der taugliche Anfechtungsgegner im Rahmen der §§ 129, 133 InsO jedes Rechtssubjekt in jeder Stellung sein kann, sofern es die Subsumtion der genannten Normen zulässt.[532] Eine Einschränkung des § 133 InsO aufgrund der Anwendung bereicherungsrechtlicher Zuordnungskriterien bedarf es nicht.[533] Weder der Wortlaut noch der Telos des § 133 Abs. 1 InsO noch die Systematik des Anfechtungssystems noch die Genese zu § 133 InsO bieten Anlass für eine objektive Einschränkung des Anwendungsbereiches des § 133 Abs. 1 InsO in Bezug auf ein Kreditinstitut in der Stellung als Leistungsmittler.

e) Anwendbarkeit des § 143 Abs. 1 S. 1, S. 2 InsO bei anfechtbaren Verrechnungen seitens des Kreditinstitutes in der Stellung als Leistungsmittler

Im Zuge dessen ist klarzustellen, dass auch in der Stellung des Kreditinstitutes als Leistungsmittler der § 143 Abs. 1 S. 1 InsO nicht die taugliche

---

530 *Kayser*, in: Münchener Kommentar zur Insolvenzordnung, § 133 Rn. 1; *Schäfer*, in: Kummer – Insolvenzanfechtung, S. 324 (F5); vgl. auch *Häsemeyer*, Insolvenzrecht, Rn. 21.77.

531 Vgl. *Medicus/Petersen*, Bürgerliches Recht, Rn. 727; *Looschelders*, Schuldrecht Besonderer Teil, § 54 Rn. 1060 und § 56 Rn. 1160.

532 *Würdinger*, Insolvenzanfechtung im bargeldlosen Zahlungsverkehr, S. 142 f. bezeichnet dies als *„tatbestandsimmanente Lösung"*.

533 So auch im Ergebnis bereits *Würdinger*, Insolvenzanfechtung im bargeldlosen Zahlungsverkehr, S. 142 f.

Anspruchsgrundlage und der § 143 Abs. 1 S. 2 InsO nicht unmittelbar anzuwenden ist. Wie dargestellt[534] findet auf Verrechnungen das Regelungskonvolut der §§ 94 ff. InsO und somit auch der § 96 Abs. 1 Nr. 3 InsO mit seinen Rechtsfolgen Anwendung. Dabei, und im Gegensatz zur Anwendung der besonderen Anfechtungsgründe[535], ist die Stellung des Kreditinstitutes unerheblich. Denn das Kreditinstitut wird durch die Möglichkeit der Verrechnung zum Insolvenzgläubiger, sodass der § 96 Abs. 1 Nr. 3 InsO bei sämtlichen (anfechtbaren) Verrechnungen anwendbar ist.

In diesem Zusammenhang gilt es jedoch hervorzuheben, dass bei Vorliegen eines anfechtbaren Verrechnungsvorganges nicht – wie in der Stellung des Kreditinstitutes als Leistungsempfänger – der § 780 BGB die taugliche Anspruchsgrundlage ist, sondern die §§ 675c Abs. 1, 667 BGB. Die §§ 675c Abs. 1, 667 BGB kommen aufgrund der Regelung gemäß § 116 S. 3 InsO zur Anwendung. Gemäß § 116 S. 3 InsO bleiben Zahlungsaufträge, welche vor Insolvenzeröffnung und unter bestehender Verfügungsgewalt des Schuldners angewiesen werden, aufrechterhalten und sind nicht *ex nunc* mit Insolvenzeröffnung gemäß §§ 116 S. 1, 115 Abs. 1 InsO erloschen.[536] Demnach muss gefolgert werden, dass anfechtbare Verrechnungen, soweit diese aufgrund von durchzuführenden Zahlungsaufträgen stattfinden, auch gemäß §§ 675c Abs. 1, 667 BGB herausverlangt werden können. Schließlich ist das Geschäftsbesorgungsverhältnis, welches die Ausführung von Zahlungsdiensten zum Gegenstand hat, diesbezüglich nicht zwischen dem Schuldner und dem Kreditinstitut erloschen. Der § 675c Abs. 1 i. V. m. § 667 BGB ist von seinem Anspruchsziel zutreffender als die sonst – in der Stellung des Kreditinstitutes als Leistungsempfänger – heranzuziehende Anspruchsgrundlage des § 780 BGB. Der Insolvenzverwalter wird schließlich gegenüber dem Kreditinstitut in der Stellung als Leistungsmittler verlangen, die in die laufende Rechnung (Kontokorrent) eingestellten und anfechtbar verrechneten Forderungen aus der Saldierung herauszunehmen und zur Insolvenzmasse auszukehren.[537] Dieses Anspruchsbegehren ist über die grundsätzliche Rechtsfolge der §§ 675c Abs. 1, 667 BGB zutreffend abgedeckt. Die Anspruchsgrundlage gegenüber dem Kreditinstitut in der Stellung als Leistungsmittler lautet demnach: §§ 675c Abs. 1, 667 BGB.

Des Weiteren ist zu vergegenwärtigen, dass der § 143 Abs. 1 S. 2 InsO auch in dieser Anfechtungskonstellation auf die aus der Wirkung des § 96 Abs. 1 Nr.

---

534 Siehe dazu S. 25 ff.

535 Vgl. S. 112 f.

536 Vgl. *Ott/Vuia*, in: Münchener Kommentar zur Insolvenzordnung, § 116 Rn. 38a.

537 *Kirstein/Sietz*, ZInsO 2008, 761 (766).

3 InsO resultierende Anspruchsgrundlage analog anzuwenden ist. Wie zur Stellung des Kreditinstitutes als Leistungsempfänger dargestellt[538], erfolgt die Begründung der Analogie aus dem identischen Telos des § 143 Abs. 1 InsO und des § 96 Abs. 1 Nr. 3 InsO und nicht aus der Stellung des Kreditinstitutes in der jeweiligen Anfechtungssituation. Allein aus der Veränderung der Stellung des Kreditinstitutes in der jeweiligen Anfechtungssituation wird nicht der mit dem Anfechtungsrecht und des § 96 Abs. 1 Nr. 3 InsO verfolgte Zweck verändert.

Schlussendlich können die zu B. I. gefunden Ergebnisse auf die Stellung des Kreditinstitutes als Leistungsmittler übertragen werden. Divergenzen bestehen nicht.

2. *Fazit*

Es kann festgehalten werden, dass der § 133 Abs. 1 InsO grundsätzlich auf das Kreditinstitut in der Stellung als Leistungsempfänger anzuwenden ist. Der Anwendungsbereich des § 133 InsO ist nicht dogmatisch einzuschränken. Der Anwendungsbereich des § 133 Abs. 1 InsO erstreckt sich dabei gezwungenermaßen auch auf den Zeitraum der gesetzlichen Krise. Schließlich scheidet eine Anwendung der besonderen Anfechtungsgründe aufgrund fehlender Insolvenzgläubigereigenschaft des Anfechtungsgegners in dieser Anfechtungskonstellation aus.

III. Objektive Gläubigerbenachteiligung durch Zahlung eines Dritten für den Schuldner

Der § 129 Abs. 1 InsO ist unabdingbare Voraussetzung jeder Insolvenzanfechtung. Sofern die Voraussetzungen des § 129 Abs. 1 InsO nicht erfüllt sind, ist ein Zugriff des Insolvenzverwalters auf die Anfechtungsgründe als Hilfsnormen versagt. Demnach ist es zwingende Voraussetzung, dass jedem Anfechtungstatbestand und somit auch dem § 133 Abs. 1 InsO eine objektive Gläubigerbenachteiligung zugrunde liegt.

Im Rahmen von Zahlungen Dritter für den Schuldner (sog. mittelbare Zuwendung des Schuldners), ist oftmals streitig, ob überhaupt eine Gläubigerbenachteiligung aufgrund der Zuwendung an den Leistungsempfänger im Sinne des § 129 Abs. 1 InsO besteht oder nicht. Diesbezüglich spielt in der Rechtsprechung und in der Literatur das Begriffspaar Anweisung auf Schuld und Anweisung auf Kredit die entscheidende Rolle.[539] Bei einer Anweisung auf Schuld tilgt

---

538 Siehe dazu S. 29 ff.

539 Vgl. BGH, 21.06.2012 – IX ZR 59/11, ZInsO 2012, 1425; *Kayser*, in: Münchener Kommentar zur Insolvenzordnung, § 129 Rn. 144; *Henckel*, in: Jaeger/Henckel/Gerhardt – Insolvenzordnung, § 129 Rn. 81; *Hirte*, in: Uhlenbruck – Insolvenzordnung,

der Angewiesene mit der Zahlung an den Empfänger eine eigene, gegenüber dem Anweisenden bestehende Verbindlichkeit.[540] Im Fall der Anweisung auf Kredit nimmt der Angewiesene die Zahlung an den Empfänger ohne eine Verpflichtung gegenüber dem Anweisenden vor, sodass der Angewiesene infolge der Zahlung ein Gläubiger des Anweisenden wird.[541]

Sofern eine Anweisung auf Schuld vorliegt, führe die Zahlung durch den Angewiesenen zu einer Gläubigerbenachteiligung, weil der Schuldner mit der Zahlung des Angewiesenen an den Dritten eine ihm zustehende Forderung gegen den Angewiesenen verliere.[542] Handelt es sich dagegen um eine Anweisung auf Kredit, scheide eine Gläubigerbenachteiligung aus, da es durch die Zahlung lediglich zu einem Gläubigerwechsel in der Person des Angewiesenen komme.[543] Die Belastung der Haftungsmasse mit dem Rückgriffsanspruch des Angewiesenen sei durch die Erfüllung der Schuld des Schuldners gegenüber dem Leistungsempfänger ausgeglichen.[544] Diese vorangestellten Thesen aus Rechtsprechung und Literatur bieten und fordern einen weitläufigen Prüfungskatalog, welcher sich wie folgt gliedert:

Zunächst wird generell geklärt, ob das oben aufgezeigte Begriffspaar der Anweisung auf Kredit und der Anweisung auf Schuld geeignet ist, zwischen dem Bestehen oder dem Fehlen des Tatbestandsmerkmals der objektiven Gläubigerbenachteiligung differenzieren zu können. Sodann wird untersucht, ob dieses Begriffspaar im Rahmen des bankenmäßigen Geschäftsverkehrs überhaupt eine Relevanz hat. Dabei geht es zentral um Zahlungen des Schuldners aus einem debitorisch geführten Konto am Beispiel einer geduldeten Überziehung. Innerhalb dieses Bereiches muss zunächst geklärt werden, ob die seitens des Schuldners getätigten Zahlungen überhaupt aus der Insolvenzmasse (vgl. § 36 Abs. 1 InsO) erfolgen und somit die Gläubigergemeinschaft benachteiligen kann. Unterliegen damit verbundene Auszahlungsansprüche des Schuldners nämlich nicht der Pfändung, unterfallen diese auch nicht dem Insolvenzbeschlag und können die Gläubigergemeinschaft – wie benannt – nicht objektiv benachteiligen. Soweit derartige Zahlungen des Schuldners in den Insolvenzbeschlag fallen ist des Weiteren

§ 129 Rn. 83 und Rn. 85; vgl. ferner *Huber*, ZInsO 2012, 1412, *Klein*, EWiR 2009, 27 (28).

540 BGH, 21.06.2012 – IX ZR 59/11, ZInsO 2012, 1425 (1426).

541 BGH, 21.06.2012 – IX ZR 59/11, ZInsO 2012, 1425 (1426).

542 Vgl. BGH, 21.06.2012 – IX ZR 59/11, ZInsO 2012, 1425 (1427); *Kayser*, in: Münchener Kommentar zur Insolvenzordnung, § 129 Rn. 144.

543 Vgl. BGH, 21.06.2012 – IX ZR 59/11, ZInsO 2012, 1425 (1427).

544 Vgl. BGH, 21.06.2012 – IX ZR 59/11, ZInsO 2012, 1425 (1427).

zu prüfen, ob nicht mit einer Zahlung aus einem debitorisch geführten Konto ein lediglich (wirtschaftlich) neutraler Gläubigeraustausch stattfindet. Schließlich wird mit dieser Zahlung die Forderung eines Gläubigers getilgt und eine neue Forderung des Kreditinstitutes gegenüber dem Schuldner begründet. Rein wirtschaftlich betrachtet, kann es sich um einen neutralen, die Gläubigergemeinschaft nicht benachteiligenden Vorgang handeln. Die geschilderten Problemkreise werden im Folgenden aufgearbeitet, welche insbesondere durch die Verzahnung der allgemeinen Rechtsgeschäftslehre, des Einzelzwangsvollstreckungsrechtes und des Insolvenzrechtes als komplex bezeichnet werden dürfen.[545]

1. *Objektive Gläubigerbenachteiligung durch Zahlung eines Dritten außerhalb des bankenmäßigen Geschäftsverkehrs*

a) (Gegen-) Stimmen im Schrifttum

Das Schrifttum folgt überwiegend inhaltlich der aufgezeigten Differenzierung zwischen der Anweisung auf Schuld und der Anweisung auf Kredit.[546] Daneben existieren Stimmen im Schrifttum, welche auf eine solche Differenzierung verzichten und stets bei Zahlungen durch einen Dritten für den Schuldner zu einer objektiven Gläubigerbenachteiligung im Sinne des § 129 Abs. 1 InsO kommen.[547]

Zum einen wird dabei vorgetragen, dass bei Drittzahlungen die Anfechtungstatbestände der §§ 131 Abs. 1 Nr. 3, 133 Abs. 1 InsO versagen würden und es schließlich nicht erklärbar sei, dass die Gläubigerbenachteiligung bei einer Anweisung auf Kredit grundsätzlich verneint werde, sie aber bejaht werde, wenn es sich um eine solche handele und dabei ein Anspruch des Schuldners auf Auszahlung eines Kredites zugrunde liege.[548] Es sei letztendlich bei Zahlungen Dritter immer

---

545 Vgl. *Würdinger*, Insolvenzanfechtung im bargeldlosen Zahlungsverkehr, S. 87.

546 *Kayser*, in: Münchener Kommentar zur Insolvenzordnung, § 129 Rn. 101a, 144; *Henckel*, in: Jaeger/Henckel/Gerhardt – Insolvenzordnung, § 129 Rn. 81; *Hirte*, in: Uhlenbruck – Insolvenzordnung, § 129 Rn. 83 und Rn. 85; *Rogge/Leptien*, in: Hamburger Kommentar zum Insolvenzrecht, § 129 Rn. 27 und Rn. 31; *Huber*, ZInsO 2012, 1412 (1414); *Jacobi/Böhme*, NZI 2012, 865 (868 f.); *Klein*, EWiR 2009, 27 (28); siehe dazu auch *Spiekermann*, NZI 2014, 1030 *Staufenbiel/Brill*, ZInsO 2013, 2040; *Enzenhofer*, NZI 2012, 796; *Ganter*, NZI 2011, 475.

547 *Henkel*, ZInsO 2012, 1933 (1937); *derselbe*, ZInsO 2012, 774 (778); *Heitsch*, ZInsO 2012, 2088 (2091); *derselbe*, ZInsO 2011, 1533 (1538 f.); *Hofmann*, EWiR 2011, 431; *Lütcke*, NZI 2011, 702 (706); *Jacoby/Mikolajczak*, ZIP 2010, 301 (307 f.); *Wischemeyer*, ZInsO 2008, 1122 (1123 f.); *Bischoff*, ZInsO 2004, 1296 (1299); *Frind/A. Schmidt*, ZInsO 2002, 8 (14); kritisch *Raebel*, in: Festschrift für Ganter, 2010, 339 (344).

548 *Henkel*, ZInsO 2012, 1933 (1937); *derselbe*, ZInsO 2012, 774 (778).

eine Gläubigerbenachteiligung anzunehmen, soweit nicht der Dritte eine eigene Verbindlichkeit gegenüber dem Gläubiger tilge.[549] Zum anderen könne man die Zahlung des Dritten stets als Darlehen im Sinne des § 488 BGB zu Gunsten des Schuldners qualifizieren, welches seinem Haftungsvermögen zumindest für eine sog. *juristische Sekunde* zuzurechnen sei.[550] Darüber hinaus wird vorgebracht, dass der für den zahlenden Dritten bestehende Rückgriffsanspruch die Gläubigerbenachteiligung impliziere, da durch diesen die Passivmasse vermehrt werde.[551]

b) *Stellungnahme*

aa) Fehlende Gläubigerbenachteiligung per *definitionem* im Rahmen der Konstellation: Anweisung auf Kredit

Per *definitionem* liegt eine Gläubigerbenachteiligung vor,

> *„wenn die Rechtshandlung entweder die Schuldenmasse vermehrt oder die Aktivmasse verkürzt und dadurch den Zugriff auf das Vermögen des Schuldners vereitelt, erschwert oder verzögert hat."*[552]

Sofern die genannte Definition verlangt, dass die Aktivmasse verkürzt oder die Schuldenmasse vermehrt wird, scheitert das Bestehen der Gläubigerbenachteiligung im Falle der sog. Anweisung auf Kredit daran, dass der durch die Zahlung des Dritten entstehende und die Haftungsmasse belastende Rückgriffsanspruch unmittelbar durch die Tilgung einer Verbindlichkeit des Schuldners gegenüber einem Gläubiger durch den Dritten amortisiert wird. Ferner verliert der Schuldner durch diesen Zahlungsvorgang auch keinen Anspruch gegen den Angewiesenen. Denn in der Konstellation Anweisung auf Kredit nimmt der Angewiesene die Zahlung an den Empfänger ohne eine Verpflichtung gegenüber dem Anweisenden vor.[553]

---

549 *Bischoff*, ZInsO 2004, 1296 (1300); *Henkel*, ZInsO 2012, 1933 (1937); *derselbe*, ZInsO 2012, 774 (778); so wohl auch *Lütcke*, NZI 2011, 702 (705, 707)

550 *Wischemeyer*, ZInsO 2008, 1122 (1123 f. und 1125); ähnlich *Frind/A. Schmidt*, ZInsO 2002, 8 (14 f.).

551 *Jacoby/Mikolajczak*, ZIP 2010, 301 (307 f.); so auch *Neyses*, Die Insolvenzanfechtung in Mehrpersonenverhältnissen, S. 149 ff.; daran anschließend *Röttger*, Die insolvenzanfechtungsrechtliche Rückabwicklung von Anweisungsleistungen, S. 121; vgl. dazu *Heitsch*, ZInsO 2012, 2088 (2090 f.); *Ringstmeier/Homann*, ZInsO 2009, 607 (609); *Marotzke*, ZInsO 2007, 897 (904).

552 BGH, 20.01.2011 - IX ZR 58/10, ZInsO 2011, 421 (422); BGH, 29.09.2011 - IX ZR 74/09, ZInsO 2011, 1979; BGH, 22.11.2012 - IX ZR 142/11, BeckRS 2012, 25047 = ZInsO 2013, 247 (248); siehe auch *Kirchhof*, ZInsO 2013, 1813 (zugleich Beitrag von *Kirchhof*, in: Festschrift für Haarmeyer, 2013, S. 129 (130).

553 BGH, 21.06.2012 - IX ZR 59/11, ZInsO 2012, 1425 (1426).

Das heißt, im Falle der Anweisung auf Kredit liegt eine Umschichtung der Passiva vor, die weder die Aktivmasse verringert noch die Passivmasse vermehrt. Dass unmittelbare Umschichtungen der Haftungsmasse keine Gläubigerbenachteiligung indizieren können, wird zudem durch den Rechtsgedanken des sog. Bargeschäftes (vgl. § 142 InsO) getragen. Der Rechtsgedanke des Bargeschäftes – welcher seitens des Gesetzgebers in § 142 InsO kodifiziert ist – zeigt auf, dass eine Gläubigerbenachteiligung nicht vorliegen kann, soweit dem Vermögen des Schuldners „unmittelbar" ein entsprechender Gegenwert durch sein Handeln zufließt und somit letztendlich eine Masseverkürzung verhindert wird.[554] Im Falle der Konstellation Anweisung auf Kredit bzw. freiwilliger Zahlungen Dritter (ohne eine bestehende Verbindlichkeit zum Schuldner) zwecks Tilgung einer Verbindlichkeit des Schuldners wird zum einen gesagt werden können, dass unter Berücksichtigung bereicherungsrechtlicher Grundsätze[555] eine Leistung bzw. ein Handeln des Schuldners vorliegt. Zum anderen wird eine Masseverkürzung verhindert, da der entstehende Rückgriffsanspruch des Dritten durch die Zahlung seinerseits zu einer Tilgung einer Verbindlichkeit des Schuldners führt und sich – wie beredet – amortisiert. Eine Masseverkürzung ist folglich nicht existent. Zwar ist anhand des Wortlautes des § 142 InsO und dem genannten Inhalt eines Bargeschäftes durchaus ersichtlich, dass letztendlich in der genannten Konstellation kein Aktivwert – was jedoch grundsätzlich erforderlich ist[556] – in das Haftungsvermögen des Schuldners gelangt. Dies ist jedoch in vorliegender Konstellation auch nicht möglich, da dem Aktivvermögen des Schuldners auch kein Wert entzogen wird und sich dadurch von dem Regelfall des Bargeschäftes unterscheidet. Es handelt sich bei der vorliegenden Konstellation ebenso – wie bei einem Bargeschäft auf der Aktivseite des Haftungsvermögens des Schuldners – um eine neutrale die Gläubiger nicht benachteiligende Wechselwirkung von Rechtsgeschäften, welche in einem unmittelbaren Zusammenhang stehen. Es liegt somit auch in dieser Konstellation nur eine Umschichtung innerhalb der Haftungsmasse des Schuldners – durch den etwaigen Austausch von Gläubigern – vor, welche die Gläubigergemeinschaft des Schuldners nicht benachteiligt.[557]

---

554 BGH, 19.03.1998 – IX ZR 22/97, ZIP 1998, 793 (798); vgl. *Lwowski/Wunderlich*, WM 2004, 1511 f.

555 Vgl. BGH, 25.10.2007 – IX ZR 217/06, ZInsO 2007, 1216 (1220).

556 BGH, 07.05.2009 – IX ZR 71/08, ZIP 2009, 1122, (1123); *Kirchhof*, in: Münchener Kommentar zur Insolvenzordnung, § 142 Rn. 4a.

557 Vgl. zur Begrifflichkeit „*Vermögensumschichtung*" im Rahmen eines Bargeschäftes *Schmidt*, WM 1983, 490 (493).

bb) Auseinandersetzung mit der genannten Kritik im Schrifttum

Den genannten Gegenstimmen ist demnach nicht zu folgen. Die Existenz eines Rückgriffsanspruches kann die Passivmasse nicht mehren, soweit im Zuge der Begründung des Rückgriffsanspruches des Dritten gegenüber dem Schuldner, Verbindlichkeiten des Schuldners getilgt worden sind und diese sich wertmäßig decken; in derartigen Fällen fehlt die objektive Gläubigerbenachteiligung. Eine Gläubigerbenachteiligung ist nur dann existent, soweit der Schuldner durch den Zahlungsvorgang einen Anspruch gegenüber dem Angewiesenen verlieren würde. Im Falle der Anweisung auf Kredit nimmt der Angewiesene die Zahlung an den Empfänger jedoch ohne eine Verpflichtung gegenüber dem Anweisenden vor.[558]

Dass des Weiteren die Anfechtungstatbestände der §§ 131 Abs. 1 Nr. 3, 133 InsO generell leerlaufen würden, ist insbesondere aufgrund des Urteils des Bundesgerichtshofes vom 24.01.2013[559] und nach der hier vertretenen Auffassung[560], nicht ersichtlich. Dort wird vielmehr ausdrücklich klargestellt, dass die Anfechtung aus § 133 InsO sowohl gegenüber dem Leistungsempfänger als auch gegenüber dem Leistungsmittler möglich ist und diese bei Vorliegen der Voraussetzungen als Gesamtschuldner der Insolvenzmasse haften.[561] Insbesondere für die Geschäfts- bzw. Hausbank (Kreditinstitute) des Schuldners stellt dies ein zusätzliches Haftungsrisikos dar, welchem in der Regel – bei Vorliegen einer Gläubigerbenachteiligung – nur mit Einwendungen gegen die subjektiven Tatbestandsmerkmale begegnet werden kann. Inwiefern freiwillige Zahlungen Dritter, die gerade nicht institutionell handelnde Kreditinstitute sind, zur Tilgung einer Verbindlichkeit des Schuldners stets als Darlehen qualifiziert werden sollen, die zumindest für eine *juristische Sekunde* dem Haftungsvermögen des Schuldners zuzuordnen sein sollen, ist nicht ersichtlich. Der Inhalt eines Rechtsgeschäftes wird durch die jeweilige Einigung der Parteien bestimmt, welcher im Zweifelsfall durch Auslegung zu ermitteln ist; dies ist demnach vom Einzelfall abhängig. Oftmals werden die Parteien unter Berücksichtigung der Verkehrssitte in einer derartigen Konstellation auch nicht die Gewährung eines Darlehens vereinbaren. Vielmehr kann es sich insbesondere außerhalb des bankenmäßigen Geschäftsverkehrs auch um einen Auftrag gemäß § 662 BGB handeln. Der daraus resultierende Rückgriffsanspruch entsteht jedoch erst dann, soweit der zahlende Dritte

558 BGH, 21.06.2012 – IX ZR 59/11, ZInsO 2012, 1425 (1426).

559 BGH, 24.01.2013 – IX ZR 11/12, ZInsO 2013, 384.

560 Siehe dazu S. 115 ff.

561 Ähnlich *Huber*, ZInsO 2012, 1412 (1414).

die Verbindlichkeit des Schuldners getilgt hat. Etwaige Zuordnungsmöglichkeiten zum Haftungsvermögen des Schuldners sind demnach nicht erkennbar.

Insgesamt bleibt festzuhalten, dass im Falle der Anweisung auf Kredit keine Gläubigerbenachteiligung vorliegt. In den Fällen der Anweisung auf Kredit fehlt es an der Belastung der Haftungsmasse.

2. *Objektive Gläubigerbenachteiligung durch Zahlung aus einem debitorisch geführten Konto des Schuldners*

Im Folgenden gilt es jedoch zu untersuchen, ob die Rechtsfigur der Anweisung auf Kredit bei Zahlungen des Schuldners aus einem debitorisch geführten Konto überhaupt Anwendung findet.

M. E. ist die Rechtsfigur der Anweisung auf Kredit im bankenmäßigen Geschäftsverkehr insgesamt nicht gegeben. Ebenso wie bei Zahlungen aus einem Guthaben oder im Rahmen des Dispositionskredites[562] ist auch bei der sog. geduldeten Überziehung ein der Haftungsmasse zuordnungsfähiger Anspruch aus Darlehen gegeben, welcher durch die Einstellung des Aufwendungsersatzanspruches seitens des Kreditinstitutes in die laufende Rechnung (Kontokorrent) und dem damit verbundenen Verrechnungsvorgang erlischt. Zahlungen des Schuldners aus einem debitorisch geführtem Konto sind als gläubigerbenachteiligend zu behandeln, da durch den Zahlungsvorgang ein Anspruch des Schuldners gegenüber dem Kreditinstitut erfüllt und die Haftungsmasse somit reduziert wird (sog. Anweisung auf Schuld).

a) *Gläubigerbenachteiligung bei Verfügung aus einer geduldeten Überziehung*

aa) Kurze Einführung

Im Schrifttum[563] entstand durch die Entscheidung des Bundesgerichtshofes vom 06.10.2009 Verwirrung.[564] In dieser Entscheidung trug der Bundesgerichtshof vor,

---

562 BGH, 06.10.2009 – IX ZR 191/05, ZInsO 2009, 2060 (2061); BGH, 11.01.2007 – IX ZR 31/05, ZInsO 2007, 269 (270) m. w. N.; siehe dazu auch *Würdinger*, Insolvenzanfechtung im bargeldlosen Zahlungsverkehr, S. 97 ff.

563 Vgl. dazu *Henkel*, ZInsO 2012, 1933 (1937); *derselbe*, ZInsO 2012, 774 (778); *Hofmann*, EWiR 2011, 431; *Lütcke*, NZI 2011, 702.

564 BGH, 06.10.2009 – IX ZR 191/05, ZInsO 2009, 2060: *„Schöpft der Schuldner neue Gelder aus einer lediglich geduldeten Kontoüberziehung und fließen sie infolge seiner Rechtshandlung einem Gläubiger direkt zu, so kommt die Anfechtung dieser mittelbaren*

„dass die Anfechtung einer mittelbaren Zuwendung durch den Insolvenzverwalter ohne Rücksicht darauf in Betracht komme, ob aus der Einräumung des Überziehungskredites für die Masse ein pfändbarer Anspruch gegen die Bank entstehe oder durch die Valutierung von Sicherheiten ein entsprechender Rückübertragungsanspruch verloren gehe."

Er macht des Weiteren im konkreten Einzelfall deutlich, dass ein etwaiger Anfechtungsgegner nicht von Ereignissen profitieren solle, die außerhalb bzw. fernab der Einwirkungs- und Steuerungssphäre des Schuldners liegen.[565] Denn es sei dem Anfechtungsgegner im Falle einer genehmigten oder ungenehmigten Kontoüberziehung zu Gunsten des Schuldners aufgrund der Spezifikationen des bargeldlosen Zahlungsverkehrs und des Kreditgeschäftes schlichtweg nicht ersichtlich, ob er die Zahlung aus dem Haftungsvermögen des Schuldners erhalte oder nicht.[566] Vor einem solchen Zufall solle die Gläubigergemeinschaft geschützt werden, sodass im konkreten Einzelfall[567] eine Gläubigerbenachteiligung im Sinne des § 129 Abs. 1 InsO angenommen wurde. Das Schrifttum schloss daraus teilweise, dass eine Differenzierung zwischen Anweisung auf Kredit und Anweisung auf Schuld nicht mehr nötig und in jeder Zahlung durch einen Dritten eine objektive Gläubigerbenachteiligung zu erblicken sei.[568] Daneben plädiert der Bundesgerichtshof weiterhin für die Differenzierung zwischen Anweisung auf Kredit und Anweisung auf Schuld.[569]

bb) Verfügungen aus einem debitorisch geführten Konto im Rahmen einer geduldeten Überziehung

Die Frage, ob Verfügungen im Rahmen einer geduldeten Überziehung eine objektive Gläubigerbenachteiligung darstellen oder nicht, ist keine Frage der Anweisung auf Kredit oder der Anweisung auf Schuld. Diese Begriffspaare setzen

---

Zuwendung durch den Insolvenzverwalter ohne Rücksicht darauf in Betracht, ob aus der Einräumung des Überziehungskredits für die Masse ein pfändbarer Anspruch gegen die Bank entsteht oder durch die Valutierung von Sicherheiten ein entsprechender Rückübertragungsanspruch verloren geht (Aufgabe von BGH, 11.01.2007 - IX ZR 31/05, BGHZ 170, 276)"; vgl. dazu *Obermüller*, ZInsO 2010, 593 (599); *Marotzke*, ZInsO 2007, 897 (898).

565 Vgl. BGH, 06.10.2009 - IX ZR 191/05, ZInsO 2009, 2060 (2061 f.); vgl. ferner *Obermüller*, ZInsO 2010, 593 (599).

566 Vgl. BGH, 06.10.2009 - IX ZR 191/05, ZInsO 2009, 2060 (2061 f.); vgl. ferner *Obermüller*, ZInsO 2010, 593 (599).

567 BGH, 06.10.2009 - IX ZR 191/05, ZInsO 2009, 2060.

568 Vgl. *Henkel*, ZInsO 2012, 1933 (1937); *derselbe*, ZInsO 2012, 774 (778); *Lütcke*, NZI 2011, 702 (705 ff.).

569 BGH, 21.06.2012 - IX ZR 59/11, ZInsO 2012, 1425 (1427).

bestimmte Sachverhaltskonstellationen in ein Gewand, dessen Vorliegen sich erst aus der Anwendung des geltenden Rechts ergibt. Die Entscheidung des Bundesgerichtshofes vom 06.10.2009[570] – welche im Ergebnis richtig sein mag – hätte sich demnach mit den Voraussetzungen und Einschränkungen einer objektiven Gläubigerbenachteiligung beschäftigen müssen. Dabei hätte aufgearbeitet werden müssen, ob bei Zahlungen aus einer geduldeten Überziehung ein Anspruch entsteht, welcher pfändbar ist und damit dem Insolvenzbeschlag unterfällt (vgl. § 36 Abs. 1 InsO), sodass dessen Verlust zu einer Minderung der Aktivmasse und folglich im Ergebnis zu einer objektiven Gläubigerbenachteiligung führen kann. In einem darauffolgenden Schritt wäre zu eruieren gewesen, ob und in welchem Umfang das Tatbestandsmerkmal der objektiven Gläubigerbenachteiligung durch eine wirtschaftliche Betrachtungsweise eingeschränkt werden kann. Schließlich wird mit einer derartigen Zahlung die Forderung eines Gläubigers getilgt und eine neue Forderung des Kreditinstitutes gegenüber dem Schuldner begründet. Rein wirtschaftlich betrachtet, könnte es sich um einen neutralen, die Gläubigergemeinschaft nicht benachteiligenden Vorgang handeln. Dies ist dem Bundesgerichtshof in der Entscheidung vom 06.10.2009[571] nicht gelungen, sodass eine Aufarbeitung dieser Problemkreise erforderlich ist.

(1) Anspruch aus Darlehen bei Zahlungen aus geduldeter Überziehung

Auch bei Zahlungen aus einer geduldeten Überziehung[572] seitens des Schuldners besteht ein der Haftungsmasse zuordnungsfähiger Anspruch, dessen Verlust die Aktivmasse mindert und eine Benachteiligung der Gläubigergemeinschaft im Sinne des § 129 Abs. 1 InsO impliziert. Denn zeitlich vor der Überziehung wird durch schlüssiges Verhalten ein Darlehensvertrag zwischen dem Kreditinstitut und dem Schuldner bezüglich dem der Überziehung zugrundeliegenden Betrages geschlossen, sodass auch das daraus resultierende Darlehen vor der Belastungsbuchung und folglich vor dem Eintritt der Gläubigerbenachteiligung gemäß § 129 Abs. 1 InsO der Haftungsmasse des Schuldners zuzuordnen ist.[573]

570 BGH, 06.10.2009 – IX ZR 191/05, ZInsO 2009, 2060.

571 BGH, 06.10.2009 – IX ZR 191/05, ZInsO 2009, 2060.

572 Vgl. § 505 BGB.

573 Vgl. *Kreft*, in: Heidelberger Kommentar zur Insolvenzordnung, § 129 Rn. 40; vgl. BGH, 11.01.2007 – IX ZR 31/05, ZInsO 2007, 269 (271) der bereits in dieser Entscheidung erläuterte, dass die Zahlungsanweisung durch das Kreditinstitut – welche zeitlich vor der Belastungsbuchung liegen muss – zugleich die konkludente Annahme des Kundeantrages auf Abschluss des Darlehensvertrages darstelle; vgl. ferner *Achsnick/Opp*, NZI 2010, 633 (634); *Ringstmeier/Homann*, ZInsO 2009, 607

Der Darlehensvertrag zwischen den genannten Parteien kommt demnach mit Duldung bzw. mit dem diesbezüglich eingeholten Einverständnis des Sachbearbeiters zustande.[574] Dabei wird der Antrag (§ 145 BGB) auf Abschluss eines Darlehensvertrages vom Schuldner ausgehen und liegt nicht schon in der intern festgelegten Kreditlinie.[575] Ferner erfolgt die Annahme dieses Antrages entweder seitens des Kreditinstitutes ausdrücklich oder – wie oben angedeutet – durch schlüssiges Verhalten, wobei grundsätzlich gemäß § 151 BGB auf den Zugang – nicht jedoch auf die Annahmeerklärung – verzichtet werden kann.[576] Demnach steht auch im Rahmen der geduldeten Überziehung der Haftungsmasse ein Zahlungsanspruch gemäß § 488 Abs. 1 S. 1 BGB zu Verfügung, durch dessen Erfüllung seitens des Kreditinstitutes die Gläubigergemeinschaft benachteiligt wird. Darüber hinaus ist zu berücksichtigen, dass auch im Falle der geduldeten Überziehung die Trennung von Verpflichtungs- und Verfügungsgeschäft gilt.[577] Denn trotz des in der Regel temporären Zusammenfallens von Verpflichtungsgeschäft und Verfügungsgeschäft bei der geduldeten Überziehung, lässt es sich nicht leugnen, dass ein Darlehensvertrag zwischen den Parteien zustande gekommen sein muss.[578] Speziell aus normativen Auslegungsgesichtspunkten (vgl. §§ 133, 157 BGB) würde es dem maßgeblichen Willen der Parteien zuwiderlaufen, soweit diese in der Konstellation der geduldeten Überziehung rechtsgrundlos einen vermögensrechtlichen Vorteil gewähren bzw. erhalten.[579] Schließlich könnte insbesondere das Kreditinstitut nicht die sog. Überziehungszinsen verlangen, welche regelmäßig kein übliches Kreditzinsniveau haben.[580] Es würde schlichtweg an einer schuldrechtlichen Rechtsgrundlage fehlen, da auch über das Bereicherungsrecht erhöhte Überziehungszinsen nicht herausverlangt werden können.

Demnach vermag auch die Ansicht des Bundesgerichtshofes nicht durchdringen, welche darauf abstellt, dass im Rahmen der geduldeten Überziehung dem Kunden nur eine Chance auf Kredit eingeräumt und gerade kein Anspruch auf Kredit eingeräumt werde.[581] Dieser Terminus mag zwar den Unterschied zum

---

(608); *Würdinger*, Insolvenzanfechtung im bargeldlosen Zahlungverkehr, S. 118, 121; *Grunsky*, JZ 1985, 487 (491); *Schäfer*, ZInsO 2014, 1965 (1979).

574 *Bitter*, in: Schimansky/Bunte/Lwowski, Bankrechts-Handbuch, § 33 Rn. 68.

575 *Scholl*, DZWIR 2005, 354 (355).

576 *Scholl*, DZWIR 2005, 354 (355).

577 *Würdinger*, Insolvenzanfechtung im bargeldlosen Zahlungsverkehr, S. 118.

578 *Mock*, ZInsO 2007, 561 (562); *Würdinger*, Insolvenzanfechtung im bargeldlosen Zahlungsverkehr, S. 118.

579 *Mock*, ZInsO 2007, 561 (562).

580 *Mock*, ZInsO 2007, 561 (562).

581 BGH, 11.01.2007 - IX ZR 31/05, ZInsO 2007, 269 (271).

Dispositionskredit markieren, der neben dem Anspruch aus Darlehen auch einen Anspruch auf Darlehen einräumt[582], er zeigt jedoch auch auf, dass der Bundesgerichtshof daraus einen falschen Schluss zieht.[583] Maßgeblich für die Zuordnung zur Haftungsmasse ist nicht die Chance auf Erwerb bzw. der Anspruch auf Darlehen, sondern der Anspruch aus Darlehen, welcher wie bei einem Dispositionskredit auch zwingend aus den oben genannten Gründen bei einer geduldeten Überziehung zustande kommt. Ansonsten müsste auch bei einem Dispositionskredit das Abrufrecht auf das Darlehen (Anspruch auf Darlehen) als pfändbar qualifiziert und der Haftungsmasse zugeordnet werden können, was jedoch aufgrund des höchstpersönlichen Charakters des Abrufrechtes abgelehnt wird.[584] Im Ergebnis bleibt es demnach dabei, dass im Fall der geduldeten Überziehung der Haftungsmasse ein Anspruch aus Darlehen zuzuordnen ist, durch dessen Erfüllung seitens des Kreditinstitutes die Gläubigergemeinschaft benachteiligt wird.

(2) Keine Einschränkung aus Gründen des Einzelzwangsvollstreckungsrechtes

Des Weiteren muss dieses Ergebnis auch nicht aus Gründen des Einzelzwangsvollstreckungsrechts eingeschränkt werden[585], da im Rahmen einer geduldeten Überziehung kein pfändbarer Anspruch bestehe.[586] Denn wie oben dargestellt kommt auch im Rahmen einer geduldeten Überziehung ein Darlehensvertrag zustande, welcher einen Zahlungsanspruch zu Gunsten des Schuldners begründet und ferner der (Forderungs-)Pfändung (vgl. §§ 828 ZPO) unterliegen kann.[587] Mitunter

582 BGH, 22.01.2004 – IX ZR 39/03, ZInsO 2004, 270 (271 f.).

583 Vgl. *Würdinger*, Insolvenzanfechtung im bargeldlosen Zahlungsverkehr, S. 119 der von einem *Denkfehler* spricht.

584 Vgl. dazu BGH, 29.03.2001 – IX ZR 34/00, BGHZ 147, 193 = NJW 2001, 1937.

585 So im Ergebnis die h. A. im Schrifttum: *Kayser*, in: Münchener Kommentar zur Insolvenzordnung, § 129 Rn. 108 c; *Scholl*, DZWIR 2005, 353 (364); *Ringstmeier/Homann*, ZInsO 2009, 607 (609); *Henkel*, ZInsO 2005, 468 (469 f.); *Spliedt*, NZI 2007, 225 (228 ff.); *Bitter*, in: Festschrift für Fischer, 2008, S. 15 (19 ff.); *Würdinger*, Insolvenzanfechtung im bargeldlosen Zahlungsverkehr, S. 120 f; *Huber*, ZInsO 2012, 1412 (1413 f.); *Mikolajczak*, Die Zwangsvollstreckung in ein Girokonto, S. 359; letztendlich im Ergebnis nunmehr so BGH, 06.10.2009 – IX ZR 191/05, ZInsO 2009, 2060.

586 Vgl. BGH, 11.01.2007 – IX ZR 31/05, ZInsO 2007, 269 (270 f.).

587 *Scholl*, DZWIR 2005, 353 (364); *Würdinger*, Insolvenzanfechtung im bargeldlosen Zahlungsverkehr, S. 121; vgl. dazu *Wagner*, WM 1998, 1657 (1667); a. A. *Mikolajczak*, Die Zwangsvollstreckung in ein Girokonto, S. 359: nach der Auffassung von *Mikolajczak* sei im Fall der geduldeten Überziehung kein pfändbarer Anspruch

handelt es sich bei einem Anspruch aus Darlehen im Rahmen einer geduldeten Überziehung um keinen höchstpersönlichen und zwingend an die Person gebundenen Anspruch, sodass es zu einer Unpfändbarkeit gemäß § 36 Abs. 1 InsO i. V. m. § 851 Abs. 1 ZPO komme.[588] Normativ existiert kein Ansatz, welcher eine solche Einschränkungsmöglichkeit offenbart. Auch die verbraucherschützende Norm des § 505 BGB („geduldete Überziehung") zeigt keine Anhaltspunkte auf, welche auf eine höchstpersönliche und personenbezogene Bindung schließen lassen. Ein Anwendungsbereich des § 851 ZPO im Rahmen der Pfändbarkeit des Anspruchs aus Darlehen bei einer geduldeten Überziehung ist somit generell nicht erkennbar.

Insgesamt zeigt das in der Rechtsgeschäftslehre zu berücksichtigende Trennungs- und Abstraktionsprinzip auf, dass auch bei der geduldeten Überziehung ein Recht bzw. eine Forderung juristisch existent ist, welche der Pfändung unterliegen kann und demnach Bestandteil der Haftungsmasse für die Gläubigergemeinschaft ist (vgl. §§ 35 Abs. 1, 36 Abs. 1 S. 1).[589]

(3) Keine Einschränkung aufgrund einer wirtschaftlichen Betrachtungsweise

Weiterhin ist die Frage offen, ob nicht bei Zahlungen aus einem debitorischen Konto, ein wirtschaftlich neutraler Gläubigeraustausch vorliegt, welcher das Tatbestandsmerkmal der Gläubigerbenachteiligung nicht ausfüllt. Schließlich wird mit dieser Zahlung die Forderung eines Gläubigers getilgt und eine neue Forderung des Kreditinstitutes gegenüber dem Schuldner begründet. Wirtschaftlich gesehen, könnte es sich somit um einen neutralen, die Gläubigergemeinschaft nicht benachteiligenden Vorgang handeln.[590]

Ein argumentatives Fundament könnte sich diese Sichtweise zum einen aus der Rechtsprechung des IX. Senats des Bundesgerichtshofes herleiten, welcher zur

---

auf Ausführung eines Zahlungsauftrages existent. Die Gläubigerbenachteiligung sei somit nicht in der Reduzierung der Aktivmasse zu sehen, sondern in der Mehrung der Passivmasse. Schließlich erlange das Kreditinstitut auch in diesem Fall durch den Zahlungsvorgang einen Aufwendungsersatzanspruch gemäß §§ 675c Abs. 1, 670 BGB, dessen Existenz die Gläubigergemeinschaft benachteilige. Letztendlich kommt auch *Mikolajczak* bei Zahlungsvorgängen aus einer geduldeten Überziehung zu dem Ergebnis, dass grundsätzlich eine Anfechtung gemäß §§ 129 ff. InsO möglich ist und nicht mangels Gläubigerbenachteiligung ausscheidet (siehe *Mikolajczak*, Die Zwangsvollstreckung in ein Girokonto, S. 359).

588 Vgl. *Nassall*, NJW 1986, 168 f.; *Lwowski/Weber*, ZIP 1980, 609 (611) jeweils zum Dispositions-kredit.

589 Vgl. *Würdinger*, Insolvenzanfechtung im bargeldlosen Zahlungsverkehr, S. 122.

590 Siehe dazu *Achsnick/Opp*, NZI 2010, 633 (637); *Wischemeyer*, ZInsO 2008, 1122 (1124).

Ermittlung der Gläubigerbenachteiligung – neben der oben aufgezeigten Definition – nunmehr auch eine Art wirtschaftliche Gesamtbetrachtung vornimmt, indem der Bundesgerichtshof eine Gläubigerbenachteiligung anerkennt, *„wenn sich die Befriedigungsmöglichkeiten der Insolvenzgläubiger ohne die Handlung bei wirtschaftlicher Betrachtungsweise günstiger gestaltet hätte"*.[591] Zum anderen „lebt" der II. Senat des Bundesgerichtshofes diese in Frage gestellte Sachverhaltskonstellation dahingehend, dass es sich bei Zahlungen aus einem debitorischen Konto grundsätzlich um einen bloßen, masseneutralen Gläubigeraustausch handelt. In mittlerweile ständiger Rechtsprechung formuliert der II. Senat des Bundesgerichtshofes wie folgt:

> *„Zahlungen von einem debitorischen Konto an einzelne Gläubiger berühren, wenn die Bank über keine diese deckenden Gesellschaftssicherheiten verfügt, weder die verteilungsfähige Vermögensmasse, noch gehen sie zum Nachteil der Gläubigergesamtheit. Es handelt sich danach vielmehr um eine Zahlung mit Kreditmitteln, welche einen bloßen, masseneutralen Gläubigeraustausch zur Folge hat"*.[592]

Im Folgenden gilt es demnach zu ermitteln, inwieweit das Anfechtungsrecht eine wirtschaftliche Betrachtungsweise anerkennt und gegebenenfalls Divergenzen zwischen der Rechtsprechung des IX. Senats und des II. Senats des Bundesgerichtshofes zu rechtfertigen sind.

Der § 129 Abs. 1 InsO stellt den normativen „Anker" für die objektive Gläubigerbenachteiligung dar. Einen dogmatischen Anhaltspunkt für eine wirtschaftliche Betrachtungsweise zeigt der § 129 Abs. 1 InsO jedoch nicht. Eine vom Anfechtungsrecht gebilligte wirtschaftliche Betrachtungsweise lässt nur der § 142 InsO erkennen. Im Wege eines Umkehrschlusses kann demnach gefolgert werden, dass nur im Rahmen der Voraussetzungen des § 142 InsO das Tatbestandsmerkmal der objektiven Gläubigergemeinschaft in seinem Anwendungsbereich eingeschränkt werden kann[593]. Bei Zahlungen aus einem debitorischen Konto und der Stellung des Kreditinstitutes als Leistungsmittler sind die Voraussetzungen des § 142 InsO, auf welche an anderer Stelle noch genauer eingegangen wird[594], jedoch nicht erfüllt. In dieser Konstellation fehlt es an einer gleichwertigen Leistung, welche in das Vermögen des Schuldners gelangt. Vielmehr verliert der Schuldner in dieser Konstellation einen Anspruch, dessen Verlust nicht unmittelbar und gleichwertig

---

591 BGH, 29.09.2011 – IX ZR 74/09, ZInsO 2011, 1979; BGH, 22.11.2012 – IX ZR 142/11, BeckRS 2012, 25047 = ZInsO 2013, 247 (248).

592 BGH, 25.01.2010 – II ZR 258/08, ZInsO 2010, 568; BGH, 26.03.2007 – II ZR 310/05, ZInsO 2007, 542 f.; vgl. BGH, 29.11.1999 – II ZR 273/98, BGHZ 143, 184 (187 f.).

593 Siehe dazu S. 66 ff.

594 Siehe dazu S. 145 ff.

im Sinne des § 142 InsO ausgeglichen wird. Durch den Verlust des Anspruches wird zudem impliziert, dass die übrige Gläubigergemeinschaft benachteiligt wird und sich die Befriedigung der Gläubigergemeinschaft bei Erhalt des Anspruches besser gestaltet hätte.[595] In diesem Fall wird die Aktivmasse gemindert und der Gläubigergemeinschaft eine Befriedigungsmöglichkeit entzogen. Demnach erfasst auch die oben angeführte Formulierung[596] des Bundesgerichtshofes bei Zahlungen aus einem debitorischen Konto eine Gläubigerbenachteiligung.

Nichtsdestotrotz muss jedoch gesagt werden, dass die aufgezeigte Formulierung des Bundesgerichtshofes dogmatisch keine Rechtfertigung hat. Wie aufgezeigt, wird im Rahmen des Anfechtungsrechtes eine wirtschaftliche Betrachtungsweise nur unter den Voraussetzungen des § 142 InsO zugelassen. Im Wege eines Umkehrschlusses ist zu folgern, dass im Übrigen eine weitergehende wirtschaftliche Betrachtungsweise nicht gewollt ist.[597] Auch der Wille des Gesetzgebers zum Tatbestandsmerkmal der objektiven Gläubigerbenachteiligung bestätigt dies. Der Gesetzgeber hat die objektive Gläubigerbenachteiligung dahingehend definiert, dass diese angenommen werden muss, soweit die Befriedigung der Gläubiger verkürzt, vereitelt, erschwert oder verzögert wird.[598] Eine über den § 142 InsO hinausgehende wirtschaftliche Betrachtungsweise ist somit nicht gewollt.[599] Der IX. Senat muss folglich die oben angeführte Formulierung im Rahmen der Definition der objektiven Gläubigerbenachteiligung streichen. Diese Formulierung ist dogmatisch nicht gerechtfertigt und im Ergebnis auch nicht notwendig. Die im Rahmen des § 129 Abs. 1 InsO zulässige wirtschaftliche Betrachtungsweise ist im Wege des § 142 InsO ausdrücklich kodifiziert, sodass es einer Erweiterung der eingangs dargelegten Definition[600] nicht bedarf.

Abschließend gilt es noch, das divergierende Ergebnis zu der Rechtsprechung des II. Senats (– insbesondere –) zu § 64 S. 1 GmbHG zu rechtfertigen.[601] Die aufgezeigte Divergenz ist über den Sinn und Zweck des § 64 GmbHG und

---

595 BGH, 29.09.2011 - IX ZR 74/09, ZInsO 2011, 1979; BGH, 22.11.2012 - IX ZR 142/11, BeckRS 2012, 25047 = ZInsO 2013, 247 (248); BGH, 20.01.2011 - IX ZR 58/10, ZInsO 2011, 421 (422): ...„*wenn sich die Befriedigungsmöglichkeiten der Insolvenzgläubiger ohne die Handlung bei wirtschaftlicher Betrachtungsweise günstiger gestaltet hätte*"...

596 BGH, 29.09.2011 - IX ZR 74/09, ZInsO 2011, 1979; BGH, 22.11.2012 - IX ZR 142/11, BeckRS 2012, 25047 = ZInsO 2013, 247 (248).

597 *Würdinger*, Insolvenzanfechtung im bargeldlosen Zahlungverkehr, S. 91 f.

598 BT-Drucksache, 12/2443 S. 157.

599 Vgl. BT-Drucksache, 12/2443 S. 157, S. 167.

600 Siehe dazu S. 131, 140 f.

601 BGH, 25.01.2010 - II ZR 258/08, ZInsO 2010, 568; BGH, 26.03.2007 - II ZR 310/05, ZInsO 2007, 542 f.; vgl. BGH, 29.11.1999 - II ZR 273/98, BGHZ 143, 184 (187 f.).

des Anfechtungsrechtes zu lösen.[602] Der § 64 GmbHG verhindert nicht wie das Anfechtungsrecht die Bevorzugung Einzelner, sondern ist darauf bedacht, ausschließlich wirtschaftliche Masseschmälerungen zu verhindern.[603] Schließlich hat der § 64 GmbHG nicht wie das Anfechtungsrecht das Ziel, die Befriedigung Einzelner zu sanktionieren, um die bestmögliche Befriedigung der Gläubigergemeinschaft zu gewährleisten. Dies zeigt sich unmittelbar darin, dass der taugliche Anspruchsgegner nicht derjenige ist, der *etwas erlangt hat,* sondern der das Zahlungsverbot aus § 64 S. 1 GmbHG missachtende Geschäftsführer.

Insgesamt ist demnach eine wirtschaftliche Betrachtungsweise außerhalb des § 142 InsO anfechtungsrechtlich nicht zuzulassen.

b) Fazit

Festzuhalten ist, dass bei Zahlungen von einem debitorisch geführten Konto auch im Rahmen der geduldeten Überziehung – wie bei einem Dispositionskredit[604] – ein der Haftungsmasse zuordnungsfähiger Anspruch aus § 488 Abs. 1 S. 1 BGB besteht[605], dessen Verlust eine Gläubigerbenachteiligung im Sinne des § 129 Abs. 1 InsO aufzeigt. Es muss demnach für den Geschäftsverkehr der Kreditinstitute gefolgert werden, dass die Rechtsfigur der Anweisung auf Schuld die Regel darstellt; unabhängig davon, ob die liquiden Mittel aus einem Guthaben oder aus einem debitorischen Konto stammen.

> *„Die Herkunft der Mittel im bankmäßigen Geschäftsverkehr, mit denen der Schuldner seine Verbindlichkeiten zurückführt, ist anfechtungsrechtlich (grundsätzlich) unerheblich."*[606]

---

602 *Würdinger*, Insolvenzanfechtung im bargeldlosen Zahlungverkehr, S. 129.

603 *Schmidt*, ZIP 2005, 2177 (2183); *derselbe*, KTS 2001, 373 (388 f.).

604 BGH, 06.10.2009 – IX ZR 191/05, ZInsO 2009, 2060 (2061); BGH, 11.01.2007 – IX ZR 31/05, ZInsO 2007, 269 (270) m. w. N.; siehe ferner *Würdinger*, Insolvenzanfechtung im bargeldlosen Zahlungsverkehr, S. 97 ff.

605 *Würdinger*, Insolvenzanfechtung im bargeldlosen Zahlungverkehr, S. 118, 121.

606 So ausdrücklich *Huber*, ZInsO 2012, 1412 (1413) mit Verweis auf *Obermüller*, ZInsO 2010, 593 (599). Anzumerken gilt in diesem Zusammenhang, dass der BGH in seiner Entscheidung vom 23.10.2014 – IX ZR 290/13, JurionRS 2014, 25603 (Tz. 16) = ZInsO 2014, 2359 (2361) – welche sich hauptsächlich der Deckungsanfechtung (§ 130 InsO) widmet – wiederum richtigerweise klarstellt, dass eine Vorsatzanfechtung gegenüber einem Leistungsmittler grundsätzlich möglich ist. Fehlerhaft ist jedoch seine Äußerung zur objektiven Gläubigerbenachteiligung. In der dort gegebenen Sachverhaltskonstellation erlangt das beklagte Kreditinstitut durch die Karteneinsätze des Schuldners Aufwendungsersatzansprüche, welche die Verrechnung gegen bestehende Ansprüche aus Gutschrift des Schuldners ermöglicht. Die sodann durchgeführte Verrechnung seitens des Kreditinstitutes reduziert die

Es existieren demnach keine Zahlungsvorgänge im bankenmäßigen Geschäftsverkehr, welche dem Grunde nach nicht das Tatbestandsmerkmal der objektiven Gläubigerbenachteiligung ausfüllen können. Davon abzugrenzen sind selbstredend die Fälle, in denen sich das Kreditinstitut in Verbindung mit den Zahlungsvorgängen auf ein privilegierendes Absonderungsrecht oder das Vorliegen des § 142 InsO berufen kann.[607] Der dargestellte Einzelfall[608] ist somit auch nicht geeignet, die Rechtsfiguren Anweisung auf Kredit und Anweisung auf Schuld für obsolet zu erklären.[609] Nach dem aufgezeigten Verständnis ist die darin enthaltene materiellrechtliche Differenzierung aufrechtzuerhalten. Eine Einschränkung der objektiven Gläubigerbenachteiligung aufgrund einer wirtschaftlichen Betrachtungsweise außerhalb der Voraussetzungen des § 142 InsO ist ebenfalls nicht angebracht.

3. *Kein Privileg des Bargeschäftes zu Gunsten des Kreditinstitutes in der Stellung als Leistungsmittler*

Des Weiteren ist, insbesondere nach der hier vertretenen Auffassung[610], im Rahmen des Tatbestandsmerkmals der objektiven Gläubigerbenachteiligung (§ 129 Abs. 1 InsO) darzulegen, ob der § 142 InsO im Verhältnis des Kreditinstitutes als Leistungsmittler (Zahlstelle) zum Schuldner Anwendung findet. Zumindest findet der Bargeschäftseinwand trotz des Wortlautes des § 142 InsO a. E. Berücksichtigung im Rahmen der Ermittlung der subjektiven Tatbestandsmerkmale des § 133 Abs. 1 InsO und kann ferner ein die subjektiven Merkmale entkräftendes

---

Aktivmasse und benachteiligt die Gläubigergemeinschaft. Folglich ist im Ergebnis evident durch eine Rechtshandlung des Schuldners die Möglichkeit der Verrechnung für das Kreditinstitut geschaffen und somit eine Gläubigerbenachteiligung verursacht worden. Dass die Verrechnung in diesem Fall nicht unzulässig gemäß § 96 Abs. 1 Nr. 3 InsO ist, liegt demnach nicht an dem Fehlen einer objektiven Gläubigerbenachteiligung, sondern – in diesem Sachverhalt – allein an dem Fehlen der subjektiven Voraussetzungen sowohl auf Seiten des Schuldners als auch auf Seiten des Anfechtungsgegners. Die Aussage des BGH in der genannten Entscheidung, dass in diesem Fall neben dem Fehlen der subjektiven Voraussetzungen des § 133 Abs. 1 InsO auch keine objektive Gläubigerbenachteiligung festgestellt werden kann, ist demnach rechtsfehlerhaft und wohl als ungeprüfter Annex zu werten.

607 Siehe zum sog. unmittelbaren Sicherheitentausch: S. 57 ff., siehe zur Berücksichtigung des § 142 InsO im bankenmäßigen Geschäftsverkehr: S. 60 ff. und S. 143 ff.

608 BGH, 06.10.2009 – IX ZR 191/05, ZInsO 2009, 2060.

609 BGH, 21.06.2012 – IX ZR 59/11, ZInsO 2012, 1425 (1427).

610 Siehe dazu S. 65 ff.

Beweiszeichen darstellen.[611] Ein genereller Ausschluss dieses Einwandes im Rahmen des § 133 InsO ist demnach nicht angezeigt.[612]

Dennoch fehlt es im Verhältnis des Kreditinstitutes als Leistungsmittler zum Schuldner an den Voraussetzungen des § 142 InsO. Es fehlt in der geschilderten Konstellation an einer gleichwertigen Gegenleistung des Kreditinstitutes. Der für das Kreditinstitut *Zug um Zug* entstehende Aufwendungsersatzanspruch für die Ausführung eines Zahlungsauftrages stellt keine gleichwertige Gegenleistung im Sinne des § 142 InsO dar.[613] Eine gleichwertige Gegenleistung im Rahmen des § 142 InsO kennzeichnet sich zum einen dadurch, dass die Leistung des anderen Teils tatsächlich in das Aktivvermögen des Schuldners gelangt.[614] In der genannten Konstellation gelangt jedoch keine Leistung des Kreditinstitutes in das Aktivvermögen des Schuldners. Der Anspruch des Schuldners gegenüber dem Kreditinstitut in bestimmter Höhe verfügen zu dürfen, besteht aufgrund rechtsgeschäftlicher Vereinbarungen (z. B. Darlehen, Guthaben in unregelmäßiger Verwahrung) und ist demnach zeitlich vor der durch die Überweisung herbeigeführte und die Gläubigergemeinschaft benachteiligende Verrechnung entstanden und somit ohne eine (weitere) Leistung des Kreditinstitutes dem Haftungsvermögen des Schuldners zuzuordnen. Soweit demnach durch Kontobelastungen Ansprüche des kontoführenden Kreditinstitutes *unmittelbar* oder *mittelbar* erfüllt werden (hier: der Aufwendungsersatzanspruch des Kreditinstitutes), fehlt es an einer gleichwertigen Gegenleistung des Kreditinstitutes im Sinne des § 142 InsO.[615] Zum anderen und wie bereits von *Kirstein/Sietz* dargestellt, gehe es zudem nicht um die in engem Zusammenhang stehenden Ein- und Auszahlungen, sondern um eine grundsätzlich isoliert zu betrachtende und einseitige

611 *Ganter*, WM 2014, 49 (50 f.); *derselbe*, ZIP 2012, 2037; *derselbe*, WM 2009, 1441 (1444); *Thole/Schmidberger*, BB 2014, 3 (4); *Gehrlein*, DB 2013, 2843 (2847); vgl. *Priebe*, ZInsO 2013, 2479 in Fußnote 3; *Fischer*, NZI 2008, 588 (594); *Kayser*, WM 2013, 293 (298); vgl. *derselbe*, in: Festschrift für Fischer, 2008, S. 267 (280 ff.); *Jacoby*, KTS – Zeitschrift für Insolvenzrecht 2009, 3 (21); *Lütcke*, ZInsO 2013, 1984 (1990 f.); *Schoppmeyer*, ZIP 2009, 600 (609); *Rogge/Leptien*, in: Hamburger Kommentar zum Insolvenzrecht, § 133 Rn. 8; *Hirte*, in: Uhlenbruck - Insolvenzordnung, § 133 Rn. 6; *Köper/Pfoser*, ZInsO 2014, 2341 (2345).

612 So jedoch *Kirstein/Sietz*, ZInsO 2008, 761 (767); *Würdinger*, Insolvenzanfechtung im bargeldlosen Zahlungsverkehr, S. 159; *Iliou*, ZInsO 2014, 640.

613 So dennoch *Obermüller*, ZInsO 1999, 690 (692); *derselbe*, Insolvenzrecht in der Bankpraxis, Rn. 3.17.

614 BGH, 07.05.2009 – IX ZR 71/08, ZIP 2009, 1122 (1123); *Kirchhof*, in: Münchener Kommentar zur Insolvenzordnung, § 142 Rn. 4a.

615 BGH, 26.04.2012 – IX ZR 67/09, ZInsO 2012, 1429 (1431).

Kontobelastung, welche seitens des Kreditinstitutes durch die Ausführung der Überweisung herbeigeführt wird[616] und ohne gleichwertige Gegenleistung die Haftungsmasse des Schuldners reduziert. Die Voraussetzungen des Privilegs des Bargeschäftes im Sinne des § 142 InsO sind in der geschilderten Konstellation folglich nicht erfüllt. Vielmehr kommt in Bezug auf das Kreditinstitut im Verhältnis zum Schuldner ein gleichwertiger Leistungsaustausch im Sinne des § 142 InsO nur dann in Betracht, sofern das Kreditinstitut Zahlungseingänge auf ein im Soll geführtes Konto verrechnet und es weiterhin Verfügungen des Schuldners, zumindest in gleicher Höhe, zulässt.[617] Denn nur soweit die Zahlungseingänge und die Zahlungsausgänge sich wertmäßig decken, ist von einem gleichwertigen Leistungsaustausch auszugehen.[618] Die oben genannte Anfechtungskonstellation lässt jedoch isoliert betrachtet ein solches Verständnis nicht zu.

4. Fazit

Anlässlich der bisher unter **C.** dargestellten Ergebnisse sind Kreditinstitute in Ihrer Stellung als Leistungs- bzw. Zahlungsmittler anfällig für die Existenz von Anfechtungstatbeständen aus § 133 InsO. In der Regel bestehen in solchen Konstellationen Verteidigungsmöglichkeiten für das Kreditinstitut nur durch Erhebung von Einwendungen gegen die subjektiven Elemente des § 133 InsO. Derartige Einwendungen werden im Folgenden auf der subjektiven Ebene des § 133 InsO und insbesondere im Rahmen der Kenntnis des Anfechtungsgegners vom Gläubigerbenachteiligungsvorsatz des Schuldners untersucht.

IV. Einschränkung der „Kenntnis vom Gläubigerbenachteiligungsvorsatz" seitens des Kreditinstitutes in der Stellung als Leistungsmittler (Zahlstelle)

Sofern das Kreditinstitut für Zahlungsvorgänge des Schuldners als Zahlstelle fungiert, wird es an der Kenntnis des Kreditinstitutes vom Gläubigerbenachteiligungsvorsatz des Schuldners grundsätzlich fehlen. Ein Kreditinstitut kennt (in der Regel) das Zuwendungsverhältnis (sog. Valutaverhältnis) zwischen dem

---

616 *Kirstein/Sietz*, ZInsO 2008, 761 (767); vgl. *Peschke*, Die Insolvenz des Girokontoinhabers, S. 261.

617 *Hirte*, in: Uhlenbruck – Insolvenzordnung, § 142 Rn. 10 A; *Kupka*, in: Praxis der Insolvenzanfechtung, § 142 Rn. 8.

618 *Würdinger*, Insolvenzanfechtung im bargeldlosen Zahlungsverkehr, S. 213; siehe auch S. 62 ff.

Schuldner und dem Leistungsempfänger nicht. Es weiß schlichtweg nicht, warum der Schuldner an den jeweiligen Gläubiger leistet.

Regelmäßig kann es sich dem Kreditinstitut nicht erschließen, ob die vom Schuldner veranlassten und vom Kreditinstitut ausgeführten Zahlungsvorgänge mit dem Willen des Schuldners behaftet sind, die Gläubigergemeinschaft zu benachteiligen.[619] Es wird dem Kreditinstitut als Anfechtungsgegner bei der Abwicklung alltäglicher Geschäftsvorgänge oftmals kein Bewusstsein anhaften, das darauf schließen lässt, dass das Kreditinstitut zum Zeitpunkt der Rechtshandlung des Schuldners Kenntnis von dem Gläubigerbenachteiligungsvorsatz des Schuldners hat. Das Kreditinstitut wird bei alltäglichen Geschäftsvorgängen – wie z. B. die Ausführung von Überweisungsaufträgen – nicht die Vorstellung von anderen Gestaltungsmöglichkeiten haben. Vielmehr und gerade basierend auf allein arbeitenden „EDV-Systemen" sowie das für den Kunden nunmehr zur Verfügung stehende „Online-Banking" wird bei dem die Gläubigergemeinschaft benachteiligen Vorgang in der Regel kein auf die Rechtshandlung des Kunden bzw. Schuldners bezogenes Bewusstsein bestehen.

Problematisch ist jedoch eine gesetzeskonforme Begründung dieses Verständnisses, soweit die gesetzliche Vermutung des § 133 Abs. 1 S. 2 InsO zu Lasten des Kreditinstitutes vorliegt und folglich die Kenntnis des Kreditinstitutes vom Gläubigerbenachteiligungsvorsatz des Schuldners gesetzlich vermutet wird. Schließlich ist sodann seitens des Kreditinstitutes der Beweis des Gegenteils zu erbringen (vgl. § 292 ZPO) und nicht nur der Gegenbeweis zur Erschütterung der Vermutungsgrundlage oder der Vermutungswirkung.

1. Lösungsansätze aus dem Schrifttum und der Rechtsprechung

Im Schrifttum und in der Rechtsprechung haben sich diesbezüglich unterschiedliche Lösungsansätze entwickelt, welche im Folgenden kritisch untersucht werden.

a) Lösungsansätze aus dem Schrifttum

aa) Ansicht von *Bork*

Bork lässt die vorsätzliche Benachteiligung gegenüber dem Kreditinstitut als Anfechtungsgegner in der Stellung als Leistungsmittler (Zahlstelle) aufgrund einer *normativen Betrachtungsweise* scheitern.[620] Das Kreditinstitut sei als bloße

619 Vgl. BGH, 26.04.2012 – IX ZR 74/11, ZInsO 2012, 924 (926).

620 *Bork*, ZIP 2008, 1041 (1046).

Zahlstelle aus dem Anfechtungsgeschehen herauszunehmen, da die Durchführung einer Überweisung kein sozial inadäquates Verhalten sein könne.[621]

bb) Ansicht von *Enzenhofer*

Nach *Enzenhofer* müssen die vom Bundesgerichtshof[622] entwickelten Kriterien unter dem Tatbestandsmerkmal des Gläubigerbenachteiligungsvorsatz des Schuldners verortet werden.[623] Schließlich habe man die Wirkungen von Rechtshandlungen einzeln zu betrachten, sodass die Frage des Gläubigerbenachteiligungsvorsatzes des Schuldners im Deckungs- und Valutaverhältnis jeweils gesondert zu betrachten sei.[624] Demnach werde es im Deckungsverhältnis zum Kreditinstitut in der Regel am Gläubigerbenachteiligungsvorsatz des Schuldners fehlen.[625]

cc) Ansicht von *Jacoby*

Ferner erkennt bereits *Jacoby*[626] den Gedankengang des Bundesgerichtshofes[627] und folgert für solche Konstellationen eine teleologische Reduktion des § 133 Abs. 1 InsO.[628] Schließlich müsse eine Anfechtung gemäß § 133 Abs. 1 InsO immer dann auszuschließen sein, wenn das Vertrauen des Anfechtungsgegners auf den Bestand der Rechtshandlung des Schuldners ungeachtet seiner Kenntnis davon schutzwürdig sei, dass der Schuldner die Benachteiligung seiner Gläubiger billigend in Kauf nehme.[629] Ein solches schutzwürdiges Vertrauen sei anzunehmen, wenn der Anfechtungsgegner verpflichtet sei, dem Handeln des Schuldners zu entsprechen; was insbesondere im Falle der Banküberweisung der

---

621 *Bork*, ZIP 2008, 1041 (1046).

622 Siehe dazu S. 148, 151 ff.; vgl. BGH, 24.01.2013 - IX ZR 11/12, ZInsO 2013, 384 (387); BGH, 26.04.2012 - IX ZR 74/11, ZInsO 2012, 924 (927); bestätigend BGH, 13.06.2013 - IX ZR 259/12, JurionRS 2013, 43926 (Tz. 24. f.) = ZInsO 2013, 1898 (1900).

623 *Enzenhofer*, NZI 2013, 249 (253).

624 *Enzenhofer*, NZI 2013, 249 (253).

625 *Enzenhofer*, NZI 2013, 249 (252).

626 *Jacoby*, KTS - Zeitschrift für Insolvenzrecht 2009, 3.

627 Siehe dazu S. 148, 151 ff.; vgl. BGH, 24.01.2013 - IX ZR 11/12, ZInsO 2013, 384 (387); BGH, 26.04.2012 - IX ZR 74/11, ZInsO 2012, 924 (927); bestätigend BGH, 13.06.2013 - IX ZR 259/12, JurionRS 2013, 43926 (Tz. 24. f.) = ZInsO 2013, 1898 (1900).

628 *Jacoby*, KTS - Zeitschrift für Insolvenzrecht 2009, 3 (14), (17), (23).

629 *Jacoby*, KTS - Zeitschrift für Insolvenzrecht 2009, 3 (14).

Fall sei.[630] Ein anderes Verständnis kann nur dann angemessen sein, wenn das Kreditinstitut seine Stellung als bloße Zahlstelle aufgebe und auf den Schuldner hinsichtlich der Gläubigerbefriedigung Einfluss nehme. Demnach bedürfe es in solchen Konstellationen – wie oben angezeigt – einer teleologischen Reduktion des § 133 InsO, da ansonsten der Anwendungsbereich zu weit ginge und falsche Verhaltensanreize gesetzt würden.[631]

dd) Ansicht von *Ede*

Ede berücksichtigt den geschilderten Gedankengang des Bundesgerichtshofes auf der Rechtsfolgenseite der Anspruchsgrundlage aus § 143 Abs. 1 S. 1, 2 InsO.[632] Schließlich folge der Rückgewähranspruch in dieser Konstellation aus § 143 Abs. 1 S. 1, S. 2 InsO i. V. m. §§ 819 Abs. 1, 818 Abs. 4, 292, 989 BGB und verlange wegen § 989 BGB das Tatbestandsmerkmal des Verschuldens.[633] Das Verschulden scheide jedoch vorliegend aus, da eine sog. rechtfertigende Pflichtenkollision vorliege.[634] Denn eine Verpflichtung zur Ausführung der schuldnerischen Weisung dürfe dem Kreditinstitut nicht zum Nachteil gereicht werden und lasse letztendlich ein Rückgewähranspruch mangels Verschulden aus § 989 BGB ausscheiden.[635]

b) Lösungsansatz aus der Rechtsprechung

Nach Auffassung der Rechtsprechung liegt die für die Vorsatzanfechtung von Zahlungen des Schuldners an Dritte gegenüber dem kontoführenden Kreditinstitut als Leistungsmittler erforderliche Kenntnis des Kreditinstitutes vom Gläubigerbenachteiligungsvorsatz des Schuldners nicht allein deshalb vor, weil

---

630 *Jacoby*, KTS – Zeitschrift für Insolvenzrecht 2009, 3 (17), (23).

631 *Jacoby*, KTS – Zeitschrift für Insolvenzrecht 2009, 3 (14); so auch *Würdinger*, Insolvenzanfechtung im bargeldlosen Zahlungsverkehr, S. 159; *derselbe*, WuB 2012, VI A. § 133 InsO 2.12; vgl. dazu auch *Thole*, ZIP 2013, 2081 (2086 f.) der von dem Erfordernis einer „*wertenden Korrektur*“ spricht (*Thole*, ZIP 2013, 2081 (2087)).

632 *Ede*, ZInsO 2012, 1541 (1543 f.).

633 *Ede*, ZInsO 2012, 1541 (1543 f.).

634 *Ede*, ZInsO 2012, 1541 (1543 f.); vgl. auch *Schwartz*, Der subjektive Tatbestand der Vorsatzanfechtung nach § 133 InsO, S. 289 der die Pflichtenkollision auf Seiten des Schuldners als Beweisanzeichen untersucht und gegebenenfalls zur Entkräftung des Gläubigerbenachteiligungsvorsatzes bei dem Schuldner führen kann.

635 *Ede*, ZInsO 2012, 1541 (1544).

das Kreditinstitut die Zahlungsunfähigkeit des Schuldners kennt.[636] Schließlich berechtige die Kenntnis des Kreditinstitutes von der Zahlungsunfähigkeit nicht dazu, die Ausführungen von eingehenden Zahlungsaufträgen eines weiterhin verpflichtungs- und verfügungsbefugten Schuldners zu verweigern.[637] Vielmehr sei ein Zahlungsdienstleister gemäß § 675o Abs. 2 BGB nicht berechtigt einen autorisierten Zahlungsauftrag abzulehnen, wenn die im Zahlungsdiensterahmenvertrag festgelegten Ausführungsbedingungen erfüllt seien und die Ausführung nicht gegen sonstige Rechtsvorschriften verstoße.[638] Darüber hinaus müsse das Kreditinstitut, sofern ein Guthaben oder eine offene Kreditlinie vorhanden sei, eine Überweisung vornehmen, selbst wenn es von einem Insolvenzantrag oder der Zahlungsunfähigkeit des Schuldners erfahren hat.[639] Letztendlich bestehe kein rechtlicher Unterschied, ob das Kreditinstitut die dem Schuldner geschuldete Leistung an diesen selbst oder an einen von diesem auserwählten Dritten erbringe.[640]

Setze demnach eine Zahlstelle des Kreditinstitutes die Erledigung seitens des Schuldners erteilter Zahlungsaufträge rein zahlungstechnisch um, werde eine vorsätzliche Benachteiligung im Sinne des § 133 Abs. 1 InsO oftmals nicht in Betracht kommen, da das Kreditinstitut als Leistungsmittler nicht erkennen könne, ob die von dem Schuldner veranlassten Zahlungsvorgänge überhaupt rechtlich zu beanstanden seien.[641] Denn bei der Abwicklung des Zahlungsverkehrs durch ein Kreditinstitut handele es sich um alltägliche Geschäftsvorgänge, denen ein Wille des Leistenden, seine Gläubiger zu benachteiligen, regelmäßig nicht zu entnehmen sei.[642] Es seien für ein Kreditinstitut schließlich unterschiedliche

---

636 BGH, 24.01.2013 - IX ZR 11/12, ZInsO 2013, 384 (387); BGH, 26.04.2012 - IX ZR 74/11, ZInsO 2012, 924 (927); bestätigend BGH, 13.06.2013 - IX ZR 259/12, JurionRS 2013, 43926 (Tz. 24. f.) = ZInsO 2013, 1898 (1900).

637 BGH, 24.01.2013 - IX ZR 11/12, ZInsO 2013, 384 (386); BGH, 26.04.2012 - IX ZR 74/11, ZInsO 2012, 924 (926).

638 BGH, 24.01.2013 - IX ZR 11/12, ZInsO 2013, 384 (386); BGH, 26.04.2012 - IX ZR 74/11, ZInsO 2012, 924 (926).

639 BGH, 24.01.2013 - IX ZR 11/12, ZInsO 2013, 384 (386); BGH, 26.04.2012 - IX ZR 74/11, ZInsO 2012, 924 (926); *Obermüller*, Insolvenzrecht in der Bankpraxis, Rn. 3.15 und Rn. 3.20.

640 BGH, 24.01.2013 - IX ZR 11/12, ZInsO 2013, 384 (386 f.); BGH, 26.04.2012 - IX ZR 74/11, ZInsO 2012, 924 (926); vgl. *Bork*, in: Festschrift für Fischer, 2008, S. 37 (47).

641 BGH, 24.01.2013 - IX ZR 11/12, ZInsO 2013, 384 (387); BGH, 26.04.2012 - IX ZR 74/11, ZInsO 2012, 924 (926).

642 BGH, 24.01.2013 - IX ZR 11/12, ZInsO 2013, 384 (387); BGH, 26.04.2012 - IX ZR 74/11, ZInsO 2012, 924 (926).

Gestaltungen denkbar, bei denen die Ausführung eines Zahlungsauftrages trotz Zahlungsunfähigkeit des Kontoinhabers keinen anfechtungsrechtlichen Bedenken begegne.[643]

Das Kreditinstitut in der Stellung als Leistungsmittler kenne den Gläubigerbenachteiligungsvorsatz des Schuldners jedoch dann, wenn es bei Ausführung von Zahlungsaufträgen nicht nur über dessen Zahlungsunfähigkeit unterrichtet sei, sondern im Zuge der Verfolgung eigener Interessen bzw. Sonderinteressen in eine von dem Schuldner angestrebte Gläubigerbenachteiligung eingebunden werde; insbesondere soweit diese Einbindung auf einem kollusiven Zusammenwirken zwischen dem Schuldner und dem Kreditinstitut basiere.[644] Bezüglich eines solchen Zusammenwirkens sei wiederum eine Vielzahl von Gestaltungen denkbar.[645] Beispielhaft hat der Bundesgerichtshof diese im Urteil vom 26.04.2012 – IX ZR 74/11, ZInsO 2012, 924 (927) wie folgt beschrieben:

> *ein zwischen dem Schuldner und dem Leistungsmittler mit Rücksicht auf die wirtschaftliche Zwangslage des Schuldners abgestimmtes, einzelne Gläubiger begünstigendes Zahlungsverhalten;*[646]
>
> *mangels insgesamt hinreichender Deckung befriedigt der Leistungsmittler in Absprache mit dem Schuldner bestimmte Gläubiger durch Zahlung;*[647]
>
> *ein Kreditinstitut führt bei unzureichender Deckung, ohne sich mit dem Schuldner ins Benehmen zu setzen, lediglich einzelne Zahlungsaufträge an von ihr bevorzugte Empfänger zum Zwecke einer selektiven Befriedigung aus;*[648]
>
> *die Duldung einer Überschreitung der Kreditlinie durch ein Kreditinstitut erfolgt allein deshalb, weil das Kreditinstitut die Befriedigung eines bestimmten Zahlungsempfängers sicherstellen will;*[649]
>
> *das Kreditinstitut missbraucht seine Funktion als Zahlstelle, indem es bei insgesamt nicht genügender Deckung eine Überweisung von einem Guthabenkonto des Schuldners auf ein bei dem Kreditinstitut geführtes Darlehenskonto zulässt, die in der Art einer*

643 BGH, 24.01.2013 – IX ZR 11/12, ZInsO 2013, 384 (387); BGH, 26.04.2012 – IX ZR 74/11, ZInsO 2012, 924 (926) mit einzelnen konkreten Fallgestaltungen.

644 BGH, 24.01.2013 – IX ZR 11/12, ZInsO 2013, 384 (387); BGH, 26.04.2012 – IX ZR 74/11, ZInsO 2012, 924 (927).

645 BGH, 24.01.2013 – IX ZR 11/12, ZInsO 2013, 384 (387); BGH, 26.04.2012 – IX ZR 74/11, ZInsO 2012, 924 (927).

646 BGH, 26.04.2012 – IX ZR 74/11, ZInsO 2012, 924 (927).

647 BGH, 26.04.2012 – IX ZR 74/11, ZInsO 2012, 924 (927).

648 BGH, 26.04.2012 – IX ZR 74/11, ZInsO 2012, 924 (927).

649 BGH, 26.04.2012 – IX ZR 74/11, ZInsO 2012, 924 (927).

Vorwegbefriedigung zur Verringerung eines dem Schuldner von dem Kreditinstitut gewährten Darlehens führt.[650]

c) Kritik zu den Lösungsansätzen im Schrifttum

Der von *Bork*[651] vertretenen Ansicht ist nicht zu folgen. Zwar entspricht der Ansatz im Kern dem vom Bundesgerichtshof entwickelten Verständnis, jedoch lässt diese Sichtweise gerade Fallgestaltungen aus, bei welchen das Kreditinstitut mit Ausführung des Zahlungsauftrages Eigen- bzw. Sonderinteressen unter Kenntnis der vom Gläubiger vorgenommen Gläubigerbenachteiligung verfolgt.[652] In diesen Fällen kann nicht von einem sozial adäquaten Verhalten gesprochen werden, welches es gebietet, im Rahmen einer normativen Betrachtungsweise diese Anfechtungskonstellation aus dem Anwendungsbereich des § 133 Abs. 1 InsO herauszunehmen. Vielmehr will § 133 InsO gerade davor schützen, dass nicht durch bestimmte bzw. gesteuerte Verhaltensweisen des Schuldners einzelne Gläubiger gegenüber der Gläubigergemeinschaft bevorzugt werden.[653]

Des Weiteren ist auch nicht dem Ansatz von *Enzenhofer*[654] zu folgen. Zwar ist es richtig, dass stets auf die jeweils eingetretene Gläubigerbenachteiligung die Voraussetzungen des Anfechtungstatbestandes zu prüfen und diese gerade nicht pauschal sowohl für das Deckungs- als auch Valutaverhältnis zu untersuchen sind[655]. Dabei ist es jedoch unerheblich, auf welche Gläubigerbenachteiligung sich der Benachteiligungsvorsatz des Schuldners bezieht.[656] Es genügt demnach ein allgemeiner Benachteiligungsvorsatz des Schuldners.[657] Der Wortlaut des § 133 Abs. 1 S. 1 verlangt gerade nicht, dass der Schuldner einen konkreten Gläubigerbenachteiligungsvorsatz hat, welcher sich zwingend auf die tatsächlich

---

650 BGH, 26.04.2012 – IX ZR 74/11, ZInsO 2012, 924 (927).

651 *Bork*, ZIP 2008, 1041 (1046).

652 Ähnlich *Ganter*, NZI 2010, 834 (836).

653 Vgl. BGH, 10.02.2005 – IX ZR 211/02, ZInsO 2005, 260 (262).

654 *Enzenhofer*, NZI 2013, 249 (252 f.).

655 Vgl. BGH, 07.09.2013 – IX ZR 86/08, ZInsO 2009, 1585 (1587).

656 Vgl. BGH, 24.10.2013 – IX ZR 104/13, ZInsO 2013, 2378 (2380); BGH, 19.09.2013 – IX ZR 4/13, ZinsO 2013, 2213 (2214); BGH, 10.01.2008 – IX ZR 33/07, ZInsO 2008, 271 (273); *Ganter*, WM 2009, 1441 (1444); *Kayser*, in: Münchener Kommentar zur Insolvenzordnung, § 133 Rn. 11 und Rn. 16; *Schmidt/Steinbach*, ZInsO 2013, 2423 (2424).

657 BGH, 24.10.2013 – IX ZR 104/13, ZInsO 2013, 2378 (2380); *Ganter*, WM 2009, 1441 (1444); *Kayser*, in: Münchener Kommentar zur Insolvenzordnung, § 133 Rn. 11 und Rn. 16.

eingetretene Gläubigerbenachteiligung beziehen muss.[658] Es ist vielmehr ausreichend, dass der Schuldner eine Rechtshandlung in dem Bewusstsein vornimmt, seine Gläubigergemeinschaft zu benachteiligen.[659] Dass diese dann zu einer Gläubigerbenachteiligung im Deckungsverhältnis bzw. im Valutaverhältnis oder gar in beiden Verhältnissen führt, ist für die Ermittlung des Gläubigerbenachteiligungsvorsatzes – jedoch nicht für die Bestimmung der objektiven Gläubigerbenachteiligung – unerheblich. Darüber hinaus ist es nicht nachzuvollziehen wie die vom Bundesgerichtshof entwickelte Argumentationslinie das Fehlen des Gläubigerbenachteiligungsvorsatzes auf Seiten des Schuldners dokumentieren soll. Es ist gerade nicht der Schuldner der seine Weisung zahlungstechnisch umsetzen muss, sondern das Kreditinstitut (vgl. § 675o Abs. 2 BGB). Vielmehr basiert die zur Gläubigerbenachteiligung führende Weisung auf dem freien Willen des Schuldners. Übt der Schuldner demnach eine solche Weisung in Kenntnis der Zahlungsunfähigkeit bzw. drohenden Zahlungsunfähigkeit aus, ist auch in Dreieckskonstellationen auf den für § 133 Abs. 1 S. 1 InsO notwendigen Gläubigerbenachteiligungsvorsatz des Schuldners (in der Regel) zu schließen.

Ebenso muss der Lösungsansatz von *Ede*[660] zurückgewiesen werden. Zum einen ist nicht ersichtlich, welche Pflichten miteinander kollidieren. Denn eine gesetzliche oder sonst irgendwie geartete Verpflichtung des Kreditinstitutes, die bestehende Gläubigergemeinschaft des Schuldners vor Benachteiligungen durch die Nichtausübung von Rechtshandlungen vor Insolvenzeröffnung zu schützen, besteht nicht. Insbesondere existiert in dem Zeitraum vor Insolvenzeröffnung nicht der Anwendungsbereich des Insolvenzanfechtungsrechtes (§§ 129 ff. InsO), welcher von potentiellen Anfechtungsgegnern aus bestehenden Rechtsgründen zu berücksichtigen ist. Das Anfechtungsrecht bzw. der Anfechtungsanspruch entsteht mit Eröffnung des Insolvenzverfahrens.[661] Folglich kollidieren keine rangverschiedenen oder ranggleichwertigen Handlungspflichten. Zum anderen lässt sich nicht erschließen, inwieweit das Verschulden im Sinne § 989 BGB ausscheiden soll, wenn auf Tatbestandsebene feststeht, dass der Anfechtungsgegner zum Zeitpunkt der Rechtshandlung Kenntnis von dem Gläubigerbenachteiligungsvorsatz hatte. Das Verschulden im Rahmen des § 989 BGB wird angenommen, wenn der Anspruchsgegner in Kenntnis der bestehenden

658 *Ganter*, WM 2009, 1441 (1444); vgl. BGH, 19.09.2013 – IX ZR 4/13, ZinsO 2013, 2213 (2214); *Schmidt/Steinbach*, ZInsO 2013, 2423 (2424).

659 Vgl. *Kayser*, in: Münchener Kommentar zur Insolvenzordnung, § 133 Rn. 16.

660 *Ede*, ZInsO 2012, 1541 (1543 f.).

661 Vgl. BGH, 27.03.2008 – IX ZR 210/07, ZInsO 2008, 449 (451); *Kreft*, in: Heidelberger Kommentar zur Insolvenzordnung, § 129 Rn. 82.

oder möglichen Herausgabepflicht gehandelt hat; selbst wenn das schädigende bzw. gläubigerbenachteiligende Ereignis unverschuldet eingetreten ist.[662] Sofern demnach das Kreditinstitut in Kenntnis des Gläubigerbenachteiligungsvorsatzes seitens des Schuldners handelt und sich ferner zumindest der Möglichkeit der Existenz einer Rückgewährpflicht bewusst sein muss, erweist sich die Weitergabe des zurück zu gewährenden Erlangten als verschuldet, auch wenn das Handeln des Kreditinstitutes als solches aufgrund einer rechtlichen Verpflichtung zum Schuldner basiert.[663]

d) *Kritik zur Rechtsprechung, Darstellung eines eigenen Lösungsansatzes sowie Stellungnahme zur Ansicht von* Jacoby

aa) Kritik zur Rechtsprechung und Darstellung eines eigenen Lösungsansatzes

Der Bundesgerichtshof verkennt in seiner Begründung die rechtliche Wirkung des § 133 Abs. 1 S. 2 InsO. Dabei handelt es sich um eine gesetzliche Vermutung im Sinne des § 292 ZPO, welche nicht durch eine Wertung, sondern den Beweis des Gegenteils zu widerlegen ist. Es ist demnach erforderlich, dass das Kreditinstitut Umstände darlegt und gegebenenfalls beweist, die es naheliegend erscheinen lassen, dass dem Kreditinstitut der Gläubigerbenachteiligungsvorsatz des Schuldners (zum Zeitpunkt der Vornahme der Rechtshandlung) nicht bekannt war.[664] Zwar ist es absolut zutreffend, dass bestehende Beweiszeichen seitens des Tatrichters stets gemäß § 286 ZPO zu würdigen sind, jedoch dürfen die Voraussetzungen des § 133 Abs. 1 S. 2 InsO und dessen Folgen nicht umgangen werden. Denn nur die zur Ermittlung der subjektiven Voraussetzung des § 133 Abs. 1 InsO dienenden Beweiszeichen dürfen einer Wertung unterliegen. Nicht die feststehenden und tatbestandlichen Voraussetzungen des § 133 Abs. 1 S. 2 InsO selbst. Sofern demnach die Voraussetzungen des § 133 Abs. 1 S. 2 InsO feststehen, bedarf es des Beweises des Gegenteils im Sinne des § 292 ZPO durch den Anfechtungsgegner. Diese rechtliche Wirkung und Wertung darf nicht durch eine darüber hinausgehende Wertung des Tatrichters genommen und dadurch der Anfechtungsgegner privilegiert werden.[665] Vielmehr muss – wie beredet –

662 Vgl. *Vieweg/Werner*, Sachenrecht, § 8 Rn. 22.

663 Vgl. BGH, 26.04.2012 – IX ZR 74/11, ZInsO 2012, 925 (927 f.); *Jacoby*, in: Kübler/Prütting/Bork - Insolvenzordnung, § 143 Rn. 60.

664 Vgl. BGH, 24.05.2007 – IX ZR 97/06, ZInsO 2007, 819; vgl. dazu *Commandeur/Brocker*, NZG 2014, 980 (982).

665 Vgl. BT-Drucksache, 12/2443 S. 160; siehe ferner *Smid*, ZInsO 2014, 275 (278 f.)

der Beweis des Gegenteils und nicht nur der Gegenbeweis erbracht werden. Dieser Beweis des Gegenteils im Sinne des § 292 ZPO ist jedoch als erbracht anzusehen, soweit es sich um einen

- üblichen, alltäglichen Geschäftsvorgang handelt – z. B. Überweisung oder Lastschriftverfahren –;[666]
- der durch das Kreditinstitut als Leistungsmittler und Zahlstelle „rein" zahlungstechnisch umgesetzt wird;[667]
- das Kreditinstitut gemäß § 675o Abs. 2 BGB die Ausführung des Zahlungsauftrages nicht ablehnen darf, wenn die vertraglich vereinbarten Ausführungsbedingungen erfüllt sind und nicht gegen sonstige zum Zeitpunkt der Rechtshandlung geltende Rechtsvorschriften verstößt;[668]
- der Zahlungsvorgang aus einem Guthaben oder offenen Kreditlinie erfolgt;[669]
- keine Einbindung in die objektive Gläubigerbenachteiligung seitens des Schuldners durch Eigen- bzw. Sonderinteressen des Kreditinstitutes;[670]

Es wird dem Kreditinstitut als Anfechtungsgegner grundsätzlich bei der Abwicklung solcher Geschäftsvorgänge oftmals kein Bewusstsein anhaften, das darauf schließen lässt, dass das Kreditinstitut zum Zeitpunkt der Rechtshandlung des Schuldners Kenntnis von dem Gläubigerbenachteiligungsvorsatz des Schuldners hat. Vielmehr handelt es sich in der Regel bei derartigen Zahlungsvorgängen um alltägliche und grundsätzlich sogar automatisierte Vorgänge innerhalb des Kreditinstitutes als Zahlstelle, sodass davon ausgegangen werden kann, dass der Umsetzung solcher Zahlungsvorgänge nicht das Bewusstsein des Kreditinstitutes anhaftet, es führe den Zahlungsvorgang in Kenntnis bestimmter Vorstellungen des Schuldners durch. Das Abwickeln von schematischen Vorgängen durch das Kreditinstitut als Zahlstelle impliziert demnach nicht die Kenntnis des Kreditinstitutes von speziellen subjektiven Elementen des Kunden bzw. des Schuldners, sondern untermauert Erfahrungssätze, dass ständig wiederkehrende und alltägliche Vorgänge ohne spezielle Gesinnung bzw. Kenntnis vollzogen werden. Schließlich ist es die ureigene Aufgabe des Kreditinstitutes als Zahlstelle zu fungieren, um stets den für sämtliche Bereiche essentiellen bargeldlosen

666 Vgl. BGH, 26.04.2012 – IX ZR 74/11, ZInsO 2012, 924 (926).
667 Vgl. BGH, 26.04.2012 – IX ZR 74/11, ZInsO 2012, 924 (926).
668 Vgl. BGH, 26.04.2012 – IX ZR 74/11, ZInsO 2012, 924 (926).
669 Vgl. BGH, 26.04.2012 – IX ZR 74/11, ZInsO 2012, 924 (926).
670 Vgl. BGH, 26.04.2012 – IX ZR 74/11, ZInsO 2012, 924 (927); wobei auch beispielhaft konkrete Fallgestaltungen aufgezeigt werden (s.o.).

Zahlungsverkehr einheitlich und zügig zu gewährleisten.[671] Basierend auf einem solchen Verständnis lässt sich auch das nicht unerhebliche Haftungsrisiko des Kreditinstitutes eindämmen, welches gegebenenfalls daraus resultieren würde, dass berechtigte Zahlungsanweisungen oder Lastschriften verweigert werden.[672] Liegen folglich die dargestellten und bereits vom Bundesgerichtshof[673] aufgezeigten Umstände vor, so ist der Beweis des Gegenteils für die gesetzliche Vermutung des § 133 Abs. 1 S. 2 InsO seitens des Kreditinstitutes gelungen. Die gesetzlich vermutete Behauptung, dass der Anfechtungsgegner Kenntnis von dem Gläubigerbenachteiligungsvorsatz des Schuldners habe, ist widerlegt.

Der insbesondere prozessrechtliche Unterschied zum Vorgehen des Bundesgerichtshofes liegt darin, dass der Anfechtungsgegner die genannten Umstände kumulativ darlegen und gegebenenfalls beweisen muss und dies nicht der tatrichterlichen Würdigung überlassen wird. Durch ein derartiges Vorgehen wird der vom Gesetzgeber vorgeschriebenen Darlegungs- und Beweislastverteilung sowie den damit verbundenen Wirkungen (vgl. § 133 Abs. 1 S. 2 InsO; § 292 ZPO) Rechnung getragen.[674] Dieses Vorgehen stellt auch keine unzumutbare Erschwernis an ein Kreditinstitut dar. Sofern keine Eigen- bzw. Sonderinteressen des Kreditinstitutes im Streit zwischen dem Insolvenzverwalter und dem Kreditinstitut stehen, welche auch aufgrund des Negativcharakters dieser Voraussetzung vom Insolvenzverwalter im Wege einer sekundären Darlegungslast darzustellen wären, dürften die Darlegung und gegebenenfalls der Beweis der genannten Umstände für ein Kreditinstitut nicht schwer fallen. Dabei gilt es zu erwähnen, dass die vom Bundesgerichtshof dargelegten Umstände[675], welche ein Eigen- bzw. Sonderinteresse des Kreditinstitutes dokumentieren, nicht als abschließende Fallgruppen zu bewerten sind. Vielmehr seien *vielfältige*

---

671 Vgl. *Enzenhofer*, NZI 2013, 249 (252); *Brocker*, GWR 2013, 94; *Flitsch*, GWR 2012, 304; siehe dazu auch OLG Stuttgart, 12.06.2013 – 9 U 37/13, ZInsO 2013,1908 (1910); *Burghardt*, in: Ellenberger/Findeisen/Nobbe, Zahlungsverkehrsrecht, § 675s Rn. 1; *Würdinger*, Insolvenzanfechtung im bargeldlosen Zahlungsverkehr, S. 149.

672 Vgl. OLG Stuttgart, 12.06.2013 – 9 U 37/13, ZInsO 2013,1908 (1910); *Bernau/Dimmling*, BKR 2012, 469 (473); siehe auch *Cranshaw*, jurisPR-InsR 14/2012, Anm. 1, der dahingehend argumentiert, dass auch das anfechtungsrechtliche Haftungsrisiko schlichtweg zu hoch sei, da sonst gesamte Umsätze der Anfechtung unterliegen würden.

673 BGH, 26.04.2012 – IX ZR 74/11, ZInsO 2012, 924 (926 f.).

674 Vgl. BT-Drucksache, 12/2443 S. 160.

675 BGH, 26.04.2012 – IX ZR 74/11, ZInsO 2012, 924 (927).

Gestaltungen[676] denkbar. In der Praxis lassen sich diese Fallgruppen insbesondere in folgenden Sachverhaltskonstellationen wiedererkennen:

Versuchtes und gesteuertes „Auffüllen" von Sicherheiten:
Mangels hinreichender Deckung auf dem Geschäftskonto des Schuldners werden in Abstimmung mit dem Kreditinstitut durch Zahlungsvorgänge nur einzelne auserwählte Lieferanten des Schuldners befriedigt. Damit sollen Lieferungen sichergestellt werden, um möglichst zügig halbfertige Arbeiten werthaltig machen zu können, die „frische" und notwendige liquide Mittel in Aussicht stellen. Das Kreditinstitut lässt sich darauf ein, da der Schuldner zur Sicherheit des ausgereichten Kredits alle Forderungen aus Lieferung und Leistung an das Kreditinstitut abgetreten hat. Zur Lieferung kommt es noch. Die Fertigstellung der halbfertigen Arbeiten bleibt jedoch aus, da ein weiterer unbefriedigter Gläubiger einen Antrag auf Eröffnung des Insolvenzverfahrens gestellt hat und daraufhin das Insolvenzverfahren eröffnet wird. Eine Insolvenzanfechtung gegenüber dem Lieferanten gemäß §§ 130, 133 InsO scheidet aus. Diese können sich zur Entlastung insbesondere auf den Bargeschäftseinwand aus § 142 InsO berufen.

Selektive Befriedigung von Gläubigern aus eigenem Interesse:
Aufgrund unzureichender Deckung führt das Kreditinstitut nicht alle Zahlungsaufträge aus. Im Rahmen der verbleibenden Deckung werden nur Zahlungsaufträge an solche

676 BGH, 24.01.2013 – IX ZR 11/12, ZInsO 2013, 384 (387); BGH, 26.04.2012 – IX ZR 74/11, ZInsO 2012, 924 (927); *Röttger* statuiert eine Verweigerungspflicht des Kreditinstitutes aus § 242 BGB soweit ein Kreditinstitut die Position als Zahlstelle verlassen hat, wobei jedoch offen gelassen wird, wem gegenüber diese Pflicht besteht (*Röttger*, Die insolvenzanfechtungsrechtliche Rückabwicklung von Anweisungsleistungen, S. 156 f.). Mangels Eröffnung des Insolvenzverfahrens besteht eine Gläubigergemeinschaft in Form einer Verlustgemeinschaft noch nicht. Darüber hinaus ist die Annahme einer derartigen Verweigerungspflicht sehr fraglich, wenn die Ausführungsbedingungen bezüglich des Zahlungsvorgangs erfüllt sind (vgl. § 675o Abs. 2 BGB). Denn die Ablehnung eines vertragskonformen Zahlungsauftrages seitens des Zahlungsdienstleister ist grundsätzlich nicht möglich und stellt – wenn überhaupt – die absolute Ausnahme dar (vgl. *Casper*, in: Münchener Kommentar zum Bürgerlichen Gesetzbuch, § 675o Rn. 7; *Burghardt*, in: Ellenberger/Findeisen/Nobbe, Zahlungsverkehrsrecht, § 675o Rn. 13.) Im Übrigen muss m. E. auch die Ansicht *Röttgers* dahingehend verstanden werden, dass eine Anfechtung aus § 133 InsO (regelmäßig) ausscheide, sofern das Kreditinstitut in seiner Funktion als Zahlstelle und trotz Existenz des § 133 Abs. 1 S. 2 InsO gehandelt habe, da insbesondere nicht ablehnend auf die Rechtsprechung des Bundesgerichtshofes sowie auf die Ansichten von *Jacoby* und *Bork* per Fußnote Bezug genommen wird (*Röttger*, Die insolvenzanfechtungsrechtliche Rückabwicklung von Anweisungsleistungen, S. 156). Auf eine dogmatische Einordnung im Rahmen des § 133 InsO verzichtet *Röttger* jedoch.

Empfänger ausgeführt, die Geschäftskunden des Kreditinstitutes sind und somit die Liquidität „im Haus" bleibt.

Sachverhaltsermittlung[677]:
Ermitteln lassen sich solche Sachverhalte in der Regel durch Auskünfte des Geschäftsführers oder leitender Angestellte des Schuldners. Teilweise werden solche Vorgehensweisen sogar vom Kreditinstitut schriftlich fixiert bzw. in sog. Bankensitzungen gemeinsam mit dem Schuldner „ausgearbeitet" und durch ein Protokoll schriftlich festgehalten.

Im Kern lässt sich somit festhalten, dass eine Kenntnis des Kreditinstitutes vom Gläubigerbenachteiligungsvorsatz nicht bestehen wird, sofern sich die Geschäftsbeziehung auf die Abwicklung von Zahlungsaufträgen beschränkt. Der Beweis des Gegenteils im Rahmen der Vermutung des § 133 Abs. 1 S. 2 InsO wird immer gelingen. Dem Kreditinstitut ist der Grund des Zahlungsauftrages, namentlich das Zuwendungsverhältnis (Valutaverhältnis), grundsätzlich nicht bekannt. Es wird dem Kreditinstitut regelmäßig egal sein, zu wessen Gunsten der Zahlungsauftrag ausgeführt wird. Anders kann die Sachlage nur dann beurteilt werden, wenn das Kreditinstitut die reine Stellung als Zahlstelle verlässt und eigene Interessen in den Vordergrund stellt.

bb) Stellungnahme zur Ansicht von *Jacoby*

Nach dem Gesagten ist folglich auch der dogmatische Ansatz von *Jacoby* zurückzuweisen. Der im Ergebnis zutreffende Ansatz ist dogmatisch nicht notwendig. Denn einer teleologischen Reduktion bedarf es nur, soweit der Zweck der Norm diese Einschränkung gebietet.[678] Aus den genannten Gründen ist jedoch ersichtlich, dass die tatbestandliche Anwendung des § 133 Abs. 1 InsO scheitert, da insbesondere die gesetzliche Vermutung des § 133 Abs. 1 S. 2 InsO in der geschilderten Konstellation widerlegt wird und der geschilderte Erfahrungssatz aufzeigt, dass es in der Regel an der Kenntnis des Gläubigerbenachteiligungsvorsatzes seitens des Kreditinstitutes fehlen wird. Dass dagegen Sonderinteressen bzw. spezielle subjektiven Tendenzen des Kreditinstitutes in der Stellung als Leistungsmittler gegebenenfalls zur Anwendung des § 133 Abs. 1 InsO führen können, erkennt auch *Jacoby*[679] an und führt gerade nicht zur „Überdehnung" des Anwendungsbereiches des § 133 Abs. 1 InsO. Solche Sonderinteressen bzw.

---

677 Siehe zur Ermittlung und Aufarbeitung anfechtungsrelevanter Sachverhalte *Kirstein*, ZInsO 2014, 1522.

678 *Köhler*, BGB – Allgemeiner Teil, § 4 Rn. 24.

679 *Jacoby*, KTS – Zeitschrift für Insolvenzrecht 2009, 3 (23).

spezielle subjektive Tendenzen[680] – wie schon von *Jacoby* dargelegt – müssen vielmehr von § 133 Abs. 1 InsO erfasst werden. Insgesamt fehlt es demnach an der für die Anwendung einer teleologischen Reduktion notwendigen verdeckten Lücke der Norm.[681]

e) Besteht ein Ausführungsverweigerungsrecht des Kreditinstitutes in Bezug auf (auszuführende) Zahlungsaufträge, wenn der Schuldner das Kreditinstitut von seinem Gläubigerbenachteiligungsvorsatz in Kenntnis setzt?

Problematisch bleiben jedoch die Fälle, wenn sich das Kreditinstitut nicht in die Zahlungsabläufe einschaltet, jedoch die mit dem Zahlungsauftrag durchgeführte Zahlung offensichtlich mit einem Gläubigerbenachteiligungsvorsatz des Schuldners verbunden ist. Dies kann z. B. dann der Fall sein, wenn der Geschäftsführer des Schuldners das Kreditinstitut von der bestehenden Zahlungsunfähigkeit in Kenntnis setzt und das Kreditinstitut – zu seinem eigenen Schutz (vgl. § 266 a StGB) und aufgrund der bevorstehenden Insolvenzantragsstellung – anweist, nur noch die Arbeitnehmeranteile zur Sozialversicherung aus der noch offenen Kreditlinie bis zur Ausschöpfung des Kreditlimits zu begleichen. Will sich nunmehr das Kreditinstitut (in der Stellung als Leistungsmittler) dem sodann bestehenden Anfechtungsrisiko aus § 133 Abs. 1 InsO entziehen, verbleibt in der Regel nur die Möglichkeit der Kündigung des Darlehens (vgl. § 490 Abs. 1 BGB). Die außerordentliche Kündigung eines Darlehens gemäß § 490 Abs. 1 BGB verlangt jedoch einen gewissen zeitlichen Rahmen bis zu ihrer Wirkung. Das Kreditinstitut wird die Kündigung schriftlich verfassen und hat den Zugang sicherzustellen, sodass es durchaus möglich ist, dass innerhalb dieses Zeitfensters bis zum Zugang der Kündigung, weitere Zahlungsaufträge „auflaufen" (z. B. weiterhin bestehende Daueraufträge) und aufgrund der bestehenden Voraussetzungen aus dem Zahlungsdiensterahmenvertrag auszuführen sind. Nichtsdestotrotz könnte das Kreditinstitut berechtigt sein, in solchen Fällen die Ausführung von Zahlungsaufträgen abzulehnen. Dies ist dann der Fall, wenn die Ausführung gegen sonstige Rechtsvorschriften im Sinne des § 675o Abs. 2 BGB verstößt. Grundsätzlich gilt für Zahlungsdiensterahmenverträge, dass der Zahlungsdienstleister (Kreditinstitut) des Zahlers (Schuldner) die Ausführung eines Zahlungsauftrages nicht ablehnen darf, wenn die vertraglich vereinbarten

680 *Jacoby*, KTS – Zeitschrift für Insolvenzrecht 2009, 3 (23).

681 *Köhler*, BGB – Allgemeiner Teil, § 4 Rn. 24.

Ausführungsbedingungen erfüllt sind.[682] Das Kreditinstitut ist folglich bei der Ablehnung von Zahlungsaufträgen innerhalb des Zahlungsdiensterahmenvertrages eingeschränkt.[683] Schließlich soll sich der Kunde (Schuldner) sicher sein, dass die von ihm erteilten Zahlungsaufträge, bei Vorliegen der Voraussetzungen aus dem Zahlungsdiensterahmenvertrag und der in der Regel damit verbundenen Sonderbedingungen (z. B. und insbesondere im Überweisungs- und Lastschriftverkehr)[684], ausgeführt werden und zwar unabhängig davon, ob der Zahlungsvorgang von ihm selbst oder über den Zahlungsempfänger ausgelöst wird.[685] Von diesen Ausführungspflichten kann das Kreditinstitut nur dann abweichen, wenn es aufgrund anderer Vorschriften zur Ablehnung des Zahlungsvorganges verpflichtet ist.[686]

In vorliegender Konstellation könnten *Verstöße* – wie dargestellt – gegen die Anfechtungsnorm aus § 133 Abs. 1 InsO oder gar gegen das Verbot zur Beihilfe der Insolvenzverschleppung gemäß § 15 a Abs. 4 InsO, § 27 Abs. 1 StGB in Betracht kommen. Neben der Gefahr der Inkaufnahme eines Insolvenzanfechtungsanspruches basierend auf dem Anfechtungsgrund des § 133 Abs. 1 InsO für das Kreditinstitut in der Stellung als Leistungsmittler besteht auch die Gefahr der Beihilfe zur Insolvenzverschleppung für das Kreditinstitut, welche ebenfalls zivilrechtliche Haftungsansprüche auslösen kann (vgl. § 823 Abs. 2 BGB i. V. m. § 15 a Abs. 4 InsO). Schließich hat die Rechtsprechung auch schon in der Gewährung von Kreditmitteln bei Insolvenzreife des Schuldners eine taugliche Beihilfehandlung für eine Insolvenzverschleppung anerkannt, soweit das Kreditinstitut in rücksichtsloser und eigensüchtiger Weise seine Position zum Nachteil anderer Gläubiger verbessern will.[687]

Die aufgezeigten Vorschriften statuieren jedoch kein bestehendes Verbot hinsichtlich der Ablehnung von noch auszuführenden Zahlungsaufträgen (vgl. z. B. dagegen § 11 Abs. 1 a GWG). Vielmehr resultiert zunächst aus der Ausführung des Zahlungsauftrages die Gefahr einer späteren Inanspruchnahme aus insolvenzrechtlichen oder deliktischen Gründen, dessen Entstehung und

---

682 BT-Drucksache, 16/11643 S. 108.

683 BT-Drucksache, 16/11643 S. 108.

684 Vgl. *Casper*, in: Münchener Kommentar zum Bürgerlichen Gesetzbuch, § 675o Rn. 6.

685 BT-Drucksache, 16/11643 S. 108.

686 BT-Drucksache, 16/11643 S. 108.

687 BGH, 09.12.1969 – VI ZR 50/68, BGH NJW 1970, 657; *Knierim*, in: Dannecker/ Knierim/ Hage-meier – Insolvenzstrafrecht, S. 446 Rn. 1239 ff.

Durchsetzung jedoch erst von der Eröffnung eines Insolvenzverfahrens abhängt.[688] Derartige normative Ansätze sind demnach keine Verhaltensregeln, welche das Kreditinstitut zur Ablehnung von Zahlungsaufträgen berechtigt oder sogar verpflichtet. Der Anfechtungsanspruch basierend auf dem Anfechtungsgrund der vorsätzlichen Benachteiligung bzw. die Haftung für eine Beihilfe zur Insolvenzverschleppung stellen die Sanktion bestimmter subjektiver Gesinnungen dar und sind keine Verpflichtungen für das Kreditinstitut, welche die Ausführungen von Zahlungsaufträgen verhindern soll. Unter Berücksichtigung der Gesetzesbegründung zu § 675o Abs. 2 BGB muss die Rechtsvorschrift, welche die Ausführung verhindern soll, bereits in ihrem Anwendungsbereich existent und von ihrem Zweck auf die Verhinderung bzw. Ablehnung von noch auszuführenden Zahlungsaufträgen ausgerichtet sein. Rechtsvorschriften, deren vorgesehene Anwendung erst aufgrund der Ausführung des Zahlungsauftrages oder durch ein späteres Ereignis begründet wird (z. B. Insolvenzeröffnung), sind keine Vorschriften im Sinne des § 675o Abs. 2 BGB.

Dem Kreditinstitut steht demnach kein Ausführungsverweigerungsrecht zu, wenn der Schuldner dem Kreditinstitut seinen Gläubigerbenachteiligungsvorsatz oktroyiert. Zwecks Vermeidung der Ausführung weiterer Zahlungsaufträge im Rahmen des Zahlungsdiensterahmenvertrages ist das Kreditinstitut in diesen Situationen gehalten, die Geschäftsverbindung zum Schuldner durch Kündigung zu beenden.

2. *Fazit*

Festzuhalten bleibt demnach, dass grundsätzlich in der vorliegenden Konstellation die gesetzliche Vermutung des § 133 Abs. 1 S. 2 InsO vorliegen kann. Das Kreditinstitut kann jedoch bei Vorliegen der genannten Umstände den Beweis des Gegenteils erbringen. Denn in diesem Fall wird dem Kreditinstitut regelmäßig kein Bewusstsein zum Zeitpunkt der Vornahme der Rechtshandlung zuzurechnen sein, dass der Schuldner die bestehende Gläubigergemeinschaft benachteiligen will. Aus diesem Verständnis heraus ist auch keine Privilegierung der Kreditinstitute gegenüber anderen Leistungsmittlern zu erkennen.[689] Vielmehr fehlt es in anderen Konstellationen der Leistungsmittlerschaft grundsätzlich an der spezifischen zahlungstechnischen Umsetzung von Zahlungsvor-

688 Vgl. zum Insolvenzanfechtungsanspruch BGH, 01.02.2007 – IX ZR 96/04, ZInsO 2007, 261 (262); vgl. zur Geltendmachung von Quotenschäden bei deliktischen Handlungen BGH, 22.04.2004 – IX ZR 128/03, ZInsO 2004, 676.

689 *Luttmann*, EWiR 2013, 391 (392).

gängen, welche Kreditinstituten gemein und – wie dargestellt – entscheidend für die Widerlegung des Vermutungstatbestandes aus § 133 Abs. 1 S. 2 sind.[690] Soweit der Schuldner dem Kreditinstitut seinen Gläubigerbenachteiligungsvorsatz aufzwingt, steht dem Kreditinstitut kein Ausführungsverweigerungsrecht zu. Zur Vermeidung der Ausführung weiterer Zahlungsaufträge aus dem Zahlungsdiensterahmenvertrag und der Gefahr der Inkaufnahme eines Insolvenzanfechtungsanspruches ist das Kreditinstitut in einer solchen Situation gezwungen, die Geschäftsverbindung zum Schuldner durch Kündigung zu beenden.

D) Vorsätzliche Benachteiligung im Sinne des § 133 Abs. 2 InsO

Gemäß § 133 Abs. 2 S. 1 InsO ist ein vom Schuldner mit einer nahestehenden Person (§ 138 InsO) geschlossener entgeltlicher Vertrag anfechtbar, durch den die Insolvenzgläubiger unmittelbar benachteiligt werden. Nach § 133 Abs. 2 S. 2 InsO ist die Anfechtung jedoch ausgeschlossen, wenn der Vertrag früher als zwei Jahre vor dem Eröffnungsantrag geschlossen worden ist oder wenn dem anderen Teil zur Zeit des Vertragsschlusses ein Vorsatz des Schuldners, die Gläubiger zu benachteiligen, nicht bekannt war.

Der § 133 Abs. 2 InsO stellt keinen eigenständigen Anfechtungstatbestand dar, sondern vielmehr eine Regel für die Beweislast.[691] Durch die Darlegung und gegebenenfalls den Beweis der genannten Tatbestandsvoraussetzungen des § 133 Abs. 2 S. 1 InsO seitens des Anfechtenden bzw. des Insolvenzverwalters wird das Bestehen des § 133 Abs. 1 InsO indiziert.[692] Demnach ist die Anfechtung entgeltlicher Verträge des Schuldners mit Nahestehenden, welche früher als zwei Jahre vor dem Eröffnungsantrag geschlossen werden, nach § 133 Abs. 1

690 So auch *Fischer*, ZInsO 2013, 1917 (1918).

691 *Kayser*, in: Münchener Kommentar zur Insolvenzordnung, § 133 Rn. 39; *Riggert*, in: Braun – Insolvenzordnung, § 142 Rn. 18; vgl. *Kreft*, in: Heidelberger Kommentar zur Insolvenzordnung, § 133 Rn. 28; *Schmittmann/Zeeck*, in: Haarmeyer/Wutzke/Förster – Insolvenzordnung, § 133 InsO Rn. 24; *Bograkos/Kirstein*, in: Praxis der Insolvenzanfechtung, § 133 Rn. 46; *Henckel*, in: Jaeger/Henckel/Gerhardt – Insolvenzordnung, § 133 Rn. 55; *Hirte*, in: Uhlenbruck – Insolvenzordnung, § 133 Rn. 33; *von Campe*, Insolvenzanfechtung in Deutschland und Frankreich, S. 240 f.; *Thole*, Gläubigerschutz durch Insolvenzrecht, S. 521 f.; *derselbe*, KTS – Zeitschrift für Insolvenzrecht 2007, 293 (310); a. A. *Biehl*, Insider im Insolvenzverfahren, S. 157 Rn. 251; *Huber*, Anfechtungsgesetz, § 3 Rn. 47, welche die Qualität des § 133 Abs. 2 als eigenständigen Tatbestand bejahen.

692 *Bograkos/Kirstein*, in: Praxis der Insolvenzanfechtung, § 133 Rn. 46.

InsO weiterhin möglich.[693] Denn der § 133 Abs. 2 S. 1 InsO regelt ausdrücklich eine der vorsätzlichen Benachteiligung urtypisch zugeordnete Verhaltensweise, indem dieser die besonderen Gefahren eines mit einer nahestehenden Person geschlossenen und die Gläubigergemeinschaft unmittelbar benachteiligenden Vertrages erfasst.[694] Der § 133 Abs. 2 S. 1 InsO trägt dem Erfahrungssatz Rechnung, dass sich solche Verträge in der Regel *„als betrügerisch erwiesen"* haben.[695]

Der Insolvenzverwalter muss die Voraussetzungen des § 133 Abs. 2 S. 1 darlegen und beweisen, namentlich den Abschluss eines entgeltlichen Vertrages durch den Schuldner mit einer nahestehenden Person und die daraus resultierende unmittelbare Gläubigerbenachteiligung.[696] Sofern die Anfechtungsfrist von zwei Jahren vor dem Eröffnungsantrag noch nicht verstrichen ist, obliegt es dem Anfechtungsgegner darzulegen und zu beweisen, dass ihm zur Zeit des Vertragsschlusses ein Vorsatz des Schuldners, die Gläubiger zu benachteiligen, nicht bekannt war.[697]

Ob Kreditinstitute in den Anwendungsbereich des § 133 Abs. 2 InsO fallen, hängt insbesondere von der Frage ab, ob diese als nahestehende Person zum Schuldner gemäß § 138 InsO zu qualifizieren sind. Dies wird im Folgenden untersucht:

I. Kreditinstitute als nahestehende Person im Sinne des § 138 InsO

Eine Vielzahl von Vorschriften der Insolvenzordnung – wie auch der § 133 Abs. 2 S. 1 InsO – verweisen auf die Norm des § 138 InsO, welcher die Begrifflichkeit der *nahestehenden Person* definiert.[698] Insbesondere eine damit verbundene erleichterte Anfechtbarkeit rechtfertigt sich aus dem Umstand, dass nahestehende Personen im Sinne des § 138 InsO bestimmte Informationsmöglichkeiten über die Solvenz des Schuldners haben und in der Regel eher dazu bereit sind, die bestehende Gläubigergemeinschaft zu benachteiligen.[699] Schließlich hängt die Erkennbarkeit einer Insolvenz für Dritte von Informationen ab, welche nicht

---

693 *Kayser*, in: Münchener Kommentar zur Insolvenzordnung, § 133 Rn. 39; *Kreft*, in: Heidelberger Kommentar zur Insolvenzordnung, § 133 Rn. 28.

694 *Thole*, Gläubigerschutz durch Insolvenzrecht, S. 521.

695 *Thole*, Gläubigerschutz durch Insolvenzrecht, S. 521 f.

696 *Kayser*, in: Münchener Kommentar zur Insolvenzordnung, § 133 Rn. 46.

697 *Kayser*, in: Münchener Kommentar zur Insolvenzordnung, § 133 Rn. 46.

698 *Dauernheim*, in: Frankfurter Kommentar zur Insolvenzordnung, § 138 Rn. 1.

699 BT-Drucksache, 12/2443 S. 161 f.; *Dauernheim*, in: Frankfurter Kommentar zur Insolvenzordnung, § 138 Rn. 1.

allen Gläubigern zur gleichen Zeit und in gleichem Maße zugänglich sind.[700] Das frühzeitige Realisieren einer wirtschaftlichen Krise bzw. das zeitige Erkennen einer drohenden Insolvenz ist jedoch Voraussetzung für bestimmte Schutzmaßnahmen, welche Gläubiger zur Sicherung ihrer Forderungen unternehmen können.[701]

Einzelne natürliche oder juristische Personen haben aus diversen Gründen einen Wissens- bzw. Informationsvorsprung bezüglich der Umstände, welche die wirtschaftliche Krise bzw. die Insolvenzreife des Schuldners nahe legen.[702] Insbesondere Kreditinstitute nehmen durch die Umsetzung besonderer organisatorischer Pflichten (z. B. §§ 18, 25a KWG), die Überwachung und Beobachtung von Geschäftsvorgängen zum Schuldner und durch das Verhalten Dritter (z. B. Maßnahmen der Zwangsvollstreckung durch andere Gläubiger) frühzeitig greifbare Anzeichen einer wirtschaftlichen Krise wahr, welche für weitere Teilnehmer der Gläubigergemeinschaft sowohl zu einem gewissen Zeitpunkt als auch im inhaltlichen Umfang oder gar überhaupt nicht zugänglich sind.[703] Folglich können bestimmte Gruppierungen eine entstehende Insolvenz besser prognostizieren, bevor diese durch einen Insolvenzantrag für die gesamte Gläubigergemeinschaft erkennbar wird, so dass gewisse Gruppen in der Sicherung und dem Erhalt ihrer Vermögensinteressen anderen Teilnehmern der Gläubigergemeinschaft überlegen sind.[704] Aufgrund dieser exponierten Stellung werden derartige Gruppen bzw. Personen häufig als „Insider“ bezeichnet.[705]

Dass Kreditinstitute aufgrund ihrer Organisationstrukturen sowie der bestehenden Geschäftsbeziehung zum Schuldner einen Wissensvorsprung bezüglich dessen Solvenz gegenüber den anderen Gläubigern des Schuldners haben, ist dargelegt worden.[706] Fraglich bleibt, ob Kreditinstitute in den Anwendungsbereich des § 133 Abs. 2 InsO fallen und generell unter das Tatbestandsmerkmal „nahestehende Person“ zu fassen sind. Dies kann insbesondere der Fall sein, sofern Kreditinstitute unter die § 138 Abs. 1 Nr. 4 Var. 3 InsO bzw. § 138 Abs. 2 Nr. 2 InsO zu subsumieren sind. Die genannten Tatbestände haben gemein, dass als „nahestehende Personen“ solche Personen zu qualifizieren sind, welche

---

700 *Ehricke*, KTS – Zeitschrift für Insolvenzrecht 1996, S. 209.

701 *Ehricke*, KTS – Zeitschrift für Insolvenzrecht 1996, S. 209.

702 *Ehricke*, KTS – Zeitschrift für Insolvenzrecht 1996, S. 209.

703 Siehe dazu S. 102 ff.

704 *Ehricke*, KTS – Zeitschrift für Insolvenzrecht 1996, S. 209; *Killinger*, Insolvenzanfechtung gegen Insider, S. 22.

705 *Ehricke*, KTS – Zeitschrift für Insolvenzrecht 1996, S. 209.

706 Siehe dazu S. 102 ff.

aufgrund einer vergleichbaren gesellschaftsrechtlichen oder dienstvertraglichen Verbindung zum Schuldner die Möglichkeit haben, sich über dessen wirtschaftliche Verhältnisse zu unterrichten (vgl. § 138 Abs. 1 Nr. 4 Var. 3 InsO, § 138 Abs. 2 Nr. 2 InsO).

Da Kreditinstitute in der Regel nicht in einer gesellschaftsrechtlichen oder dienstvertraglichen Verbindung zum Schuldner stehen, gilt es zu prüfen, ob die genannten Normen unmittelbar oder durch die Berücksichtigung weiterer Rechtsinstitute auf Kreditinstitute in der Stellung als Geschäfts- bzw. Hausbank des Schuldners anzuwenden sind.

1. Keine unmittelbare Anwendung des § 138 Abs. 1 Nr. 4 Var. 3 InsO bzw. des § 138 Abs. 2 Nr. 2 InsO auf Kreditinstitute

Gemäß § 138 Abs. 1 Nr. 4 Var. 3 InsO bzw. § 138 Abs. 2 Nr. 2 InsO ist es erforderlich, dass Kreditinstitute aufgrund einer vergleichbaren gesellschaftsrechtlichen oder dienstvertraglichen Verbindung zum Schuldner die Möglichkeit haben, sich über dessen wirtschaftliche Verhältnisse zu unterrichten (vgl. § 138 Abs. 1 Nr. 4 Var. 3 InsO, § 138 Abs. 2 Nr. 2 InsO).

In der Regel führt das Kreditinstitut zum Schuldner darlehensvertragliche und girovertragliche Verbindungen (Geschäftsbesorgungsvertrag gegebenenfalls mit dienstvertraglichem Charakter[707]), welche nicht durch die Abhängigkeitsstrukturen einer gesellschafts- oder dienstvertraglichen Beziehung gekennzeichnet sind. Das Kreditinstitut kann sich demnach nicht aus dem gesetzlichen Vertragstypus heraus über die wirtschaftlichen Verhältnisse des Schuldners in dem Umfang informieren, wie es insbesondere der Pflichtenkatalog des Kreditwesengesetzes in Verbindung mit den Mindestanforderungen an das Risikomanagement vorschreibt. Vielmehr ist es gehalten, sich durch darüber hinausgehende Vereinbarungen mit dem Schuldner einen gewissen bzw. umfangreichen Informationsfluss über dessen wirtschaftliche Verhältnisse zu sichern. Das Kreditinstitut steht somit regelmäßig nicht in einer vergleichbaren gesellschaftsrechtlichen oder dienstvertraglichen Verbindung zum Schuldner.

Fraglich ist demnach, ob der § 138 Abs. 1 Nr. 4 Var. 3 InsO bzw. § 138 Abs. 2 Nr. 2 InsO vom Sinn her auf Kreditinstitute unmittelbar anzuwenden ist. Der Sinn einer Norm ist durch Auslegung zu ermitteln.[708]

---

707 BGH, 24.03.2009 – XI ZR 191/08, BGHZ 180, 191 (192); BGH, 07.05.1996 – XI ZR 217/95, BGHZ 133, 10 (14); BGH, 10.10.1995 – XI ZR 263/94, BGHZ 131, 60 (63).

708 *Köhler*, BGB – Allgemeiner Teil, § 4 Rn. 12.

a) *Wortlaut*

Die sprachliche Auslegung setzt am Wortlaut des Gesetzes an und fragt nach dem Wortsinn.[709] Vorliegend erfasst der Wortlaut des § 138 Abs. 1 Nr. 4 Var. 3 InsO bzw. des § 138 Abs. 2 Nr. 2 InsO Kreditinstitute nicht ausdrücklich. Im Rahmen der genannten normativen Ansätze wird insgesamt jedoch keine Personifikation vorgenommen, was der offenen bzw. „generalklauselartigen" Formulierung geschuldet ist, um eben eine Vielzahl von unbekannten und durch besondere Nähe geprägte Verbindungen zwischen Personen erfassen zu können.

Vielmehr knüpft der in § 138 Abs. 1 Nr. 4 Var. 3 InsO bzw. § 138 Abs. 2 Nr. 2 InsO geschilderte Wortlaut bezüglich der Feststellung einer Nähebeziehung an vergleichbare gesellschaftsrechtliche und dienstvertragliche Verbindungen an. Dass auch Kreditinstitute gegebenenfalls in einer solchen Verbindung zum Schuldner stehen können, ist nicht per se auszuschließen, sondern aufgrund bestehender Vertragsfreiheit bzw. tatsächlicher Gegebenheiten als grundsätzlich möglich zu erachten. Denn die genannten Normen stellen nicht auf eine mit § 138 Abs. 1 Nr. 4 InsO oder § 138 Abs. 2 Nr. 1 InsO identische, sondern nur auf eine vergleichbare gesellschaftsrechtliche oder dienstvertragliche Verbindung ab.[710] Demnach ist es richtig anzunehmen, dass neben gesellschaftsrechtlichen oder dienstvertraglichen Verbindungen, jede rechtsgeschäftliche oder gar tatsächliche Verbindung zum Schuldner ausreichend ist, welche ein Abhängigkeits- oder Beherrschungsverhältnis mit entsprechendem Informationsaustausch über die wirtschaftlichen Verhältnisse des Schuldners dokumentiert.[711] Eine Beschränkung einer derartigen Verbindung auf Verhältnisse von einem „herrschenden" Unternehmen zu einem „abhängigen" Unternehmen unter Hinweis auf die Bundestagsdrucksache 12/7302, S. 173 f.[712] ist gerade aufgrund des offenen Wortlautes nicht geboten und folglich nicht als *verbindlich* zu qualifizieren.[713]

Die Wendung *vergleichbar* im Sinne des § 138 Abs. 1 Nr. 4 Var. 3 InsO bzw. § 138 Abs. 2 Nr. 2 InsO impliziert vielmehr, dass auch Verbindungen erfasst werden sollen, welche gerade nicht gesellschaftsrechtlicher oder dienstvertraglicher

---

709 *Köhler*, BGB – Allgemeiner Teil, § 4 Rn. 12.

710 *Kirchhof*, ZInsO 2001, 825 (828).

711 *Kirchhof*, ZInsO 2001, 825 (828); *Ehricke*, KTS – Zeitschrift für Insolvenzrecht 1996, 209 (217).

712 Vgl. BT-Drucksache 12/7302, S. 173 f. (Beschlussempfehlung und Bericht des Rechtsausschusses); *Ehricke*, in: Kübler/Prütting/Bork - Insolvenzordnung, § 138 Rn. 22; vgl. ferner *Hess*, Kommentar zum Insolvenzrecht, § 138 Rn. 46; *Dauernheim*, in: Frankfurter Kommentar zur Insolvenzordnung, § 138 Rn. 16.

713 *Kirchhof*, ZInsO 2001, 825 (828).

Natur sind, jedoch inhaltlich durch bestehende Kontroll- und Weisungsrechte des Anfechtungsgegners gegenüber dem Schuldner – unabhängig davon, ob diese faktischer oder rechtlicher Natur sind – solchen Verbindungen ähneln. Der Wortlaut der § 138 Abs. 1 Nr. 4 Var. 3 InsO und § 138 Abs. 2 Nr. 2 InsO schließt demnach ihre Anwendbarkeit auf Kreditinstitute nicht aus.

b) Genese

Der § 31 Nr. 2 KO, als Vorläufer zum § 133 Abs. 2 InsO, berücksichtigt von seinem Wortlaut her nur natürliche Personen. Zu juristischen Personen existieren keine gesetzlich geregelten Verwandtschaftsverhältnisse, jedoch können auch diese in einem Näheverhältnis zum Schuldner stehen und gewisse *Gefahrenlagen* produzieren.[714] Dies führte im Geltungsbereich der Konkursordnung zur Privilegierung von juristischen Personen, für welche dem Grunde nach keine Rechtfertigung besteht.[715] Um diese ungerechtfertigte Privilegierung von juristischen Personen zu beseitigen, hat die Rechtsprechung zur Konkursordnung die Grundsätze, welche für natürliche Personen entwickelt wurden, auf (gesellschaftsrechtliche) Mehrpersonenverhältnisse übertragen.[716] Der Bundesgerichtshof stützt sich in seiner Begründung dabei auf den bestehenden Inhalt und die vergleichbare Interessenlage aus § 108 Abs. 2 S. 1 VglO.[717] Denn in § 108 Abs. 2 S. 1 VglO werden ausdrücklich Gesellschafter und deren Angehörige (vgl. § 108 Abs. 2 S. 2 VglO) als nahe Angehörige einer GmbH qualifiziert.[718]

Im Rahmen der Kodifikationen des § 138 InsO werden dementsprechend sowohl in der Stellung des Schuldners als natürliche sowie juristische Personen, Nähe-beziehungen zu juristischen Personen als Anfechtungsgegner berücksichtigt. Im Anwendungsbereich des § 138 InsO (insbesondere über § 138 Abs. 1 Nr. 4 und § 138 Abs. 2 Nr. 1 und Nr. 2) sind demnach auch Fälle denkbar, in denen Kreditinstitute als nahestehende Personen zu qualifizieren sind. Es

---

714 *Ehricke*, KTS – Zeitschrift für Insolvenzrecht 1996, 209 (214).

715 Vgl. *Rausch*, Gläubigerschutz im Insolvenzverfahren – Eine ökonomische Analyse einschlägiger Regelungen, S. 231 f.; *Ehricke*, KTS – Zeitschrift für Insolvenzrecht 1996, 209 (214).

716 Vgl. BGH, 15.02.1990 – IX ZR 149/88, KTS – Zeitschrift für Insolvenzrecht 1990, 477; BGH, 12.12.1985 – IX ZR 1/85, BGHZ 96, 352 (357); BGH, 22.12.1971 – VIII ZR 136/70, BGHZ 58, 20 (23 ff.).

717 BGH, 12.12.1985 – IX ZR 1/85, BGHZ 96, 352 (358 f.); BGH, 22.12.1971 – VIII ZR 136/70, BGHZ 58, 20 (23 ff.); *Ehricke*, KTS – Zeitschrift für Insolvenzrecht 1996, 209 (214).

718 *Ehricke*, KTS – Zeitschrift für Insolvenzrecht 1996, 209 (214 f.).

können Sachverhalte existieren, in denen das Kreditinstitut z. B. als Geschäfts- bzw. Hausbank zum Zwecke der Sanierung oder des Erreichens des sog. „turn around“ qualifizierte Sachbearbeiter dem Schuldner zur Verfügung stellt und dementsprechend detailliert über die wirtschaftlichen Verhältnisse informiert und unternehmerisch gestaltend tätig wird.[719] Des Weiteren wird sich ein Kreditinstitut im Rahmen umfangreicher Kreditengagements stets die wirtschaftlichen Verhältnisse des Schuldners nicht nur bei der Vergabe, sondern vielmehr und insbesondere während des Engagements offenlegen lassen müssen (vgl. § 18 KWG).

Nichtsdestotrotz hat der Gesetzgeber in der amtlichen Begründung zu sonstigen nahestehenden Personen ausdrücklich ausgeführt:

> *„Eine durch geschäftliche Beziehung begründete Stellung zum Unternehmen, die z. B. Hausbanken oder Großlieferanten haben, wird nicht erfasst.“*[720]

Diese vom Gesetzgeber eindeutige Aussage wurde von der höchstrichterlichen Rechtsprechung aufgenommen und grundsätzlich bestätigt.[721] Demnach stehen Dritte nur dann in einer vergleichbaren gesellschaftsrechtlichen oder dienstvertraglichen Verbindung gemäß § 138 Abs. 1 Nr. 4 Var. 3 InsO bzw. § 138 Abs. 2 Nr. 2 InsO zum Schuldner, soweit sie durch ihre Tätigkeit zu diesem bzw. durch ihre Tätigkeit innerhalb der Unternehmung des Schuldners eine besondere Informationsmöglichkeit über dessen wirtschaftliche Lage haben.[722] Eine allein bestehende Geschäfts- bzw. Vertragsbeziehung zum Schuldner rechtfertigt es demnach nicht, den Anfechtungsgegner als nahestehenden Dritten einzuordnen, auch wenn dieser aufgrund der bestehenden Geschäfts- bzw. Vertragsbeziehung zum Schuldner einen weitergehenden Einblick in die wirtschaftlichen Verhältnisse hat, als sonstige vom Schuldner fremde Personen.[723] Folglich wird seitens der höchstrichterlichen Rechtsprechung angenommen, dass Kreditinstitute üblicherweise nicht als nahestehende Personen zum Schuldner zu

---

719 Vgl. *Kirchhof*, ZInsO 2001, 825 (828).

720 BT-Drucksache 12/2443, S. 163.

721 Vgl. BGH, 15.11.2012 – IX ZR 205/11, ZInsO 2012, 2335 (2336); BGH, 11.12.1997 – IX ZR 278/96, WM 1998, 304 (305); BGH, 06.04.1995 – IX ZR 61/94, BGHZ 129, 236 (245 f.).

722 BGH, 15.11.2012 – IX ZR 205/11, ZInsO 2012, 2335 (2336); vgl. dazu BGH, 11.12.1997 – IX ZR 278/96, WM 1998, 304 (305); BGH, 06.04.1995 – IX ZR 61/94, BGHZ 129, 236 (245 f.); *Gehrlein*, in: Münchener Kommentar zur Insolvenzordnung, § 138 Rn. 33 f.

723 BGH, 15.11.2012 – IX ZR 205/11, ZInsO 2012, 2335 (2336).

qualifizieren sind, was wiederum die amtliche Begründung des historischen Gesetzgebers bestätigt.[724]

Letztendlich spricht die historische Auslegung, welche nach den Vorstellungen des Gesetzgebers bei Erlass des Gesetzes fragt[725], nicht für die generelle Einbeziehung eines Kreditinstitutes in den Anwendungsbereich des § 138 Abs. 1 Nr. 4 Var. 3 InsO bzw. des § 138 Abs. 2 Nr. 2 InsO.

c) *Sinn und Zweck*

Der Regelungsgehalt des § 138 Abs. 1 Nr. 4 Var. 3 InsO bzw. des § 138 Abs. 2 Nr. 2 InsO muss sich an seinem Sinn und Zweck ausrichten.[726] Ursprung des Verständnisses der §§ 138 Abs. 1 Nr. 4 Var. 3, 138 Abs. 2 Nr. 2 InsO sowie des gesamten § 138 InsO ist dabei der Ausgangspunkt, dass es innerhalb einer bestimmten und intensiven Bindung zwischen Personen, zu einem offeneren und erhöhten Informationsaustausch über wesentliche Inhalte, namentlich die wirtschaftliche Situation des Schuldners, kommen kann, und aufgrund eines solchen Kenntnisstandes, gegebenenfalls zu Lasten der Gläubigergemeinschaft gehandelt wird.[727] Im Anfechtungsrecht soll dem dadurch Rechnung getragen werden, dass die Kenntnis des Anfechtungsgegners, von der vom Schuldner gewollten und tatbestandlich vorausgesetzten Gläubigerbenachteiligung, vermutet wird (vgl. §§ 131 Abs. 2 S. 2 InsO, 133 Abs. 2 InsO). Denn der Zweck der anfechtungsrechtlichen Schlechterstellung nahestehender Personen zum Schuldner ist darin zu sehen, dass nahestehende Personen zum einen von finanziellen Schwierigkeiten des anderen wissen und zum anderen wegen der wirtschaftlichen und personellen Verbundenheit oftmals die Bereitschaft zeigen, die Gläubigergemeinschaft zu benachteiligen.[728] Das alleinige Abstellen auf die gegenüber anderen Teilnehmern der Gläubigergemeinschaft erweiterte Informationsmöglichkeit kann somit nicht ausreichen, um ein Rechtssubjekt im Anwendungsbereich der §§ 138 Abs. 1 Nr. 4 Var. 3, 138 Abs. 2 Nr. 2 InsO zu erfassen.[729]

---

724 BGH, 15.11.2012 – IX ZR 205/11, ZInsO 2012, 2335 (2336); vgl. BT-Drucksache 12/2443, S. 163.

725 *Köhler*, BGB – Allgemeiner Teil, § 4 Rn. 17.

726 Zutreffende Formulierung von *Ehricke*, KTS – Zeitschrift für Insolvenzrecht 1996, 209 (211) zur Bestimmung des Regelungsgehaltes der sog. „*Insindertatbestände*".

727 Vgl. *Ehricke*, KTS – Zeitschrift für Insolvenzrecht 1996, 209 (211).

728 So bereits BGH, 20.10.1965 – VIII ZR 168/63, NJW 1966, 730 f.; bestätigend BGH, 12.12.1985 – IX ZR 1/85, BGHZ 96, 352 (356 f.); *Ehricke*, KTS – Zeitschrift für Insolvenzrecht 1996, 209 (212); *Kirchhof*, ZInsO 2001, 825 (827).

729 *Gehrlein*, in: Münchener Kommentar zur Insolvenzordnung, § 138 Rn. 2.

Des Weiteren wird derartigen Verbindungen ebenso ein erhebliches ökonomisches Interesse unterstellt, welches sich dadurch kennzeichnet, dass die wirtschaftlich bevorzugte nahestehende Person direkt und der dazu in naher Verbindung stehende Schuldner gegebenenfalls indirekt auf den der Haftungsmasse entzogenen Vermögenswert zugreifen können.[730] Dies gepaart mit der Informationsmöglichkeit einer nahestehenden Person über die wirtschaftlichen Verhältnisse des anderen, kennzeichnet und füllt das Verständnis einer nahestehenden Person im Sinne des § 138 InsO aus und rechtfertigt demnach die Anwendung der im Anfechtungsrecht der Insolvenzordnung niedergelegten Vermutungen. Dabei ist nicht erforderlich, dass ein faktischer Informationsaustausch stattgefunden hat.[731] Vielmehr reicht es aus, dass die nahestehende Person aus ihrer Stellung zum Schuldner die Möglichkeit hat, die wirtschaftliche Situation des Schuldners dokumentierende Umstände jederzeit und selbstständig einzuholen bzw. sich zu beschaffen.[732]

Die gängigen, einer Geschäftsbeziehung zum Kreditinstitut unterliegenden Vertragstypen bzw. das damit verbundene faktische Verhältnis zwischen Schuldner und Kreditinstitut, weisen eine solche Nähebeziehung in der Regel nicht auf.[733] Durch die Wendung *vergleichbare gesellschaftsrechtliche und dienstvertragliche Verbindung* macht der Gesetzgeber und der Wortlaut der §§ 138 Abs. 1 Nr. 4 Var. 3, § 138 Abs. 2 Nr. 2 InsO deutlich, dass eine Geschäftsbeziehung des Schuldners zum Kreditinstitut grundsätzlich nicht erfasst werden soll, soweit diese sich nicht aus sich selbst heraus durch besondere informelle Eingriffsrechte bzw. durch faktische Zugriffsmöglichkeiten auf Informationen des Schuldners charakterisiert ist. Es ist demnach erforderlich, dass die Bindung zum Schuldner aus sich heraus informelle Eingriffsrechte bzw. faktische Zugriffsmöglichkeiten auf Informationen des Schuldners mit sich bringt; namentlich die nahestehende Person aus ihrer Beziehung zum Schuldner heraus, sich selbstständig

730 Vgl. *Killinger*, Insolvenzanfechtung gegen Insider, S. 22; *Uhlenbruck*, GmbHR 1986, 109 ff.; *Ehricke*, KTS – Zeitschrift für Insolvenzrecht 1996, 209 (213).

731 Vgl. *Fehl*, ZGR 1978, 725 (727 f.); vgl. ferner *Plander*, NJW 1976, 739 ff.

732 Vgl. BT-Drucksache 12/2443, S. 163 „*..., die durch ihre Tätigkeit* ***innerhalb*** *des Unternehmens, z. b. als dessen Prokurist, eine besondere* ***Informationsmöglichkeit*** *über seine wirtschaftlichen Verhältnisse haben.*“; vgl. auch *Utsch*, DZWIR 2013, 353 (354).

733 So auch *van Bömmel*, Insolvenzanfechtung von upstream guarantees im GmbH-Konzern, S. 75; vgl. dazu auch *Paulus*, WM 2000, 2225 (2226 f.); *Himmelsbach/Achsnick*, NZI 2003, 355 (359 (Fn. 34)).

Informationen über die wirtschaftlichen Verhältnisse des Schuldners beschaffen kann.[734] Darüber hinaus ist ein Näheverhältnis dadurch gekennzeichnet, dass beide Parteien – Schuldner und Anfechtungsgegner – sich „verbunden" fühlen. Die Dominanz einer Partei gegenüber der anderen Partei ist demnach auch nicht ausreichend, um eine Nähebeziehung zu begründen. Der Begriff Nähebeziehung beschreibt und vereint Verhältnisse der Gegenseitigkeit, der gegenseitigen Einwirkungsmöglichkeit bzw. grundsätzlich das freiwillige und selbstständige Offenbaren untereinander, was sich insbesondere in Subordinationsverhältnissen des Dienstvertragsrechts bzw. in hierarchischen Strukturen einer Gesellschaft widerspiegeln kann. Zwar ist die geschäftsbesorgungsvertragliche Beziehung des Kreditinstitutes zum Schuldner auch mitunter durch dienstvertragliche Elemente geprägt, jedoch vermögen diese Elemente nicht ein solches Gegenseitigkeitsverhältnis zu statuieren, welches im Tatsächlichen geprägt ist durch Subordination bzw. durch Hierarchie. Ein derartiges Gegenseitigkeitsverhältnis ist zwischen einem Kreditinstitut und dem Schuldner demnach regelmäßig nicht gegeben. Es besteht vielmehr eine „reine Geschäftsbeziehung".

Ferner muss das Verständnis bezüglich der Entstehung eines Näheverhältnisses zwischen dem Kreditinstitut und dem Schuldner restriktiv sein, da der Gesetzgeber durch das Kreditwesengesetz zu berücksichtigende Pflichten geschaffen hat, welche es verlangen, dass sich das Kreditinstitut unter anderem im Rahmen der Kreditvergabe und im Kreditmanagement einen gewissen Informationsstand über die wirtschaftliche Lage des Schuldners verschafft und aufrechterhält (vgl. § 18 KWG). Es kann einem Kreditinstitut nicht zum Nachteil gereichen, dass es die vom Gesetzgeber statuierten Pflichten aus dem Kreditwesengesetz erfüllt. Gerade diese versuchen eine risikoklassifizierte Kreditvergabe und damit verbundenes Management zu ermöglichen, um schlichtweg volkswirtschaftliche Schäden „einzudämmen". Das auf der einen Seite vom Gesetzgeber verlangte Verhalten der Kreditinstitute darf folglich auf der anderen Seite nicht gleichzeitig für die Kreditinstitute haftungsbedrohend wirken.[735] Dieses Verständnis

---

734 Vgl. BGH, 15.11.2012 – IX ZR 205/11, ZInsO 2012, 2335 (2336); vgl. auch *Utsch*, DZWIR 2013, 353 (354); van *Bömmel*, Insolvenzanfechtung von upstream guarantees im GmbH-Konzern, S. 75; *Ganter*, in: Karsten Schmidt – Insolvenzordnung, § 138 InsO Rn. 30.

735 So ausdrücklich *Himmelsbach/Achsnick*, NZI 2003, 355 (356) zu rechtssystematischen Überlegungen im Hinblick auf die Anwendung der Rechtsfigur des faktischen Geschäftsführers in Bezug auf Kreditinstitute; angedeutet auch bei *van Bömmel*, Insolvenzanfechtung von upstream guarantees im GmbH-Konzern, S. 76; vgl. ferner BGH, 09.06.1983 – III ZR 105/82, WM 1983, 926 (927 f.).

stellt auch keine ungerechtfertigte Ungleichbehandlung von Führungs- und Aufsichtsorganen von Kapitalgesellschaften zu Kreditinstituten in der Stellung als Geschäfts- bzw. Hausbank dar. Führungs- und Aufsichtsorgane haften gesondert für bestimmte, vom Gesetzgeber missbilligte Verhaltensweisen in Zeiten einer finanziellen Krise des Schuldners und nicht für pflichtenkonformes Verhalten (z. B. § 64 S. 1 GmbHG, § 93 Abs. 2 AktG). Es existieren demnach schon keine vergleichbaren Sachverhalte, welche eine ungerechtfertigte Ungleichbehandlung darstellen. Es wäre widersprüchlich, wenn allein ein pflichtenkonformes Handeln eines Kreditinstitutes zur Einordnung als nahestehende Person im Sinne des § 133 Abs. 2 InsO und zur verschärften Begründung der vorsätzlichen Benachteiligung aus § 133 Abs. 1 InsO führen würde. Die bestehenden Verpflichtungen aus dem Kreditwesengesetz für das Kreditinstitut hinsichtlich der Offenbarung von wirtschaftlichen Verhältnissen des Kunden sind demnach nicht geeignet, ein das Kreditinstitut benachteiligendes Näheverhältnis im Sinne der Insolvenzordnung zu begründen.

Des Weiteren kann es auch nicht die Aufgabe der §§ 138 Abs. 1 Nr. 4 Var. 3, 138 Abs. 2 Nr. 2 InsO sein, einen für den Wirtschaftsverkehr essentiellen Partner, insbesondere im Rahmen der Kreditversorgung, bereits in seiner grundlegenden Stellung als Geschäfts- bzw. Hausbank an die „kurze und straffe Leine" der Haftung aus § 133 Abs. 1 i. V. m. § 133 Abs. 2 InsO zu nehmen. Dies würde zu einer nicht gewollten und faktischen Lähmung des Wirtschaftsverkehrs im Hinblick auf die Kreditvergabe führen[736], da Kreditinstitute den sodann bestehenden generellen Anwendungsbereich des § 133 Abs. 2 InsO in das für sie bestehende Ausfallrisiko einkalkulieren müssen. Daraus resultierend würden Darlehen von Kreditinstituten verhaltener vergeben[737] oder die Ausreichung von Darlehen mit wesentlich höheren Darlehenszinsen verbunden werden. Gepaart mit dem fehlenden Eigenkapital der Darlehensnehmer führt dies zu einer Lähmung des Wirtschaftsverkehrs, dessen nachteilige Wirkungen in vielen gesellschaftlichen Bereichen (z. B. auf dem Arbeitsmarkt, steuerliche Einnahmen auf kommunaler Ebene sowie auf Landes- und Bundesebene, etc.) erkennbar werden würde.

Es ist demnach festzuhalten, dass nach Sinn und Zweck der §§ 138 Abs. 1 Nr. 4 Var. 3, 138 Abs. 2 Nr. 2 InsO Kreditinstitute nicht als zum Schuldner nahestehende Personen in Betracht kommen, sofern die Kreditinstitute in einer Geschäftsbeziehung zum Schuldner stehen und der zwischen ihnen bestehende

736 *Ehricke*, Das abhängige Konzernunternehmen in der Insolvenz, S. 42 f.; vgl. BT-Drucksache 12/2443, S. 163.

737 Vgl. *Ehricke*, Das abhängige Konzernunternehmen in der Insolvenz, S. 42 f.;

Informationsfluss mitunter die Erfüllung der aus dem Kreditwesengesetz bestehenden Verpflichtungen aufzeigt (vgl. z. B. § 18 KWG).

d) *Systematik*

Die systematische Auslegung ermittelt das vom Gesetzgeber gewollte nach den Inhalten bzw. den Zusammenhängen, in welche die Norm oder einzelne Tatbestandsmerkmale integriert sind.[738] Auch die systematische Stellung der §§ 138 Abs. 1 Nr. 4 Var. 3 InsO, 138 Abs. 2 Nr. 2 InsO lassen nicht die Schlussfolgerung zu, dass Kreditinstitute aufgrund ihrer Pflichten aus dem Kreditwesengesetz und der Geschäftsbeziehung zum Schuldner grundsätzlich dem Anwendungsbereich der genannten Normen unterfallen. Insbesondere der Zusammenhang der geschilderten normativen Ansätze zu den §§ 138 Abs. 1 Nr. 4 Var. 3, 138 Abs. 2 Nr. 1 InsO zeigen auf, dass die erleichterte und erhöhte Informationsmöglichkeit aus der grundsätzlich bestehenden Nähe zum Schuldner folgen muss. Es ist demnach eine über die bloße Geschäftsbeziehung hinausgehende Verbindung zwischen Schuldner und Kreditinstitut erforderlich.

Die §§ 138 Abs. 1 Nr. 4 Var. 3, 138 Abs. 2 Nr. 2 InsO sind gesetzessystematisch an den Regelungsgehalt der §§ 138 Abs. 1 Nr. 4 Alt. 1, 2, 138 Abs. 2 Nr. 1 InsO angelehnt worden. Über das Tatbestandsmerkmal *vergleichbare gesellschaftsrechtliche oder dienstvertragliche Verbindung* wird Bezug zum materiell-rechtlichen Inhalt der §§ 138 Abs. 1 Nr. 4 Alt. 1, 2 InsO, 138 Abs. 2 Nr. 1 InsO genommen. Dies ergibt sich zum einen für den § 138 Abs. 1 Nr. 4 Var. 3 InsO allein aus dem Kontext des § 138 Abs. 1 Nr. 4 InsO, welcher unmittelbar Bezug auf die vorgeschalteten Alternativen des § 138 Abs. 1 Nr. 4 InsO nimmt. Zum anderen ergibt sich dies für § 138 Abs. 2 Nr. 2 InsO aus seiner Stellung zu § 138 Abs. 2 Nr. 1 InsO. Der § 138 Abs. 2 Nr. 1 InsO folgt dem § 138 Abs. 2 Nr. 1 InsO unmittelbar nach, sodass sich die Wendung *vergleichbar* nur auf den vorgeschalteten Regelungsgehalt aus § 138 Abs. 2 Nr. 1 InsO beziehen kann. Eine andere bzw. darüber hinausgehende Bezugnahme zu einem weiteren Tatbestand ist nicht ersichtlich. Daraus ist zu schließen, dass die vergleichbare Verbindung im Sinne der § 138 Abs. 1 Nr. 4 Var. 3 InsO bzw. § 138 Abs. 2 Nr. 2 InsO derart ausgestaltet sein muss, dass das Kreditinstitut bei dem Schuldner eine rechtlich oder faktisch leitende bzw. die Geschäftspolitik (mit-) diktierende Stellung einnimmt; unabhängig davon, ob diese Stellung eine Nähe zum Gesellschaftsrecht, zum Dienstvertragsrecht oder zu sonstigen von Nähe geprägten Rechtsverhältnissen aufweist. Denn es müssen diejenigen als nahestehende Personen qualifiziert werden, welche aufgrund

738 *Köhler*, BGB – Allgemeiner Teil, § 4 Rn. 16.

ihres Wissensvorsprunges bzw. ihrer Informationsmöglichkeit in der Lage sind, unternehmerisch beeinflussend oder gar steuernd tätig zu werden.[739] Trotz des aufgezeigten bzw. möglichen Wissensvorsprungs[740] von Kreditinstituten gegenüber anderen Gläubigern ist die zwischen dem Schuldner und dem Kreditinstitut in der Regel bestehende Geschäftsbeziehung nicht von derartigen, die Nähe dokumentierenden Elementen geprägt. Dass das Kreditinstitut z. B. im Rahmen von Restrukturierung und Sanierung zum Schuldner auch ein anderes rechtliches oder tatsächliches Verhältnis einnehmen kann, ist nicht auszuschließen und stets dem Einzelfall geschuldet. Die regelmäßig für das Kreditinstitut bestehende Geschäftsbeziehung zum Schuldner sowie die bestehenden Verpflichtungen für das Kreditinstitut aus dem Kreditwesengesetz vermögen jedoch eine solche intensive und von § 138 InsO geforderte Nähebeziehung von Grund auf nicht aufzeigen. Folglich kommen Kreditinstitute auch nach der systematischen Stellung der §§ 138 Abs. 1 Nr. 4 Var. 3, 138 Abs. 2 Nr. 2 InsO nicht als zum Schuldner nahestehende Personen in Betracht, sofern das Kreditinstitut in einer Geschäftsbeziehung zum Schuldner steht und der zwischen ihnen bestehende Informationsfluss die Erfüllung der aus dem Kreditwesengesetz bestehenden Verpflichtungen für das Kreditinstitut dokumentiert.

Insgesamt ist festzuhalten, dass die §§ 138 Abs. 1 Nr. 4 Var. 3, 138 Abs. 2 Nr. 2 InsO nicht unmittelbar auf Kreditinstitute anzuwenden sind, soweit das Kreditinstitut in einer Geschäftsbeziehung zum Schuldner steht und der zwischen ihnen bestehende Informationsfluss die Erfüllung etwaiger Verpflichtungen aus dem Kreditwesengesetz für das Kreditinstitut aufzeigt. Die dargestellte Auslegung zeigt auf, dass weder Genese noch Sinn und Zweck noch Systematik eine Anwendung der §§ 138 Abs. 1 Nr. 4 Var. 3, 138 Abs. 2 Nr. 2 InsO auf Kreditinstitute grundsätzlich fordern. Die unmittelbare Anwendung der §§ 138 Abs. 1 Nr. 4 Var. 3, 138 Abs. 2 Nr. 2 InsO auf Kreditinstitute im Wege der Auslegung scheidet somit aus.

2. *Keine analoge Anwendung des § 138 Abs. 1 Nr. 4 Var. 3 InsO bzw. § 138 Abs. 2 Nr. 2 InsO auf Kreditinstitute*

Sofern eine Norm für einen bestimmten Sachverhalt keine Regelung enthält und diese sog. Regelungslücke unter Berücksichtigung der Interessenlage der von der Norm geschützten Personen sowie des Normzweckes planwidrig ist, ist eine

739 *Ehricke*, KTS – Zeitschrift für Insolvenzrecht 1996, 209 (226).

740 Vgl. dazu S. 102 ff.

analoge Anwendung der Norm geboten.[741] Da aufgrund der dargestellten Auslegung eine direkte Anwendung der §§ 138 Abs. 1 Nr. 4 Var. 3 InsO, 138 Abs. 2 Nr. 2 InsO auf Kreditinstitute nicht möglich ist, soweit diese in einer Geschäftsbeziehung zum Schuldner stehen und der stattfindende Informationsfluss der Einhaltung der aus dem Kreditwesengesetz auferlegten Pflichten dient, könnte eine Analogie der genannten Normen in Betracht kommen.

Vorliegend fehlt es in der untersuchten Konstellation jedoch an einer Regelungslücke bzw. zumindest an deren Planwidrigkeit. Die §§ 138 Abs. 1 Nr. 4 Var. 3 InsO, 138 Abs. 2 Nr. 2 InsO schließen nicht die Anwendung auf Kreditinstitute per se aus. Vielmehr erlauben die genannten Normen auch die Anwendung auf Kreditinstitute, sofern zwischen dem Kreditinstitut und dem Schuldner eine dort aufgezeigte und verlangte Verbindung vorliegt. Denn die oben geschilderte Auslegung zeigt nur auf, dass in der reinen Geschäftsbeziehung des Kreditinstitutes als Hausbank zum Schuldner die §§ 138 Abs. 1 Nr. 4 Var. 3 InsO, 138 Abs. 2 Nr. 2 InsO keine Anwendung finden. Ein genereller Ausschluss ist daraus gerade nicht zu folgern. Vielmehr können weiterhin vereinzelt Sachverhalte existieren, welche das Kreditinstitut als nahestehende Person zum Schuldner qualifizieren und folglich unter die §§ 138 Abs. 1 Nr. 4 Var. 3 InsO, 138 Abs. 2 Nr. 2 InsO zu subsumieren sind.[742] Demnach hat der Gesetzgeber bezüglich der Stellung des Kreditinstitutes als Geschäfts- bzw. Hausbank zum Schuldner keine Regelungslücke in den genannten Paragraphen gelassen. Sofern dennoch darin eine Regelungslücke gesehen werden will, ist diese zumindest nicht planwidrig. Zum einen hat der Gesetzgeber seinen Willen in der Gesetzesbegründung ausdrücklich dahingehend formuliert, dass Kreditinstitute in ihrer Stellung als Hausbank nicht als nahestehende Personen zu verstehen sind.[743] Zum anderen – und das ist das entscheidende Argument – zeigt auch der Sinn der Normen auf, welcher durch Auslegung zu ermitteln war[744], dass von der Regelungsabsicht bzw. dem Willen des historischen Gesetzgebers[745] nicht aufgrund der Entwicklung

---

741 Vgl. *Brox/Walker*, Allgemeiner Teil des BGB, § 3 Rn. 67 f.; *Köhler*, BGB – Allgemeiner Teil, § 4 Rn. 23.

742 Vgl. dazu *Himmelsbach/Achsnick*, NZI 2003, 359 (360) mit der Darstellung von bedenklichen und unzulässigen Maßnahmen des Kreditinstitutes gegenüber dem Schuldner.

743 Vgl. BT-Drucksache 12/2443, S. 163; siehe auch *Foerste*, ZInsO 2013, 1661 (zugleich Beitrag von *Foerste*, in: Festschrift für Haarmeyer, 2013, S. 27).

744 Siehe S. 163 ff.

745 Vgl. BT-Drucksache 12/2443, S. 163.

der Gesetzgebung, Rechtsprechung[746] und Wissenschaft[747] sowie durch die Veränderung gesellschaftlicher Strukturen abgewichen werden muss.[748] Vielmehr verlangen die §§ 138 Abs. 1 Nr. 4 Var. 3, 138 Abs. 2 Nr. 2 InsO eine Verbindung, welche über die Geschäftsbeziehung des Kreditinstitutes – auch als Hausbank – zum Kunden hinausgeht.[749]

Die Voraussetzungen für eine analoge Anwendung der §§ 138 Abs. 1 Nr. 4 Var. 3, 138 Abs. 2 Nr. 2 InsO in Bezug auf Kreditinstitute als Geschäfts- bzw. Hausbank sind demnach nicht gegeben.

3. *(Keine) Anwendung bzw. Berücksichtigung der Rechtsfigur des* faktischen Geschäftsführers *im Rahmen von § 138 InsO in Bezug auf Kreditinstitute*

Die Überprüfung der Rechtsfigur des faktischen Geschäftsführers im Hinblick auf Kreditinstitute als Anfechtungsgegner im Rahmen des § 133 Abs. 2 InsO ist insbesondere aufgrund der §§ 138 Abs. 2 Nr. 1, 138 Abs. 2 N. 2 InsO zu erörtern. Schließlich sind dem Schuldner – gemäß den genannten Normen – Personen als nahestehend im Sinne des § 133 Abs. 2 InsO zu qualifizieren, soweit diese Mitglieder des Vertretungs- oder Aufsichtsorgans (vgl. § 138 Abs. 2 Nr. 1 InsO) oder Personen oder eine Gesellschaft sind, die auf Grund einer vergleichbaren gesellschaftsrechtlichen oder dienstvertraglichen Verbindung zum Schuldner die Möglichkeit haben, sich über dessen wirtschaftliche Verhältnisse zu unterrichten (vgl. § 138 Abs. 2 Nr. 2 InsO). Dass die Rechtsfigur des faktischen Geschäftsführers – sofern diese vorliegt – unmittelbar oder analog unter den § 138 Abs. 2 Nr. 1 InsO oder den § 138 Abs. 2 Nr. 2 InsO zu subsumieren ist, ist naheliegend.[750] Denn der faktische Geschäftsführer nimmt Eigenschaften für sich ein, welche eine Nähebeziehung kennzeichnen. Zum einen hat er die Möglichkeit, jederzeit und selbstständig Informationen über die wirtschaftlichen Verhältnisse des

---

746 Vgl. BGH, 15.11.2012 – IX ZR 205/11, ZInsO 2012, 2335 (2336).

747 Vgl. *Himmelsbach/Achsnick*, NZI 2003, 359; *Kirchhof*, ZInsO 2001, 825 (828 f.), *Riggert*, in: Braun – Insolvenzordnung, § 138 Rn. 16; *Ehricke*, in: Kübler/Prütting/Bork – Insolvenzordnung, § 138 Rn. 22; *Hirte*, ZInsO 1999, 429 (434).

748 Vgl. BGH, 04.10.1982 – GSZ 1/82, BGHZ 85, 64, 67 f.; vgl. *Köhler*, BGB – Allgemeiner Teil, § 4 Rn. 13; vgl. ferner *Foerste*, ZInsO 2013, 1661 (zugleich Beitrag von *Foerste*, in: Festschrift für Haarmeyer, 2013, S. 27).

749 Siehe S. 167 ff.

750 *Hess*, Kommentar zum Insolvenzrecht, § 138 Rn. 51.

Schuldners einzuholen. Zum anderen nimmt er in Bezug auf den Schuldner eine wesentliche und steuernde Stellung ein, indem er faktisch die Geschäfte führt.[751]

a) *Voraussetzungen der Rechtsfigur des* faktischen Geschäftsführers

Der faktische Geschäftsführer ist eine oder sind mehrere unbeschränkt geschäftsfähige natürliche Personen, welche nicht satzungs- oder sonst ordnungsgemäß zum gesetzlichen Vertretungsorgan einer Gesellschaft bestellt worden sind, jedoch die Geschäfte der Gesellschaft faktisch lenken und steuern, als hätten diese die Organstellung des Geschäftsführers inne.[752] Nach der gefestigten Rechtsprechung des Bundesgerichtshofes richtet sich die Subsumtion der geschilderten Definition des faktischen Geschäftsführers nach dem Gesamterscheinungsbild seines Auftretens.[753]

Dabei ist entscheidend, dass der

> *„Betreffende die Geschicke der Gesellschaft – über die interne Einwirkung auf die satzungsmäßige Geschäftsführung hinaus – durch eigenes Handeln im Außenverhältnis, das die Tätigkeit des rechtlichen Geschäftsführungsorgans nachhaltig prägt, maßgeblich in die Hand genommen hat".*[754]

b) *Berücksichtigung der Grundsätze des* faktischen Geschäftsführers *auf Kreditinstitute*

Die von der Rechtsprechung aufgestellten Voraussetzungen hinsichtlich der Subsumtion der Rechtsfigur des faktischen Geschäftsführers zeigen auf, dass die Annahme dieser Rechtsfigur restriktiv bzw. einschränkend zu verstehen ist und demnach eine besondere Ausnahme darstellt. Dies ergibt sich aus Folgendem:

Die dargestellte Definition des faktischen Geschäftsführers zeigt auf, dass der personelle Anwendungsbereich der Rechtsfigur des faktischen Geschäftsführers auf natürliche Personen beschränkt ist. Darüber hinaus argumentiert der Bundesgerichtshof dahingehend, dass es sich schließlich aus § 6 Abs. 2 S. 1 GmbHG ergebe, dass Geschäftsführer nur eine natürliche, unbeschränkt geschäftsfähige Person sein könne.[755] Schließlich gebe der Gesetzgeber im Rahmen des § 6

---

751 Vgl. dazu BGH, 13.12.2012 – StR 407/12; BGH, 25.02.2002 – II ZR 196/00, ZInsO 2002, 582.

752 Vgl. BGH, 27.06.2005 – II ZR 113/03, ZIP 2005, 1414; BGH, 25.02.2002 – II ZR 196/00, ZInsO 2002, 582 (584); BGH, 21.03.1988 – II ZR 194/87, BGHZ 104, 44 (46); *Himmelsbach/Achsnick*, NZI 2003, 355.

753 BGH, 27.06.2005 – II ZR 113/03, ZIP 2005, 1414.

754 BGH, 27.06.2005 – II ZR 113/03, ZIP 2005, 1414 f.

755 BGH, 25.02.2002 – II ZR 196/00, ZInsO 2002, 582 (584).

Abs. 2 S. 1 GmbHG (siehe auch beispielhaft § 76 Abs. 3 S. 1 AktG) vor, welcher personelle Anwendungsbereich bei der Geschäftsführung bzw. bei der Organstellung zu berücksichtigen sei; dies müsse erst recht für die Beurteilung gelten, ob jemand faktisch als Mitglied des geschäftsführenden Organs in Betracht komme.[756]

Dem ist beizupflichten. Denn die Führung und die Entscheidungsbefugnis eines Rechtsträgers können nur bei einer oder mehreren natürlichen Personen liegen. Ihnen obliegt es, welche Geschäfte im Tatsächlichen geführt und getätigt werden. Der Rechtsträger als juristische Person wird aus der Natur der Sache im Tatsächlichen nie die Geschäfte führen können. Im Hinblick auf die persönliche Haftungszuordnung für die Geschäftsführung eines Rechtsträges ist es demnach zwingend erforderlich, dass die Geschäftsführung des Rechtsträgers einer oder mehrerer natürlichen unbeschränkt geschäftsfähigen Personen zugeordnet wird. Demnach können grundsätzlich Kreditinstitute an sich bzw. als juristische Personen nicht der Rechtsfigur des faktischen Geschäftsführers unterfallen.[757]

Des Weiteren verlangt die Anwendung der Rechtsfigur des faktischen Geschäftsführers ein Handeln des Betreffenden im Außenverhältnis.[758] Das heißt, der faktische Geschäftsführer muss für den Schuldner gegenüber Dritten erkennbar handeln. Eine reine interne Einwirkung auf den satzungsmäßigen Geschäftsführer reicht dagegen nicht aus. Das Auftreten im Außenverhältnis muss vielmehr durch eigenes, nach außen hervortretendes und der Geschäftsführung zuzurechnendes Verhalten geprägt sein.[759] Demnach würden interne bzw. an die Geschäftsführung des Schuldners gerichtete Weisungen seitens des Kreditinstitutes bzw. seitens eines vom Kreditinstitut in die Geschäftsführung entsandten Mitarbeiters nicht ausreichen, um die Rechtsfigur des faktischen Geschäftsführers auszufüllen.[760] Vielmehr wird sich sogar festhalten lassen müssen, dass sämtliche Maßnahmen des Kreditinstitutes gegenüber dem Schuldner, die keine Außenwirkung entfalten, nicht die Annahme der Rechtsfigur des faktischen Geschäftsführers rechtfertigen. Schließlich versagt der Bundesgerichtshof selbst dann die Annahme der Rechtsfigur des faktischen Geschäftsführers, soweit sich der

756 BGH, 25.02.2002 – II ZR 196/00, ZInsO 2002, 582 (584); *Himmelsbach/Achsnick*, NZI 2003, 355.

757 Himmelsbach/Achsnick, NZI 2003, 355.

758 BGH, 27.06.2005 – II ZR 113/03, ZIP 2005, 1414; BGH, 25.02.2002 – II ZR 196/00, ZInsO 2002, 582 (584 f.).

759 BGH, 27.06.2005 – II ZR 113/03, ZIP 2005, 1414; BGH, 25.02.2002 – II ZR 196/00, ZInsO 2002, 582 (584 f.).

760 *Himmelsbach/Achsnick*, NZI 2003, 355.

satzungsmäßige Geschäftsführer sämtliche Tätigkeiten im Bereich der Geschäftsführung durch einen Dritten hat genehmigen lassen und dieser letztendlich nur „*Befehlsempfänger*“[761] war und ferner interne Weisungen nur umgesetzt hat.[762]

Nach alldem überrascht es nicht, dass weiterhin – soweit ersichtlich – keine Rechtsprechung existiert, die zum einen die Haus- bzw. Geschäftsbank des Schuldners unter die Rechtsfigur des faktischen Geschäftsführers subsumierte und zum anderen bzw. darüber hinaus aus diesem Gesichtspunkt auch haften ließ.[763] Denn in der Regel werden sich der Informationsfluss zwischen dem Kreditinstitut und dem Schuldner sowie die Einwirkungsmöglichkeit des Kreditinstitutes auf den Schuldner lediglich in dessen Verhältnis bzw. Geschäftsbeziehung abspielen und nicht erkennbar sowie geschäftsführend auf Dritte „ausstrahlen“. Eine Einwirkung des Kreditinstitutes bzw. ein Tätigwerden diesseits auf Dritte ist in der Regel nur dann anzunehmen, wenn das Kreditinstitut weisungsabhängige Vertrauenspersonen „aus seinen eigenen Reihen“ einsetzt und diese faktisch mit der (Krisen-)Geschäftsführung ausgestattet sind.[764] Aufgrund der daraus resultierenden Nähe der Kreditinstitute zur faktischen Geschäftsführung und dem damit verbundenen Haftungspotenzial, wird das Kreditinstitut in der Regel jedoch gehalten sein, dem Schuldner einen externen Sanierungsberater „an die Seite zu stellen“, um gerade das Risiko einer faktischen Geschäftsführung für sich auszuschließen. Im Ergebnis ist die Anwendung der Rechtsfigur des faktischen Geschäftsführers auf Kreditinstitute und folglich die daraus resultierende Möglichkeit der Subsumtion unter die §§ 138 Abs. 2 Nr. 1, 138 Abs. 2 Nr. 2 InsO als fernliegend zu qualifizieren.

4. *Anwendung des § 138 Abs. 2 Nr. 1 Var. 3 InsO oder des § 138 Abs. 2 Nr. 2 Alt. 1 InsO bei Verpfändungen von Gesellschaftsanteilen zu Gunsten des Kreditinstitutes?*

Nach der Rechtsprechung des Bundesgerichtshofes werden Dritte einem Gesellschafter gleichgestellt, wenn der Dritte bei wirtschaftlicher Betrachtung einem Gesellschafter gleichsteht.[765] Dafür ist entweder erforderlich,

---

761 BGH, 25.02.2002 – II ZR 196/00, ZInsO 2002, 582 (585); *Himmelsbach/Achsnick*, NZI 2003, 355.

762 BGH, 25.02.2002 – II ZR 196/00, ZInsO 2002, 582 (585); *Himmelsbach/Achsnick*, NZI 2003, 355.

763 Diese Überlegung stellten schon *Himmelsbach/Achsnick*, NZI 2003, 355 (356) an.

764 Vgl. dazu *Himmelsbach/Achsnick*, NZI 2003, 355 (360).

765 BGH, 05.05.2008 – II ZR 108/07, ZIP 2008, 1230 (1231).

dass der Dritte an einem Gesellschafter des Schuldners beteiligt ist (sog. Gesellschafter-Gesellschafter) und der Dritte aufgrund einer qualifizierten Mehrheit der Anteile oder Stimmrechte einen bestimmenden Einfluss auf den Gesellschafter ausüben kann.[766] Ferner kann die Verbindung auch derart ausgestaltet sein, dass eine „Quasi – Gesellschafterstellung" dadurch geschaffen wird, dass ein Dritter an beiden Gesellschaften, der Darlehen nehmenden und maßgeblich an der Darlehen gebenden Gesellschaft beteiligt ist.[767]

Es ist evident, dass die grundsätzliche Verbindung des Kreditinstitutes zum Schuldner als Haus- bzw. Geschäftsbank keine der geschilderten Konstellationen erfüllt. Relevanz kann jedoch insbesondere die zuerst genannte Konstellation haben, soweit sich das Kreditinstitut zur Sicherung von Forderungen gegenüber dem Schuldner, Gesellschaftsanteile eines Gesellschafters des Schuldners verpfänden lässt. Auch die Qualifikation des Gesellschafters als nahestehende Person knüpft im Ursprung an die Überlegung an, dass sich dieser selbstständig über die wirtschaftlichen Verhältnisse des Schuldners unterrichten kann und der Schuldner in einer gewissen Abhängigkeit zur nahestehenden Person steht[768], sodass auch in Fällen der Verpfändung eines Gesellschaftsanteils mit zusätzlicher Begründung von Stimmrechtsvereinbarungen oder Zustimmungsvorbehalten zu Gunsten des Kreditinstitutes, eine Anwendung des § 138 Abs. 2 Nr. 1 Var. 3 InsO bzw. des § 138 Abs. 2 Nr. 2 Alt. 1 InsO in Bezug auf das Kreditinstitut als Anfechtungsgegner in Betracht kommen könnte. Dabei gilt es zwischen Verpfändungen von Anteilen zu differenzieren, die zum einen weniger als ein Viertel des Kapitals des (Insolvenz-)Schuldners und zum anderen mehr als ein Viertel des Kapitals des Schuldners umfassen (vgl. § 138 Abs. 2 Nr. 1 Var. 3 InsO).

a) Verpfändungen von Gesellschaftsanteilen unter der normierten Schwelle des § 138 Abs. 2 Nr. 1 Var. 3 InsO

Gemäß § 138 Abs. 2 Nr. 1 Var. 3 InsO wäre das Kreditinstitut eine nahestehende Person, wenn es zu mehr als einem Viertel am Kapital des Schuldners beteiligt ist. Damit zielt die Regelung insbesondere auf die unmittelbare Beteiligung von GmbH-Gesellschaftern ab.[769] Die Verpfändung eines vermögenswerten Gesellschaftsanteils führt jedoch nicht zum Gesellschafterwechsel. Mitgliedschaftsrechte, z. B. das Stimmrecht, sind weiterhin dem Verpfänder

766 BGH, 05.05.2008 – II ZR 108/07, ZIP 2008, 1230 (1231).

767 BGH, 05.05.2008 – II ZR 108/07, ZIP 2008, 1230 (1231).

768 Vgl. *Gehrlein*, in: Münchener Kommentar zur Insolvenzordnung, § 138 Rn. 24.

769 *Gehrlein*, in: Münchener Kommentar zur Insolvenzordnung, § 138 Rn. 21.

bzw. Pfandgeber zuzuordnen.[770] Vielmehr bleibt der pfandgebende Gesellschafter in der Ausübung seiner Mitgliedschaftsrechte frei und das Kreditinstitut kann grundsätzlich keinen Einfluss über den Gesellschafter auf die Geschicke des Schuldners ausüben.[771] Da sämtliche mit den Mitgliedschaftsrechten verbundenen Einfluss- und Informationsmöglichkeiten auch trotz Verpfändung des Gesellschaftsanteils bei dem Pfandgeber verbleiben, führt die Verpfändung eines Gesellschaftsanteil als solcher nicht zur Anwendung des § 138 Abs. 2 Nr. 1 Var. 3 InsO. Oftmals kommt für die Sicherung von Forderungen ohnehin nur die Verpfändung der vermögenswerten Rechte aus dem Gesellschaftsverhältnis in Betracht und nicht die Mitgliedschaftsrechte, da nur die vermögenswerten Rechte im Falle einer Verwertung eine Befriedigung des Pfandgläubigers ermöglichen.[772]

Fraglich ist jedoch, ob der Anwendungsbereich des § 138 Abs. 2 Nr. 1 Var. 3 InsO oder des § 138 Abs. 2 Nr. 2 Alt. 1 InsO nicht dann eröffnet ist, wenn sich der Pfandnehmer, namentlich das Kreditinstitut, im Innenverhältnis zum Pfandgeber, der Gesellschafter des Schuldners, Beschränkungen in der Ausübung der Mitgliedschaftsrechte durch den Pfandgeber zusichern lässt (z. B. Zustimmung des Kreditinstitutes bezüglich Beschlüsse über die Ausschüttung von Gewinnen oder Dividenden; Zustimmung des Kreditinstitutes bezüglich Beschlüssen zur Veräußerung bzw. Belastung des Gesellschaftsvermögens, welche mehr als fünf % des bilanziellen Eigenkapitals der Gesellschaft ausmachen; z. B. die Einflussnahme auf die Unternehmenspolitik und die Geschäftsführung des Schuldners durch Bindung des Stimmrechts des Gesellschafters an den Willen des Kreditinstitutes (sog. Stimmrechtsbindungsvereinbarungen))[773], die Höhe des verpfändeten Anteils jedoch unter der normierten Schwelle des § 138 Abs. 2 Nr. 1 Var. 3 InsO liegt.

Aus den Gesetzgebungsmaterialien zu § 138 Abs. 2 Nr. 1 InsO (§§ 154, 155 des Regierungsentwurfes) geht hervor, dass hinsichtlich der Qualifizierung einer Person als nahestehend aufgrund ihrer Kapitalbeteiligung zum Schuldner, nur ein feststehender bzw. starrer Beurteilungsspielraum zugrunde gelegt werden

770 BGH, 13.07.1992 – II ZR 251/91, BGHZ 119, 191 (194 f.) = WM 1992, 1655; *Dahlbender*, Der GmbH – Steuer – Berater 2005, 182 (183); *Schlieter*, Die Verpfändung von GmbH – Geschäftsanteilen, S. 159; vgl. dazu *Rieder/Ziegler*, ZIP 2004, 481 f.

771 BGH, 13.07.1992 – II ZR 251/91, BGHZ 119, 191 (194 f.) = WM 1992, 1655

772 *Schlieter*, Die Verpfändung von GmbH – Geschäftsanteilen, S. 12.

773 *Dahlbender*, Der GmbH – Steuer – Berater 2005, 182 (183); *Gehrlein*, in: Münchener Kommentar zur Insolvenzordnung, § 138 Rn. 26.

darf.[774] Unter Berücksichtigung der Gesetzesbegründung[775] zu § 138 Abs. 2 Nr. 1 InsO sowie des klaren Wortlautes zeigt die Grenze von 25 % plus x – welche sich dabei an gesetzlichen Sperrminoritäten aus dem Aktiengesetz (vgl. §§ 179 Abs. 2, 182 Abs. 1 S. 1, 222 Abs. 1 S. 1 AktG) und dem GmbH-Gesetz (vgl. § 53 Abs. 2 GmbHG) orientiert[776] – den Wert auf, welcher dem Gesellschafter einer GmbH oder dem Aktionär einer Aktiengesellschaft eine besondere Informations- und Eingriffsmöglichkeit attestiert und folglich über die in § 51 a GmbHG bzw. § 131 AktG genannten Rechte eines Gesellschafters hinausgeht.[777] In diesem Fall resultiert aus der Höhe der Kapitalbeteiligung die „stärkere" Stellung eines Gesellschafters oder eines Aktionärs gegenüber der Stellung anderer Gesellschafter oder gar Dritter. Dieser hat aufgrund seiner Kapitalbeteiligung die Möglichkeit, sich bestimmte Informationen zu beschaffen und Maßnahmen der Gesellschaft durch Beschlussfassungen zu steuern. Allein diese Stellung des Gesellschafters bzw. des Aktionärs begründet die Eigenschaft als nahestehende Person zum Schuldner.[778] Das Gesetz knüpft somit zur Qualifikation eines Gesellschafters als nahestehende Person zwingend an seine quotale Gesellschaftsbeteiligung an. Diese kann daher nicht durch Begründung von faktisch gleichwertigen Informations- und Einflussmöglichkeiten, z. B. durch Stimmrechtsbindungsvereinbarungen oder Zustimmungsvorbehalte für den Pfandnehmer, untergangen werden; auch nicht über den Auffangtatbestand des § 138 Abs. 2 Nr. 2 InsO.[779] Die Möglichkeit des Kreditinstitutes, aufgrund relativer Beziehungen zu einem Gesellschafter sich bestimmte Informationen mittelbar über den Schuldner bei dem jeweiligen Gesellschafter einzuholen bzw. sogar über diesen Maßnahmen gegenüber dem Schuldner zu ergreifen, führt demnach nicht zur Eigenschaft als nahestehende Person, soweit die normierte Schwelle des § 138 Abs. 2 Nr. 1 Var. 3 InsO nicht überschritten wird.[780] Dies unterstreicht zudem der eindeutige Wort-

774 BT-Drucksache, 12/2443 S. 162; so bereits ausdrücklich *Ehricke*, KTS – Zeitschrift für Insolvenzrecht 1996, 209 (222); ebenso *Dauernheim*, in: Frankfurter Kommentar zur Insolvenzordnung, § 138 Rn. 14.

775 BT-Drucksache, 12/2443 S. 162.

776 *Ehricke*, KTS – Zeitschrift für Insolvenzrecht 1996, 209 (222 f.); *Dauernheim*, in: Frankfurter Kommentar zur Insolvenzordnung, § 138 Rn. 14; *Riggert*, in: Braun – Insolvenzordnung, § 138 Rn. 12.

777 BT-Drucksache, 12/2443 S. 162; *Ehricke*, KTS – Zeitschrift für Insolvenzrecht 1996, 209 (223).

778 Vgl. BT-Drucksache, 12/2443 S. 162.

779 *Gehrlein*, in: Münchener Kommentar zur Insolvenzordnung, § 138 Rn. 26; vgl. BGH, 23.11.1995 – IX ZR 18/95, BGHZ 131, 189 (193 f.) = NJW 1996, 461 (462).

780 *Ehricke*, KTS – Zeitschrift für Insolvenzrecht 1996, 209 (223).

laut des § 138 Abs. 2 Nr. 1 InsO.[781] „Erst Recht“ muss dies demnach auch für die Verpfändungen von Anteilen gelten, die unter der Schwelle des § 138 Abs. 2 Nr. 1 Var. 3 InsO liegen.

Es lässt sich ferner auch keine Ausnahme aus §§ 18, 21 Abs. 1 Nr. 6 KWG herleiten. Schließlich könnte man erwägen, dass ein Kreditinstitut dann als nahestehende Person zum Schuldner gilt, soweit es aufgrund des § 18 KWG verpflichtet ist, sich die wirtschaftlichen Verhältnisse des Schuldners offenlegen zu lassen. Denn wenn diese Pflicht für das Kreditinstitut unter den Voraussetzungen des § 18 Abs. 1 S. 1 KWG i. V. m. § 21 Abs. 1 Nr. 6 KWG besteht, soweit es eben mindestens ein Viertel an dem Kapital einer Gesellschaft hält und dies (fast) identisch mit den Voraussetzungen des § 138 Abs. 2 Nr. 1 Var. 3 InsO ist, könnte man erwägen, dass ein Kreditinstitut immer dann als nahestehende Person zu qualifizieren ist, wenn die Voraussetzungen des § 18 KWG i. V. m. der Rechtsform eines Kredites (§ 21 Abs. 1 KWG) gegeben sind. Dies ist jedoch abzulehnen. Zum einen folgt die in § 138 Abs. 2 Nr. 1 Var. 3 InsO niedergelegte Nähebeziehung nicht aus dem Pflichtenkatalog des § 18 Abs. 1 S. 1 KWG, sondern aus der Stellung des Gesellschafters zum Schuldner, namentlich aufgrund seiner Kapitalbeteiligung. Denn es ist allein die in § 138 Abs. 2 Nr. 1 Var. 3 InsO genannte Kapitalbeteiligung, welche es einem Gesellschafter bzw. Aktionär gegenüber dem Schuldner ermöglicht, sich bestimmte Informationen zu beschaffen und Maßnahmen der Gesellschaft gegebenenfalls durch Beschlussfassungen zu steuern. Diese Stellung des Gesellschafters bzw. Aktionärs begründet die Eigenschaft als nahestehende Person zum Schuldner und nicht der § 18 Abs. 1 S. 1 KWG.[782] Zum anderen und wie aufgezeigt darf es einem Kreditinstitut nicht angelastet werden, dass es den vom Gesetzgeber aufgestellten Pflichten aus dem Kreditwesengesetz nachkommt. Schließlich versuchen diese eine risikoklassifizierte Kreditvergabe und damit verbundenes Management zu ermöglichen, um volkswirtschaftliche Schäden zu verhindern bzw. einzudämmen. Das vom Gesetzgeber geforderte Verhalten der Kreditinstitute, darf folglich nicht gleichzeitig für die Kreditinstitute haftungsbedrohend wirken.[783] Die Verpflichtungen aus dem Kreditwesengesetz für das Kreditinstitut hinsichtlich der Offenbarung von wirtschaftlichen Verhältnissen des Kunden sind demnach wie beredet nicht

781 *Ehricke*, KTS – Zeitschrift für Insolvenzrecht 1996, 209 (223).

782 Vgl. BT-Drucksache, 12/2443 S. 162.

783 So ausdrücklich *Himmelsbach/Achsnick*, NZI 2003, 355 (356) zu rechtssystematischen Überlegungen im Hinblick auf die Anwendung der Rechtsfigur des faktischen Geschäftsführers in Bezug auf Kreditinstitute.

geeignet, ein das Kreditinstitut benachteiligendes Näheverhältnis im Sinne der Insolvenzordnung zu begründen.

Eine Anwendung des § 138 Abs. 2 Nr. 1 Var. 3 InsO und des § 138 Abs. 2 Nr. 2 Alt. 1 InsO auf Kreditinstitute bei Verpfändungen von Kapitalanteilen (z. B. Gesellschaftsanteil eines Gesellschafters des Schuldners) unter der Schwelle des § 138 Abs. 2 Nr. 1 Var. 3 InsO ist demnach nicht gegeben.

b) Anwendung des § 138 Abs. 2 Nr. 2 Alt. 1 InsO bei Verpfändungen von Gesellschaftsanteilen, die eine Kapitalbeteiligung über der normierten Schwelle des § 138 Abs. 2 Nr. 1 Var. 3 InsO darstellen

Nach dem Willen des Gesetzgebers[784] sind insbesondere herrschende Unternehmen in der Insolvenz des abhängigen Unternehmens als nahestehende Personen des Schuldners zu qualifizieren.[785] Diese Konstellation kann jedoch für die Anwendung des § 138 Abs. 2 Nr. 2 Alt. 1 InsO nicht als abschließend gelten. Vielmehr ist es richtig anzunehmen, dass neben unmittelbaren gesellschaftsrechtlichen oder dienstvertraglichen Verbindungen, jede rechtsgeschäftliche oder gar tatsächliche Verbindung zum Schuldner ausreichend ist, die ein Abhängigkeits- oder Beherrschungsverhältnis mit entsprechendem Informationsaustausch über die wirtschaftlichen Verhältnisse des Schuldners ermöglicht.[786] Durch die Bezugnahme auf Beherrschungsverhältnisse von juristischen Personen untereinander zeigt der Gesetzgeber jedoch als Voraussetzung für die Anwendung des § 138 Abs. 2 Nr. 2 Alt. 1 InsO auf, dass es für eine vergleichbare gesellschaftsrechtliche Verbindung erforderlich ist, dass zwischen dem Schuldner und dem Anfechtungsgegner ein Abhängigkeitsverhältnis bestehen muss. Diese Abhängigkeit wird immer dann anzunehmen sein, wenn der Anfechtungsgegner in einer bestimmten Höhe am Schuldner beteiligt ist. Durch die eindeutige Bezugnahme des § 138 Abs. 2 Nr. 2 InsO auf den § 138 Abs. 2 Nr. 1 InsO über die Wendung „vergleichbar" im Rahmen des § 138 Abs. 2 Nr. 2 InsO, ist eine die Abhängigkeit begründende Beteiligung dann anzunehmen, wenn die Kapitalbeteiligung mehr als ein Viertel am Kapital des Schuldners beträgt. Des Weiteren ist aus einem Umkehrschluss aus § 138 Abs. 2 Nr. 1 InsO zu schließen, dass der § 138 Abs. 2 Nr. 2 Alt. 1 InsO insbesondere mittelbare Beteiligungen gesellschaftsrechtlicher

784 Vgl. BT-Drucksache 12/7302, S. 173 f.

785 Vgl. zum Tatbestand der Abhängigkeit § 17 AktG; *Gehrlein*, in: Münchener Kommentar zur Insolvenzordnung, § 138 Rn. 28.

786 *Kirchhof*, ZInsO 2001, 825 (828); *Ehricke*, KTS – Zeitschrift für Insolvenzrecht 1996, 209 (217).

Natur erfassen soll, die eben mit der des § 138 Abs. 2 Nr. 1 Var. 3 InsO vergleichbar sind, aber nicht identisch und somit nicht in den Anwendungsbereich des § 138 Abs. 2 Nr. 1 Var. 3 InsO fallen.

Die Verpfändung eines Gesellschaftsanteils, welcher mehr als ein Viertel des Kapitals des Schuldners beträgt, zu Gunsten und zwecks Sicherung von Forderungen des Kreditinstitutes kann demnach in den Anwendungsbereich des § 138 Abs. 2 Nr. 2 InsO fallen. Die Verpfändung als solche reicht dafür jedoch nicht aus. Denn – wie dargestellt – führt die Verpfändung eines Gesellschaftsanteils nicht zum Gesellschafterwechsel. Mitgliedschaftsrechte sind weiterhin dem Pfandgeber zuzuordnen.[787] „Vergleichbar" im Sinne des § 138 Abs. 2 Nr. 1 Var. 3 InsO können Verpfändungen von Gesellschaftsanteilen erst werden, wenn das Kreditinstitut aufgrund einer vertraglichen oder organisatorischen Bindung ebenso Einfluss nehmen kann wie der Gesellschafter des Schuldners, der seinen Anteil zwecks Sicherung von Forderungen des Kreditinstitutes verpfändet hat.[788] Diese vergleichbare Einflussnahme ist für das Kreditinstitut nur gegeben, wenn die Stimmrechtsausübung des Gesellschafters durch eine vertragliche Vereinbarung festgelegt ist (Stimmrechtsbindungsvertrag), in welcher sich der Gesellschafter verpflichtet, sein Stimmrecht nach dem Willen des Kreditinstitutes auszuüben und die Durchsetzung dieser Vereinbarung, z. B. durch die Verbindung einer Stimmrechtsvollmacht zu Gunsten des Kreditinstitutes und/oder einer Vertragsstrafenregelung bei Zuwiderhandlungen gegen die Stimmrechtsbindung durch den Gesellschafter, gesichert ist.[789] Derartige Rechtsinstrumente ermöglichen es dem Kreditinstitut als Pfandnehmer wie dem Gesellschafter Einfluss auf die Geschäftsführung und die Gestaltung der Gesellschaft zu nehmen.[790] Alle wesentlichen Entscheidungen (z. B. Änderungen des Gesellschaftsvertrages, Abschluss von Verträgen zwischen Gesellschaftern und Schuldner, Beschlüsse über die Gewinnverwendung, Beschlüsse zur Veräußerung bzw. Belastung des Gesellschaftsvermögens) des Schuldners können folglich auch mittelbar durch das Kreditinstitut als Pfandnehmer beeinflusst werden. Ein Kreditinstitut ist demnach eine nahestehende Person im Sinne des § 138 Abs. 2 Nr. 2 Alt. 1 InsO,

---

787 BGH, 13.07.1992 – II ZR 251/91, BGHZ 119, 191 (194 f.) = WM 1992, 1655; *Dahlbender*, Der GmbH – Steuer – Berater 2005, 182 (183); *Schlieter*, Die Verpfändung von GmbH – Geschäftsanteilen, S. 159; vgl. dazu *Rieder/Ziegler*, ZIP 2004, 481 f.

788 Vgl. BGH, 16.02.1981 – II ZR 168/79, BGHZ 80, 69 (73) = NJW 1981, 1512 (1513); vgl. BGH, 13.07.1992 – II ZR 251/91, BGHZ 119, 191 (196 f.) = WM 1992, 1655.

789 Vgl. *Gehrlein*, in: Münchener Kommentar zur Insolvenzordnung, § 138 Rn. 29 f.

790 Vgl. BGH, 13.07.1992 – II ZR 251/91, BGHZ 119, 191 (197 f.) = WM 1992, 1655; vgl. ferner *Schlieter*, Die Verpfändung von GmbH – Geschäftsanteilen, S. 148, 159.

wenn es sich einen Gesellschaftsanteil, der über einem Viertel des Kapitals des Schuldners liegt, verpfänden lässt und die Einflussnahme des Kreditinstitutes durch eine Stimmrechtsbindungsvereinbarung zum Gesellschafter sowie dessen Durchsetzung gesichert ist. In diesem Fall existiert eine vergleichbare gesellschaftsrechtliche Verbindung im Sinne des § 138 Abs. 2 Nr. 2 Alt. 1 InsO.

II. Fazit

Festgehalten werden kann, dass durch die Beziehung eines Kreditinstitutes zum Schuldner als Geschäfts- bzw. Hausbank, in welcher das Kreditinstitut die Pflichten aus dem Kreditwesengesetz umsetzt, kein Näheverhältnis im Sinne des § 138 InsO begründet wird. Weder eine Auslegung noch eine analoge Anwendung des § 138 InsO noch die Berücksichtigung der Rechtsfigur des faktischen Geschäftsführers bieten grundsätzlich Anlass dafür. Ein Kreditinstitut fällt in den Anwendungsbereich des § 138 Abs. 2 Nr. 2 Alt. 1 InsO, wenn es sich einen Gesellschaftsanteil eines Gesellschafters des Schuldners, der über einem Viertel des Kapitals des Schuldners liegt, verpfänden lässt und die Einflussnahme des Kreditinstitutes durch eine Stimmrechtsbindungsvereinbarung zum Gesellschafter sowie dessen Durchsetzung gesichert ist.

§ 4 Gesamtfazit und Zusammenfassung der Ergebnisse

A) Gesamtfazit

Kreditinstitute haben als Geschäfts- bzw. Hausbank generell einen Wissensvorsprung über die wirtschaftliche Situation des Schuldners gegenüber anderen Gläubigern. Dieser resultiert zum einen aus den zwingenden Verpflichtungen des Kreditwesengesetzes und den Mindestanforderungen an das Risikomanagement (MaRisk), welche das Kreditinstitut auffordern, sich über die wirtschaftlichen Verhältnisse des Schuldners unterrichten zu lassen und die daraus resultierenden Informationen zu sondieren, um die mit dem Engagement des Kreditinstitutes einhergehenden Risiken zu filtern und absichern zu können. Insbesondere kennzeichnet sich ein solches Risikomanagement in der Regel durch die fortlaufende Offenlegung von wirtschaftlichen Verhältnissen des Schuldners gegenüber dem Kreditinstitut. Zum anderen führt und überwacht das Kreditinstitut als Zahlungsdienstleister den Zahlungsverkehr für den Schuldner. Im Zuge dessen nimmt das Kreditinstitut unter anderem z. B. durch die Rückgabe von Lastschriften sowie Maßnahmen der Zwangsvollstreckung Anzeichen einer finanziellen Krise wahr. All diese Umstände führen dazu, dass in der Geschäfts- bzw. Hausbank des Schuldners stets ein potentieller Anfechtungsgegner gesehen werden kann.

In der Stellung als Leistungsempfänger gilt es demnach für das Kreditinstitut, sich durch ein angemessenes und rechtzeitig aktualisiertes Sicherungsmanagement (Sicherung der Forderungen durch frühzeitigen Erwerb von anfechtungsfesten Absonderungsrechten) dem „Angriff" des Insolvenzverwalters aus § 133 InsO zu entziehen und einen Ausfall aufgrund einer Insolvenzanfechtung bereits aus dem Fehlen einer objektiven Gläubigerbenachteiligung im Sinne des § 129 InsO auszuschließen. Denn gerade bei „größeren" Engagements (vgl. § 18 KWG) wird es dem Kreditinstitut schwer fallen bzw. nicht gelingen, sich den fundamentalen Beweisanzeichen für die subjektiven Tatbestandsmerkmale des § 133 InsO, namentlich der Zahlungsunfähigkeit bzw. der drohenden Zahlungsunfähigkeit des Schuldners, ständig zu verschließen und trotzdem die Verpflichtungen aus dem Kreditwesengesetz in Verbindung mit den Mindestanforderungen an das Risikomanagement zu erfüllen.

Ferner wird die Relevanz des § 133 InsO auf Kreditinstitute als Anfechtungsgegner durch ihre regelmäßig bestehende Rolle als Leistungsmittler bzw.

Zahlstelle verstärkt. Aufgrund der in dieser Position fehlenden Stellung des Kreditinstitutes als Insolvenzgläubiger ist der § 133 InsO gerade auch für den Zeitraum der gesetzlichen Krise äußerst relevant bzw. gar die einzige Möglichkeit einen Rückgewähranspruch zu Gunsten der Insolvenzmasse gegenüber dem Kreditinstitut als Leistungsmittler zu generieren. Schließlich ist der Anwendungsbereich der §§ 130, 131 InsO mangels des Tatbestandsmerkmals „Insolvenzgläubiger" in Bezug auf das Kreditinstitut ausgeschlossen. Dennoch und unter Berücksichtigung der diesbezüglich dargelegten Rechtsprechung wird für Kreditinstitute das Anfechtungsrisiko kalkulierbar bzw. überschaubar sein. Denn sofern die Anfechtung gegenüber dem Kreditinstitut als Leistungsmittler in Betracht kommen soll, welche einen Zahlungsvorgang „zahlungstechnisch" umgesetzt hat, muss dem Kreditinstitut nachgewiesen werden, dass es im Hinblick der Verfolgung eigener Sonderinteressen in eine vom Schuldner bewusste Gläubigerbenachteiligung eingebunden ist; was insbesondere immer dann der Fall ist, soweit das Kreditinstitut in Abstimmung mit dem Schuldner oder durch eigene Vorgaben bzw. gar eigenes Handeln bestimmte Gläubiger vorzugsweise befriedigt.[791] Da ein solcher Umstand nicht die Regel ist und davon auszugehen ist, dass sich Kreditinstitute diesem erheblichen neuaufkommenden Anfechtungsrisiko bewusst sind, werden diese gehalten sein, den Zahlungsverkehr des Schuldners für sämtliche Gläubiger im Rahmen der für ihn bestehenden und abrufbaren liquiden Mittel offen zu halten und nicht einzelne Gläubiger partiell zu privilegieren. Das tatsächlich entstehende Anfechtungsrisiko gegenüber einem Kreditinstitut in der Stellung als Leistungsmittler müsste demnach für das Kreditinstitut erkennbar und kalkulierbar bleiben.

Des Weiteren wird das Anfechtungsrisiko gegenüber Kreditinstituten aus § 133 InsO dadurch eingeschränkt, dass diese in der Stellung als Geschäfts- bzw. Hausbank für den Schuldner nicht als „nahestehende Person" im Sinne des § 133 Abs. 2 InsO zu qualifizieren sind. Weder eine Auslegung noch eine analoge Anwendung des § 138 InsO noch die Berücksichtigung der Rechtsfigur des faktischen Geschäftsführers bieten dieses Verständnis grundsätzlich an. Ein Kreditinstitut fällt in den Anwendungsbereich des § 138 Abs. 2 Nr. 2 Alt. 1 InsO, wenn es sich einen Gesellschaftsanteil eines Gesellschafters des Schuldners, der über einem Viertel des Kapitals des Schuldners liegt, verpfänden lässt und die

791 Siehe dazu BGH, Urteil vom 26.04.2012 – IX ZR 74/11, ZInsO 2012, 924 (927); ähnlich so bereits *Jacoby*, KTS – Zeitschrift für Insolvenzrecht 2009, 23 (24); *Buck*, FD-InsR 2013, 343412 (3).

Einflussnahme des Kreditinstitutes durch eine Stimmrechtsbindungsvereinbarung zum Gesellschafter sowie dessen Durchsetzung gesichert ist.

Nach alldem bleibt festzuhalten, dass Kreditinstitute aufgrund ihrer Stellung und des daraus resultierenden Informations- und Wissensvorsprunges anfällig für den Tatbestand der vorsätzlichen Benachteiligung aus § 133 InsO sind. Dieses Anfechtungsrisiko kann jedoch kontrolliert und eingegrenzt werden, indem ein angemessenes und rechtzeitig aktualisiertes Sicherungsmanagement betrieben wird, Zahlungsvorgänge in der Stellung des Kreditinstitutes als Leistungsmittler rein „zahlungstechnisch" umge-setzt und einzelne Gläubiger in diesen Vorgängen nicht partiell privilegiert werden sowie keine die Verpflichtungen aus dem Kreditwesengesetz (in Verbindung mit den Mindestanforderungen an das Risikomanagement) übersteigende Nähebeziehung zum Schuldner aufgebaut wird.

B) Zusammenfassung der Ergebnisse

Im Folgenden werden die Ergebnisse dieser Arbeit zusammengefasst. Die Abfolge der Ergebnisse orientiert sich dabei an der Struktur der Arbeit:

I. Taugliche Anspruchsgrundlage bei Verrechnungen seitens des Kreditinstitutes

Aufgrund der Wirkung des § 96 Abs. 1 Nr. 3 InsO ist die taugliche Anspruchsgrundlage bei Verrechnungen seitens des Kreditinstitutes in der Stellung des Leistungsempfängers der § 780 BGB. In der Stellung des Leistungsmittlers ist die taugliche Anspruchsgrundlage bei anfechtbaren Verrechnungen seitens des Kreditinstitutes der § 675c Abs. 1 BGB i. V. m. § 667 BGB.

Der Rechtsfolgenverweis aus § 143 Abs. 1 S. 2 InsO ist auf die aus der Wirkung des § 96 Abs. 1 Nr. 3 InsO resultierende Anspruchsgrundlage analog anzuwenden; unabhängig davon, ob das Kreditinstitut als Anfechtungsgegner in der Stellung als Leistungsempfänger oder Leistungsmittler agiert.

Der aus der Wirkung des § 96 Abs. 1 Nr. 3 InsO entstehende Anspruch unterliegt dem Verjährungsregime des § 146 Abs. 1 InsO (analog).

II. Zur „Rechtshandlung des Schuldners"

Rechtshandlungen oder ein ihr gleichgestelltes Unterlassen des Schuldners fallen nur dann in den Anwendungsbereich des § 133 Abs. 1 S. 1 InsO, sofern diese seitens des Schuldners von einem willensgesteuerten und selbstbestimmten Handeln getragen werden.

Die Nichtumleitung von Zahlungseingängen auf ein kreditorisches Konto ist als Rechtshandlung des Schuldners zu qualifizieren, soweit dieses wissentlich und willentlich geschehen ist.

Die Entgegennahme des Buchgeldes durch das Kreditinstitut des Schuldners als Empfängerbank ist nicht als Rechtshandlung des Schuldners im Sinne des § 133 Abs. 1 S. 1 InsO zu qualifizieren. Es handelt sich dabei um eine Leistung des Kreditinstitutes an den Schuldner.

Die Einstellung von Gutschriften in die laufende Rechnung (Kontokorrent) stellt keine Rechtshandlung des Schuldners dar. Es handelt sich ebenso um eine Leistung des Kreditinstitutes an den Schuldner.

Die Entstehung der Gutschrift ist keine Rechtshandlung des Schuldners, welche die gläubigerbenachteiligende Verrechnung in der Kontoabrechnung verursacht.

Anfechtungsrechtlich ist die Verrechnungsabrede im Rahmen des § 133 InsO geschützt. Der Abschluss der Verrechnungsvereinbarung zwischen dem Schuldner und dem Kreditinstitut ist nicht kausal für eine objektive Gläubigerbenachteiligung. Es bedarf vielmehr eines weiteren Mitwirkungsaktes des Schuldners. Sofern das Kreditinstitut durch eigene Einstellung im Rahmen der Verrechnungsabrede Befriedigung erzielt, fehlt es an einer Rechtshandlung des Schuldners. Derartige Handlungen sind auf einen eigenständigen Vorgang des Kreditinstitutes zurückzuführen.

Die Erteilung einer Lastschrift stellt eine Rechtshandlung des Schuldners dar. Sowohl im Abbuchungsverfahren als auch im Einzugsermächtigungsverfahren sowie im Rahmen der SEPA-Lastschrift ist für die Feststellung der daraus resultierenden Gläubigerbenachteiligung auf den Tag der Belastungsbuchung abzustellen.

Die Zahlung per Überweisung stellt eine Rechtshandlung des Schuldners dar.

III. Zur „objektiven Gläubigerbenachteiligung"

Im bankenmäßigen Geschäftsverkehr gilt es hinsichtlich der Ermittlung der objektiven Gläubigerbenachteiligung zwischen der Stellung des Kreditinstitutes als Leistungsmittler und als Leistungsempfänger zu differenzieren.

In Bezug auf den Leistungsempfänger liegt die durch den Zahlungsvorgang resultierende und der Anfechtung unterliegende gläubigerbenachteiligende Wirkung in der Reduzierung der Haftungsmasse, namentlich darin, was der Leistungsempfänger durch Erfüllung der Verbindlichkeit erlangt hat.

Im Hinblick auf den Leistungsmittler liegt die durch den Zahlungsvorgang resultierende und der Anfechtung unterliegende gläubigerbenachteiligende

Wirkung in der Befreiung des Leistungsmittlers gegenüber einer Verbindlichkeit zu Gunsten des Schuldners. Dem stehen auch nicht aus dem Bereicherungsrecht kommende Grundsätze entgegen, welche der Zuordnung von Leistungsbeziehungen dienen.

Mit § 142 InsO hat der Gesetzgeber einen Fall der fehlenden unmittelbaren objektiven Gläubigerbenachteiligung ausdrücklich kodifiziert.

Der § 142 InsO ist bei der Prüfung des § 129 Abs. 1 InsO im Rahmen des Tatbestandsmerkmals Gläubigerbenachteiligung zu verorten. Eine Anfechtung gemäß § 133 Abs. 1 InsO greift somit nur dann, sofern oder gegebenenfalls zeitlich nach dem unmittelbaren gleichwertigen Austausch von Vermögenswerten Umstände auftreten, welche für die Gläubigergemeinschaft eine mittelbare Gläubigerbenachteiligung darstellt und diese von den subjektiven Tatbestandsmerkmalen des § 133 Abs. 1 InsO getragen wird.

Das Privileg des Bargeschäftes (§ 142 InsO) zu Gunsten des Kreditinstitutes in der Stellung als Leistungsmittler findet mangels Vorliegen der tatbestandlichen Voraussetzungen jedoch keine Berücksichtigung im Rahmen des § 133 InsO.

Im Fall der Konstellation Anweisung auf Kredit liegt keine Benachteiligung der Gläubigergemeinschaft im Sinne des § 129 InsO vor. Im Geschäftsverkehr der Kreditinstitute existiert diese Rechtsfigur praktisch nicht. Vielmehr ist die Rechtsfigur Anweisung auf Schuld die Regel.

Eine Gläubigerbenachteiligung im Sinne des § 129 Abs. 1 InsO scheidet aus, soweit ein anfechtungsfestes Sicherungsrecht (Absonderungsrecht) unmittelbar gegen ein gleichwertiges oder minderwertiges Sicherungsrecht (Absonderungsrecht) ausgetauscht wird und der Sicherungsnehmer personenidentisch ist.

IV. Zum „Gläubigerbenachteiligungsvorsatz“

Die Kenntnis von den Umständen der drohenden Zahlungsunfähigkeit bzw. von der Zahlungsunfähigkeit seitens des Schuldners sind Beweisanzeichen für einen Gläubigerbenachteiligungsvorsatz des Schuldners.

Eine nachträgliche Zweckabrede in Bezug auf den Sanierungscharakter eines Sanierungsmittels kann nicht getroffen werden. Das maßgebliche Kriterium für ein Sanierungsmittel ist der dahinter stehende Sanierungswille der betreffenden Parteien, welcher bei Begründung des Sanierungsmittels bestehen muss.

Ein tauglicher Sanierungswille stellt ein für die subjektiven Elemente des § 133 Abs. 1 InsO entkräftendes Beweisanzeichen dar. Entscheidend für die Entkräftungswirkung eines solchen Willens ist es, ob der Schuldner zum Zeitpunkt der Vornahme der Rechtshandlung einen sachgerechten und erfolgsversprechenden Sanierungswillen hat. Maßgeblich bleibt allein der Wille des Schuldners zum

Zeitpunkt der Vornahme der Rechtshandlung. Die vom Bundesgerichtshof aufgestellten Voraussetzungen an einen tauglichen den Gläubigerbenachteiligungsvorsatz verneinenden Sanierungsversuch sind demnach nicht als abschließend zu betrachten.

Der ursprünglich verfolgte Sanierungszweck schließt den Benachteiligungsvorsatz des Schuldners nicht mehr aus, wenn sich der Schuldner zum Zeitpunkt der Vornahme der Rechtshandlung der Umstände bewusst ist, welche auf die Unerreichbarkeit der Sanierung schließen lassen. In diesem Fall wird die Rechtshandlung des Schuldners nicht mehr von einem verständlichen Sanierungswillen des Schuldners getragen.

Befristete Darlehen können eine drohende Zahlungsunfähigkeit auslösen, solange taugliche Maßnahmen der Restrukturierung für den Zeitraum über die Befristung von Darlehen hinaus nicht als sicher bzw. dauernd realisierbar angenommen werden kann. Die Länge des Prognosezeitraums eines Liquiditätsplanes kann nicht pauschal beantwortet werden. Vielmehr ist dieser vom jeweiligen Einzelfall sowie der Branchenzugehörigkeit und den Besonderheiten des Schuldners abhängig. Begrenzt wird ein solcher Prognosezeitraum durch den Zeitpunkt der spätesten Fälligkeit der Verbindlichkeiten.

V. Zur „Kenntnis des anderen Teils vom Vorsatz des Schuldners"

Sofern das Kreditinstitut in der Stellung als Zahlstelle bzw. Leistungsmittler agiert, kann grundsätzlich der Vermutungstatbestand des § 133 Abs. 1 S. 2 InsO vorliegen. Das Kreditinstitut erbringt jedoch regelmäßig den Beweis des Gegenteils und entkräftet folglich den gesetzlichen Vermutungstatbestand des § 133 Abs. 1 S. 2 InsO, sofern die geschilderten und vom Bundesgerichtshof aufgestellten Kriterien erfüllt sind. Etwaige Eigen- bzw. Sonderinteressen, welche die Kenntnis des Kreditinstitutes vom Gläubigerbenachteiligungsvorsatz wiederum dokumentieren können, sind vom Insolvenzverwalter im Wege einer sekundären Darlegungslast darzustellen. Soweit der Schuldner dem Kreditinstitut seinen Gläubigerbenachteiligungsvorsatz aufzwingt, steht dem Kreditinstitut kein Ausführungsverweigerungsrecht zu. Zwecks Vermeidung der Ausführung weiterer vertragskonformer Zahlungsaufträge im Rahmen des Zahlungsdiensterahmenvertrages und der Gefahr der Inkaufnahme eines Insolvenzanfechtungsanspruches basierend auf dem Anfechtungsgrund aus § 133 Abs. 1 InsO ist das Kreditinstitut in einer derartigen Situation gehalten, die Geschäftsverbindung zum Schuldner durch Kündigung zu beenden.

VI. Zur „vorsätzlichen Benachteiligung im Sinne des § 133 Abs. 2 InsO"

Die Beziehung eines Kreditinstitutes zum Schuldner als Geschäfts- bzw. Hausbank, in welcher das Kreditinstitut besondere Informationspflichten aus dem Kreditwesengesetz umsetzt, begründet kein Näheverhältnis im Sinne des § 138 InsO. Weder Auslegung noch eine analoge Anwendung des § 138 InsO noch die Berücksichtigung der Rechtsfigur des faktischen Geschäftsführers bieten grundsätzlich keinen Anlass dafür. Ein Kreditinstitut fällt in den Anwendungsbereich des § 138 Abs. 2 Nr. 2 Alt. 1 InsO, wenn es sich einen Gesellschaftsanteil eines Gesellschafters des Schuldners, der über einem Viertel des Kapitals des Schuldners liegt, verpfänden lässt und die Einflussnahme des Kreditinstitutes durch eine Stimmrechtsbindungsvereinbarung zum Gesellschafter sowie dessen Durchsetzung gesichert ist.

Literaturverzeichnis

Achsnick, Jan/*Opp*, Julian: Insolvenzanfechtung von Zahlungen aus geduldeter Kontoüberziehung, in: Neue Zeitschrift für das Recht der Insolvenz und Sanierung 2010, S. 633–637, (zit.: *Achsnick/Opp*, NZI 2010, S.)

Ahrens, Martin/*Gehrlein*, Markus/*Ringstmeier*, Andreas: Fachanwaltskommentar Insolvenzrecht, Köln 2012 (zit.: *Bearbeiter*, in: Ahrens/Gehrlein/Ringstmeier - Insolvenzrecht, § Rn.)

Baumbach, Adolf/*Hopt*, Klaus: Handelsgesetzbuch, 35. Auflage, München 2012 (zit.: *Bearbeiter*, in: Baumbach/Hopt – HGB, § Rn.)

Baumgärtel, Gottfried: „Tatsächliche Vermutung" im Zivilprozeß, in: Festschrift für Karl Heinz Schwab, herausgegeben von Peter Gottwald und Hanns Prütting, München 1990, S. 43–51 (zit.: *Baumgärtel*, in: Festschrift für Schwab, 1990, S.)

Batereau, Ludwig Hans: Die Haftung der Bank bei fehlgeschlagener Sanierung, in: Wertpapier-Mitteilungen – Zeitschrift für Wirtschafts- und Bankenrecht 1992, S. 1517–1522 (zit.: *Batereau*, WM 1992, S.)

Bernau, Timo/*Dimmling*, Andreas: Anmerkung zu BGH, Urteil vom 26.04.2012 – IX ZR 74/11 (BKR 2012, 469), in: Zeitschrift für Bank- und Kapitalmarkrecht 2012, S. 469–475 (zit.: *Bernau/Dimmling*, BKR 2012, S.)

Biehl, Kristof: Insider im Insolvenzverfahren, Dissertation (Heidelberg 2000), Herne/Berlin 2000 (zit.: *Biehl*, Insider im Insolvenzverfahren, S. Rn.)

Biehl, Kristof: Wesen und Wirkung der Insolvenzanfechtung nach neuem Recht, in: KTS Zeitschrift für Insolvenzrecht – Konkurs, Treuhand und Sanierung 1999, S. 313–321 (zit.: *Biehl*, KTS – Zeitschrift für Insolvenzrecht 1999, S.)

Binder, Jens-Hinrich: Rechtliche Grundlagen des Risikomanagements in Banken und Finanzdienstleistungen, in: Rechtliche Grundlagen des Risikomanagements – Haftungs- und Strafvermeidung für Corporate Compliance, herausgegeben von Frank Romeike, Berlin 2008, S. 133–176 (zit.: *Binder*, in: Romeike – Rechtliche Grundlagen des Risikomanagements, S.)

Bischoff, Heinz: Die insolvenzrechtliche Anfechtung von Zahlungen aus Drittvermögen, in: Zeitschrift für das gesamte Insolvenzrecht 2004, S. 1296–1300 (zit.: *Bischoff*, InsO 2004, S.)

Bitter, Georg: Der Kontokorrentkredit: Pfändbarkeit und Insolvenzanfechtung, in: Haftung und Insolvenz, Festschrift für Gero Fischer, herausgegeben von Hans Gerhard Ganter, Peter Gottwald und Hans-Jürgen Lwowski, München 2008, S. 16–36 (zit.: *Bitter*, in: Festschrift für Fischer, 2008, S.)

Bitter, Georg: Problemschwerpunkte des neuen Zahlungsdiensterechts – Teil I – Überweisung und Lastschrift, in: Wertpapier-Mitteilungen – Zeitschrift für Wirtschafts- und Bankrecht 2010, S. 1725–1734 (zit.: *Bitter*, WM 2010, S.)

Blasche, Sebastian: Auswirkungen von Verstößen gegen das KWG sowie Abweichungen von den MaRisk auf die zivilrechtliche Haftung des Bankvorstands, in: Wertpapier-Mitteilungen – Zeitschrift für Wirtschafts- und Bankenrecht 2011, S. 343–351 (zit.: *Blasche*, WM 2011, S.)

Blum, Stefan: Anfechtung kongruenter Deckungsgeschäfte – zugleich Anmerkung zu KG Berlin, Urteil vom 07.04.2006 – 7 U 149/05, ZinsO 2006, 833 in: Zeitschrift für das gesamte Insolvenzrecht 2007, S. 807–809 (zit.: *Blum*, ZInsO 2006, S.)

Blum, Stefan: Zur (Un-)Anfechtbarkeit der Globalzession – zugleich Anmerkung zu LG Berlin, Urteil vom 26.01.2007, ZinsO 2007, 555 in: Zeitschrift für das gesamte Insolvenzrecht 2007, S. 528–531 (zit.: *Blum*, ZInsO 2007, S.)

Boos, Karl – Heinz/*Fischer*, Reinfrid/*Schulte-Mattler*, Hermann: Kreditwesengesetz, Kommentar, 4. Auflage, München 2012 (zit.: *Bearbeiter*, in: Boos/Fischer/Schulte-Mattler, Kreditwesengesetz, § Rn.)

Bork, Reinhard/*Gehrlein*, Markus: Aktuelle Probleme der Insolvenzanfechtung, 12. Auflage, Köln 2012 (zit.: *Bork/Gehrlein*, Aktuelle Probleme der Insolvenzanfechtung, § Rn.)

Bork, Reinhard: Anfechtung als Kernstück der Gläubigergleichbehandlung, in: Zeitschrift für Wirtschaftsrecht 2014, S. 797–810 (zit.: *Bork*, ZIP 2014, S.)

Bork, Reinhard: Die anfechtbare Kontokorrentverrechnung, in: Haftung und Insolvenz, Festschrift für Gero Fischer, herausgegeben von Hans Gerhard Ganter, Peter Gottwald und Hans-Jürgen Lwowski, München 2008, S. 37–51 (zit.: *Bork*, in: Festschrift für Fischer, 2008, S.)

Bork, Reinhard: Die Renaissance des § 133 InsO, in: Zeitschrift für Wirtschaftsrecht 2004, S. 1684–1693 (zit.: *Bork*, ZIP 2004, S.)

Bork, Reinhard: Grundtendenzen des Insolvenzanfechtungsrechtes, in: Zeitschrift für Wirtschaftsrecht 2008, S. 1041–1049 (zit.: *Bork*, ZIP 2008, S.)

Bork, Reinhard: Kontokorrentverrechnungen und Bargeschäft, in: Insolvenzrecht im Wandel der Zeit, Festschrift für Hans-Peter Kirchhof, herausgegeben von Walter Gerhardt, Hans Haarmeyer und Wolfgang Kreft, Recklinghausen 2003, S. 57–72 (zit.: *Bork*, in: Festschrift für Kirchhof, 2003, S.)

Bork, Reinhard: Neues Insolvenzanfechtungsrecht: Verschärfung oder Entmachtung?, in: Zeitschrift für Wirtschaftsrecht 2014, S. 1905–1909 (zit.: *Bork*, ZIP 2014, S.)

Bork, Reinhard: Zahlungsverkehr in der Insolvenz, RWS Verlag Kommunikationsforum, Köln 2002 (zit.: *Bork*, Zahlungsverkehr in der Insolvenz, Rn.)

Brandstätter, Jörn: Die Prüfung der Sanierungsfähigkeit notleidender Unternehmen – Grundlagen, Durchführung und Unterstützung durch Expertensysteme, München 1993 (zit.: *Brandstätter*, Die Prüfung der Sanierungsfähigkeit notleidender Unternehmen, S.)

Braun, Eberhard: Kommentar zur Insolvenzordnung, 5. Auflage, München 2012 (zit.: *Bearbeiter*, in: Braun – Insolvenzordnung, § Rn.)

Breilmann, Anja/*Fuchs*, Karl: Bankenregulierung, Insolvenzrecht, Kapitalanlagegesetzbuch, Honorarberatung – Bericht über den Bankrechtstag am 28. Juni 2013 in Berlin –, in: Wertpapier-Mitteilungen – Zeitschrift für Wirtschafts- und Bankenrecht 2013, S. 1437–1445 (zit.: *Breilmann/Fuchs*, WM 2013, S.)

Breutigam, Axel/*Blersch*, Jürgen/*Goetsch*, Hans-W.: Berliner Kommentare zum Insolvenzrecht, Kommentar, Band I, Stand: 18. Lieferung, Freiburg Juni 2004 (zit.: *Bearbeiter*, in: Breutigam/Blersch/Goetsch, Berliner Kommentar zum Insolvenzrecht, § Rn.)

Brinkmann, Gerhard/*Luttmann*, Maik: Anfechtbarkeit von Zwangsvollstreckungsmaßnahmen trotz fehlender Schuldnerhandlung analog § 133 Abs. 1 InsO?, in: Zeitschrift für das gesamte Insolvenzrecht 2007, S. 565–569 (zit.: *Brinkmann/Luttmann*, ZInsO 2007, S.)

Brox, Hans/*Henssler*, Martin: Handelsrecht mit Grundzügen des Wertpapierrechtes, 20. Auflage, München 2009 (zit.: *Brox/Henssler*, Handelsrecht, § Rn.)

Brox, Hans/*Walke*r, Wolf-Dietrich: Allgemeiner Teil des BGB, 36. Auflage, München 2012 (zit.: *Brox/Walker*, Allgemeiner Teil des BGB, § Rn.)

Buck, Stefan: Anmerkung zu BGH, Urteil vom 24.01.2013 – IX ZR 11/12 (ZInsO 2013, 384), in: Fachdienst Insolvenzrecht 2013, Ausgabe 5/2013 vom 7. März 2013, 343412 (zit.: *Buck*, FD-InsR 2013, 343412, S.)

Bundesanstalt für Finanzdienstleistungsaufsicht: Rundschreiben 10/12 (BA) – Mindestanforderungen an das Risikomanagement – MaRisk: Stand 14.12.2010, https://www.bafin.de/SharedDocs/Veroeffentlichungen/DE/Rundschreiben/rs_1210_marisk_ba.html?nn=2818068#doc3492188bodyText35, zuletzt besucht am 04.08.2014

Burger, Anton/*Schellberg*, Bernhard: Die Auslösetatbestände im neuen Insolvenzrecht, in: Betriebsberater – Zeitschrift für Recht und Wirtschaft 1995, S. 260–266 (zit.: *Burger/Schellberg*, BB 1995, S.)

Bürkle, Jürgen: Die rechtlichen Auswirkungen der MaRisk VA auf die Geschäftsorganisation von Versicherungsunternehmen, in: Versicherungsrecht – Zeitschrift für Versicherungsrecht, Haftungs- und Schadensrecht 2009, S. 866–873 (zit.: *Bürkle*, VersR 2009, S.)

Bruckhoff, Holger-René: Zur Anfechtung von Kontokorrentverrechnungen in der Insolvenz, in: Neue Juristische Wochenschrift 2002, S. 3304–3306 (zit.: Bruckhoff, NJW 2002, S.)

Commandeur, Anja/*Brocker*, Kirstin: Aktuelle Entwicklungen im Insolvenzrecht – Insolvenzanfechtung von Zahlungen einer GmbH an ihre „Hausbank", in: Neue Zeitschrift für Gesellschaftsrecht 2014, S. 980–982 (zit.: *Commandeur/Brocker*, NZG 2014, S.)

Cranshaw, Friedrich L.: Anmerkung zu BHG, Urteil vom 26.04.2012 – IX ZR 74/11 (ZInsO 2012, 924), abzurufen über Juris: jurisPR – InsR 14/2012 Anm. 1 vom 19.07.2012

Cranshaw, Friedrich L.: Die Anfechtung der Globalzession – offene Fragen nach der aktuellen Rechtsprechung des Bundesgerichtshofes?, in: Deutsche Zeitschrift für Wirtschafts- und Insolvenzrecht 2008, S. 221–231 (zit.: *Cranshaw*, DZWIR 2008, S.)

Dahlbender, Frank: Die Verpfändung eines GmbH-Gesellschaftsanteils, in: Der GmbH-Steuer-Berater 2005, S. 182–184 (zit.: *Dahlbender*, Der GmbH-Steuer-Berater 2005, S.)

Dannecker, Gerhard/*Knierim*, Thomas/*Hagemeier*, Andrea: Praxis der Strafverteidigung – Insolvenzstrafrecht, Heidelberg 2009 (zit.: *Bearbeiter*, in: Dannecker/Knierim/Hagemeier – Insolvenzstrafrecht, S. Rn.)

Derleder, Peter/*Knops*, Kai-Oliver/*Bamberger*, Georg: Handbuch zum deutschen und europäischen Bankrecht, Heidelberg 2004 (zit.: *Bearbeiter*, in: Derleder/Knops/Bamberger – Handbuch zum deutschen und europäischen Bankrecht, § Rn.)

Ede, Christine: Die Vorsatzanfechtung gegenüber dem uneigennützigen Leistungsmittler, in: Zeitschrift für das gesamte Insolvenzrecht 2012, S. 1541–1546 (zit.: *Ede*, ZInsO 2012, S.)

Ehricke, Ulrich: Das abhängige Konzernunternehmen in der Insolvenz: Wege zur Vergrößerung der Haftungsmasse abhängiger Konzernunternehmen im Konkurs und Verfahrensfragen – eine rechtsvergleichende Analyse, Habilitationsschrift (Berlin 1997), Tübingen 1998 (zit.: *Ehricke*, Das abhängige Konzernunternehmen in der Insolvenz, S.)

Ehricke, Ulrich: Insolvenzrechtliche Anfechtung gegen Insider – Zur Bestimmung nahestehender Personen von GmbH und AG, in: Konkurs, Treuhand, Sanierung - Zeitschrift für Insolvenzrecht 1996, S. 209–229 (zit.: *Ehricke*, KTS – Zeitschrift für Insolvenzrecht 1996, S.)

Ellenberger, Jürgen/*Findeisen*, Michael/*Nobbe*, Gerd: Kommentar zum Zahlungsverkehrsrecht – Praxiskommentar zum Zivil- und Aufsichtsrecht des Zahlungsverkehrs, Heidelberg 2010 (zit.: *Bearbeiter*, in: Ellenberger/Findeisen/Nobbe, Zahlungsverkehrsrecht, § Rn.)

Enzenhofer, Stefanie: Anmerkung zu BGH, Urteil vom 24.01.2013 – IX ZR 11/12 (ZInsO 2013, 384), in: Neue Zeitschrift für das Recht der Insolvenz und Sanierung 2013, S. 249–253 (zit.: *Enzenhofer*, NZI 2013, S.)

Enzenhofer, Stefanie: Gläubigerbenachteiligung bei der Insolvenzanfechtung von Drittzahlungen, zugleich Anmerkung zu BGH, Urteil vom 21.06.2012 – IX ZR 59/11 (NZI 2012, 805), in: Neue Zeitschrift für das Recht der Insolvenz und Sanierung 2012, S. 796–798 (zit.: *Enzenhofer*, NZI 2012, S.)

Eidenmüller, Horst: Unternehmenssanierung zwischen Markt und Gesetz - Mechanismen der Unternehmensorganisation und Kooperationspflichten im Reorganisationsrecht, Köln 1999 (zit.: *Eidenmüller*, Unternehmenssanierung zwischen Markt und Gesetz, S.)

Eidenmüller, Horst/*Engert*, Andreas: Insolvenzrechtliche Ausschüttungssperren, in: Festschrift für Karsten Schmidt, herausgegeben von Georg Bitter, Marcus Lutter, Hans-Joachim Priester, Wolfgang Schön und Peter Ulmer, Köln 2009, S. 305–330 (zit.: *Eidenmüller/Engert*, in: Festschrift für Karsten Schmidt, 2009, S.)

Fehl, Norbert: Zur Anwendbarkeit von § 31 Ziff. 2 KO auf Geschäfte einer Kommanditgesellschaft mit einem ihrer Gesellschafter oder dessen nahen Angehörigen, in: Zeitschrift für Unternehmens- und Gesellschaftsrecht 1978, S. 725–749 (zit.: *Fehl*, ZGR 1978, S.)

Fischer, Gero: Aufrechnung und Verrechnung in der Insolvenz, in: Zeitschrift für Wirtschafts- und Bankenrecht – Wertpapier-Mitteilungen 2008, S. 1–7 (zit.: *Fischer*, WM 2008, S.)

Fischer, Gero: Der maßgebliche Zeitpunkt der anfechtbaren Rechtshandlung, in: Zeitschrift für Wirtschaftsrecht 2004, S. 1679–1684 (zit.: *Fischer*, ZIP 2004, S.)

Fischer, Gero: Gläubigerbenachteiligungsvorsatz bei kongruenter Deckung, in: Neue Zeitschrift für das Recht der Insolvenz und Sanierung 2008, S. 588–594 (zit.: *Fischer*, NZI 2008, S.)

Fischer, Paul: Gefahrenstellen für Kreditinstitute in der Insolvenz ihrer Kunden - Konkretisierungen des BGH – Teil 1, in: Zeitschrift für das gesamte Insolvenzrecht 2013, S. 1917–1940 (zit.: *Fischer*, ZInsO 2013, S.)

Fischer, Reinfrid/*Dissen*, Jutta M.: Pfandrecht der Bank am Kontoguthaben in der Krise des Kontoinhabers – Insolvenzrechtliche Wirkung einer Kontosperre – zugleich Anmerkung zu dem Urteil des BGH vom 12.2.2004 – IX ZR 98/03, in: Deutsche Zeitschrift für Wirtschafts- und Insolvenzrecht 2004, S. 368–370 (zit.: *Fischer/Dissen*, DZWIR 2004, S.)

Foerste, Ulrich: Die Ausdehnung der Vorsatzanfechtung – ein rechtsstaatliches Problem, in: Zeitschrift für das gesamte Insolvenzrecht 2013, S. 897–902 (zit.: *Foerste*, ZInsO 2013, S.)

Foerste, Ulrich: Die Vorsatzanfechtung (§ 133 InsO) – zum politischen Potential der Begriffsjurisprudenz, in: Festschrift für Eduard Picker – in Gemeinschaft mit Reinhard Richardi und Jan Wilhelm, herausgegeben von Thomas Lobinger, Tübingen 2010, S. 227–248 (zit.: *Foerste*, in: Festschrift für Picker, 2010, S.)

Foerste, Ulrich: Grenzen der Vorsatzanfechtung bei kongruenter Deckung, in: Neue Zeitschrift für das Recht der Insolvenz und Sanierung 2006, S. 6–10 (zit.: *Foerste*, NZI 2006, S.)

Foerste, Ulrich: Teleologische und „pragmatische" Auslegung im Insolvenzrecht, in: Zeitschrift für das gesamte Insolvenzrecht 2013, S. 1661–1666, zugleich Beitrag in: Insolvenz und Sanierung – auf der Dauerbaustelle geht es weiter, Festschrift für Hans Haarmeyer, herausgegeben von Hugo Grote, Manfred Obermüller und Gerhard Pape, Köln 2013, S. 27–38 (zit.: *Foerste*, ZInsO 2013, S.)

Foerste, Ulrich: Zum Ausschluss der Vorsatzanfechtung, in: Wertpapier-Mitteilungen – Zeitschrift für Wirtschafts- und Bankenrecht 2014, S. 1213–1217 (zit.: *Foerste*, WM 2014, S.)

Franck, Jens-Uwe/*Massari*, Philipp: Die Zahlungsdienstrichtlinie: Günstigere und schnellere Zahlungen durch besseres Vertragsrecht?, in: Wertpapier-Mitteilungen – Zeitschrift für Wirtschafts- und Bankrecht 2009, S. 1117–1128 (zit.: *Franck/Massari*, WM 2009, S.)

Frege, Michael C.: Grundlagen und Grenzen der Sanierungsberatung, in: Neue Zeitschrift für das Recht der Insolvenz und Sanierung 2006, S. 545–552 (zit.: *Frege*, NZI 2006, S.)

Frind, Frank: Insolvenzanfechtung – unverzichtbarer Baustein zur gleichmäßigen Gläubigerbefriedigung und zur Stärkung der Ordnungsfunktion oder Instrument zur Gefährdung des Wirtschaftsverkehrs, in: Zeitschrift für das gesamte Insolvenzrecht 2002, S. 8–15 (zit.: *Frind*, ZInsO 2014, S.)

Frind, Frank/*Schmidt*, Andreas: Sozialversicherungsträger – Nassauer des Insolvenzverfahrens? (Teil II), in: Zeitschrift für das gesamte Insolvenzrecht 2002, S. 8–15 (zit.: *Frind/Schmidt*, ZInsO 2002, S.)

Fuhst, Christian: Neue Anfechtungsrisiken für Steuerberater – ein Praxisleitfaden, in: Deutsches Steuerrecht 2013, S. 782–784 (zit.: *Fuhst*, DStR 2013, S.)

Furche, Steffen: Die Globalabtretung in der Insolvenz, in: Zeitschrift für Wirtschafts- und Bankrecht – Wertpapier-Mitteilungen 2007, S. 1305–1315 (zit.: *Furche*, WM 2007, S.)

Ganter, Hans Gerhard: Anfechtungsrisiken der Bank im Verkehr mit ihrem von der Insolvenz bedrohten Kunden, in: Neue Zeitschrift für das Recht der Insolvenz und Sanierung 2010, S. 835–838 (zit.: *Ganter*, NZI 2010, S.)

Ganter, Hans Gerhard: Bargeschäfte (§ 142 InsO) von Dienstleistern, in: Zeitschrift für Wirtschaftsrecht 2012, S. 2037–2045 (zit.: *Ganter*, ZIP 2012, S.)

Ganter, Hans Gerhard: Die Bedeutung der „Bugwelle" für die Feststellung der Zahlungsunfähigkeit, in: Zeitschrift für das gesamte Insolvenzrecht 2011, S. 2297–2302 (zit.: *Ganter*, ZInsO 2011, S.)

Ganter, Hans Gerhard: Gläubigerbenachteiligung durch Drittzahlungen, zugleich Besprechung von BGH, Urteil vom 17.03.2011 - IX ZR 166/08, NZI 2011, 400, in: Neue Zeitschrift für das Recht der Insolvenz und Sanierung 2011, S. 475–477 (zit.: Ganter, NZI 2011, S.)

Ganter, Hans Gerhard: Neues Merkmal der Gläubigerbenachteiligung bei der Insolvenzanfechtung, in: Sanierung und Insolvenz, Festschrift für Karl Hubert Görg, herausgegeben von Michael Dahl, Hans-Gerd H. Jauch, Christian Wolf, München 2010, S. 169–184 (zit.: *Ganter*, in: Festschrift für Görg, 2010, S.)

Ganter, Hans Gerhard: Vorsatzanfechtung nach fehlgeschlagener Sanierung, in: Wertpapier-Mitteilung – Zeitschrift für Wirtschaftsrecht und Bankrecht 2009, S. 1441–1452 (zit.: *Ganter*, WM 2009, S.)

Ganter, Hans Gerhard: Weiterentwicklung der Rechtsprechung zu § 133 InsO, in: Wertpapier-Mitteilung – Zeitschrift für Wirtschaftsrecht und Bankrecht 2014, S. 49–54 (zit.: *Ganter*, WM 2014, S.)

Gawaz, Klaus-Dieter: Bankenhaftung für Sanierungskredite: eine Untersuchung zur Gläubigergefährdung nach § 826 BGB, Köln 1997 (zit.: *Gawaz*, Bankenhaftung für Sanierungskredite, S.)

Gehrlein, Markus: Anfechtung versus Sanierung – Anfechtungsgefahren für Sanierungszahlungen?, in: Zeitschrift für Wirtschafts- und Bankrecht 2011, S. 577–624 (zit.: *Gehrlein*, WM 2011, S.)

Gehrlein, Markus: Insolvenzanfechtung verwirklicht Gleichbehandlung der Gläubiger, in: Frankfurter Allgemeine Zeitung vom 18. Dezember 2013, Nr. 294, S. 19 (zit.: *Gehrlein*, in: Frankfurter Allgemeine Zeitung vom 18. Dezember 2013, Nr. 294 - Recht und Steuern, S.)

Gehrlein, Markus: Neuere Rechtsprechung des BGH zur Vorsatzanfechtung, in: Der Betrieb 2013, S. 2843–2848 (zit.: *Gehrlein*, DB 2013, S.)

Gerhardt, Walter: Die systematische Einordnung der Gläubigeranfechtung, Habilita-tionsschrift (Göttingen 1968), Göttingen 1969 (zit.: *Gerhardt*, Die systematische Einordnung der Gläubigeranfechtung, S.)

Gottwald, Peter: Insolvenzrechtshandbuch, 4. Auflage, München 2010 (zit.: *Bearbeiter*, in: Gottwald – Insolvenzrechtshandbuch, § Rn.)

Graf-Schlicker, Marie Luise: Kommentar zur Insolvenzordnung, 3. Auflage, Köln 2012 (zit.: *Bearbeiter*, in: Graf-Schlicker – Insolvenzordnung, § Rn.)

Grub, Philipp: Anmerkung zu BGH, Urteil vom 28.09.2006 – IX ZR 136/05 (DZWIR 2007, 81), in: Deutsche Zeitschrift für Wirtschafts- und Insolvenzrecht 2007, S. 81–83 (zit.: *Grub*, DZWIR 2007, S.)

Grundmann, Stefan: Das neue Recht des Zahlungsverkehrs – Teil I - Grundsatzüberlegungen und Überweisungsrecht, in: Wertpapier-Mitteilungen – Zeitschrift für Wirtschafts- und Bankrecht 2009, S. 1109–1117 (zit.: *Grundmann*, WM 2009, S.)

Grunsky, Wolfgang: Anmerkung zu BGH, Urteil vom 24.01.1985 – IX ZR 65/84 (JR 1985, 487), in: Juristen Zeitung 1985, S. 487–492 (zit.: *Grunsky*, JR 1985, S.)

Haarmeyer, Hans/*Huber*, Michael/*Schmittmann*, Jens M.: Praxis der Insolvenzanfechtung, 2. Auflage, Köln 2013 (zit.: *Bearbeiter*, in: Praxis der Insolvenzanfechtung, Teil/§ Rn.)

Haas, Ulrich: Kapitalerhaltung, Insolvenzanfechtung, Schadensersatz und Existenzvernichtung – wann wächst zusammen, was zusammengehört?, in: Zeitschrift für Wirtschaftsrecht 2006, S. 1373–1382 (zit.: *Haas*, ZIP 2006, S.)

Hadding, Walther: Das Lastschriftverfahren in der Rechtsprechung, in: Wertpapier-Mitteilungen – Zeitschrift für Wirtschafts- und Bankrecht 1978, S. 1366–1380 (zit. *Hadding*, WM 1978, S.)

Häger, Ole/*Harig*, Florian: Subjektive Elemente bei § 131 InsO sowie § 133 InsO – Zur Frage der Kenntnis von Inkongruenz bzw. Rechtshandlung, in: Zeitschrift für das gesamte Insolvenzrecht 2013, S. 1677–1680 (zit.: *Häger/Harig*, ZInsO 2013, S.)

Häsemeyer, Ludwig: Die Gleichbehandlung der Konkursgläubiger, in: Konkurs-, Treuhand- und Schiedsgerichtswesen KTS 1982, S. 507–576 (zit.: *Häsemeyer*, KTS – Zeitschrift für Insolvenzrecht 1982, S.)

Häsemeyer, Ludwig: Insolvenzrecht, 4. Auflage, Köln 2007 (zit.: *Häsemeyer*, Insolvenzrecht, Rn.)

Hagemann, Sebastian: Ausschluss des § 133 InsO bei Sanierungsmaßnahmen - Voraussetzungen unter Berücksichtigung der Interessen institutioneller Gläubiger, in: Neue Zeitschrift für das Recht der Insolvenz und Sanierung 2014, S. 210–213 (zit.: *Hagemann*, NZI 2014, S.)

Hahn, Carl: Die gesamten Materialien zu den Reichs-Justizgesetzen, Band 4 Materialien zur Konkursordnung, Berlin 1881 (zit.: *Hahn*, Die gesamten Materialien zu den Reichs-Justizgesetzen – Band 4)

Hahn, Carl: Die Preußische Konkursordnung – Ergänzt und erläutert durch die neuere Gesetzgebung, Breslau 1862 (zit.: *Hahn*, Die Preußische Konkursordnung, § S.)

Hannemann, Ralf/*Schneider*, Andreas/*Hanenberg*, Ludger: Mindestanforderungen an das Risikomanagement (MaRisk) – Eine einführende Kommentierung,

Stuttgart 2008, 2. Auflage (zit.: *Hannemann/Schneider/Hanenberg*, Mindestanforderungen an das Risikomanagement, S.)

Harbeck, Nils: Gläubigerbenachteiligung als normative Voraussetzung der Insolvenzanfechtung, Dissertation (Kiel 2013), Hamburg 2013 (zit.: *Harbeck*, Gläubigerbenachteiligung als normative Voraussetzung der Insolvenzanfechtung, S.)

Heitsch, Joachim: Gläubigerbenachteiligung durch Zahlung Dritter, in: Zeitschrift für das gesamte Insolvenzrecht 2012, S. 2088–2092 (zit.: *Heitsch*, ZInsO 2012, S.)

Heitsch, Joachim: Überlegungen zur Beweislast bei der Insolvenzanfechtung - Auswirkungen der BGH-Urt. v. 6.10.200 und 17.3.2011 auf die Darlegung der Gläubigerbenachteiligung bei intransparenten Zahlungen unklarer Herkunft, in: Zeitschrift für das gesamte Insolvenzrecht 2011, S. 1533–1539 (zit.: *Heitsch*, ZInsO 2011, S.)

Henckel, Wolfram: Gläubigeranfechtung im Konkurs – Zuständigkeit, Internationales Insolvenzrecht, Vorteilsausgleichung, in: Festschrift für Erwin Deutsch, herausgegeben von Hans-Jürgen Ahrens, Christian von Bar, Gerfried Fischer, Andreas Spickhoff und Jochen Taupitz, Köln 1999, S. 967–986 (zit.: *Henckel*, in: Festschrift für Deutsch, 1999, S.)

Henkel, Andreas: Das Bargeschäftsprivileg gilt nicht im Rahmen von § 135 Abs. 1 InsO, in: Zeitschrift für das gesamte Insolvenzrecht 2009, S. 1577–1580 (zit.: *Henkel*, ZInsO 2009, S.)

Henkel, Andreas: Der gläubigerbenachteiligende Charakter der Zahlungen des Schuldners von einem außerhalb der vereinbarten Kreditlinie geführten Konto, § 129 Abs. 1 InsO, in: Zeitschrift für das gesamte Insolvenzrecht 2005, S. 468–472 (zit.: *Henkel*, ZInsO 2005, S.)

Henkel, Andreas: Die Verjährung der Hauptforderung des Insolvenzschuldners bei Unzulässigkeit der Aufrechnung nach § 96 I Nr. 3 InsO, in: Neue Zeitschrift für das Recht der Insolvenz und Sanierung 2007, S. 84–91 (zit.: *Henkel*, ZInsO 2007, S.)

Henkel, Andreas: Gläubigerbenachteiligung bei Drittzahlungen: Der BGH hat gesprochen, aber das Schwert ist noch nicht scharf genug, in: Zeitschrift für das gesamte Insolvenzrecht 2012, S. 1933–1937 (zit.: *Henkel*, ZInsO 2012, S.)

Henkel, Andreas: Kurzkommentar zu OLG Düsseldorf, Urteil vom 06.07.2006 – I-18 U 28/05 (ZInsO 2005, 934), in: Entscheidungen zum Wirtschaftsrecht 2006, S. 53–54 (zit.: *Henkel*, EWiR 2006, S.)

Henkel, Andreas: Zahlungen durch Dritte sind stets gläubigerbenachteiligend, in: Zeitschrift für das gesamte Insolvenzrecht 2012, S. 774–779 (zit.: *Henkel*, ZInsO 2012, S.)

Hess, Harald: Großkommentar zum Insolvenzrecht, Band II: §§ 113–359, 2. Auflage Heidelberg 2013 (zit.: *Hess*, Kommentar zum Insolvenzrecht, § Rn.)

Heublein, Gerrit: Gutschriften in der Krise – insolvenzfester Glücksfall oder anfechtbare Scheindeckung?, in: Zeitschrift für Wirtschaftsrecht 2000, S. 161–173 (zit.: *Heublein*, ZIP 2000, S.)

Horn, Norbert: Heymann – Handelsgesetzbuch, 2. Auflage, Berlin 2005 (zit.: *Bearbeiter*, in: Heymann – Handelsgesetzbuch, § Rn.)

Himmelsbach, Rainer/*Achsnick*, Jan: Faktische Geschäftsführung durch Banken: Gefahr oder Scheinproblem, in: Neue Zeitschrift für das Recht der Insolvenz und Sanierung 2003, S. 355–360 (zit.: *Himmelsbach/Achsnick*, NZI 2003, S.)

Hirte, Heribert: Nahestehende Personen (§ 138 InsO) – Klarheit oder Rückschritt, in: Zeitschrift für das gesamte Insolvenzrecht 1999 (zit.: *Hirte*, ZInsO 1999, S.)

Hoffmann, Matthias: Kurzkommentar zu BGH, Urteil vom 17.03.2011 – IX ZR 11/12 (ZInsO 2011, 782), in: Entscheidungen zum Wirtschaftsrecht 2011, S. 431–432 (zit.: *Hoffmann*, EWiR 2011, S.)

Hofmann, Christian: Die Pflicht zur Bewertung der Kreditwürdigkeit, in: Neue Juristische Wochenschrift 2010, S. 1782–1786 (zit.: *Hofmann*, NJW 2010, S.)

Hopt, Klaus J.: Probleme der Insolvenzvermeidung aus rechtsvergleichender Sicht, in: Das Unternehmen in der Krise – Probleme der Insolvenzvermeidung aus rechtsvergleichender Sicht, herausgegeben von Rolf Birk und Karl Kreuzer, Frankfurt am Main 1986, S. 11–73 (zit.: *Hopt*, in: Das Unternehmen in der Krise – Probleme der Insolvenzvermeidung aus rechtsvergleichender Sicht, S.)

Huber, Michael: Anfechtungsgesetz – Kurzkommentar, 10. Auflage, München 2006 (zit.: *Huber*, Anfechtungsgesetz, § S.)

Huber, Michael: Anmerkung zu BGH, Urteil vom 17.07.2003 – IX ZR 272/02 (NZI 2003, 597), in: Neue Zeitschrift für das Recht der Insolvenz und Sanierung, S. 597–600 (zit.: *Huber*, NZI 2003, S.)

Huber, Michael: Das anfechtungsrechtlich privilegierte, aber janusköpfige Bargeschäft nach § 142 InsO, in: Zeitschrift für das gesamte Insolvenzrecht 2013, S. 1049–1056 (zit.: *Huber*, ZInsO 2013, S.)

Huber, Michael: Es gibt sie nicht, es gibt sie doch, es gibt sie nicht – die Gläubigerbenachteiligung bei Drittleistung, in: Zeitschrift für das gesamte Insolvenzrecht 2012, S. 1412–1414 (zit.: *Huber*, ZInsO 2013, S.)

Iliou, Christopher: Praktische Empfehlungen zur Gestaltung von Ratenzahlungsvereinbarungen vor dem Hintergrund der neueren BGH-Rechtsprechung, in: Zeitschrift für das gesamte Insolvenzrecht 2014, S. 640–641 (zit.: *Iliou*, ZInsO 2014, S.)

Jacobi, Alexander/*Böhme*, Benjamin: Mittelbare Gläubigerbenachteiligung durch Drittzahlung bei Anweisung auf Schuld, in: Neue Zeitschrift für das Recht der Insolvenz und Sanierung 2012, S. 865–868 (zit.: *Jacobi/Böhme*, NZI 2012, S.)

Jacoby, Florian: Anmerkung zu BGH, Urteil vom 28.09.2006 – IX ZR 13/05, in: KTS Zeitschrift für Insolvenzrecht 2007, S. 225–233 (zit.: *Jacoby*, KTS – Zeitschrift für Insolvenzrecht 2007, S.)

Jacoby, Florian: Zur Bedeutung des § 133 InsO im System der Insolvenzanfechtung, in: KTS Zeitschrift für Insolvenzrecht 2009, S. 3–25 (zit.: *Jacoby*, KTS – Zeitschrift für Insolvenzrecht 2009, S.)

Jacoby, Florian/*Mikolajczak*, Christian: Gläubigerbenachteiligung bei Zahlung mittels Bank und sonstiger Dritter, zugleich Besprechung BGH, Urteil vom 06.10.2009 – IX ZR 191/05 (ZIP 2009, 2009), in: Zeitschrift für Wirtschaftsrecht 2010, S. 301–308 (zit.: *Jacoby/Mikolajczak*, ZIP 2010, S.)

Jaeger, Ernst/*Henckel*, Wolfram: Konkursordnung – Großkommentar, 9. Auflage, Berlin 1997 (zit.: *Jaeger/Henckel*, Konkursordnung, § Rn.)

Jaeger, Ernst/*Henckel*, Wolfram/*Gerhardt*, Walter: Insolvenzordnung – Großkommentar, 4. Band: §§ 129 - 147, Berlin 2008 (zit.: *Bearbeiter*, in: Jaeger/Henckel/Gerhardt – Insolvenzordnung, § Rn.)

Jensen, Thore: Grundfragen des Rechts der Gläubiger- und Insolvenzanfechtung - Unter besonderer Berücksichtigung der Anfechtbarkeit von Unterlassungen, Dissertation (Tübingen 2007), Hamburg 2008 (zit.: *Jensen*, Grundfragen des Rechts der Gläubiger- und Insolvenzanfechtung, S.)

Jensen, Thore: „Stufenverhältnis" zwischen §§ 130, 131 InsO und § 133 InsO?, in: Neue Zeitschrift für das Recht der Insolvenz und Sanierung 2013, S. 471–476 (zit.: *Jensen*, NZI 2013, S.)

Jensen, Thore: Vollstreckt gnadenlos!, in: Neue Zeitschrift für das Recht der Insolvenz und Sanierung 2011, S. 798–801, (zit.: *Jensen*, NZI 2011, S.)

Kayser, Godehard: Der Rechtsgedanke des Bargeschäfts – Ein Beitrag zu den Grenzen des Anwendungsbereiches des § 142 InsO –, in: Haftung und Insolvenz, Festschrift für Gero Fischer, herausgegeben von Hans Gerhard Ganter, Peter Gottwald und Hans-Jürgen Lwowski, München 2008, S. 268–284 (zit.: *Kayser*, in: Festschrift für Fischer, 2008, S.)

Kayser, Godehard: Die Entkräftung der die Insolvenzanfechtung begründenden Vermutungen und Indizien, in: Wertpapier-Mitteilungen – Zeitschrift für Wirtschafts- und Bankrecht 2013, S. 293–301 (zit.: *Kayser*, WM 2013, S.)

Kayser, Godehard: Höchstrichterliche Rechtsprechung zum Insolvenzrecht, 6. Auflage, Köln 2012 (zit.: *Kayser*, Höchstrichterliche Rechtsprechung zum Insolvenzrecht, § Rn.)

Kayser, Godehard: Schlaglicht Insolvenzanfechtung – notwendige Korrekturen bei der Anfechtung kongruenter Leistungen?, in: Zeitschrift für Wirtschaftsrecht 2014, S. 1966–1970 (zit.: Kayser, ZIP 2014, S.)

Kayser, Godehard: Vorsatzanfechtung im Spannungsverhältnis von Gläubigergleichbehandlung und Sanierungschancen, in: Neue Juristische Wochenschrift 2014, S. 422–429 (zit.: *Kayser*, NJW 2014, S.)

Kemper, Ralf: Der Kontokorrentkredit in der Krise des Unternehmens, Dissertation (Münster 2010), Baden – Baden 2011 (zit.: *Kemper*, Der Kontokorrentkredit in der Krise des Unternehmens, S.)

Kesseler, Christian: Anfechtung von mit Zustimmung des vorläufigen Insolvenzverwalters vorgenommenen Rechtshandlungen, in: Zeitschrift für das gesamte Insolvenzrecht 2006, S. 530–532 (zit.: *Kesseler*, ZInsO 2006, S.)

Kiethe, Kurt: Der Sanierungskredit in der Insolvenz, in: KTS Zeitschrift für Insolvenzrecht 2005, S. 179–212 (zit.: *Kiethe*, KTS – Zeitschrift für Insolvenzrecht 2005, S.)

Killinger, Johann: Insolvenzanfechtung gegen Insider, Dissertation (Freiburg 1990), Berlin 1991 (zit.: *Killinger*, Insolvenzanfechtung gegen Insider, S.)

Kindl, Johann: Die Rechtsfolgen der Gläubiger- und Konkursanfechtung bei der Veräußerung von beweglichen Sachen und Forderungen, in: Neue Zeitschrift für Gesellschaftsrecht 1998, S. 321–331 (zit.: *Kindl*, NZG 2006, S.)

Kirchhof, Hans-Peter: Aktuelle Rechtsprechung des BGH zur Abwicklung von Bankkrediten in der Kundeninsolvenz, in: Zeitschrift für das gesamte Insolvenzrecht 2003, S. 149–158 (zit.: *Kirchhof*, ZInsO 2003, S.)

Kirchhof, Hans-Peter: Anfechtungen von Leistungen unter Vollstreckungsdruck, in: Zeitschrift für das gesamte Insolvenzrecht 2004, S. 1168–1176 (zit.: *Kirchhof*, ZInsO 2004, S.)

Kirchhof, Hans-Peter: Anfechtbarkeit von Sachsicherheiten insbesondere der Banken in der Insolvenz von Kunden, in: Zeitschrift für das gesamte Insolvenzrecht 2004, S. 465–470 (zit.: *Kirchhof*, ZInsO 2004, S.)

Kirchhof, Hans-Peter: Die neue Rechtsprechung des BGH in Insolvenzsachen – insbesondere zu Anfechtungsfragen gegenüber Gesellschaftern und nahen Angehörigen i. S. d. § 138 InsO, in: Zeitschrift für das gesamte Insolvenzrecht 2001, S. 825–830 (zit.: *Kirchhof*, ZInsO 2001, S.)

Kirchhof, Hans-Peter: Einfluss des neuen Verjährungsrechts auf die Insolvenzanfechtung, in: Zeitschrift für Wirtschafts- und Bankenrecht – Wertpapier-Mitteilungen 2002, S. 2037–2039 (zit.: *Kirchhof*, WM 2002, S.)

Kirchhof, Hans-Peter: Fraudulös, betrüglich, unlauter – Versuche zur Einschränkung des Vorsatzbegriffes im Sinne von § 133 InsO, in: Haftung und Insolvenz, Festschrift für Gero Fischer, herausgegeben von Hans Gerhard Ganter,

Peter Gottwald und Hans-Jürgen Lwowski, München 2008, S. 285–295 (zit.: *Kirchhof*, in: Festschrift für Gero Fischer, 2008, S.)

Kirchhof, Hans-Peter: Gemeinsamkeiten von sowie Unterschiede zwischen Insolvenz- und Einzelgläubigeranfechtung, in: Insolvenz und Sanierung – auf der Dauerbaustelle geht es weiter, Festschrift für Hans Haarmeyer, herausgegeben von Hugo Grote, Manfred Obermüller und Gerhard Pape, Köln 2013, S. 129–134 = ZInsO 2013, 1813–1816 (zit.: *Kirchhof*, in: Festschrift für Haarmeyer, 2013, S.)

Kirchhof, Hans-Peter/*Eidenmüller*, Horst/*Stürner*, Rolf: Münchener Kommentar zur Insolvenzordnung, Kommentar, Band 1: §§ 1–79, 3. Auflage, München 2013 (zit.: *Bearbeiter*, in: Münchener Kommentar zur Insolvenzordnung, § Rn.)

Kirchhof, Hans-Peter/*Eidenmüller*, Horst/*Stürner*, Rolf: Münchener Kommentar zur Insolvenzordnung, Kommentar, Band 2: §§ 80–216, 3. Auflage, München 2013 (zit.: *Bearbeiter*, in: Münchener Kommentar zur Insolvenzordnung, § Rn.)

Kirchhof, Hans-Peter/*Eidenmüller*, Horst/*Stürner*, Rolf: Münchener Kommentar zur Insolvenzordnung, Kommentar, Band 3: §§ 217–359, 3. Auflage, München 2013 (zit.: *Bearbeiter*, in: Münchener Kommentar zur Insolvenzordnung, § Rn.)

Kirstein, Dirk/*Sietz*, Oliver: Die Anfechtbarkeit der Banküberweisung nach § 133 InsO – zugleich Anmerkung zu BGH, Urteil vom 29.11.2007 – IX ZR 121/06, in: Zeitschrift für das gesamte Insolvenzrecht 2008, S. 761–768 (zit.: *Kirstein/Sietz*, ZInsO 2008, S.)

Kirstein, Dirk: Ermittlung von Insolvenzanfechtungsansprüchen, in: Zeitschrift für das gesamte Insolvenzrecht 2014, S. 1522–1540 (zit.: *Kirstein*, ZInsO 2014, S.)

Kirstein, Dirk: Kontokorrentanfechtung nach § 133 InsO gegenüber Kreditinstituten, in: Zeitschrift für das gesamte Insolvenzrecht 2012, S. 709–715 (zit.: *Kirstein*, ZInsO 2012, S.)

Kirstein, Dirk: Kreditinstitute als Anfechtungsgegner – ein Überblick, in: Zeitschrift für das gesamte Insolvenzrecht 2014, S. 1921–1933 (zit.: *Kirstein*, ZInsO 2014, S.)

Klein, Martin: Kurzkommentar zu BGH, Beschluss vom 16.10.2008 – IX ZR 11/12 (ZIP 2008, 2182), in: Entscheidungen zum Wirtschaftsrecht 2013, S. 27–28 (zit.: *Klein*, EWiR 2009, S.)

Klinck, Fabian: Die Grundlagen der besonderen Insolvenzanfechtung: Gläubiger und Vertrauensschutz im Übergang vom Prioritätsprinzip- zum Gleichbehandlungsgrundsatz, Habilitationsschrift (Passau 2009), Berlin 2011 (zit.: *Klinck*, Die Grundlagen der besonderen Insolvenzanfechtung, S.)

Knops, Kai-Oliver/Bamberger, Heinz G./*Maier-Reimer*, Georg: Recht der Sanierungsfinanzierung, Berlin 2005 (zit.: *Bearbeiter*, in: Knops/Bamberger/Maier-Reimer – Recht der Sanierungsfinanzierung, § lit.)

Knospe, Armin: Insolvenzanfechtung versus Arbeitnehmerinteressen: Bringt der Koalitionsvertrag Veränderungen beim Bargeschäft, in: Zeitschrift für das gesamte Insolvenzrecht 2014, S. 748–761 (zit.: *Knospe*, ZInsO 2014, S.)

Köhler, Helmut: BGB – Allgemeiner Teil, 36. Auflage, München 2012 (zit.: *Köhler*, BGB – Allgemeiner Teil, § Rn.)

Köper, Roman/*Pfoser*, Florian: Vorsatzanfechtung nach § 133 Abs. 1 InsO bei Ratenzahlungsvereinbarungen und ihre Folgen für Handelsunternehmen, ZInsO 2014, S. 2341–2348 (zit.: *Köper/Pfoser*, ZInsO 2014, S.)

Koza, Axel: Ist § 133 Abs. 1 InsO bei kongruenter Deckung einzuschränken?, in: Deutsche Zeitschrift für Wirtschafts- und Insolvenzrecht 2009, S. 404–407 (zit.: *Koza*, DZWIR 2009, S.)

Kreft, Gerhart: Anmerkung zu BGH, Urteil vom 02.06.2005 – IX ZB 235/04 (ZInsO 2005, 707), in: Entscheidungssammlung Wirtschafts- und Bankrecht (WuB) 2005, S. 1573, VI A. § 96 InsO 3.05 (zit.: *Kreft*, WuB 2005, VI A. § 96 InsO 3.05)

Kreft, Gerhart: Heidelberger Kommentar zur Insolvenzordnung, 6. Auflage, Heidelberg 2011 (zit.: *Bearbeiter*, in: Heidelberger Kommentar zur Insolvenzordnung, § Rn.)

Kreft, Gerhart: Neue Entwicklungen im Anfechtungsrecht (Teil I), in: Deutsches Steuerrecht 2005, S. 1192–1197 (zit.: *Kreft*, DStR 2005, S.)

Kreft, Gerhart: Zum Verhältnis von Judikative und Legislative am Beispiel des Insolvenzrechts, in: KTS Zeitschrift für Insolvenzrecht 2004, S. 205–228 (zit.: Kreft, KTS – Zeitschrift für Insolvenzrecht 2004, S.)

Kübler, Bruno M.: Entwicklung und Tendenzen in der Rechtsprechung zu § 133 Abs. 1 InsO, insbesondere zur Anfechtung von Druckzahlungen, in: Festschrift für Greiner, herausgegeben von Horst Piepenburg, Köln 2005, S. 159–170 (zit.: *Kübler*, in: Festschrift für Greiner, 2005, S.)

Kübler, Bruno/*Prütting*, Hanns/*Bork*, Reinhard: Kommentar zur Insolvenzordnung, Band II, Stand: 56. Lieferung, Köln November 2013 (zit.: *Bearbeiter*, in: Kübler/Prütting/Bork – Insolvenzordnung, § Rn.)

Kuder, Karen: Das Ende der Globalzession?, in: Zeitschrift für das gesamte Insolvenzrecht 2006, S. 1065–1071 (zit.: *Kuder*, ZInsO 2006, S.)

Kummer, Joachim: Die actio Pauliana im 21. Jahrhundert oder: Was blieb von D.42.8? – Eine Bestandsaufnahme –, in: Verschuldung – Haftung – Vollstreckung – Insolvenz, Festschrift für Gerhart Kreft, herausgegeben von Hans Haarmeyer, Heribert Hirte, Hans-Peter Kirchhof und Friedrich Graf von

Westphalen, Recklinghausen 2004, S. 393–410 (zit.: *Kummer*, in: Festschrift für Kreft, 2004, S.)

Kummer, Joachim/*Schäfer*, Berthold/*Wagner*, Eberhard: Fallgruppenkommentar - Insolvenzanfechtung, Köln 2012 (zit.: *Bearbeiter*, in: Kummer – Insolvenzanfechtung, S. Rn.)

Lau, Bero-Alexander: Vorsatzanfechtung – Zum Nachweis des Gläubigerbenachteiligungsvorsatzes und der Kenntnis des Anfechtungsgegners, in: Der Betrieb 2013, S. 1219–1224 (zit.: *Lau*, DB 2013, S.)

Leithaus, Rolf: Verrechnung von Zahlungseingängen auf debitorischem Kontokorrent bei Vorliegen eines Sicherheitenpools, zugleich Besprechung von BGH, Urteil vom 02.06.2005 – IX ZR 181/03 (NZI 2005, 622), in: Neue Zeitschrift für das Recht der Insolvenz und Sanierung 2005, S. 592–594 (zit.: *Leithaus*, NZI 2005, S.)

Leonhardt, Peter/*Smid*, Stefan/*Zeuner*, Mark: Insolvenzanfechtung (InsO) - Kommentare, 3. Auflage, Stuttgart 2010 (zit.: Bearbeiter, in: Leonhardt/Smid/Zeuner - Insolvenzanfechtung, § Rn.)

Lind, Thorsten Patric: Zur Auslegung von § 133 InsO, insbesondere im System der Anfechtungstatbestände, Dissertation (Frankfurt 2005), Berlin 2006 (zit.: *Lind*, Zur Auslegung von § 133 InsO, insbesondere im System der Anfechtungstatbestände, S.)

Looschelders, Dirk: Schuldrecht – Besonderer Teil, 7. Auflage, München 2012 (zit.: *Looschelders*, Schuldrecht Besonderer Teil, § Rn.)

Lütcke, Niklas: Die Anfechtbarkeit von Drittzahlungen – Erweiterung der Anfechtungsmöglichkeiten?, in: Neue Zeitschrift für das Recht Insolvenz und Sanierung 2011, S. 702–707 (zit.: *Lütcke*, NZI 2011, S.)

Lütcke, Niklas: Insolvenzanfechtung von im Wege des Bargeschäfts erfolgten Lohnzahlungen, zugleich Erläuterung von BAG, Urteil vom 29.01.2014 – 6 AZR 345/12 (NZI 2014, 372) in: Neue Zeitschrift für das Recht Insolvenz und Sanierung 2014, S. 350–354 (zit.: *Lütcke*, NZI 2014, S.)

Lütcke, Niklas: Vorsatzanfechtung – Andeutung einer Kurskorrektur durch den BGH?, in: Zeitschrift für das gesamte Insolvenzrecht 2013, S. 1984–1992 (zit.: *Lütcke*, ZInsO 2013, S.)

Lutter, Marcus/*Hommelhoff*, Peter: GmbH-Gesetz Kommentar, 18. Auflage, Köln 2012 (zit.: *Bearbeiter*, in: Lutter/Hommelhoff – GmbHG, § Rn.)

Luttmann, Maik: Kurzkommentar zu BGH, Urteil vom 24.01.2013 – IX ZR 11/12 (ZInsO 2013, 384), in: Entscheidungen zum Wirtschaftsrecht 2013, S. 391–392 (zit.: *Luttmann*, EWiR 2013, S.)

Luz, Günther/*Neus*, Werner/*Schaber*, Mathias/*Scharpf*, Paul/*Schneider*, Peter/*Weber*, Max: Kreditwesengesetz (KWG) – Kommentar zum KWG inklusive

SolvV, LiqV, GroMiKV, MaRisk, 2. Auflage, Stuttgart 2011 (zit.: *Bearbeiter*, in: Luz/Neus/Schaber/Scharf/Schneider/Weber – Kreditwesengesetz, § Rn.)

Lwowski, Hans-Jürgen/*Wunderlich*, Christian: Aktuelle Probleme des insolvenzrechtlichen Bargeschäfts, in: Zeitschrift für Wirtschafts- und Bankenrecht – Wertpapier-Mitteilungen 2004, S. 1511–1518 (zit.: *Lwowski/Wunderlich*, WM 2004, S.)

Lwowski, Hans-Jürgen: Die Anfechtung von Kreditrückzahlungen und Zahlungseingängen auf debitorischen Konten im Insolvenzverfahren, in: Insolvenzrecht in Wissenschaft und Praxis, Festschrift für Wilhelm Uhlenbruck, herausgegeben von Hanns Prütting und Heinz Vallender, Köln 2000, S. 299–314 (zit.: *Lwowski*, in: Festschrift für Uhlenbruck, 2000, S.)

Lwowski, Hans-Jürgen/*Wunderlich*, Nils-Christian: Neues vom Bargeschäft, zugleich Anmerkung zu BGH, Urteil vom 18.07.2002 – IX ZR 480/00 (ZInsO 2002, 876), in: Insolvenzrecht im Wandel der Zeit, Festschrift für Hans-Peter Kirchhof, herausgegeben von Walter Gerhardt, Hans Haarmeyer und Wolfgang Kreft, Recklinghausen 2003, S. 301–319 (zit.: *Lwowski/Wunderlich*, in: Festschrift für Kirchhof, 2003, S.)

Lwowski, Hans-Jürgen/Weber, Ahrend: Pfändung von Ansprüchen auf Kreditgewährung, in: Zeitschrift für Wirtschaftsrecht 1980, S. 609–613 (zit.: *Lwowski/Weber*, ZIP 1980, S.)

Marotzke, Wolfgang: Die Anfechtbarkeit von Vollstreckungsmaßnahmen wegen Benachteiligung konkurrierender Gläubiger, in: Zeitschrift für das gesamte Insolvenzrecht 2006, S. 7–11 (zit.: *Marotzke*, ZInsO 2006, S.)

Marotzke, Wolfgang: Die insolvenzrechtliche Anfechtbarkeit aus einem im Soll geführten Konto, in: Zeitschrift für das gesamte Insolvenzrecht 2007, S. 897–908 (zit.: *Marotzke*, ZInsO 2007, S.)

Marotzke, Wolfgang: Formulierungsvorschläge für eine „kleine" Reform des Insolvenzanfechtungsrechts (Ergänzungsbeitrag zu ZInsO 2014, 417 ff.) in: Zeitschrift für das gesamte Insolvenzrecht 2014, S. 745–748 (zit.: *Marotzke*, ZInsO 2014, S.)

Marotzke, Wolfgang: Vertrauensschutz kontra Gesamtgläubigerinteresse – Gedanken zu Auslegung und Reform des Insolvenzanfechtungsrechts, in: Zeitschrift für das gesamte Insolvenzrecht 2014, S. 417–447 (zit.: *Marotzke*, ZInsO 2014, S.)

Medicus, Dieter/*Petersen*, Jens: Bürgerliches Recht, 22. Auflage, Köln 2009 (zit.: *Medicus/Petersen*, Bürgerliches Recht, § Rn.)

Mikolajczak, Christian: Die Zwangsvollstreckung in ein Girokonto, Dissertation (Bielefeld 2014), Berlin 2015, (zit.: *Mikolajczak*, Die Zwangsvollstreckung in ein Girokonto, S.)

Mock, Sebastian: Einmal ist keinmal? – Zur Anfechtung „geduldeter“ Kontoüberziehungen, in: Zeitschrift für das gesamte Insolvenzrecht 2007, S. 561–565 (zit.: *Mock*, ZInsO 2007, S.)

Möllers, Thomas M. J.: Die Haftung der Bank bei der Kreditkündigung: ein Beitrag zu den Verhaltenspflichten der Banken bei der Kündigung von Krediten im deutschen und amerikanischem Recht, Dissertation (Mainz 1989), Berlin 1991 (zit.: *Möllers*, Die Haftung der Bank bei der Kreditkündigung, S.)

Mülbert, Peter: Bankenaufsicht und Corporate Governance – Neue Organisationsanforderungen im Finanzdienstleistungsbereich, in: Zeitschrift für Bank- und Kapitalmarktrecht 2006, S. 349–360 (zit.: *Mülbert*, BKR 2006, S.)

Nerlich, Jörg/*Römermann*, Volker: Insolvenzordnung (InsO) – Kommentar, Stand: 25. Ergänzungslieferung, München Juli 2013 (zit.: *Bearbeiter*, in: Nerlich/Römermann, Insolvenzordnung, § Rn.)

Nassall, Wendt: Unterliegen Dispositionskredite der Pfändung?, in: Neue Juristische Wochenschrift, S. 168–169 (zit.: *Nassall*, NJW 1986, S.)

Neuhof, Rudolf: Sanierungsrisiken der Banken: Die Vor-Sanierungsphase, in: Neue Juristische Wochenschrift, S. 3225–3234 (zit.: *Neuhof*, NJW 1998, S.)

Neyses, Andrea: Die Insolvenzanfechtung in Mehrpersonenverhältnissen, Dissertation (Trier 2011), Tübingen 2011, (zit.: *Neyses*, Die Insolvenzanfechtung in Mehrpersonenverhältnissen, S.)

Obermüller, Manfred: Insolvenzrecht in der Bankpraxis, 7. Auflage, Köln 2007 (zit.: *Obermüller*, Insolvenzrecht in der Bankpraxis, Rn. (7. Auflage))

Obermüller, Manfred: Insolvenzrecht in der Bankpraxis, 8. Auflage, Köln 2011 (zit.: *Obermüller*, Insolvenzrecht in der Bankpraxis, Rn.)

Obermüller, Manfred: Insolvenzrechtliche Wirkungen des Überweisungsgesetzes, in: Zeitschrift für das gesamte Insolvenzrecht 1999, S. 690–696 (zit.: *Obermüller*, ZInsO 1999, S.)

Obermüller, Manfred: Obergerichtliche Rechtsprechung des Jahres 2009 zur Position von Banken in einer Insolvenz ihres Kunden, in: Zeitschrift für das gesamte Insolvenzrecht 2010, S. 593–607 (zit.: *Obermüller*, ZInsO 2010, S.)

Oetker, Hartmut: Handelsrecht, 6. Auflage, Heidelberg 2010 (zit.: *Oetker*, Handelsrecht, § Rn.)

Omlor, Sebastian: Die neue Einzugsermächtigungslastschrift – Von der Genehmigungs- zur Einwilligungstheorie, in: Neue Juristische Wochenschrift 2012, S. 2150–2156 (zit.: *Omlor*, NJW 2012, S.)

Palandt, Otto: Bürgerliches Gesetzbuch, 72. Auflage, München 2013 (zit.: *Bearbeiter*, in: Palandt – BGB, § Rn.)

Paulus, Christoph: Der subjektive Tatbestand in der Insolvenzanfechtung, in: Wertpapier-Mitteilungen – Zeitschrift für Wirtschafts- und Bankrecht 2000, S. 2225–2230 (zit.: *Paulus*, WM 2000, S.)

Paulus, Christoph: Zur Auslegung anfechtungsrechtlicher Vorschriften, in: Haftung und Insolvenz, Festschrift für Gero Fischer, herausgegeben von Hans Gerhard Ganter, Peter Gottwald und Hans-Jürgen Lwowski, München 2008, S. 445–458 (zit.: *Paulus*, in: Festschrift für Fischer, 2008, S.)

Persch, Caroline: Die Insolvenzanfechtungen von Kontokorrentverrechnungen, Dissertation (Berlin 2007), Baden-Baden 2008 (zit.: *Persch*, Die Insolvenzanfechtungen von Kontokorrentverrechnungen, S.)

Peschke, Norbert: Die Insolvenz des Girokontoinhabers, Dissertation (Hamburg 2003), Köln 2005 (zit.: *Peschke*, Die Insolvenz des Girokontoinhabers, S.)

Pfeiffer, Gero: Die laufende Rechnung (Kontokorrent), in: Juristische Arbeitsblätter 2006, S. 105–110 (zit.: *Pfeiffer*, JA 2006, S.)

Plander, Harro: Beweislastumkehr bei der Anfechtung von Verträgen zwischen GmbH-Gesellschaftern?, in: Neue Juristische Wochenschrift 1976, S. 739–742 (zit.: *Plander*, NJW 1976, S.)

Priebe, Klaus: Der misslungene Sanierungsversuch im Spiegel der Insolvenzanfechtung: Sanierungskultur versus Insolvenzkultur?, in: Zeitschrift für das gesamte Insolvenzrecht 2012, S. 1589–1601 (zit.: *Priebe*, ZInsO 2012, S.)

Priebe, Klaus: Risiko Ratenzahlung – ein Gespenst geht um in Deutschland: die Vorsatzanfechtung, § 133 InsO, zugleich Anmerkung zu BGH, Urteil vom 06.12.2012 – IX ZR 3/12 (ZInsO 2013, 190), in: Zeitschrift für das gesamte Insolvenzrecht 2013, S. 2479–2489 (zit.: *Priebe*, ZInsO 2013, S.)

Prütting, Hanns: Der rechtliche Hintergrund des IDW S 6 zur Erstellung von Sanierungskonzepten, in: Krisen, Sanierungs- und Insolvenzberatung 2013, S. 101–105 (zit.: *Prütting*, KSI 2013, S.)

Raebel, Bernd: Folgenbeseitigung von Gläubigerbenachteiligungen, in: Sanierung, Insolvenz, Berufsrecht der Rechtsanwälte und Notare, Festschrift für Hans Gerhard Ganter, herausgegeben von Christian Berger, Godehard Kayser und Klaus Pannen, München 2010, S. 339–349 (zit.: *Raebel*, in: Festschrift für Ganter, 2010, S.)

Raschke, Thorsten: Funktion und Abgrenzung des Bargeschäftstatbestandes in § 142 InsO, Dissertation (Hamburg 1998), Hamburg 1999 (zit.: *Raschke*, Funktion und Abgrenzung des Bargeschäftstatbestandes in § 142 InsO, S.)

Rausch, Werner: Gläubigerschutz im Insolvenzverfahren – eine ökonomische Analyse einschlägiger rechtlicher Regelungen, Bergisch Gladbach 1985 (zit.: *Rausch*, Gläubigerschutz im Insolvenzverfahren – Eine ökonomische Analyse einschlägiger rechtlicher Regelungen, S.)

Rendels, Dietmar: Wann ist eine Vollstreckungshandlung als Rechtshandlung des Schuldners nach § 133 Abs. 1 InsO anfechtbar?, in: Zeitschrift für Wirtschaftsrecht 2004, S. 1289–1297 (zit.: *Rendels*, ZIP 2004, S.)

Reymann, Christoph: Überweisung und SEPA – Zahlungsdienste, in: Juristische Schulung 2012, S. 781–788 (zit.: *Reymann*, JuS 2010, S.)

Rieder, Markus/*Ziegler*, Benno: Die Auswirkungen einer Pfändung von Kapitalgesellschaftsanteilen auf Strukturmaßnahmen der Gesellschaft, in: Zeitschrift für Wirtschaftsrecht 2004, S. 481–490 (zit.: *Rieder/Ziegler*, ZIP 2004, S.)

Ries, Stephan: § 96 Abs. 1 Nr. 3 InsO – Ein Trojanisches Pferd? Rückschritt statt Fortschritt?, in: Zeitschrift für das gesamte Insolvenzrecht 2004, S. 1231–1236 (zit.: *Ries*, ZInsO 2004, S.)

Ries, Stephan: Insolvenz(anfechtungs)recht auf dem Rückzug?, in: Zeitschrift für das gesamte Insolvenzrecht 2005, S. 848–852 (zit.: *Ries*, ZInsO 2005, S.)

Ringstmeier, Andreas/*Homann*, Stefan: Gläubigerbenachteiligung bei Zahlungen aus und außerhalb der Kreditlinie – Eine Neubesinnung, in: ZInsO 2009, S. 607–612 (zit.: *Ringstmeier/Homann*, ZInsO 2009, S.)

Röttger, Annika: Die insolvenzanfechtungsrechtliche Rückabwicklung von Anweisungsleistungen, Dissertation (Münster 2012), Baden-Baden 2013 (zit.: *Röttger*, Die insolvenzanfechtungsrechtliche Rückabwicklung von Anweisungsleistungen, S.)

Säcker, Franz Jürgen/*Rixecker*, Roland: Münchener Kommentar zum Bürgerlichen Gesetzbuch, Kommentar, Band 4: §§ 611–704, 6. Auflage, München 2012 (zit.: *Bearbeiter*, in: Münchener Kommentar zum Bürgerlichen Gesetzbuch, § Rn.)

Säcker, Franz Jürgen/*Rixecker*, Roland: Münchener Kommentar zum Bürgerlichen Gesetzbuch, Kommentar, Band 6: §§ 854–1296, 6. Auflage, München 2013 (zit.: *Bearbeiter*, in: Münchener Kommentar zum Bürgerlichen Gesetzbuch, § Rn.)

Schäfer, Berthold: Mittelbare Zuwendungen im Insolvenzanfechtungsrecht, in: Zeitschrift für das gesamte Insolvenzrecht 2014, S. 1965–1985 (zit.: *Schäfer*, ZInsO 2014, S.)

Schäffler, Frank: Bankenhaftung wegen Insolvenzverschleppung bei Auskehrung von Krediten in der Unternehmenskrise, in: Betriebsberater – Zeitschrift für Recht und Wirtschaft 2006, S. 56–60 (zit.: *Schäffler*, BB 2006, S.)

Schimansky, Herbert/*Bunte*, Hermann-Josef/*Lwowski*, Hans-Jürgen: Bankrechts-Handbuch – Band I und II, 4. Auflage, München 2011 (zit.: *Bearbeiter*, in: Schimansky/Bunte/Lwowski, Bankrechts-Handbuch, § Rn.)

Schmidt, Andreas: Hamburger Kommentar zum Insolvenzrecht, 4. Auflage, Köln 2012 (zit.: *Bearbeiter*, in: Hamburger Kommentar zum Insolvenzrecht, § Rn.)

Schmidt, Karsten: Das Insolvenzrisiko der Banken zwischen ökonomischer Vernunft und Rechtssicherheit – Bemerkungen zu einem Zielkonflikt in der bankrechtlichen Judikatur, in: Wertpapier-Mitteilung – Zeitschrift für Wirtschaftsrecht und Bankrecht 1983, S. 490–495 (zit.: *Schmidt*, WM 1983, S.)

Schmidt, Karsten: Insolvenzordnung, 18. Auflage, München 2013 (zit.: *Bearbeiter*, in: Karsten Schmidt – Insolvenzordnung, § Rn.)

Schmidt, Karsten: Münchener Kommentar zum Handelsgesetzbuch, Kommentar, Band 6: Bankvertragsrecht, 3. Auflage, München 2014 (zit.: *Bearbeiter*, in: Münchener Kommentar zum Handelsgesetzbuch, ZahlungsV Rn.)

Schmidt, Nikolaus: Die Kenntnis des Anfechtungsgegners im Fall des § 133 Abs. 1 InsO, in: Zeitschrift für das gesamte Insolvenzrecht 2014, S. 1093–1095 (zit.: *Schmidt*, ZInsO 2014, S.)

Schmidt, Nikolaus/*Steinbach*, Tim: Zur Werthaltigmachung eines Pfändungspfandrechtes durch den Schuldner im Rahmen der Anfechtung gem. § 133 InsO, in: Zeitschrift für das gesamte Insolvenzrecht 2013, S. 2423–2424 (zit.: *Schmidt/Steinbach*, ZInsO 2013, S.)

Scholl, Bernd: Die Pfändung des Kontokorrentkredites, in Deutsche Zeitschrift für Wirtschafts- und Insolvenzrecht 2005, S. 353–364 (zit.: *Scholl*, DZWIR 2005, S.)

Schoppmeyer, Heinrich: § 133 Abs. 1 InsO versus §§ 130, 131 InsO: Ist die Deckungs-anfechtung nur ein Unterfall der Vorsatzanfechtung?, in: Zeitschrift für Wirtschaftsrecht 2009, S. 600–609 (zit.: Schoppmeyer, ZIP 2009, S.)

Schulte, Heinz: Zum Anwendungsverständnis der Absichtsanfechtung (§ 31 Nr. 1 KO) in der Konkursordnung von 1877, Dissertation (Frankfurt am Main 1984), Erscheinungsjahr 1984 (zit.: *Schulte*, Zum Anwendungsverständnis der Absichtsanfechtung (§ 31 Nr. 1 KO) in der Konkursordnung von 1877, S.)

Schwartz, Daniel: Der subjektive Tatbestand der Vorsatzanfechtung nach § 133 InsO – Bestandsanalyse und Entwicklungsmöglichkeiten –, Dissertation (Köln 2012), Frankfurt 2013 (zit.: *Schwartz*, Der subjektive Tatbestand der Vorsatzanfechtung nach § 133 InsO, S.)

Schwennicke, Andreas/*Auerbach*, Dirk: Kreditwesengesetz (KWG) – Kommentar, 2. Auflage, München 2013 (zit.: *Bearbeiter*, in: Schwennicke/Auerbach – Kreditwesengesetz, § Rn.)

Sieber, Florian: Die Rechtsnatur der Gläubigeranfechtung innerhalb und außerhalb des Insolvenzverfahrens – Eine dogmatische Einordnung unter besonderer Berücksichtigung der höchstrichterlichen Rechtsprechung, Dissertation (Passau 2008), Hamburg 2008 (zit.: *Sieber*, Die Rechtsnatur der Gläubigeranfechtung, S.)

Smid, Stefan: „Gesamtbetrachtung" als methodisches Instrument der Ergebniskorrektur in der Rechtsprechung des IX. Zivilsenats des BGH, in: Zeitschrift für das gesamte Insolvenzrecht 2014, S. 275–280 (zit.: *Smid*, ZInsO 2014, S.)

Spiekermann, Olaf: Nochmals: Zur Anfechtung von Drittzahlungen, in: Neue Zeitschrift für das Recht der Insolvenz und Sanierung 2014, S. 1030–1035 (zit.: *Spiekermann*, NZI 2014, S.)

Spliedt, Jürgen: Anmerkung zu BGH, Urteil vom 11.01.2007 - IX ZR 31/05 (NZI 2007, 225), in: Neue Zeitschrift für das Recht der Insolvenz und Sanierung 2007, S. 225–229 (zit.: *Spliedt*, NZI 2007, S.)

Staufenbiel, Peter/*Brill*, Sebastian: Anfechtung von Drittzahlungen - eine Fallstudie, in: Zeitschrift für das gesamte Insolvenzrecht 2013, S. 2040–2047 (zit.: *Staufenbiel/Brill*, ZInsO 2013, S.)

Steinhoff, Judith: Die insolvenzrechtlichen Probleme im Überweisungsverkehr, in: Zeitschrift für Wirtschaftsrecht 2000, S. 1141–1150 (zit.: *Steinhoff*, ZIP 2000, S.)

Steinwachs, Torsten: Die Insolvenzfestigkeit des Sicherheitenpoolvertrages, zugleich Besprechung von BGH, Urteil vom 21.02.2008 - IX ZR 255/06 (NJW-RR 2008, 780), in: Neue Juristische Wochenschrift 2008, S. 2231–2233 (zit.: *Steinwachs*, NJW 2008, S.)

Stiller, Jörn U.: Anfechtbarkeit der nach Vollstreckungsmaßnahmen vorgenommenen Schuldnerzahlungen, in: Zeitschrift für das gesamte Insolvenzrecht 2003, S. 595–599 (zit.: *Stiller*, ZInsO 2003, S.)

Stiller, Jörn U.: Die (un-)zulässige Verrechnung von Zahlungseingängen im Kontokorrentkonto vom dritten Monat vor dem Eröffnungsantrag bis zur Eröffnung, in: Zeitschrift für das gesamte Insolvenzrecht 2003, S. 651–660 (zit.: *Stiller*, ZInsO 2002, S.)

Tasma, Martin: Leveraged Buyout und Gläubigerschutz, Dissertation (Hamburg 2011), Tübingen 2012 (zit.: *Tasma*, Leveraged Buyout und Gläubigerschutz, S.)

Theewen, Eckhard M.: Problemkredit und „die Mindestanforderungen an das Kreditgeschäft der Kreditinstitute" - Workout, Outsourcing oder Bad Bank?, in: Wertpapier-Mitteilungen - Zeitschrift für Wirtschafts- und Bankenrecht 2004, S. 105–114 (zit.: *Theewen*, WM 2004, S.)

Thole, Christoph/*Schmidberger*, Aljoscha: Die Insolvenzanfechtung von (überhöhten) Gehältern und Vergütungen von Geschäftsleitern und Sanierungsberatern, in: Betriebs-Berater - Zeitschrift für Recht, Steuern und Wirtschaft 2014, S. 3–8 (zit.: *Thole/Schmidberger*, BB 2014, S.)

Thole, Christoph: Die Kritik an der Ausdehnung der Vorsatzanfechtung auf dem Prüfstand, in: Zeitschrift für Wirtschaftsrecht 2013, S. 2081–2088 (zit.: *Thole*, ZIP 2013, S.)

Thole, Christoph: Die Vorsatzanfechtung als Instrument des Gläubigerschutzes - Bestandsaufnahme und Entwicklungsperspektiven nach „Inspire Art" –, in: KTS Zeitschrift für Insolvenzrecht 2007, S. 293–335 (zit.: *Thole*, KTS – Zeitschrift für Insolvenzrecht 2007, S.)

Thole, Christoph: Gläubigerschutz durch Insolvenzrecht, Habilitationsschrift (Bonn 2009), Tübingen 2010 (zit.: *Thole*, Gläubigerschutz durch Insolvenzrecht, S.)

Uhlenbruck, Wilhelm: Insolvenzordnung – Kommentar, 13. Auflage, München 2010 (zit.: *Bearbeiter*, in: Uhlenbruck – Insolvenzordnung, § Rn.)

Uhlenbruck, Wilhelm: Insolvenzrechtliche Insiderregeln – Zum Begriff des „nahen Angehörigen", in: GmbH – Rundschau 1986, S. 109–113 (zit.: *Uhlenbruck*, GmbHR 1986, S.)

Utsch, Guido: Anfechtbarkeit von Honorarzahlungen an Sanierungsberater, in: Deutsche Zeitschrift für Wirtschafts- und Insolvenzrecht 2013, S. 353–358 (zit.: *Utsch*, DZWIR 2013, S.)

van Bömmel, Benedikt: Insolvenzanfechtung von upstream guarantees im GmbH-Konzern, Dissertation (Köln 2008), Baden-Baden 2009 (zit.: *van Bömmel*, Insolvenzanfechtung von upstream guarantees im GmbH-Konzern, S.)

van Marwyk, Markus: Der Nachweis der Zahlungsunfähigkeit anhand von Beweisanzeichen – Gewichtung und Widerlegung – im Rahmen des § 133 Abs. 1 Satz 1 InsO, in: Zeitschrift für das gesamte Insolvenzrecht 2014, S. 1734–1736 (zit.: *van Marwyk*, ZInsO 2014, S.)

Vieweg, Klaus/*Werner*, Almuth: Sachenrecht, 6. Auflage, München 2013 (zit.: *Vieweg*/*Werner*, Sachenrecht, § Rn.)

von Campe, Moritz: Insolvenzanfechtung in Deutschland und Frankreich – Das neue Sach- und Kollisionsrecht (InsO und Loi n° 85–98), Dissertation (Freiburg 1994), Köln 1996 (zit.: *von Campe*, Insolvenzanfechtung in Deutschland und Frankreich, S.)

von Staudinger, Julius: Kommentar zum Bürgerlichen Gesetzbuch mit Einführungsgesetz und Nebengesetzen, Buch 2, Recht der Schuldverhältnisse §§675c-676c (Zahlungsdiensterecht), Berlin 2012 (zit.: *Omlor*, in: Staudinger-BGB, § Rn.)

Vuia, Mihai: Die Verantwortlichkeit von Banken in der Krise von Unternehmen, Dissertation (Hamburg 2005), Berlin 2007 (zit.: *Vuia*, Die Verantwortlichkeit von Banken in der Krise von Unternehmen, S.)

Wagner, Eberhard: Neue Argumente zur Pfändbarkeit des Kontokorrentkredits, in: Wertpapier-Mitteilungen – Zeitschrift für Wirtschafts- und Bankenrecht 1998, S. 1657–1667 (zit.: *Wagner*, WM 1998, S.)

Wallner, Christoph/*Neuenhahn*, Stefan: Der Sanierungskredit – ein Überblick, in: Neue Zeitschrift für das Recht der Insolvenz und Sanierung 2006, S. 553–561 (zit.: *Wallner*, NZI 2006, S.)

Weber, Jens: Anforderungen an den Inhalt von Sanierungskonzepten nach der Rechtsprechung insbesondere des Bundesgerichtshofes, in: Zeitschrift für das gesamte Insolvenzrecht 2011, S. 904–908 (zit.: *Weber*, ZInsO 20011, S.)

Wenzel, Frank: Rechtliche Risiken der Kreditinstitute bei der Unternehmenssanierung, in: Insolvenzrecht 1998 – Tagungsband zum RWS-Forum am 11. und 12. Oktober 1998 in Berlin, herausgegeben von Wolfram Henckel und Gerhart Kreft, Köln 1999, S. 233–282 (zit.: *Wenzel*, Insolvenzrecht 1998 Tagungsband zum RWS-Forum – Rechtliche Risken der Kreditinstitute bei der Unternehmenssanierung, S.)

Wessels, Johannes/*Beulke*, Werner/*Satzger*, Helmut: Strafrecht Allgemeiner Teil, 43. Auflage, Heidelberg 2013 (zit.: *Wessels/Beulke/Satzger*, Strafrecht – AT, S. Rn.)

Wiegelmann, Rainer: Verhaltenspflichten der Kreditinstitute im Kreditgeschäft mit Kunden in der Krise, Dissertation (Berlin 1992), München 2003 (zit.: *Wiegelmann*, Verhaltenspflichten der Kreditinstitute im Kreditgeschäft mit Kunden in der Krise, S.)

Wimmer, Klaus: Frankfurter Kommentar zur Insolvenzordnung, 7. Auflage, Köln 2013 (zit.: *Bearbeiter*, in: Frankfurter Kommentar zur Insolvenzordnung, § Rn.)

Windel, Peter A.: Das Bargeschäftsprivileg für Lohnnachzahlungen, in: Zeitschrift für Wirtschaftsrecht 2014, S. 2167–2173 (zit.: *Windel*, ZIP 2014, S.)

Windel, Peter A.: Die Zurechnung der Gläubigerbenachteiligung bei der Vorsatzanfechtung, in: Zeitschrift für Wirtschaftsrecht 2014, S. 1823–1826 (zit.: *Windel*, ZIP 2014, S.)

Wischemeyer, Markus: Zur Benachteiligung der Insolvenzgläubiger bei Zahlungen nahestehender Dritter auf Verbindlichkeiten des Schuldners, in: Zeitschrift für das gesamte Insolvenzrecht 2008, S. 1122–1126 (zit.: *Wischemeyer*, ZInsO 2008, S.)

Wittig, Arne: Beseitigung der Insolvenzgründe mit Bankenbeiträgen als Voraussetzung der freien Unternehmenssanierung, in: Neue Zeitschrift für das Recht der Insolvenz und Sanierung 1998, S. 49–57 (zit.: *Wittig*, NZI 1998, S.)

Wundenberg, Malte: Compliance und prinzipiengeleitete Aufsicht über Bankengruppen, Dissertation (Hamburg 2011), Tübingen 2012 (zit.: *Wundenberg*, Compliance und prinzipiengeleitete Aufsicht über Bankengruppen, S.)

Würdinger, Markus: Anmerkung zu BGH, Urteil vom 26.04.2012 – IX ZR 74/11 (ZInsO 2012, 924), in: Entscheidungssammlung Wirtschafts- und Bankrecht (WuB) 2012, S. 999, VI A. § 133 InsO 2.12 (zit.: *Würdinger*, WuB 2012, VI A. § 133 InsO 2.12)

Würdinger, Markus: Anmerkung zu BGH, Urteil vom 24.05.2012 – IX ZR 125/11 (ZInsO 2012, 1168), in: Entscheidungssammlung Wirtschafts- und Bankrecht (WuB) 2012, S. 1208, VI A. § 143 InsO 2.12 (zit.: *Würdinger*, WuB 2012, VI A. § 143 InsO 2.12)

Würdinger, Markus: Anmerkung zu BGH, Urteil vom 06.12.2012 – IX ZR 3/12 (ZInsO 2013, 190), in: Entscheidungssammlung Wirtschafts- und Bankrecht (WuB) 2013, S. 174, VI A. § 133 InsO 7.13 (zit.: *Würdinger*, WuB 2014, VI A. § 133 InsO 7.13)

Würdinger, Markus: Anmerkung zu BGH, Urteil vom 16.01.2014 – IX ZR 31/12 (ZInsO 2014, 293), in: Entscheidungssammlung Wirtschafts- und Bankrecht (WuB) 2014, S. 272, VI A. § 129 InsO 2.14 (zit.: *Würdinger*, WuB 2014, VI A. § 129 InsO 2.13)

Würdinger, Markus: Insolvenzanfechtungen im bargeldlosen Zahlungsverkehr – Eine insolvenzrechtsdogmatische Abhandlung zum Insolvenzanfechtungsrisiko bei Überweisungen und Lastschriften in der Insolvenz des Girokontoinhabers, Habilitationsschrift (Regensburg 2010), Tübingen 2012 (zit.: *Würdinger*, Insolvenzanfechtungen im bargeldlosen Zahlungsverkehr, S.)

Zeidler, Simon-Alexander/*Wendt*, Oliver: Die Zukunft der Globalzession im Sicherheitenpoolvertrag, zugleich eine Besprechung von BGH, Urteil vom 02.06.2005 – IX ZR 181/03 (ZBB 2006, 185), in: Zeitschrift für Bankrecht und Bankwirtschaft 2006, S. 191–200 (zit.: *Zeidler/Wendt*, ZBB 2006, S.)

Zenker, Wolfgang: Zur Frage der Rückwirkung des § 96 Abs. 1 Nr. 3 InsO, in: Neue Zeitschrift für das Recht der Insolvenz und Sanierung 2006, S. 16–20 (zit.: *Zenker*, NZI 2006, S.)

Abkürzungsverzeichnis

Gebraucht werden die üblichen Abkürzungen, vgl. *Kirchner*, Hildebert: Abkürzungsverzeichnis der Rechtssprache, 7. Auflage, Berlin/Boston 2013.

www.ingramcontent.com/pod-product-compliance
Ingram Content Group UK Ltd.
Pitfield, Milton Keynes, MK11 3LW, UK
UKHW021907290926
8980IPUK00015B/1106

9 783631 663868